D1666642

Leben im Alter

Eigen- und Mitverantwortlichkeit in Gesellschaft, Kultur und Politik

Der große Dank des Herausgebers gilt dem Peter-Schilffarth-Institut für Soziotechnologie, Bad Tölz, dem Gesamtverband der Deutschen Versicherungswirtschaft, dem Verein der Förderer des Instituts für Versicherungswesen und der ERGO Versicherungsgruppe für die großzügige finanzielle Unterstützung, die die Entstehung dieser Publikation ermöglicht hat.

Leben im Alter

Eigen- und Mitverantwortlichkeit in Gesellschaft, Kultur und Politik

Festschrift zum 80. Geburtstag von
Prof. Dr. Dres. h.c. Ursula Lehr, Bundesministerin a.D.

Herausgeber

Andreas Kruse

Ruprecht-Karls-Universität, Heidelberg

Bibliografische Information der Deutschen Nationalbibliothek

Die Deutsche Nationalbibliothek verzeichnet diese Publikation in der Deutschen Nationalbibliografie. Detailllierte bibliografische Daten sind im Internet über https://portal.d-nb.de abrufbar.

Verlag
Akademische Verlagsgesellschaft
AKA GmbH
Postfach 10 33 05
69023 Heidelberg

Tel.: 0049 (0)6221 21881
Fax: 0049 (0)6221 167355
info@aka-verlag.de
www.aka-verlag.com

Auslieferung
Herold
Auslieferung und Service GmbH
Raiffeisenallee 10
82041 Oberhaching (München)

Fax: 0049 (0)89 6138 7120
herold@herold-va.de

Umschlagentwurf: Ingrid Maria Spakler, Heidelberg
Drucker: buchbücher.de gmbh, Birkach
Printed in Germany

ISBN 978-3-89838-637-1

Vorwort

Die in diesem Buch versammelten Autorinnen und Autoren überreichen mit ihren Beiträgen Ursula Lehr einen Blumenstrauß zum 80. Geburtstag!

Sie tun dies unter dem Begriff der Eigen- und Mitverantwortlichkeit – zum einen, da Eigenverantwortlichkeit und Mitverantwortlichkeit über die gesamte Lebensspanne zentrale Merkmale der Lebensqualität eines Menschen bilden, zum anderen, da mit Eigenverantwortlichkeit und Mitverantwortlichkeit zwei Konstrukte angesprochen sind, die in der Theorienbildung wie auch in der persönlichen Lebensführung von Ursula Lehr besonderes Gewicht besitzen.

Sie tun dies aus der Verbindung von Gesellschaft, Kultur und Politik – zum einen, da neben der personologischen Sicht auf das Alter die gesellschaftliche, die kulturelle und die politische Sicht von grundlegender Bedeutung für die gerontologische Theorienbildung ist, zum anderen, da Ursula Lehr mit ihren Beiträgen zur Gerontologie zentrale Beiträge zum gesellschaftlichen, kulturellen und politischen Umgang mit Fragen des Alterns geleistet hat und auch heute noch leistet.

Der Herausgeber musste unter einer Vielzahl von möglichen Autorinnen und Autoren eine kleine Anzahl auswählen, um nicht das Format einer handlichen, überschaubaren Monografie zu sprengen. Wären alle möglichen Kolleginnen und Kollegen, die sich Frau Lehr verbunden wissen, zu Wort gekommen: Aus der Monografie wäre eine Enzyklopädie geworden. Bei der Autorenauswahl ließ sich der Herausgeber von der Überlegung leiten, die Bereiche *Gesellschaft*, *Kultur* und *Politik* thematisch in einer Weise zu differenzieren und zu akzentuieren, die den Neigungen und Interessen von Ursula Lehr in besonderer Weise entspricht, und zudem Kapitelverantwortliche zu finden, die bis heute in enger wissenschaftlicher Verbindung, in regem wissenschaftlichen Austausch mit ihr stehen. Aus der Schnittmenge dieser Anforderungen ist die Auswahl der Beiträge und der Kapitelverantwortlichen entstanden.

Der Herausgeber dankt zuerst den Verfassern für deren Bereitschaft, an der vorliegenden Schrift mitzuwirken – alle um einen Beitrag gebetenen Kolleginnen und Kollegen haben sofort zugesagt, worin sich ebenfalls die Sympathie für, der Respekt vor Ursula Lehr ausdrückt. Er dankt weiterhin der Akademischen Verlagsgesellschaft (AKA) – und hier vor allem Herrn Arnoud de Kemp und Frau Ingrid Spakler – für deren hohes Engagement und deren hohe Kompetenz bei der Herstellung des Buches. Und schließlich dankt er Frau Taina Raittila und Herrn Michael Bolk für die wertvolle Unterstützung bei der Erstellung der Druckvorlage.

Heidelberg, im Mai 2010
Andreas Kruse

Frau Prof. Dr. Dres. h.c. Ursula Lehr zum 80. Geburtstag

Gerasko d'aiei polla didaskomenos: Mit diesen Worten charakterisierte der altgriechische Philosoph Solon (ca. 640 – 560 v. Chr.) kurz vor seinem 80. Lebensjahr sein Alter: *Ich werde alt und lerne stets noch vieles hinzu.* Wenn diese Aussage am Beginn der Geburtstagsgrüße an Frau Lehr steht, so nicht (nur) deswegen, weil diese am 5. Juni 2010 ihren 80. Geburtstag feiert, sondern (auch und) vor allem deswegen, weil mit diesen Worten ein Lebensprinzip ausgedrückt wird, das auch für sie charakteristisch ist: Der Mensch ist in allen Lebensphasen – zumindest der Möglichkeit nach – ein Lernender, aber auch ein Wühler. Das Denken ohne Geländer, wie dies einmal Hannah Arendt ausdrückte, die Freiheit in der Entwicklung und Aus-formulierung von Ideen darf vom Individuum, zumal wenn dieses Wissenschaftlerin ist, nicht aufgegeben werden. Diese grundlegende Haltung hat Frau Lehr in der gedanklichen Auseinandersetzung und im Diskurs (produktiven Streit) mit jenen akademischen Lehrern ausgebildet, die sie besonders geprägt haben: Hans Thomae, der Fels in der Brandung ihres wissenschaftlichen Tuns (in späteren Jahren auch der Fels ihres ganz persönlichen Lebens) und Erich Rothacker (der bereits einer der akademischen Lehrer von Hans Thomae gewesen war und diesen – wie auch Frau Lehr – für die Analyse des Alterns, vor allem in seiner mehrdimensionalen Gestalt, zu begeistern verstand). Und diese grundlegende Haltung hat sie auch den Studierenden, hat sie auch ihren Assistenten vermittelt, mitgegeben.

Ursula Lehr gehört seit mittlerweile vier Jahrzehnten zu den international bedeutsamsten Wissenschaftlerinnen auf dem Gebiete der Lebenslaufforschung und der Gerontologie. Sie prägte das wissenschaftliche Verständnis von Altern mehrerer Wissenschaftlergenerationen und besitzt bis heute eine maßgebliche Stimme auf dem Gebiet der Altersforschung – aber nicht nur dort: Auch gesellschaftliche und – vor allem – politische Konzepte zur Schaffung einer altersfreundlichen Umwelt sind durch sie, sind durch ihr Denken geprägt. Dies hat nicht nur mit der Originalität und Präzision ihres Denkens zu tun, sondern auch mit ihrer Offenheit gegenüber neuen wissenschaftlichen und gesellschaftlichen Entwicklungen sowie mit ihrer Fähigkeit, im öffentlichen Raum überzeugend ihre Stimme zu erheben und diesen bewusst mitzugestalten. Diese Mitgestaltung des öffentlichen Raums spiegelt sich auch darin wider, dass sie das Selbstverständnis vieler älterer Menschen beeinflusst hat. Und: Das „Feuer", der „Antrieb", den sie dabei zeigt, ist in keiner Weise zurückgegangen.

Ursula Lehr wurde am 5. Juni 1930 in Frankfurt am Main als Tochter des Bankkaufmanns Georg-Josef Leipold und seiner Ehefrau Gertrud Leipold geboren. Im Jahre 1950 heiratete sie den (im Jahre 1994 verstorbenen) Kaufmann Helmuth Lehr, in den Jahren 1951 und 1957 wurden ihre Söhne Volker und Gernot geboren, der erstere wurde Politikwissenschaftler, der letztere Jurist. Aus den Familien der beiden Söhne sind vier Enkelkinder hervorgegangen; es verdient besondere Erwähnung, dass ein Enkelsohn im Jahre 2009 für drei Jahre aus Mexiko zu Frau Lehr gezogen ist, da er in der Bundesrepublik Deutschland sein Abitur ablegen möchte: hier wird eine bemerkenswerte Generativität – im Sinne der Mitverantwortung für die nachfolgenden

Generationen – sichtbar. Im Jahre 1998 heiratete sie ihren früheren akademischen Lehrer und Mentor Hans Thomae, der im Jahre 2001 nach glücklicher Ehe, aber auch nach langer schwerer Krankheit verstarb. Nur wenige wissen, wie sehr sich Frau Lehr in der Hilfe und Pflege ihrer beiden Ehemänner engagiert hat. Auch wissen nur wenige, wie sehr sich Ursula Lehr mit dem Schicksal ihrer ehemaligen Assistenten und ihrer Freunde identifiziert – vor allem, wenn diese in einer Grenzsituation stehen. Hier wird das hohe sittlich-ethische Format dieser grande dame (der Psychologie und Gerontologie, aber auch der Politik) offenbar.

Die Schilderung ihres bemerkenswerten beruflichen Werdegangs sei mit einem Epigramm von Christian Morgenstern eingeleitet, in dessen Zentrum eine Leitidee steht, die auch für das Denken und Handeln von Frau Lehr konstitutiv ist und von ihr auf ihre wissenschaftlichen Assistenten übertragen wurde:

> Und dieses Einst, wovon wir träumen,
> es ist noch nirgends, als in unserm Geist; –
> wir sind dies Einst, uns selbst vorausgereist
> im Geist, und winken uns von seinen Säumen,
> wie wer sich selber winkt.

Die Offenheit für Neues, der Wunsch, in Gedanken und Handlungen, aber auch in der Lebensführung zu „experimentieren", bildeten und bilden einen bedeutenden Teil dieser so gescheiten, kreativen (und liebenswürdigen!) Person.

Sie legte im Jahre 1949 ihr Abitur ab. Im Wintersemester 1949/50 nahm sie an der Johann Wolfgang von Goethe Universität zu Frankfurt das Studium der Psychologie, Philosophie, Germanistik und Kunstgeschichte auf und setzte dieses an der Rheinischen Friedrich Wilhelms Universität Bonn von 1950 bis 1954 fort. Im Jahre 1954 wurde sie an dieser Universität mit einer Arbeit zur *Periodik im kindlichen Verhalten* promoviert, in der Zeit von 1955 bis 1960 war sie als Forschungsassistentin auf dem Gebiet der Lebenslaufforschung tätig, und aus dieser Zeit stammen heute immer noch lesenswerte Beiträge zur Akzeleration im Jugendalter, zur Leistungsfähigkeit und Leistungsmotivation älterer Arbeitnehmer wie auch zu psychischen Entwicklungsprozessen im mittleren Erwachsenenalter. Im Jahre 1960 wurde sie wissenschaftliche Assistentin am Psychologischen Institut der Universität Bonn, im Jahre 1968 habilitierte sie sich mit einer in Fachkreisen auch wegen der elaborierten Methode der biografischen Exploration begeistert aufgenommenen Arbeit zur *entwicklungs- und sozialpsychologischen Analyse der Berufstätigkeit der Frau*. Es erfolgten Rufe an die Universitäten Bonn, Köln und Utrecht, wobei sie sich für die Universität Köln entschied – dort lehrte sie Entwicklungspsychologie und Pädagogische Psychologie. Im Jahre 1975 erfolgte ein erneuter Ruf an die Universität Bonn (Lehrstuhl für Entwicklungspsychologie und Pädagogische Psychologie), den Frau Lehr annahm. Nach einer Ablehnung des Rufes an die Universität Frankfurt erfolgte im Jahre 1985 der Ruf an die Universität Heidelberg und im Jahre 1986 die Gründung des Instituts für Gerontologie dieser Universität. Im Jahre 1988 erreichte sie die Berufung zur Bundesministerin für Familie, Jugend, Frauen und Gesundheit im Kabinett Kohl, im Jahre 1994 kehrte sie wieder nach Heidelberg zurück, gründete im Jahre 1995 das Deutsche Zentrum für Alternsforschung (DZFA) und leitete dieses bis zum Jahre 1998. Das DZFA wurde – aufgrund fehlender Übereinstimmung zwischen Bund und Land in Fragen der Finanzierung – im Jahre 2005 geschlossen; für Frau Lehr insofern eine immerfort offene Wunde, weil sie damit die Entwicklungspotenziale, die sich aus einer institutionell etablierten interdisziplinären Alternsforschung ergeben haben, weggegeben sah. Im Jahre 2000 wurde sie auf den Marie Curie-Lehrstuhl der Europa-Universität Yuste berufen. Von 2000 bis 2004 war sie Präsidentin der Vereinigung der ehemaligen Mitglieder des Deutschen Bundestages und des Europaparlaments. Sie erhielt zahlreiche internationale Auszeichnungen, zwei Ehrenpromotionen und wurde in zahlreiche Akademien und wissenschaftliche Kuratorien berufen. Sie hat auch die vielfältigen Angebote zum außeruniversitären ehrenamtlichen Engagement, so zuletzt die Bitte, den Vorsitz der Bundesarbeitsgemeinschaft der Seniorenorganisationen zu übernehmen (dieser Bitte folgte sie im Jahre 2009), nicht ausgeschlagen – dies in der Überzeugung, dass sie als eine in der Öffentlichkeit anerkannte und geschätzte Person Mitverantwortung zu übernehmen habe.

Das wissenschaftliche Oeuvre von Frau Lehr umfasst Arbeiten zu allen Lebensaltern, wobei sich das Interesse mehr und mehr auf die Analyse von Entwicklungsprozessen im mittleren und hohen Erwachsenenalter konzentrierte. Doch trotz dieser Akzentsetzung in Bezug auf die besonders intensiv analysierten Lebensalter hat Frau Lehr die Biografie des Individuums nie aus dem Blick verloren: Erleben und Verhalten, Daseinsthemen und Daseinstechniken, wie sie in der Gegenwart offenbar werden, erfordern – wenn sie in ihrer Genese verstanden werden sollen – einen biografischen Analyseansatz. Die Biografie wird aber nicht als etwas Deterministisches interpretiert; vielmehr geht Frau Lehr ausdrücklich von der Aktualgenese, somit vom Schöpferischen in jedem Augenblick aus. Die biografisch fundierte Analyse bildete den Kern der – gemeinsam mit Hans Thomae inaugurierten – *Bonner Längsschnittstudie des Alterns*, in der körperliche und seelisch-geistige Entwicklungsprozesse im hohen Alter über einen Zeitraum von 18 Jahren untersucht wurden. Ihr wissenschaftliches Interesse galt weiterhin den Möglichkeiten (und Grenzen) der Gestaltbarkeit von Entwicklung, zunächst von Entwicklungsprozessen im Kindes- und Jugendalter, später von Entwicklungsprozessen im mittleren, vor allem aber im hohen Erwachsenenalter. Das hohe Alter erscheint ihr als eine Lebensphase, deren individuelle und gesellschaftliche Potenziale wir bis heute nicht wirklich verstanden haben; die gesellschaftliche Reserviertheit gegenüber dem hohen Alter ist für sie Ausdruck dieses mangelnden Verständnisses. Dabei ist die Zukunft der Gesellschaft ohne eine differenzierte gesellschaftliche und kulturelle Repräsentanz des Alters für sie nicht denkbar: Sie postuliert eine stärkere Mitverantwortung des Alters für die Gesellschaft und plädiert für einen kritischen Umgang mit Altersgrenzen, die – wenn sie in starrer Weise gebraucht werden – die Verschiedenartigkeit personaler Ressourcen eher verdecken denn widerspiegeln. Überhaupt bildet im Verständnis von Frau Lehr „Alter" keine eigenständige, biologisch und psychologisch klar abgrenzbare Lebensphase. Anstelle von Alter betont sie das *Altern* des Menschen und lehnt sich hier an das von Max Bürger im Jahre 1947 eingeführte Konzept der *Biomorphose* an, somit an das Verständnis von Altern als einem entelechialen, sich über den gesamten Bios hinweg vollziehenden Veränderungsprozess. Psychologisch erweitert sie dieses Konzept um die innere Verbindung von Erfahrung und Offenheit: In der lebenslangen Auseinandersetzung mit neuen Anforderungen, Belastungen und Krisen bildet die Person Erfahrungen aus, die eine Grundlage ihres Lebenswissens bilden – die aber, sollen sie neue Entwicklungsprozesse anstoßen, transformiert werden müssen. Dieser Prozess kontinuierlicher Transformation des Vergangenen in das Gegenwärtige ist grundlegend an die *Offenheit* des Menschen gebunden: Ohne Offenheit ist der Mensch starr und seiner – eigentlich über den gesamten Lebenslauf gegebenen – Entwicklungsmöglichkeit beraubt.

Diese Offenheit, gepaart mit einer bemerkenswerten Neugier, mit einem freudigen Herz und einem lebendigen Geist, aber auch die Natürlichkeit und die Beeindruckbarkeit, schließlich der durch nichts zu erschütternde, auch im christlichen Glauben gründende Optimismus: dies sind hervorstechende Merkmale einer in jeglicher Hinsicht hoch interessanten, farbigen, lebendigen Person. Dieser rufen wir zum 80. die *Betrachtungen über die Zeit* zu, wie sie Andreas Gryphius (1616–1664) angestellt hat:

> *Mein sind die Jahre nicht*
> *Die mir die Zeit genommen –*
> *Mein sind die Jahre nicht*
> *Die etwa möchten kommen –*
> *Der Augenblick ist mein;*
> *Und nehm ich den in Acht –*
> *So ist der mein,*
> *Der Jahr und Ewigkeit gemacht.*

Andreas Kruse

Inhaltsverzeichnis

I. Personale Entwicklungsprozesse im Alter

Leben im Alter
A. Kruse (Hrsg.)
© *2010, AKA Verlag Heidelberg*

Toward a Definition of "Successful" Ageing

Rocío FERNÁNDEZ-BALLESTEROS[a] und Neyda Ma. MENDOZA-RUVALCABA[b]
[a]*Autonomous University of Madrid, Spain*
[b]*Guadalajara University, Mexico*

Abstract. Anhand diverser empirischer Studien, welche von den Autoren in Mexiko und Spanien durchgeführt wurden, wird postuliert, dass nur ein Mix aus vier multi-domain-Definitionen und weiteren singulären Befunden ein vollständiges Bild der Multidimensionalität des modernen successful ageing-Begriffs leisten könne. Obwohl derzeit noch das Dilemma bestehe, dass ein Konsens über die Kriterien dessen, was der Begriff des successful ageing umfasse, noch nicht abgeschlossen sei, so habe man mittlerweile jedoch Einigkeit über einige definitorische Aspekte erzielt. Als zentraler Befund könne dabei gelten, dass successful ageing als das Ergebnis eines lebenslangen Prozesses zu betrachten sei, in dem sowohl private Handlungsstrategien und Lebensstile als auch öffentlich bereitgestellte Handlungsspielräume und Entwicklungsmöglichkeiten zu berücksichtigen seien.

Introduction

An ageing population is the expression of human success in the process of adaptation. As a social phenomenon an ageing population is a challenge because it can be considered by society both as a threat and as an opportunity: a threat, because age is associated with illness, dependency and suffering and, therefore, from a welfare state perspective, an ageing society requires high investment in older people's care; a new bio-psycho-social phenomenon (as population ageing is), however, also provides a great opportunity to society.

How to *live longer, live active* is a challenge which occurs at the level of society but also at individual level; society must promote socio-environmental conditions for active ageing across the lifespan because older people represent human capital (e.g. Kruse, 2002). Also, at the individual level, the elderly must be aware that ageing well is not a random event but that they are the agents of their own ageing process which involves not only decline but also opportunities for development.

Prof. Ursula Lehr is a scientist and academic but also committed to the cause of re-considering ageing from a positive perspective and opening the eyes of scientists, policymakers, and the elderly to this new perspective. This is why we have selected the topic of *successful ageing* as the best way to honour her on her eightieth birthday.

1.   Some Antecedents

Early in the 1960s, Havighurst saw the need for a theory of successful ageing, defined as the individual and social life conditions under which a person gets a maximum of satisfaction and happiness and society maintains an appropriate balance of satisfaction among the various social groups. In order to treat this question he fronted what he called *two theories of successful ageing*: the Activity Theory and the Disengagement Theory. The former held that successful ageing means the maintenance as far and as long as possible of activities and attitudes of middle age; the latter asserted that successful ageing means the acceptance of and the desire for a process of disengagement from active life.

Havighurst (1960) was the first author to call for research in successful ageing:

> "One of the major aims of gerontology is to provide society and individuals with advice on the making of societal and individual choices about such things as retirement policy, social security policy, housing, where and with whom to live, how to relate oneself to one's family, what to do in free time. In order to provide good advice, it is essential that gerontology has a theory of successful aging" (p.8).

Although the initiative did not attract much response at this time, the seed was sown that ageing is not only a series of unavoidable progressive changes leading to greater limitations and physical impairments (a concept widely accepted from a bio-medical point of view), but a process of human development where change is combined with stability, development of new resources (physical, cognitive, psychological and social), and functional decline as well.

As Fernández-Ballesteros observed, from an evidence-based point of view, it was only during the last three decades of the twentieth century that the so-called "new paradigm" or "revolution" in the field of ageing research and, in a broad sense, the science of gerontology began: a positive view. Pioneers of this new paradigm come from several gerontological disciplines; that is, from the fields of biomedicine and social sciences (Fries, 1989; Rowe & Khan, 1987) or from psychology (Thomae, 1975; Lehr, 1993; Baltes & Baltes, 1990).

This new perspective of ageing and this new concept "ageing well" have not only remained as an issue on scientific and academic agendas. This positive perspective on the study of ageing has spread through political actions conducted by international organisations. The United Nations celebrated the First World Assembly on Ageing in Vienna in 1982 and the Second World Assembly on Ageing convened in Madrid in 2002, developing and approving two International Plans of Action on Ageing. Both contained guiding principles for policies, planning and programming to improve positive ageing, by recognising resources and potential as well as regulating the care of older persons.

In addition, the World Health Organization (WHO, 1990), in the report "Healthy aging", emphasises the negative influence of stereotyping, which reduces ageing to illness in the care of the elderly, as well as the importance of promoting health throughout the lifecycle. Also, the World Health Organization (1999) outlined principles of *Active Ageing* pointing out how they help to maintain health throughout the lifespan and specially in later years, and suggested ways in which individuals and policymakers can turn principles into practice to make active ageing a global reality.

The theme of World Health Day 1999 in the International Year of Older Persons, "Active Ageing makes the difference", recognises that it is crucial for older people to go on playing a part in society. WHO also expressed its commitment to promoting successful ageing as an indispensable component of all development programmes. Finally, as a preparation for the Second World Assembly on Ageing, the World Health Organization (2002) enlarged the concept of healthy ageing, calling this new view

Active ageing and defining it as "the process of optimizing opportunities for health, participation and security in order to enhance quality of life as people age" (p.14).

As Fernández-Ballesteros (2008) pointed out, the same positive concept is called differently by different authors: "healthy" (WHO, 1990), "successful" (Thomae, 1975; Rowe & Khan, 1987, 1997; Baltes & Baltes, 1990), "active" (WHO, 2002), and many others such as "optimal" (Palmore, 1995), "vital" (Erikson et al., 1986), "productive" (Butler & Gleason, 1985; Kruse, 2002), "positive" (Gergen & Gergen, 2001) or simply "aging well" (Fries, 1989) or "good life" (Bearon, 1996).

After reviewing their use in several bibliographical data bases (Psychlit, Pubmed, Sociofile), Fernández-Ballesteros concluded that all these terms have been growing since the seventies in all scientific data bases examined. Also, it seems that the terms are linked to a concrete scientific field: "healthy" ageing is a consolidated verbal label within the bio-medical context but has been declining in the last decade; "successful" ageing is the most extended term on psychological and social literature and "active" ageing appears in most of the data bases of the last decade, congruent with the fact that "active ageing" has been endorsed by the WHO (2002). Finally, other terms such as "optimal" or "productive" have a very small presence in scientific literature. Since "successful ageing" is the commonest term in psycho-social literature and perhaps is also used in bio-medical research we have kept this concept.

2. Tell me how you define successful ageing and I will tell you how many "successful agers" there are

Usually, successful ageing is considered a multidimensional concept, described by a broad set of bio-psycho-social factors (Fries, 1989; Rowe & Khan, 1987; Thomae, 1975). Nevertheless, frequently research in this field reduces successful ageing to daily life functioning and physical health, that is, to "healthy" ageing or to life satisfaction ('satisfactory' ageing), as Havighurst (1960) did. In other words, there is no consensus about its operationalisation.

As is well known, when a new concept is developed and is used in scientific literature its empirical definition is a pre-requisite for its use even when only developed for classification purposes. How many older persons in a given population are "ageing well" is a relevant question. Several scientific studies around the world have been devoted to testing a particular conceptual definition of successful ageing, as well as to determine its prevalence in a given population.

We conducted a review of scientific indexes (PubMed and ISI Web of Knowledge), as well as the data bases EBSCO, SciELO and REDALYC, searching for empirical studies using the terms "successful", "healthy" and "active" ageing, from January 1979 to December 2008. Seventeen empirical definitions were found under the inclusion criteria with an explicit definition (therefore, studies with no operational definition were excluded). Table 1 shows a summary of data found in the literature search for those empirical cross-sectional or longitudinal studies by author, concept used, main outcome definitions, criteria and the proportion of individuals meeting the criteria.

Table 1. Author's definitions of successful ageing, criteria used, and rate of successful ageing participants found.

Author	Concept	Outcomes definitions	Criteria	% Successful ageing
(Havighurst, 1960)	*"Successful Aging"*	Life satisfaction (past and present).	Life satisfaction.	not specified
(Palmore, 1979)	*"Successful Aging"*	Longevity, without disability, and happiness (life satisfaction).	80 years and older. Independence in ADL's. Life satisfaction.	not specified
(Guralnik & Kaplan, 1989)	*"Healthy Aging"*	High level of physical functioning.	Top 20% in ADL's.	12.7%
(Ross & Havens, 1991)	*"Successful Aging"*	Maintaining independence in the community by living to advanced age, continuing to function well at home and remaining mentally alert. Good self-rated health.	Independence in ADL's, life. Satisfaction. Good self-rated health. No-cognitive impairment (MMSE>24).	20%
(Berkman et al., 1993)	*"Successful Aging"*	High level of functioning.	Being in the upper tertile of both cognitive and physical functioning (percentile 33 in MMSE and ADL's).	32.6%
(Strawbridge, Cohen, Sheman, & Kaplan, 1996)	*"Successful Aging"*	To have minimal interruption of usual functioning, needing no assistance nor having difficulty on a range of activity/mobility measures and little or no difficulty on measures of physical performance.	Independence in ADL's.	35%
(Rowe & Kahn, 1997)	*"Successful Aging"*	Includes avoidance of disease and disability, the maintenance of high physical and cognitive function, and sustained engagement in social and productive activities.	No-disease. Independence in ADL's. Cognitive function (MMSE>24). Active (participation scale).	not specified
(Jorm et al., 1998)	*"Successful Aging"*	Functioning in the community without disability, with excellent or good self-rated health and high cognitive ability.	Independence in ADL's. Self-rated health. No-cognitive impairment.	6% – 44%
(Reed et al., 1998)	*"Healthy Aging"*	Surviving and remaining free of major chronic illness and physical and cognitive impairments.	70 years and older. Independence in ADL's. No-cognitive impairment. No heart disease.	19%

			No cancer. No lung disease. No diabetes disease. No Parkinson.	
(Avlund, Holstein, Mortensen, & Schroll, 1999)	"Successful Aging"	Defined in terms of Active Life Classification, in which criterion for successful aging combines good functional ability and high social participation.	Independence in ADL's. Social participation.	Men 23% Women 22%
(Ford et al., 2000)	"Successful Aging"	Sustained personal autonomy in domains of activities of daily living, ability to participate in valuated activities and not living in a nursing home.	Independence in ADL's. Not living in a nursing home.	20%
(Burke et al., 2001)	"Healthy Aging"	Remaining alive and free of chronic disease and symptoms in later life.	72 years and older. No heart disease. No cancer. No lung disease.	Men 59% Women 71%
(Vaillant & Mukamal, 2001)	"Successful Aging"	High level of well-being: objective and subjective physical health, mental health, active life, life satisfaction, social support.	Physical health. Independence in ADL's. Good self-rated health. Being active. Social support. No-cognitive impairment (MMSE>24).	26% – 29%
(VonFaber et al., 2001)	"Successful Aging"	Optimal state of overall functioning and well-being.	Percentile 33 in MMSE, ADL's, activities. No-loneliness feelings. Well-being feelings.	10%
(World Health Organization, 2002)	"Active Ageing"	Is the process of optimizing opportunities for health, participation and security in order to enhance quality of life as people age, applies to both individuals and population groups.	not specified	not specified
(Newman et al., 2003)	"Successful Aging"	Reaching old age without having experienced serious chronic illness and having maintained high levels of physical and cognitive functioning.	No heart disease. No cancer. No lung disease. Independence in ADL's. No-cognitive impairment.	not specified
(Britton, Shipley, Singh-Manoux, & Marmot, 2008)	"Successful Aging"	Being free of major disease and in the top tertile of the distribution of physical and cognitive functioning.	No-disease. In the top tertile of ADL's and MMSE.	not specified

Source: (Mendoza-Ruvalcaba & Arias-Merino, 2010).

As it is shown, results from these studies yielded a remarkable diversity in the criteria defining successful ageing and related terms. Therefore, it derives a broad diversity of elder people fulfilling the established criteria or being considered as successful aging participants (6 percent through 59 percent).

Our results are in accordance with those of Peel, Barttlett and McClure (2004), who reviewed eighteen studies reporting results of longitudinal research (1985–2003). They found that the proportion of successful ageing individuals reported in these studies varied greatly – from 3 percent to 80 percent. Among the criteria, the authors concluded that survival and level of functioning were those most used for identifying successful ageing. Also, Deep and Jeste (2006) reviewed the variability in definitions of successful ageing and rates of successful ageing reported in several studies. They identified 29 definitions where the mean proportion of elderly meeting the criteria for successful ageing was 35.8 percent, and the range varied from 0.4 percent to 95 percent. Ten main domains were used as criteria for defining successful ageing: disability and physical functioning, cognitive functioning, life satisfaction and well-being, social/ productive engagement, presence of illness, longevity, self-rated health, personality, environment and finances, and self-rated successful ageing. Finally, Peel and colleagues (2004) and Deep and Jeste (2006) attributed to characteristics of each study (sample age, gender, education, etc.) the diversity of prevalence in successful ageing.

In sum, it can be concluded that there is still a lack of consensus on the definition of successful ageing; taking into account the heterogeneous nature of definitions, domains, measures selected and populations sampled, it is impossible to arrive at reliable prevalences.

3.   Outcomes and predictors of successful ageing: new evidence

Given the diversity of empirical definitions in successful ageing research, a variety of predictor variables can also be expected. For example, Depp and Jeste (2006) pointed out that the commonest predictors of successful ageing criteria were younger age, higher income, education, gender/female, gender/male, C-reactive protein, ankle/arm index, presence of medical conditions, hearing problems, and presence of depression. It should be noted that "illness", which is one of the domains of dependent variables, is also included as an independent or predictor variable. This (and other) methodological confusions make any distinction between successful ageing outcomes and their predictors (or determinants) circular or tautological (see also Fernández-Ballesteros et al., 2004). In sum, when data from cross-sectional studies on successful ageing are analysed, several variables are used inappropriately, at the same time, both as dependent or outcome variables and as independent or predictor variables.

In order to examine prevalence of different definitions of successful ageing looking for their predictors, making distinctions between outcomes and predictors, let us introduce two independent studies from two cultural settings: Spain and Mexico.

Fernández-Ballesteros and colleagues (in press) examined whether specific *multi-domain* criteria or *specific* outcomes related to successful ageing yielded different proportions of successful ageing participants and what were their predictors. Data obtained from 458 elderly (170 males, 288 females) participants in the *baseline* of the *Estudio Longitudinal sobre Envejecimiento Activo, ELEA* (Longitudinal Study on Active Ageing) were examined. Mean age of participants was 66.7 years (range: 55–75), 5.3 were single, 70.5 percent married, 7.2 percent divorced, and 17.1 percent widow/ers. Concerning education, 21 percent had no formal education (but were literate), 41 percent primary education, 14 percent secondary education, 11.6 percent high school, 12 percent college. Regarding working status, 53.3 percent were retired, 10 percent still working, and 33.3 percent were housewives. Criteria for inclusion were to have all basic ADL and having more than 24 on the MMSE (Folstein, Folstein & McHugh, 1975).

After the interviewer received informed consent, participants were tested at home, in senior centres, or at university, through the *Protocolo de Evaluación del Envejecimiento Activo* (PELEA), developed from the *European Survey on Ageing Protocol (ESAP)* already tested through EXCELSA (Cross-European on Ageing Longitudinal Study, Fernández-Ballesteros et al., 2004). The PELEA contains 500 variables, assessing 23 functions, and is grouped into nine domains: anthropometry (e.g. height, weight, BMI, etc.); health and functioning (e.g. subjective health, number of diagnosed illnesses, sensory functions, need for help, etc.); physical and physiological functions (e.g. blood pressure, balance, speed, vital capacity, strength, subjective fitness); lifestyle (e.g. physical activity, nutrition, smoking, drinking, etc.); cognitive functioning (e.g. working memory, cognitive plasticity, learning, mental status); emotional-motivation functioning (e.g. life satisfaction, well-being, emotional regulation, self-efficacy for ageing); personality (extroversion, neuroticism, openness, agreeableness, conscientiousness); social functioning and participation (social and family network and support, helping others, receiving care, leisure activities, social productivity); and socio-demographics (age, gender, marital status, education, income, etc.).

The authors posited four "multi-domain" definitions of successful ageing as well as "simple" outcomes present in most successful ageing studies (subjective health, number of illnesses reported, mental status, and life satisfaction), and performed a set of stepwise regression analyses for simple outcomes as well as logistic analysis for categorical multidimensional measures of successful ageing (see Fernández-Ballesteros et al., in press).

Regarding prevalence of successful ageing persons, the range ran from 93 percent with the criterion of 'no help needed' (obviously in accordance with our criteria for inclusion in the study) to 15.5 percent when a multidimensional definition number of four based on Productivity was used (mean = 45.3 percent). In general terms, those multidimensional definitions were more restrictive (ranging from 41.4 percent to 15.5 percent) than the simple definitions (ranging from 93 percent to 27.9 percent), and those objective definitions more restrictive than the subjective ones (ranging from 27.9 percent – no illness – to 80 percent – high life satisfaction).

Regarding predictors, the most powerful predictors across domains were *socio-demographics*: gender, income, education and age (according to our age range 55–75). In second place two *lifestyles* such as usually drinking and physical activity are also across-domain predictors and strength and peak flow (physical fitness) could also be considered as *physical fitness* predictors. Third, it is important to emphasise that *intelligence* (assessed through Digit Symbols) is the commonest predictor for all our criteria, both those criteria including cognitive functioning (all multidimensional criteria) and all the others. In the fourth place, *personality* conditions such as neuroticism, extraversion, emotional balance, openness, and self-efficacy for ageing are predictors of some of our criteria. Finally, among those *psychosocial* variables theoretically linked with successful ageing only family network and helping others yielded significant weight in our regression equations.

We must take into consideration that ELEA is planned as a longitudinal study in order to arrive at a definition of successful ageing as well as the identification of successful ageing determinants, and therefore our results are cross-sectional, coming from the baseline of ELEA. Moreover, it must be said that in our study *90+* we had already tested the predictive value of our successful ageing definitions (Fernández-Ballesteros et al., 2009).

A second study was conducted by Mendoza-Ruvalcaba and Arias-Merino (2010), the aim of which was to examine the variation in proportion and predictors of successful ageing when different criteria proposed in the literature were applied to the same population.

This study analysed empirical definitions and indicators for successful ageing proposed by several authors, establishing the prevalence of successfully ageing elders according to the criteria included in each definition, and identifying predictors of successful ageing for each different definition.

Data were obtained from the study *Mujeres Grandes* ('Great Women') carried out in Guadalajara (Jalisco, Mexico), where 638 elderly women who had previously given informed consent were interviewed and assessed on: cognitive function measured by MMSE (Folstein et al., 1975), depression assessed by the Geriatric Depression Scale (Yesavage et al., 1983), functional ability (basic and instrumental activities of daily living) measured by the Barthel Index (Mahoney & Barthel, 1965) and the Lawton Scale (Lawton & Brody, 1969) respectively, self-reported health, life satisfaction (self-report), nutritional risk by Nutritional Risk Screening (Kondrup, Rasmussen, Hamberg & Stanga, 2003), activities by the Activities Scale (Diez-Nicolás, 1996), and sociodemographics (age, education, marital status, income, living arrangements, etc.).

The mean age of participants was 70.9 years (SD=7.1, range 60–95), mean of education was 4.4 years, 89.2 percent were able to read and write, 85.6 percent were housewives, 72.3 percent were without pensions, 68.2 percent had income lower than 156€, 20.1 percent were living alone. As regards marital status 48 percent were widows, 31.2 percent were married, 10.7 percent were single, and 3.6 percent were divorced. Criteria for inclusion were being women, 60 years and older, and attending a senior centre in Guadalajara city.

Once the definitions had been analysed and operationalised, participants were categorised as successfully ageing or not depending on the fulfilment of the specific criteria. Logistic regression analyses were also performed in order to identify predictors of successful ageing according to each definition included.

In this study we found that the range of successful aged women varied from 3.4 percent (multidimensional criteria) to 97.2 percent (life satisfaction criterion), mean proportion 33.6 percent. In order to analyse this variability, definitions were grouped by inclusion (or not) of the commonest criteria found to define successful ageing: functionality (ADL's independence), cognitive status (MMSE), with-without disease, and life satisfaction. When functionality was considered as a criterion in the definitions 29.9 percent met the criteria for successful ageing, and 67.4 percent did not when it was not included. If cognitive status was included, 54.6 percent met the criteria, and 21.4 percent did not, when definitions did not include it. When life satisfaction was considered a criterion for successful ageing 27.7 percent were classified as successful agers, whereas 37 percent did not when life satisfaction was not included in the definitions. The major variability was found with the "no-disease" criterion; 3 percent met the criteria when it was in the definitions, and 41.7 percent did not satisfy the criteria when it was not considered a criterion for defining successful ageing. These prevalences evidence how some criteria constrain more the possibility of being characterised as a successful ager the "no-disease" criterion was the most restrictive.

Besides the variability in rate this study analysed predictors of successful ageing according to criteria set for each definition. In summary, the most consistent and powerful predictors found were: age, education (among sociodemographics); subjective health, activities of daily living, nutritional risk (among health and functionality); depression (among psychological factors); and doing leisure, participation and daily activities (among lifestyles).

Three important issues must be considered here. First, *Mujeres Grandes* is a cross-sectional study that included only women; therefore some differences (in percentages and predictors) could be owed to differential effects of ageing associated with gender. Second, education level is generally low in this population, and this has a direct impact on the prevalence of people meeting the criteria for successful ageing, because performance in measures of cognitive status, specifically in MMSE, is strongly associated with education; it means for example that only a few could meet the criterion MMSE$\geq$29, not because of their mental status, but because of their educational level. Third, different scales as well as cut-off measures contribute even more to the variability in rates and predictors. For example, although the criterion "cognitive functioning" is generally measured by MMSE, some authors consider it as scoring $\geq$29 (e.g. Fernández-Ballesteros et al., in press) or >24 (e.g. Ross & Havens, 1991), being in the upper tertile (e.g. Berkman et al., 1993), or just not having cognitive impairment (cut-off in Mexico is 19/20). Thus, even more differences owing to the scales used can be expected when criteria are measured with different scales across studies. Despite these issues, however, this study demonstrates the problem caused by the lack of consensus in defining successful ageing, and underlines the necessity for unifying criteria.

Although in Mendoza-Ruvalcaba and Arias Merino's (2010) study nineteen definitions of sixteen different authors were included, here we only report those proposed by Fernández-Ballesteros and colleagues (in press).

Table 2 shows comparisons between the two studies (with the exception of the multidimensional "Productivity" criterion). It must be emphasised that criteria for inclusion and instruments used are only harmonised in approximately 40 percent of cases.

Table 2 shows multidimensional (1–4) and simple criteria (5–9) prevalences in the two studies. Given the differences in both samples (mainly in gender and education), the results yielded higher prevalences of successful ageing in ELEA than in *Mujeres Grandes* with the exception of two subjective simple indicators: 'subjective health' and "life satisfaction". In other words, although ELEA participants seem to be in the majority in terms of successfully ageing from a more "objective" perspective, there is a higher proportion of *Mujeres Grandes* participants reporting "subjectively" successful ageing. These results call for more reflection about the core of successful ageing and its measurement through objective and subjective multiple criteria.

Table 2. Multidimensional (1–4) and simple criteria (5–9): prevalence of successful ageing in ELEA and "Mujeres Grandes" studies.

CRITERIA	ELEA % Successful ageing	"MUJERES GRANDES" % Successful ageing
(1) Illness ≤1, MMSE≥29, Independence in ADL's, Life satisfaction (high or very high).	27.9%	3.4%
(2) Subjective health (good or very good), MMSE≥29, Independence in ADL's, Life satisfaction (high or very high).	41.4%	12.5%
(3) Leisure activity >mean, MMSE≥29, Independence in ADL's, Life satisfaction (high or very high).	19.5%	9.2%
(4) Productivity >mean, MMSE≥29, Independence in ADL's, Life satisfaction (high or very high)	15.5%	Not specified.
(5) No illness reported	27.9%	22.7%
(6) No help needed	93%	71.5%
(7) Subjective health (good or very good)	57.2%	60.6%
(8) Mental Status (MMSE >28)	46%	18.3%
(9) Life satisfaction (high or very high)	80%	97.2%

Source: Fernández- Ballesteros, Zamarrón, Diez-Nicolás, Molina, López-Bravo & Schettini, in press; Mendoza-Ruvalcaba & Arias-Merino, 2010.

4.   Concluding remarks

Although a consensus on criteria for defining successful ageing has still not been achieved, the concept has some points of agreement:

First, the authors consider that to reduce successful ageing to only a simple outcome – such as health, life satisfaction or daily living – is to simplify a complex new concept; doing so, it would be better to refer to "healthy ageing", "satisfactory ageing" or "independent ageing". Therefore, it is concluded that when successful ageing is used (or any other related terms), it must be operationalised as a multidimensional concept (e.g. Baltes & Baltes, 1990; Fernández Ballesteros, 2008; Rowe & Khan, 1987, 1997). Multidimensionality is not only considered as a characteristic of this concept from the expert point of view but all research looking for lay definitions recognises this characteristic (e.g. Bowling, 2006; Fernández-Ballesteros et al., 2008).

Second, according to this multi-criteria approach, several domains are coincident in the majority of definitions: functional independence, physical fitness, health status (objective and subjective), cognitive status, and life satisfaction. It must be recognised that deriving similar measures or scales to assess those domains is a task for future research on successful ageing.

Third, the most powerful predictors reported seem to be in the first place socio-demographics (age, gender, education and income), and lifestyles (physical activities, usually drink[1], body mass, nutritional status[2]) but it must be noted that personality (e.g.

---

[1]   It must be taken into consideration that in Spain the Mediterranean diet is the commonest diet in our sample, and therefore 50 per cent of ELEA participants reported they usually drank a glass of wine.

[2]   In Mexico, as well as in developing countries, nutritional issues are especially important within the elderly. In the *Mujeres Grandes* study in particular 82.7% reported nutritional risk, and more than the half high risk.

extraversion, neuroticism, emotional balance) and psychopathology (e.g. depression) are also predictors of successful ageing. The importance of intelligence as a predictor of all criteria in the ELEA study cannot be overstated since, as intelligence is a psychological characteristics largely accepted with an epidemiological value (e.g. Deary, 2009).

Finally, successful ageing must be seen as a result of a lifelong process, in which a variety of influences in early childhood, adolescence, early and middle adulthood are at work. Present life circumstances of older persons, however, also determine the process of ageing; a non-ageist society providing opportunities to the older generation for self-development and social involvement and older individuals being willing for their part to continue being active are both conditions for coping with an ageing world. The eightieth birthday of Prof. Lehr marks not only a wise process of ageing with a wise outcome: she continues being an active, productive, and influential person.

References

[1]   Avlund, K., Holstein, B., Mortensen, E., & Schroll, M., Active life in old age. Combining measures of functional ability and social participation, *Danish Medical Bulletin* **46:4** (1999), 345-349.
[2]   Baltes, P., & Baltes, M., *Successful Aging*, Cambridge University Press, New York, 1990.
[3]   Bearon, L. B., Successful aging: What does the "goodlife" look like? *The Forum* **3** (1996), 1-7.
[4]   Berkman, L. F., Seeman, T. E., Albert, M., Blazer, D. G., Kahn, R. L., Mohs, R., et al., High, usual and impaired functioning in community-dwelling older men and women: Findings from the MacArthur Foundation Research Network on successful aging, *Journal of Clinical Epidemiology* **46** (1993), 1129-1140.
[5]   Bowling, A., Lay perceptions of successful ageing: findings from a national survey of middle aged and older adults in Britain, *European Journal of Ageing* **4** (2006), 57-58.
[6]   Britton, A., Shipley, M., Singh-Manoux, A., & Marmot, M., Successful Aging: The contribution of early-life and midlife risk factors, *Journal of the American Geriatrics Society* **56** (2008), 1098-1105.
[7]   Burke, G. L., Arnold, A. M., Bild, D. E., Cushman, M., Fried, L. P., Newman, A., et al., Factors Associated with Healthy Aging: The Cardiovascular Health Study, *Journal of American Geriatrics Society* **49** (2001), 254-262.
[8]   Butler, R., & Gleason, H. P., *Enhancing vitality in later life,* Springer, New York, 1985.
[9]   Deary, I. J., Introduction to the special issue on cognitive epidemiology, *Intelligence* **37** (2009), 517-634.
[10] Depp, C. A., & Jeste, D. V., Definitions and Predictors of Successful Aging: A comprenhensive Review of Larger Quantitative Studies, *American Journal of Geriatric Psychiatry* **14** (2006), 6-20.
[11] Diez-Nicolás, J., *Los mayores en la comunidad de Madrid,* Caja Madrid, 1996.
[12] Erikson, E. H., & Erikson, J. M., & Kivnick, H., *Vital involvement in old age: The experience of old age in our time,* Norton, London, 1986.
[13] Fernández-Ballesteros, R., *Active aging. The Contribution of Psychology,* Hogrefe, Gottebörg, 2008.
[14] Fernández-Ballesteros, R., Zamarrón, M. D., Rudinger, G., Schroots, J. F. F., et al., Assessing competence: The European Survey on Aging Protocol (ESAP), *Gerontology* **50** (2004), 330-347.
[15] Fernández-Ballesteros, R., Kruse, A., Zamarrón M. D., & Caprara, M. G., Quality of Life, Life Satisfaction, and Positive Ageing, in: R. Fernandez-Ballesteros (Ed.), *Geropsychology. An European perspective for an ageing world*, 196-223, Hogrefe & Huber, Gottingën, 2007.
[16] Fernández-Ballesteros, R., García, L. F., Blanc, L., et al., Lay Concept of Aging Well: Cross-Cultural Comparisons, *J. American Geriatric Society* **56** (2008), 950-952.
[17] Fernández-Ballesteros, R., Zamarrón, M. D., Díez-Nicolás, J., López-Bravo, M. D., Molina, M. A., & Schettini, R., *Mortality and participation in the Longitudinal 90+ project,* Autonomous University of Madrid Research Report, Madrid, 2009.
[18] Fernández-Ballesteros, R., Zamarrón, M. D., Molina, M. A., Diez Nicolás, J., & Schettini, R., Envejecimiento con éxito: criterios y predictores, *Psicothema,* im Druck.
[19] Folstein, M., Folstein, S., & McHugh, P., "Mini-Mental State": a practical method for granding the cognitive state of patients for the clinician, *Journal of Psychiatric Research* **12** (1975), 189-198.
[20] Ford, A., Haug, M., Stange, K., Gaines, A., Noelker, L., & Jones, P., Sustained Personal Autonomy: A Measure of Successful Aging, *Journal of Aging and Health* **12** (2000), 470-489.
[21] Fries, J. F., *Aging well,* Mass, Addison-Wesley Pub, Reading, 1989.

[22] Gergen, M., & Gergen, K., Positive aging: New images for a new age, *Age International* **27** (2001), 3-23.
[23] Guralnik, J. M., & Kaplan, G. A., Predictors of Healthy Aging: Prospective Evidence from the Alameda County Study, *American Journal of Public Health* **79:6** (1989), 703-708.
[24] Havighurst, R. J., Successful Aging, *The Gerontologist* **1** (1960), 8-13.
[25] Jorm, A. F., Christiansen, H., Henderson, S., Jacomb, P. A., Korten, A. E., & Mackinnon, A., Factors associated with successful ageing, *Australasian Journal of Ageing* **17** (1998), 33-37.
[26] Kondrup, J., Rasmussen, H. H., Hamberg, O., & Stanga, Z., Nutritional risk screening (NRS 2002): a new method based on an analysis of controlled clinical trials, *Clinical Nutrition* **22:3** (2003), 321-336.
[27] Kruse, A., Productivity and modes of human activity, in: S. Pohlmann (Ed.), *Facing an aging world. Recommendations and perspectives*, 107-112, Trasnfer Verlag, Regensburg, D, 2002.
[28] Lawton, M. P., & Brody, E. M., Assessment of older people: Self-maintaining and instrumental activities of daily living, *The Gerontologist* **9** (1969), 179-186.
[29] Lehr, U., A model of well-being in old age and its consequences for further longitudinal studies, in: J. J. F. Schroots (Ed.), *Aging, health and competence*, 293-300, Elsevier Science Publishers, 1993.
[30] Mahoney, F. I., & Barthel, D., Functional evaluation: the Barthel Index, in: M. V. Lucas-Vaquero (Ed.), *Compilación de Técnicas para una evaluación multidimensional en la vejez*, Venezuela, Facultad de Medicina, Universidad de Zulia, 1965.
[31] Mendoza-Ruvalcaba, N. M., & Arias-Merino, E., *Envejecimiento Activo: ¿quiénes cumplen los criterios?* (Reporte DEA), Universidad Autónoma de Madrid, Madrid, 2010.
[32] Newman, A., Arnold, A., Naydeck, B., Fried, L., Burke, G., Enright, P., et al., Successful Aging: effect of subclinical cardiovascular disease, *Archives of Internal Medicine* **163** (2003), 2315-2322.
[33] Palmore, E., Predictors of Successful Aging, *The Gerontologist* **19** (1979), 427-431.
[34] Peel, N. M., McClure, R. J., & Bartlett, H. P., Behavioral Determinants of Health Aging, *American Journal of Prevention Medicine* **28** (2005), 298-304.
[35] Reed, D. M., Foley, D. J., White, L. R., Heimovitz, H., Burchfiel, C. M., & Masaki, K., Predictors of healthy aging in men with high life expectancies, *American Journal of Public Health* **88** (1998), 1463-1468.
[36] Ross, N. P., & Havens, B., Predictors of Successful Aging: A Twelve-Year Study of Manitoba Elderly, *American Journal of Public Health* **81:1** (1991), 63-68.
[37] Rowe, J. W., & Khan, R. L., Human aging: Usual and Successful, *Science* **237** (1987), 143-149.
[38] Rowe, J. W., & Kahn, R. L. (1997). Successful Aging, *The Gerontologist,* **37:4**, 433-440.
[39] Strawbridge, W. J., Cohen, R. D., Sheman, S. J., & Kaplan, G. A., Successful Aging: Predictors and Associated Activities, *American Journal of Epidemiology* **144:2** (1996), 135-141.
[40] Thomae, H., Patterns of successful aging, in: H. Thomae (Ed.), *Pattern of aging*. Karger, Babel, 1975.
[41] Vaillant, G. E., & Mukamal, K., Successful Aging, *American Journal of Psychiatry* **158** (2001), 839-847.
[42] VonFaber, M., Bootsma, A., Van Exel, E., Gussekloo, J., Lagaay, A., CVan Dongen, E., et al., Successful Aging in the Oldest Old: Who can be characterized as successfully aged? *Archives of Internal Medicine* **161** (2001), 2694-2700.
[43] World Health Organization, *Healthy aging,* WHO, Geneva, 1990.
[44] World Health Organization, *Ageing: exploding the myths*, WHO, Geneva, 1999.
[45] World Health Organization (Ed.), *Active Ageing: A Policy Framework*, WHO, Geneva, 2002.
[46] Yesavage, J. A., Brink, T. L., Rose, T., Lum, O., Huang, V., Adey, M., et al., Development and validation of a geriatric depression screening scale: A preliminary report, *Journal of Psychiatric Research* **17:1** (1983), 37-49.

Leben im Alter
A. Kruse (Hrsg.)
© *2010, AKA Verlag Heidelberg*

Das höchste Alter: Psychologische Stärken als Antwort auf die körperliche Verletzlichkeit

Christoph ROTT

Institut für Gerontologie, Universität Heidelberg, Deutschland

Abstract. Dieser Beitrag beleuchtet die Situation der Höchstaltrigen aus demografischer, funktionaler und psychologischer Perspektive. Demografische Analysen zeigen, dass ein Leben von zehn Dekaden vor 1950 weltweit sehr selten war. Durch die seit diesem Zeitpunkt zurückgehende Sterblichkeit im hohen Alter werden sich viele Länder zu Gesellschaften des langen Lebens und des höchsten Alters entwickeln. Nach den vorliegenden Studien scheinen die funktionalen Ressourcen im höchsten Alter für ein selbstständiges Leben in den meisten Fällen nicht auszureichen. Insbesondere die Aktivitäten des täglichen Lebens sind stark eingeschränkt. Weiterhin stellen Demenzen ein hohes Risiko dar. Ungefähr die Hälfte der Hundertjährigen ist momentan davon betroffen. Im Gegensatz dazu offenbart sich bei vielen Höchstaltrigen eine bemerkenswerte psychologische Stärke, mit den Widrigkeiten des höchsten Alters umgehen zu können. Ihre Lebensbewertung fällt nicht schlechter aus als die von jüngeren Altersgruppen. Einige neuere Untersuchungen zeigen, dass nachfolgende Kohorten von Höchstaltrigen über bessere funktionale und kognitive Ressourcen verfügen werden bzw. könnten als die heutigen. Dem höchsten Alter kann ein Teil der Bürde genommen werden.

1. Von der Unsterblichkeit des Einzelnen zur Gesellschaft des höchsten Alters

Das Streben der Menschen nach einem langen oder sogar ewigen Leben ist seit mehr als 4.000 Jahren in Märchen, Mythen und Sagen ein Thema (vgl. Jeune, 2002). Eines der ältesten Dokumente stellt das Gilgamesch-Epos dar. Gilgamesch war nach sumerischer Überlieferung König der sumerischen Stadt Uruk, zu einem Drittel Mensch und zu zwei Dritteln Gott. Das Epos erzählt von den Heldentaten Gilgameschs und seiner Freundschaft mit dem von der Göttin Aruru erschaffenen menschenähnlichen Wesen Enkidu, thematisiert aber vor allem seine Suche nach Unsterblichkeit. Gilgamesch und Enkidu nehmen sich vor, gemeinsam eine Heldentat zu vollbringen und Chumbaba, ein furchtbares Waldungeheuer, zu töten und in dessen Wald Zedern zu fällen, was ihnen auch gelingt. Allerdings ziehen sie sich den Zorn der Götter zu, so dass der Göttervater Anu den Himmelsstier aussendet, um Gilgamesch zu vernichten. Dieses Ungeheuer richtet schlimme Zerstörungen an. Enkidu und Gilgamesch nehmen den Kampf mit ihm auf und töten es. Daraufhin beschließen die Götter, die Aufrührer zu bestrafen, indem sie eine Krankheit verbreiten, an der Enkidu stirbt. Der Tod Enkidus macht Gilgamesch nachdenklich und er begibt sich auf eine lange Wanderschaft, um in der Fremde das Geheimnis des Lebens zu finden. Er will nicht das gleiche Schicksal wie Enkidu erleiden und hofft, dass ihm sein unsterblicher Urahn Uta-napišti dabei helfen kann. Nach langem Zögern nennt Uta-napišti ihm schließlich den Ort einer geheimnisvollen Pflanze, die ewiges Leben bewirken soll. Gilgamesch gelingt es, das Gewächs zu finden. Er macht sich auf den Weg zurück in die Heimat, wo er die Wirkung der Pflanze zunächst an einem Greis ausprobieren will. Bei einer Rast an einem Brunnen ist Gilgamesch jedoch unvorsichtig und eine Schlange frisst die Pflanze des Lebens auf, worauf sich ihre Haut erneuert. Betrübt und niedergeschlagen kehrt Gilgamesch nach Uruk zurück.

Selbst wenn Gilgamesh bei seinen Bemühungen um ein langes, ja ewiges Leben, erfolgreich gewesen wäre, so wäre dies vermutlich lediglich ihm und einigen wenigen zu Gute gekommen, nicht einer ganzen Bevölkerung. Diese sehnte sich aber wegen der hohen Sterblichkeit im Kindes-, Jugend- und Erwachsenenalter nach lang oder ewig lebenden Idolen, wie der von Bacon im Jahre 1623 ausgelöste Hundertjährigenkult beweist. Selbst die ansonsten kritischsten Gelehrten akzeptierten beinahe jedes selbstberichtete Alter jenseits von 100 Jahren als wahr (vgl. Jeune, 2002). Personen wie Thomas Parr (angebliches Alter 152 Jahre) und Christian Drakenberg (angebliches Alter 146 Jahre) wurden zu gottähnlichen Legenden.

Durch die im 18. Jahrhundert in Schweden und Dänemark beginnende systematische Dokumentation der Todesfälle ist es heute möglich, die Entwicklung der Zahl der Hundertjährigen in diesen Ländern einigermaßen genau zu rekonstruieren (Vaupel, 2010). Vor 1800 gab es vermutlich keine Personen dieses Alters und bis zum Jahre 1950 war ihre Zahl äußerst gering. Dasselbe trifft für Schweden zu. Erst ab 1950 stieg die Zahl der Hundertjährigen in den beiden Ländern an und erhöhte sich in den folgenden fünf Jahrzehnten um das Zwanzigfache. Bemerkenswert ist auch die Entwicklung der 105-Jährigen (Frauen) in Japan. Bis zum Jahr 1975 waren es äußerst wenige, dann aber stieg ihre Zahl sehr schnell auf über 1.800 im Jahre 2000 an (Vaupel, 2010). Jeune (2002) schätzt, dass es zu Beginn des 21. Jahrhunderts weltweit 150.000 Personen im Alter von 100 Jahren und darüber gab.

In Deutschland kann die Entwicklung der Zahl der Hundertjährigen anhand der Gratulationen des Bundespräsidenten ermittelt werden. Dieses Verfahren wurde 1965 eingeführt und gilt als einigermaßen zuverlässig. Der Bundespräsident gratuliert seit dieser Zeit zu jedem dreistelligen Geburtstag, die Anzahl der Gratulationen wird systematisch erfasst. Im Jahr 1995 wurde dieses Verfahren nicht mehr für die 101- bis 104-Jährigen angewandt, so dass zuverlässige Daten ab diesem Zeitpunkt nur für Personen vorliegen, die im jeweiligen Jahr entweder exakt 100 Jahre oder 105 Jahre und älter geworden sind. Im Jahr 2009 erreichten in Deutschland 745 Männer und 4.915 Frauen das Alter von genau 100 Jahren. Zehn Jahre zuvor (1999) waren es 367 Männer und 2.476 Frauen, was einem Zuwachs von 103 Prozent bzw. 99 Prozent entspricht. In ähnlicher Weise hat sich die Zahl der 105-Jährigen entwickelt. 38 Männer und 409 Frauen erreichten im Jahr 2009 dieses Alter. 1999 waren es lediglich 21 Männer und 196 Frauen (Zuwachs von 81 Prozent bzw. 109 Prozent). Das Bevölkerungssegment der Höchstaltrigen verdoppelt sich somit alle 10 Jahre.

Die nahezu explosionsartige Zunahme der Hundertjährigen seit Mitte des 20. Jahrhunderts ist in erster Linie auf einen Rückgang der Sterblichkeit jenseits des 80. Lebensjahres zurückzuführen. Daten aus mehr als 30 entwickelten Ländern zeigen, dass zu diesem Zeitpunkt die Chance 80-Jähriger 90 Jahre alt zu werden, für Frauen zwischen 15-16 Prozent und für Männer bei 12 Prozent lag (vgl. Christensen, Doblhammer, Rau & Vaupel, 2009). Im Jahr 2002 hatten sich diese Werte auf 37 Prozent bzw. 25 Prozent erhöht. In Japan, dem Land, dessen Einwohner die besten Möglichkeiten für ein langes Leben haben, beträgt die Chance für 80-jährige Frauen, 90 Jahre alt zu werden heute mehr als 50 Prozent. Der Trend einer abnehmenden

Sterblichkeit im hohen Alter ist ungebrochen und gilt auch für die 90-Jährigen, wie neuere Analysen aus verschiedenen Ländern belegen (vgl. Christensen et al., 2009). Führende Demografen gehen davon aus, dass die Lebenserwartung weiterhin linear ansteigen wird (Christensen et al., 2009; Oeppen & Vaupel, 2002). Nimmt man an, dass die Sterblichkeit vor dem Alter von 50 Jahren auf dem Niveau von 2006 stehen bleibt und dass die Sterblichkeit jenseits von 50 Jahren in einem Ausmaß zurückgeht, dass daraus eine jährliche Zunahme der Lebenserwartung von 0,2 Jahre resultiert, kommt man zu folgendem Ergebnis: „Most babies born since 2000 in countries with long-lived residents will celebrate their 100th birthdays if the present yearly growth in life expectancy continues through the 21st century" (Christensen et al., 2009, S. 1196). Für Deutschland wird errechnet, dass im Jahre 2101 noch die Hälfte der 100 Jahre zuvor geborenen Deutschen am Leben sein wird. Das sind zum gegenwärtigen Zeitpunkt die 8- und 9-Jährigen. Die Gesellschaft des höchsten Alters wäre Realität geworden.

2.   Verletzlichkeit im hohen und höchsten Alter

2.1.   *Konzeptionelle Überlegungen und erste empirische Befunde*

Die sich immer mehr ausdehnende Länge des menschlichen Lebens lässt eine Unterteilung des Alters in mehrere Lebensphasen als angemessen erscheinen. Vorgenommene Differenzierungen basieren in erster Linie aber nicht auf demografischen Erkenntnissen, sondern gehen auf die Verhaltenswissenschaftlerin Bernice Neugarten (1974) zurück, die von den „jungen Alten" und den „alten Alten" sprach. Die Idee eines dritten und vierten Alters wurde insbesondere von Margret Baltes und Paul Baltes aufgegriffen, weiterentwickelt und anhand der Berliner Altersstudie empirisch überprüft (M. Baltes, 1998; P. Baltes, 1999; P. Baltes & Smith, 2003; Mayer & P. Baltes, 1996). Eine zentrale Aussage von P. Baltes (1999) ist, dass die „unvollständige Architektur" des Menschen es heute erlaubt, ein hohes Alter zu erreichen. Für P. Baltes ist das vierte Alter, die Hochaltrigkeit, die radikalste Form dieser Unvollständigkeit bzw. Verletzlichkeit. M. Baltes greift diese Überlegungen auf und betont, dass das biologische Potenzial im vorgerückten Alter eine Schwächung erfährt. Sie spricht von einem Kaskadeneffekt, der einen immer größeren Rückgang von Funktionen nach sich zieht. Es sind also in erster Linie nicht die großen pathologischen Störungen, wie etwa ein Schlaganfall, die Alternsphänomene hervorrufen, sondern eher kleine sich kumulierende Funktionsverluste in verschiedenen Bereichen des Systems Mensch. Normales Altern wird als ein Schwund von Ressourcen verstanden, der auch bei Personen ohne pathologische Störungen auftritt und sich im vierten Alter in besonderer Weise manifestiert. Diese sich anhäufende Verletzlichkeit in mehreren Bereichen des menschlichen Daseins wurde in der Berliner Altersstudie deutlich. Im vierten Alter kommt es zu einer Häufung von chronischen Belastungen. Den zunehmenden Verlusten und Defiziten stehen unzureichende Kompensationsmöglichkeiten gegenüber, eintretende Funktionseinschränkungen und vermehrt auftretende Krankheiten stellen Risiken für den Verlust der Selbstständigkeit, der sozialen Teilhabe und es Wohlbefindens dar (vgl. P. Baltes & Smith, 2003).

2.2.   Selektion und Entwicklungsprozesse bei Höchstaltrigen

Trifft diese eher negative Einschätzung auch auf die Höchstaltrigen zu? Entkommen nicht diejenigen, die besonders alt werden, den üblichen altersassoziierten Erkrankungen und Einschränkungen? Fällt bei dieser Personengruppe der Selektionsvorteil stärker ins Gewicht als die Alternsprozesse? An anderer Stelle (Rott, d'Heureuse, Kliegel, Schönemann & Becker, 2001) haben wir zwei unterschiedlich verlaufende Entwicklungslinien im Lebenslauf diskutiert. Die erste, individuumsbezogene Entwicklungslinie repräsentiert ein sehr langes Leben, das aber zugleich eine lange Alternsphase mit allen ihren negativen Folgen einschließt. Die zweite, populationsbezogene Entwicklungslinie thematisiert den selektiven Überlebensvorteil und verläuft positiv, da die Gebrechlichsten und Kränksten zuerst die Population verlassen. Das Altern der Population muss nicht mit individuellem Altern übereinstimmen. So konnten Christensen, McGue, Petersen, Jeune und Vaupel (2008) anhand der Entwicklung einer ganzen Kohorte zeigen, dass sich der Anteil selbstständiger Personen im Alter von 92 bis 100 Jahren in der Entwicklung der Population lediglich von 39 Prozent auf 33 Prozent verringerte. Von den Kohortenmitglieder, die den 8-Jahreszeitraum überlebten und 100 Jahre alt wurden, waren im Alter von 92 Jahren noch 70 Prozent selbstständig, mit 100 Jahren aber nur noch 33 Prozent.

2.3.   Körperliche Ressourcen

Für ein selbstständiges Leben ist entscheidend, im welchem Ausmaß die dafür notwendigen (basalen) Aktivitäten des täglichen Lebens (ADL, activities of daily living) und die instrumentellen Aktivitäten des täglichen Lebens (IADL) vorhanden sind. Für eine realistische Abschätzungen des Selbstständigkeitsgrades sind populationsbasierte Studien wie die Heidelberger Hundertjährigen-Studie erforderlich (vgl. Rott et al., 2001). In Tabelle 1 ist angegeben, welcher Anteil an Hundertjährigen die Aktivitäten des täglichen Lebens (ADL) selbstständig ausführen kann (vgl. Becker, Rott, d'Heureuse, Kliegel & Schönemann-Gieck, 2003).

Tabelle 1. Anteile von Hundertjährigen, die die basalen Aktivitäten des täglichen Lebens selbstständig ausführen können.

Selbstständigkeit in basalen Aktivitäten des täglichen Lebens (ADL)	
Essen	62 %
Gang zur Toilette	40 %
Gehen	38 %
Aufstehen / sich ins Bett legen	37 %
Sich ums Aussehen kümmern	33 %
An- und Auskleiden	31 %
Baden / Duschen	13 %

Die am häufigsten erhaltene Fähigkeit ist Essen. Annähernd zwei Drittel der Hundertjährigen können dies selbstständig. Am seltensten bleibt die Fähigkeit, ohne Hilfe zu baden oder zu duschen, erhalten. Diese Aktivität ist komplex und erfordert Beweglichkeit, Koordination, Gleichgewicht sowie Kraft. In der der Heidelberger Hundertjährigen-Studie sehr vergleichbaren Längsschnittstudie Dänischer Hundertjähriger konnten 20 Prozent der weiblichen und 44 Prozent der männlichen Teilnehmer alle sechs ausgewählten (basalen) Aktivitäten des täglichen Lebens selbstständig ausführen (Andersen-Ranberg, Christensen, Jeune, Vasegaard, Skythe & Vaupel, 1999).

Ein größerer Selbstständigkeitsverlust ist bei den instrumentellen Aktivitäten des täglichen Lebens zu beobachten (vgl. Becker et al., 2003). Wie aus Tabelle 2 ersichtlich wird, kann ca. ein Drittel noch telefonieren, jede bzw. jeder Fünfte ist im Stande, seine Medikamente selbstständig einzunehmen. Bei den anderen Aktivitäten ist nur jede bzw. jeder Zehnte als selbstständig zu bezeichnen.

Tabelle 2. Anteile von Hundertjährigen, die die instrumentellen Aktivitäten des täglichen Lebens selbstständig ausführen können.

Selbstständigkeit in instrumentellen Aktivitäten des täglichen Lebens (IADL)	
Telefonieren	32 %
Medikamente einnehmen	22 %
Geldangelegenheiten regeln	9 %
An entfernte Orte kommen	6 %
Einkaufen gehen	6 %
Mahlzeiten zubereiten	6 %
Hausarbeit	5 %

2.4.   Geistige Ressourcen

In den meisten Studien mit Höchstaltrigen wurde das allgemeine geistige Funktionsniveau mit dem Ziel eingeschätzt zu beurteilen, ob eine Demenz vorliegt oder ausgeschlossen werden kann. In der Heidelberger Hundertjährigen-Studie wurden bei 29 Prozent der Teilnehmer keine bzw. sehr geringe kognitive Einbußen gefunden. 23 Prozent wiesen geringe bzw. mäßige und 48 Prozent mittelschwere bis sehr schwere kognitive Beeinträchtigungen auf (Kliegel, Rott, d'Heureuse, Becker & Schönemann, 2001). In einigen Studien wurde im Rahmen des Demenzscreenings explizit das Ausmaß der kognitiven Intaktheit untersucht. So zeigten 37 Prozent der dänischen Hundertjährigen keine Anzeichen von kognitiven Beeinträchtigungen (Andersen-Ranberg, Vasegaard & Jeune, 2001). Bis zu einem Drittel der Höchstaltrigen erreichen somit das Alter von 100 Jahren ohne gravierende kognitive Verluste.

Andererseits leiden zahlreiche Hundertjährige an Demenzen. Die Angaben zur Prävalenz schwanken zwischen 40 Prozent und 63 Prozent (Hagberg et al., 2001). Die Heidelberger Hundertjährigen-Studie und die Längsschnittstudie Dänischer Hundertjähriger mit einer Beschränkung auf Personen im Alter von exakt 100 Jahren kommen dagegen zu ähnlichen Resultaten. 52 Prozent der Hundertjährigen in Heidelberg und 51 Prozent in Dänemark wurden als dement eingestuft (Andersen-Ranberg, Vasegaard et al., 2001; Kliegel, Moor & Rott, 2004). Faktoren, die das Demenzrisiko reduzierten, waren eine höhere Schulbildung und das Aufrechterhalten von intellektuell anregenden und fordernden Aktivitäten (Kliegel, Zimprich & Rott, 2004).

2.5.   Selbstständigkeitsressourcen

Einen theoriegeleiteten Versuch zur Bestimmung der Selbstständigkeitsressourcen haben Becker und Kollegen unternommen (2003). Die Einteilung in Stufen der „funktionalen Kompetenz" beruht auf folgenden Überlegungen: Erstens sollten existierende Modelle der ADL-Ressourcen dahingehend verwendet werden, dass eine rein quantitative Beurteilung des Kompetenzverlustes (Anzahl von Aktivitäten, die nicht mehr selbstständig ausgeführt werden können) zu Gunsten einer qualitativen hierarchischen Einteilung zurückgestellt wird. Zweitens wurde eine Klassifikation angestrebt, die einen Vergleich mit den Pflegestufen der deutschen Pflegeversicherung ermöglicht. Die Verbindung wurde dadurch hergestellt, dass vom Grad des funktionalen Kompetenzverlustes abgeleitet wurde, ob und in welcher Intensität täglicher Versorgungsbedarf durch eine Pflegeperson besteht (Stufe 0: keiner oder nicht täglicher Versorgungsbedarf, Stufe 1: mindestens einmal täglicher Versorgungsbedarf; Stufe 2: mindestens dreimal täglicher Versorgungsbedarf; Stufe 3: ununterbrochener Versorgungsbedarf). Drittens sollten die kognitiven Ressourcen bei der Bestimmung der funktionalen Kompetenz gleichgewichtig berücksichtigt werden.

In dieser Kombination von funktionalen und kognitiven Ressourcen sind nur neun Prozent der Heidelberger Hundertjährigen zu einer selbstständigen Lebensführung in der Lage (Stufe 0). 13 Prozent mussten mindestens einmal am Tag versorgt werden (Stufe 1), mindestens dreimal täglicher Versorgungsbedarf war bei 45 Prozent gegeben (Stufe 2) und 33 Prozent mussten ununterbrochen gepflegt werden (Stufe 3). Fasst man die letzten drei Gruppen zusammen, so ergibt sich ein theoretischer Versorgungsbedarf von 91 Prozent. Leistungen der deutschen Pflegeversicherung erhielten aber nur 78 Prozent der Hundertjährigen.

Ein ähnliches Vorgehen zur Bestimmung der Selbstständigkeitsressourcen wurde in der Längsschnittstudie Dänischer Hundertjähriger angewandt (Andersen-Ranberg, Schroll & Jeune, 2001). Als autonome Hundertjährige wurden Personen bezeichnet, die im Katz-Index den Gruppen A, B, oder C zugewiesen werden konnten, die kognitiv intakt waren und die nicht in Einrichtungen der Altenhilfe lebten. Das traf auf zwölf Prozent der Hundertjährigen zu. Diese Zahl ist dem Anteil der Heidelberger Hundertjährigen, bei denen die funktionale Kompetenz zur selbstständigen Lebensführung vorhanden war (neun Prozent), sehr ähnlich. Ein weiterer Versuch zur Bestimmung von Selbstständigkeitsressourcen Höchstaltriger wurde von Gondo und Kollegen in Japan vorgenommen (Gondo et al., 2006). Sie teilten eine Zufallsauswahl von Hundertjährigen aus Tokio auf der Grundlage ihrer sensorischen, funktionalen (ADL-) und kognitiven Ressourcen in die Kategorien „Exceptional", „Normal", „Frail" und „Fragile" ein. Die ersten beiden Kategorien, die den „funktional Kompetenten" aus Heidelberg und den „autonomen Hundertjährigen" aus Dänemark entsprachen, umfassten 20 Prozent der Stichprobe, wobei lediglich zwei „Exceptional" waren. Über die Hälfte (55 Prozent) war „Frail" und 25 Prozent wurden als „Fragile" eingestuft.

2.6.   Dominierende Verletzlichkeit oder gesundes Altern der Hundertjährigen?

Andersen-Ranberg, Schroll und Jeune (2001) haben die Frage aufgeworfen, ob nicht schon alleine das Erreichen eines Alters von 100 Jahren angesichts der biologischen Widrigkeiten als ein Beispiel erfolgreichen Alterns betrachtet werden sollte. Bisherige querschnittliche Vergleiche von Hundertjährigen mit jüngeren Altersgruppen wie z.B. in der Georgia Centenarian Study (Poon et al., 1992) haben nur eingeschränkte Aussagekraft, da die Hundertjährigen mit Personen verglichen werden, von denen nahezu alle dieses hohe Alter nicht erreichen werden. Ein angemessenes Vorgehen bestünde darin, die Hundertjährigen mit denjenigen Mitgliedern ihrer Geburtskohorte zu vergleichen, die keine zehn Dekaden durchleben. Ein solches Vorgehen haben Engberg, Oksuzyan, Jeune, Vaupel und Christensen (2009) realisiert. Sie konnten die Krankhausaufenthalte und die Anzahl der Krankenhaustage von fast 40.000 Mitgliedern der Geburtskohorte 1905 über einen Zeitraum von 29 Jahren (von 1977 bis 2006) ermitteln. Im Jahr 2006 hatten die Überlebenden der Kohorte das Alter von 100 Jahren erreicht. Die Analysen zeigen z.B., dass der Anteil der Hundertjährigen, die im Alter von 71 – 74 Jahren keinen Krankenhausaufenthalt aufwiesen, bei 80,5 Prozent lag, während dies nur für 68,4 Prozent der Kohortenmitglieder im selben Alter galt, die aber zwischen 80 – 84 Jahren verstorben waren. Die Autoren fassen ihre Befunde folgendermaßen zusammen: „Nonagenarians and centenarians had the lowest number of hospitalizations and hospital days at practically all time points during the 29-year follow up. This underscores the importance of centenarians as a unique subgroup of the population and supports the use of centenarians as a useful model for healthy aging." (Engberg et al., 2009, S. 274).

3. Der Umgang mit der Verletzlichkeit: von der psychologischen Mortalität zur positiven Lebensbewertung

Nur wenige Studien haben sich bisher damit beschäftigt, wie Hundertjährige mit der Verletzlichkeit des höchsten Alters umgehen (z.b. Martin, Kliegel, Rott, Poon & Johnson, 2007; Rott, 1999). Ist zu befürchten, dass die sich im höchsten Alter kumulierenden Ressourcenverluste zu einem vermehrten Auftreten eines als psychologische Mortalität bezeichneten Phänomens führen, einem Zusammenbruch der psychologischen Widerstandsfähigkeit, der durch den Verlust von Intentionalität, Identität, psychischer Autonomie, Kontrollerleben und Würde gekennzeichnet ist (P. Baltes & Smith, 2003)? In der frühen Köln-Bonner Hundertjährigen-Studie (Terinde, 1988, vgl. auch Lehr, 1991) mit 40 Höchstaltrigen fand sich eine große Gruppe (19 von 40 Personen), die ihre mittelstarken körperlichen Beeinträchtigungen weitgehend kompensieren konnte.

> „Sie akzeptierten ihre Situation und suchten – bei positiver Grundstimmung – nach immer neuen Möglichkeiten, ihr Leben zufriedenstellend zu gestalten. ... Das Bemühen, soziale Kontakte aufrechtzuerhalten bzw. sogar neue zu schließen, ist stark ausgeprägt. Es zeigt sich ein Besorgtsein um andere Menschen. Die Vergangenheit wird positiv gesehen; Lebenspläne werden weitgehend als realisiert erlebt. Im Zukunftsbezug überwiegen Hoffnungen und Pläne, Befürchtungen werden kaum geäußert; dem Lebensende steht man sehr realistisch gegenüber" (Lehr, 1991, S. 231).

Dass es einem Teil der Hundertjährigen gelingt, auch bei starken körperlichen Beeinträchtigungen ein zufriedenstellendes Leben zu führen, verdeutlicht eine weitere Gruppe (sechs von 40 Personen).

> „Trotz relativ hoher gesundheitlicher Beeinträchtigungen sind diese Personen geistig fit, aufgeschlossen, um die Aufrechterhaltung sozialer Kontakte bemüht. Sie zeigen Interesse am alltäglichen Geschehen, akzeptieren ihre Lebenssituation; ihr Zukunftsbezug wird in etwa in der gleichen Weise von Wünschen, Hoffnungen und Befürchtungen bestimmt. Sie akzeptieren ihre Situation, sind aber bemüht, sich von den körperlichen Beschwerden nicht bestimmen zu lassen." (Lehr, 1991, S. 232).

Erfolgreiche Bewältigungsprozesse und psychologische Stärke im höchsten Alter konnten in der Studie zum Glücksempfinden im Rahmen der Heidelberger Hundertjährigenstudie demonstriert werden (Jopp & Rott, 2006). Die noch zur Selbstauskunft fähigen Teilnehmer (56 von 91 Personen) offenbarten ein erstaunlich hohes Niveau an Glücksempfinden trotz enormer Einschränkungen. So gaben 71 Prozent an, dass sie sich die meiste Zeit glücklich fühlen, 68 Prozent tendierten dazu, oft zu lachen, und 54 Prozent gaben an, genauso glücklich wie früher zu sein. Insgesamt betrachtet unterschieden sich die Hundertjährigen nicht von Personen mittleren Alters (ca. 40 Jahre) und einer Gruppe junger Alter (ca. 60 Jahre). Darüber hinaus zeigte sich kein signifikanter Zusammenhang zwischen kognitiven Ressourcen sowie Gesundheit und Glücksempfinden, was dafür spricht, dass es den Hundertjährigen durch ihre Lebenseinstellungen (hier Optimismus und Selbstwirksamkeit) gelingt, die Auswirkungen von schlechter Gesundheit und nachlassenden kognitiven Fähigkeiten auf das Wohlbefinden abzupuffern.

Ein für die Untersuchung einer möglichen Entkopplung von objektiven Verlusten und subjektivem Erleben im höchsten Alter hervorragend geeignetes Konzept stellt die positive Lebensbewertung dar. Von Lawton und Kollegen (Lawton, Moss, Hoffmann, Grant, Have & Kleban, 1999) als „valuation of life" eingeführt, beschreibt das Konzept den vom Individuum erfahrenen Wert des eigenen Lebens und seine aktive Bindung an das gegenwärtige Leben. Dabei wird vom Individuum eine geistige und gefühlsmäßige Integration der vielen positiven und negativen Bestandteile der aktuellen Lebenssituation vorgenommen. Ausgangspunkt für Lawtons Überlegungen war die Beobachtung, dass ein Großteil der Forschung zur Lebensqualität im Alter stark auf gesundheitliche Aspekte ausgerichtet war (Lawton, 2000). Eine solche eingeengte Perspektive verhindere seiner Ansicht nach, dass positive Aspekte des Lebens und Erlebens wie emotionale Bindungen, Aktivitäten oder auch das Streben nach persönlicher Weiterentwicklung von Wissenschaft und Praxis angemessen wahrgenommen und thematisiert werden. Da Gesundheit und Funktionstüchtigkeit des Körpers nur einen Teil dessen bedingen, was ein Leben lebenswert macht, berücksichtigte Lawton in seinem Konzept der positiven Lebensbewertung als zentrale Komponenten psychologische Konzepte wie Zukunftsbezogenheit, Hoffnung, Selbstwirksamkeit, Beharrlichkeit und Zweckhaftigkeit (Lawton, Hoffman, Kleban, Ruckdeschel & Winter, 2001). Das Konzept geht damit weit über existierende Lebensqualitätskonzepte hinaus, da die positive Lebensbewertung nicht das Fehlen von Belastungen und Pathologien thematisiert, sondern versucht, die zentralen positiven Lebenselemente im Alter und insbesondere im höchsten Alter herauszuarbeiten. Lawton (2000) nimmt daher an, dass Menschen eine höhere Lebensbewertung aufweisen, wenn sie z.B. über positive soziale Beziehungen verfügen und sie Aktivitäten ausüben können, die für sie bedeutsam sind. Empirisch konnte gezeigt werden, dass es tatsächlich die positiven Lebensbestandteile wie z.B. persönliche Vorhaben im Alltag und weniger schlechte Gesundheit und Depression sind, die das Ausmaß an positiver Lebensbewertung beeinflussen (Lawton, Moss, Winter & Hoffman, 2002).

Obwohl die positive Lebensbewertung ein komplexes Konzept darstellt, ist das dazugehörende Instrument zu dessen empirischer Erfassung einfach und besteht aus 13 klar formulierten Fragen (vgl. Tabelle 3). Es kommen ausschließlich positiv formulierte Items zur Anwendung. Dieses Instrument wurde auch bei den auskunftsfähigen Heidelberger Hundertjährigen angewandt (vgl. Rott, Jopp, d'Heureuse & Becker, 2006). Tabelle 3 zeigt die Rangreihe der Items nach dem Ausmaß positiver Beantwortung (Zustimmung zwischen 0 und 2).

Tabelle 3. Rangreihe der Items der Lebensbewertungsskala nach dem Ausmaß positiver Beantwortung.

Rangreihe der Items der Lebensbewertungsskala	M
1. Haben Sie vor, aus Ihrem Leben das Beste zu machen?	1,84
2. Sind Sie auf Grund Ihrer persönlichen Lebenseinstellung (Glaubensgrundsätze) prinzipiell eher hoffnungsvoll (optimistisch) eingestellt?	1,67
3. Ist Ihr Leben stark von religiösen und moralischen Grundsätzen bestimmt?	1,61
4. Hat das Leben für Sie einen Sinn?	1,59
5. Erreichen Sie im Allgemeinen die Ziele, die Sie sich selbst setzen?	1,58
6. Gibt es viele Dinge, auf die Sie sich jeden Tag freuen?	1,57
7. Fühlen Sie sich im Moment eher optimistisch?	1,55
8. Haben Sie im Moment einen starken Lebenswillen?	1,54
9. Haben Sie viele Ideen, um aus einer schwierigen Lage wieder herauszufinden?	1,35
10. Fühlen Sie sich in der Lage, Ihre Lebensziele zu erreichen?	1,32
11. Finden Sie immer einen Weg, um ein Problem zu lösen, auch wenn andere schon aufgegeben haben?	1,30
12. Empfinden Sie Ihr jetziges Leben als nützlich?	1,20
13. Können Sie sich viele Möglichkeiten vorstellen, um die Dinge zu erreichen, die Ihnen wichtig sind?	1,18

Hohe Zustimmung erfahren die Fragen nach dem Einsatz von Lebensmanagementstrategien („das Beste aus dem Leben machen") und Lebenseinstellungen. Die Beantwortung von Items, die sich eher auf Selbstwirksamkeit beziehen, fällt dagegen weniger günstig aus. Die geringe Zustimmung der Frage, ob das Leben als nützlich empfunden wird, zeigt, dass die Höchstaltrigen nicht länger über angemessenen Rollen in der Gesellschaft verfügen. Auch sehen sie wenige Möglichkeiten um ihnen wichtige Dinge zu erreichen, was als geringe Ressourcenvielfalt interpretiert werden kann.

Das Beantwortungsmuster der Hundertjährigen wurde mit Ergebnissen einer populationsbasierten Querschnittsstudie mit in Privathaushalten lebenden Teilnehmern im Alter von 65 bis 94 Jahren verglichen (Jopp, Rott & Oswald, 2008). Beim Vergleich der 5-Jahres-Altersgruppen zeigte jede höhere Altersgruppe einen geringeren Wert als die vorausgegangene (vgl. Abbildung 1). Interessanterweise werden die Standardabweichungen mit zunehmendem Alter immer größer, was darauf schließen lässt, dass es einigen Personen in jeder Altersgruppe gelingt, eine hohe positive Lebensbewertung aufrechtzuerhalten, während andererseits ein immer größerer Anteil auf ein niedriges Niveau an positiver Lebensbewertung abfällt.

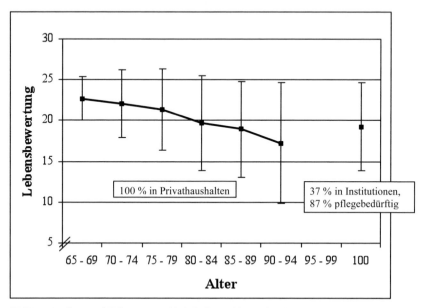

100 % in Privathaushalten

37 % in Institutionen, 87 % pflegebedürftig

Abbildung 1. Alters- und Kohortenunterschiede in der positiven Lebensbewertung von 65 bis 100 Jahren. Die senkrechten Balken geben die Standardabweichung an.

Wenn man nun die Daten der Hundertjährigen anfügt, ergibt sich ein bemerkenswerter Befund (vgl. Abbildung 1). Die Höchstaltrigen weisen ein Niveau an positiver Lebensbewertung auf, das über dem der Altersgruppe 90 bis 94 Jahre liegt und in etwa dem der 80- bis 89-Jährigen entspricht. Dies ist umso erstaunlicher, als diese über wesentlich weniger körperliche Ressourcen verfügen, was sich insbesondere an der Wohnsituation ablesen lässt (vgl. Jopp et al., 2008; Rott et al., 2006): Während bei den Studienteilnehmern im Alter von 65 bis 94 Jahren eine Heimunterbringung ein Ausschlusskriterium war, lebten 37 Prozent der Hundertjährigen in Institutionen der Altenhilfe. 87 Prozent waren pflegebedürftig. Jopp und Kollegen sowie Rott und Kollegen konnten nachweisen, dass sich die dargestellten Altersunterschiede in der positiven Lebensbewertung für das dritte und vierte Alter vollständig durch gesundheitliche und soziale Faktoren erklären lassen. Die Fähigkeit und Möglichkeit, sein Leben selbstständig zu gestalten (Autonomie), ist für alle drei Altersgruppen (drittes und viertes Alter sowie Hundertjährige) in Bezug auf die positive Lebensbewertung gleichermaßen wichtig. Weiter ist bei den 65- bis 79-Jährigen die Gesundheit ein zentraler Prädiktor, bei den Älteren (80 – 94 und 100 Jahre) treten eher soziale Faktoren (besonders das Telefonieren mit wichtigen Personen) hervor. Aus diesen Befunden kann der Schluss gezogen werden, dass heute prinzipiell ein aus subjektiver Sicht lebenswertes Leben bis ins höchste Alter gestaltet werden kann, obwohl dies nicht unbedingt ein Leben in Gesundheit sein wird.

Diese bedeutsamen querschnittlichen Befunde lassen keine Schlussfolgerungen zu, wie sich die positive Lebensbewertung intraindividuell (längsschnittlich) verändert. In einer amerikanischen Längsschnittstudie mit Personen im Alter zwischen 70 und 93 Jahren bestand bei Beginn der Studie eine geringe negative Beziehung zum Alter (Moss, Hoffman, Mossey & Rovine, 2007). Ältere Personen wiesen ähnlich wie in der Studie von Jopp und Kollegen (2008) ein niedrigeres Niveau an positiver Lebensbewertung auf als jüngere Personen. Über die vierjährige Laufzeit der Studie nahm die Lebensbewertung nicht ab, sondern sogar leicht zu. Allerdings veränderten sich nicht alle Personen in gleicher Weise. Interessanterweise zeigten 56 Prozent eine Zunahme an positiver Lebensbewertung. Die Studie liefert aber noch weitere wichtige Befunde. Untersucht wurde, wie Veränderungen in den Bereichen Lebensqualität, Gemütszustand und körperliche Gesundheit mit Veränderungen in der positiven Lebensbewertung zusammenhingen. Während die erste Gruppe von Variablen (Lebensqualität) zwölf Prozent der Varianz der Veränderungen in positiver Lebensbewertung erklären konnte und die zweite Gruppe (Gemütszustand) weitere sechs Prozent beisteuerte, wirkten sich Veränderungen in der körperlichen Gesundheit nur in sehr geringem Ausmaß auf die Entwicklung der positiven Lebensbewertung aus. Die Autoren betonen ausdrücklich, dass gesundheitliche Veränderungen nicht den zentralen Faktor für Veränderungen der positiven Lebensbewertung darstellen.

4.   Schlussfolgerungen

Alle neueren demografischen Prognosen deuten darauf hin, dass die Lebenserwartung weiter zunehmen wird und eine Annäherung an eine Obergrenze bisher nicht zu erkennen ist. Als Konsequenz wird es eine steigende Zahl von Hochaltrigen und eine Zunahme der verbleibenden Lebenslänge im Alter geben. Mittelfristig werden sich viele Länder zu Gesellschaften des langen Lebens entwickeln. Langfristig kommt es sehr wahrscheinlich zu Gesellschaften des höchsten Alters. Diese Entwicklung ist beispiellos und unumkehrbar.

Die referierten Befunde haben übereinstimmend demonstriert, dass der Mensch für ein sehr langes Leben unterschiedlich gut ausgestattet ist. Die rein körperliche Architektur scheint heutzutage das schwächste Glied zu sein. Zurzeit müssen ca. 80–90 Prozent der Hundertjährigen pflegerisch versorgt werden. Es gibt aber ermutigende Befunde, die zeigen, dass die basalen Aktivitäten des täglichen Lebens in nachfolgenden Kohorten Hundertjähriger besser erhalten sind (Engberg, Christensen, Andersen-Ranberg, Vaupel & Jeune, 2008). Die Autoren untersuchten die Mitglieder der Geburtskohorten 1895 und 1905 im Alter von 100 Jahren. In dem 10-Jahreszeitraum sank bei den Frauen der Anteil mit ADL-Behinderungen um ca. 12 Prozent. Bei den Männern trat dieser Effekt nicht auf. Noch deutlichere Verbesserungen traten in der Mobilität auf. Gehbehinderungen der 10 Jahre später geborenen Kohorte traten zwischen 27 Prozent und 75 Prozent weniger auf. Auch hier gab es keine positive Entwicklung bei den Männern. Setzt sich dieser Trend fort, wird es in Zukunft sehr viel weniger unselbstständige Höchstaltrige, vor allem Frauen, geben.

Die kognitive Ausstattung Höchstaltriger ist durch Demenzen ernsthaft bedroht. Ca. die Hälfte ist als dement einzustufen. Durch ein in Zukunft höheres Ausmaß an körperlicher Aktivität im Lebenslauf kann dieser Anteil wahrscheinlich deutlich reduziert werden (Andel, Crowe, Pedersen, Fratiglioni, Johansson & Gatz, 2008). Im Vergleich zu den kaum Aktiven hatte die Gruppe mit leichter körperlicher Aktivität

(Gartenarbeit und Gehen) nach einem 31-jährigen Beobachtungszeitraum ein um 36 Prozent, die Gruppe mit regelmäßigem sportlichem Training sogar ein um 66 Prozent reduziertes Risiko, an einer Demenz zu erkranken, wobei kein Unterschied zwischen Alzheimer-Demenz und anderen Formen erkennbar war.

Positivere Nachrichten gibt es aus dem Bereich der psychischen Ressourcen zu berichten. Die wenigen Studien an Hoch- und Höchstaltrigen in diesem Bereich verdeutlichen eine bisher wenig beachtete enorme psychische Stärke, trotz vielfältiger Einschränkungen eine positive Lebenseinstellung und Lebensbewertung zu bewahren. Selbst und gerade Hundertjährige haben einen stark ausgeprägten Wunsch zu leben. Die zugrundeliegenden Anpassungsprozesse hat P. Baltes folgendermaßen beschrieben: „Das Geistige bäumt sich auf, um dem Verfall des Körpers entgegenzuwirken" (P. Baltes, 1999, S. 445).

Literaturangaben

[1]   Andel, R., Crowe, M., Pedersen, N. L., Fratiglioni, L., Johansson, B. & Gatz, M., Physical exercise at midlife and risk of dementia three decades later: A population-based study of Swedish twins, *Journal of Gerontology: Medical Sciences* **63A** (2008), 62-66.

[2]   Andersen-Ranberg, K., Christensen, K., Jeune, B., Vasegaard, L., Skytthe, A. & Vaupel, J., Activity of daily living among elderly, oldest old and centenarians in Denmark, *Age and Ageing* **28** (1999), 373-377.

[3]   Andersen-Ranberg, K., Schroll, M. & Jeune, B., Healthy centenarians do not exist, but autonomous centenarians do: A population-based study of morbidity among Danish centenarians, *Journal of the American Geriatrics Society* **49** (2001), 900–908.

[4]   Andersen-Ranberg, K., Vasegaard, L. & Jeune, B., Dementia is not inevitable: a population-based study of Danish centenarians, *Journal of Gerontology: Psychological Sciences,* **56B,** P152–P159.

[5]   Baltes, M. M., The psychology of the oldest-old: The Fourth Age, *Current Opinion in Psychiatry* **11** (2001), 411-415.

[6]   Baltes, P. B. & Smith, J., New frontiers in the future of aging: From successful aging of the young old to the dilemmas of the fourth age, *Gerontology* **49** (2003), 123–135.

[7]   Baltes, P. B., Alter und Altern als unvollendete Architektur der Humanontogenese, *Zeitschrift für Gerontologie und Geriatrie,* **32** (1999), 433-448.

[8]   Becker, G., Rott, C., d'Heureuse, V., Kliegel, M. & Schönemann-Gieck, P., Funktionale Kompetenz und Pflegebedürftigkeit nach SGB XI bei Hundertjährigen, *Zeitschrift für Gerontologie und Geriatrie* **36** (2003), 437–446.

[9]   Christensen, K., Doblhammer, G., Rau, R. & Vaupel, J. W., Ageing populations: The challenges ahead, *Lancet* **374** (2009), 1196-1208.

[10] Christensen, K., McGue, M., Petersen, I., Jeune, B. & Vaupel, J. W., Exceptional longevity does not result in excessive levels of disability, *Proceedings of the National Academy of Science of the USA* **105** (2008), 13274–13279.

[11] Engberg, H., Christensen, K., Andersen-Ranberg, K., Vaupel, J. W. & Jeune, B., Improving activities of daily living in Danish centenarians—but only in women: A comparative study of two birth cohorts born in 1895 and 1905, *Journal of Gerontology: Medical Sciences* **63A** (2008), 1186–1192.

[12] Engberg, H., Oksuzyan, A., Jeune, B., Vaupel, J. W. & Christensen, K., Centenarians – a useful model for healthy aging? A 29-year follow-up of hospitalizations among 40 000 Danes born in 1905, *Aging Cell* **8** (2009), 270-276.

[13] Gondo, Y., Hirose, N., Arai, Y., Inagaki, H., Masui, Y., Yamamura, K. et al., Functional status of centenarians in Tokyo, Japan: Developing better phenotypes of exceptional longevity, *Journal of Gerontology: Medical Sciences* **61A** (2006), 305–310.

[14] Hagberg, B., Alfredson, B., Poon, L.W. & Homma, A., Cognitive functioning in centenarians: a coordinated analysis of results from three countries, *Journal of Gerontology: Psychological Sciences* **56B** (2001), 141–151.

[15] Jeune, B., Living longer - but better? *Aging Clinical and Experimental Research* **14** (2002), 72-93.

[16] Jopp, D. & Rott, C., Adaptation in very old age: Exploring the role of resources, beliefs, and attitudes for centenarians' happiness, *Psychology and Aging* **21** (2006), 266–280.

[17] Jopp, D., Rott, C. & Oswald, F., Valuation of life in old and very old age: The role of socio-demographic, social, and health resources for positive adaptation, *The Gerontologist* **48** (2008), 646–658.

[18] Kliegel, M., Moor, C. & Rott, C., Cognitive status and development in the very oldest old: A longitudinal analysis from the Heidelberg Centenarian Study, *Archives of Gerontology and Geriatrics* **39** (2004), 143–156.

[19] Kliegel, M., Rott, C., d'Heureuse, V., Becker, G. & Schönemann, P., Demenz im höchsten Alter ist keine Notwendigkeit: Ergebnisse der Heidelberger Hundertjährigen-Studie, *Zeitschrift für Gerontopsychologie & –psychiatrie* **14** (2001), 169-180.

[20] Kliegel, M., Zimprich, D. & Rott, C., Life-long intellectual activities mediate the predictive effect of early education on cognitive impairment in centenarians: A retrospective study, *Aging & Mental Health* **8** (2004), 430–437.

[21] Lawton, M. P., Quality of life, depression and end-of-life attitudes and behaviors, in: G. M. Williamson, D. R. Shaffer & P. A. Parmelee (Hrsg.), *Physical illness and depression in older adults. A handbook of theory, research, and practice,* 147–171, Kluwer Academic, New York, 2000.

[22] Lawton, M. P., Moss, M. S., Hoffman, C., Kleban, M. H., Ruckdeschel, K. & Winter, L., Valuation of life: A concept and a scale, *Journal of Aging and Health* **13** (2001), 3–31.

[23] Lawton, M. P., Moss, M. S., Winter, L. & Hoffman, C., Motivation in later life: Personal projects and well-being, *Psychology and Aging* **17** (2002), 539–547.

[24] Lawton, M. P., Moss, M., Hoffmann, C., Grant, R., Have, T. T. & Kleban, M. H., Health, valuation of life, and the wish to live, *The Gerontologist* **39** (1999), 406–416.

[25] Lehr, U., Hundertjährige – ein Beitrag zur Langlebigkeitsforschung, *Zeitschrift für Gerontologie und Geriatrie* **24** (1991), 227–232.

[26] Martin, P., Kliegel, M., Rott, C., Poon, L. W. & Johnson, M. A., Age differences and changes of coping behavior in three age groups: Findings from the Georgia Centenarian Study, *International Journal of Aging and Human Development* **66** (2008), 97–114.

[27] Mayer, K. U. & Baltes, P. B. (Hrsg.), *Die Berliner Altersstudie*, Akademie Verlag, Berlin, 1996.

[28] Moss, M. S., Hoffman, C. J., Mossey, J. & Rovine, M., Changes over 4 years in health, quality of life, mental health, and valuation of life, *Journal of Aging and Health* **19** (2007), 1025–1044.

[29] Neugarten, B., Age groups in American society and the rise of the young-old, *Annals of the American Academy of Political and Social Science* **415** (1974), 187–198.

[30] Oeppen, J. & Vaupel, J. W., Broken limits to life expectancy, *Science* **296** (2002), 1029-1030.

[31] Poon, L. W., Clayton, G. M., Martin, P., Johnson, M. A., Courtenay, B. C., Sweaney, A. L., et al., The Georgia Centenarian Study, *International Journal of Aging and Human Development* **34** (1992), 1-17.

[32] Rott, C., Kognitive Repräsentation, Coping-Verhalten und soziale Integration von Hundertjährigen, *Zeitschrift für Gerontologie und Geriatrie* **32** (1999), 246–254.

[33] Rott, C., d'Heureuse, V., Kliegel, M., Schönemann, P. & Becker, G., Die Heidelberger Hundertjährigen-Studie: Theoretische und methodische Grundlagen zur sozialwissenschaftlichen Hochaltrigkeits-forschung, *Zeitschrift für Gerontologie und Geriatrie* **34** (2001), 356–364.

[34] Rott, C., Jopp, D., d'Heureuse, V. & Becker, G., Predictors of well-being in very old age, in: H.-W. Wahl, H. Brenner, H. Mollenkopf, D. Rothenbacher & C. Rott (Hrsg.), *The many faces of health, competence and well-being in old age: Integrating epidemiological, psychological and social perspectives*, 119–129, Springer, Heidelberg, 2006.

[35] Terinde, D., *Hundertjährigen-Studie: Kompetenz bei Höchstbetagten*, Unveröffentlichte Diplomarbeit, Universität Köln, 1988.

[36] Vaupel, J. W., Biodemography of human aging, *Nature* **464** (2010), 536-542.

Differentiation-Dedifferentiation as a Guiding Principle for the Analysis of Lifespan Development

Daniel ZIMPRICH[a] und Mike MARTIN[b]

[a]Psychologisches Institut, Lehrstuhl Gerontopsychologie, Universität Zürich, Schweiz
[b]Psychologisches Institut, Lehrstuhl Gerontopsychologie, Universität Zürich

Abstract. Differenzierung-Dedifferenzierung als theoretisches Konstrukt innerhalb der Erforschung der Entwicklung der Lebensspanne wurde sehr oft dazu herangezogen, die zunehmenden ähnlichen versus unähnlichen interpersönlichen Unterschiede in den Veränderungen multipler intellektueller Fähigkeiten abzubilden. Basierend auf den Daten der Interdisziplinären Längsschnittstudie des Erwachsenenalters über Bedingungen gesunden und zufriedenen Älterwerdens (ILSE) wird argumentiert, dass das Konstrukt Differenzierung-Dedifferenzierung als leitendes Prinzip in der Entwicklungsforschung heranzuziehen wäre. Der Beitrag führt aus, wie das Prinzip auf die generelle Beschreibung multipler traits zwischen Personen anzuwenden ist, wobei auch intellektuelle Fähigkeiten und Persönlichkeit berücksichtigt werden. Das Ziel ist einerseits die Abbildung intrapersonaler längsschnittlicher Entwicklung, das Ziel ist andererseits die Abbildung von Veränderungen auf Ebenen der Mikro- und Makroentwicklung in Anwendung auf intraindividuell als auch interindividuell zielgerichtete Aktivitäten, die individuell sinnerfüllte Lebensstile unterstützen.

Abstract. Differentiation-dedifferentiation as a theoretical construct in lifespan developmental research has most often been used to describe increasingly similar versus dissimilar between-person differences in the changes of multiple intellectual abilities. Based on data from the Interdisciplinary Longitudinal Study of Adult Development (ILSE) we argue that differentiation-dedifferentiation may be used as a general guiding principle in developmental research. We demonstrate how the principle can be extended towards generally describing multiple traits between persons that include intellectual abilities and personality, towards describing within-person longitudinal development, and towards describing micro- and macrodevelopmental changes within- and between-persons aligning goal-related activities in a way that supports leading individually meaningful lifes.

1. Differentiation-Dedifferentiation as a Guiding Principle of Lifespan Development

What is interesting about differentiation, or its converse, dedifferentiation, with respect to developmental psychology? There are three different sides of (de-)differentiation that make it so intriguing and, moreover, important for developmental psychologists and psychology in general. First, differentiation or dedifferentiation entail a developmental principle – as seen from opposite perspectives: Differentiation describes the process by which a less specialized entity becomes a more specialized entity. In process by which a less specialized entity becomes a more specialized entity. In contrast, dedifferentiation occurs when a specialized entity reverts to less specialized entity. As such, differentiation or dedifferentiation reflect processes or principles that are central in any developmental science. Second, the processes or principles of (de-)differentiation can be at work both in terms of macrodevelopment, that is, in longer time frames. However, they could also come into play regarding microdevelopment, that is, within shorter time frames. Third, differentiation or dedifferentiation are of importance from the perspective of causality. If entities become more (or less) specialized, this process has to be driven by a causal agent.

To start with, we want to briefly describe what differentiation is and where it can be observed. An obvious form of differentiation stems from biology and occurs during embryonic development: A few days after fertilization and after several cycles of cell division, the resulting cells begin to specialize such that they form all of the tissues of the human body. Similar processes of differentiation are found in animal and plant cellular development. Differentiation can, however, also be observed in more abstract forms. For example, according to sociological system theory, differentiation is a process by which modern societies deal with the complexity of the environment. By creating specialized subsystems, more variation within the total system is present, which allows for more appropriate responses to the variation in the environment. In developmental psychology, differentiation is typically proposed and examined on a medium level of abstraction. The entities of interest in developmental psychology are usually captured by hypothetical, latent constructs, for example, intelligence, depression, self-esteem, personality traits etc. As such, they cannot be directly observed like, for example, cells in biology. On the other hand, these latent constructs can be measured more easily than, for example, variation potential of a modern society.

2.   Differentiation and Dedifferentiation in Developmental Psychology

Probably most prominent in developmental psychology with respect to differentiation is the hypothesis of the differentiation of intelligence (Garrett, 1946; Reinert, Baltes & Schmidt, 1965). Whereas in young children, one (and only one) common factor tends to emerge when a number of intelligence tests are factor-analyzed, in older children or adults more than one factor is needed in order to capture the associations among several intelligence tests. Here, differentiation is assumed to take place on the level of a latent construct, namely, intelligence. Elaborating on this hypothesis to include both child development and adult aging, Balinsky (1941, p. 227) argued for a "greater specialization up to a certain point, followed by a later reintegration of the various abilities into a flexible whole." That is, in old age, a dedifferentiation of intellectual abilities is proposed (Baltes, Cornelius, Spiro, Nesselroade & Willis, 1980). The cause for intellectual differentiation is seen in noncognitive influences, for example, motivation and interests, which accumulate into young adulthood and lead to an increasing relative independence of cognitive abilities. Dedifferentiation, in turn, is assumed to arise from aging-related biological constraints on cognitive resources. For example, speed of information processing is seen as a limiting resource of higher-order cognitive functions like memory, reasoning, etc. (Salthouse, 1996). Hence, the decline of processing speed in old age (Lehr, 2003) constrains these higher-order cognitive functions, such that they become more and more associated with each other, because they draw on the same cognitive resource, i.e., processing speed (Martin & Kliegel, 2008).

Empirically, differentiation requires that the associations among blocks of variables become weaker with advancing age, such that two or more factors rather than one factor underlying the variables are found. Note that if factor analysis is used as the primary data-analytic tool, differentiation refers to blocks of variables, not single variables. If the associations between all single variables would become weaker, still one factor could be sufficient to describe the data, although then the signal-to-noise ratio would become weaker. Theoretically and somewhat paradoxically, differentiation in the sense of an increasing number of common factors could also occur if the associations within blocks of variables become stronger, whereas between blocks of variables they remain constant. Thus, differentiation is a question of the *relative* strength of associations within and between blocks of variables, at least if factor analysis is applied. The substantive interpretation of such a pattern of associations among variables is that intellectual abilities become more specialized. As a consequence, those variables measuring the same, specialized ability show a constant (or increasing) association across age, while those variables measuring different abilities show decreasing (or constant) associations, such that the relative strength of associations changes or is different in different age groups.

Unfortunately, differing associations among variables in different age groups or at different measurement occasions can be due to different causes, not only (de-)differentiation. For example, early investigations of the intelligence differentiation hypothesis have been criticized as being methodologically biased. A special case of bias with respect to (de-)differentiation occurs when in cross-sectional studies common age trends are not controlled for (Kalveram, 1965). As Hofer and Sliwinski (2001) have shown, this may result in abilities that appear to be more (or less) interrelated in some age groups than others simply as the result of their mean age trajectories being more similar during those periods. In order to reduce this possible bias, one alternative is to examine longitudinal data, which typically also comes with the benefit of more statistical power in comparing associations among variables. In line with a bias interpretation, some longitudinal studies, where processes of changing associations among variables can be observed more directly, have failed to find intelligence (de)differentiation (e.g., Anstey, Hofer & Luszcz, 2003). However, in longitudinal studies the sample oftentimes becomes more and more selective across time, with those persons in the lower range of cognitive performance dropping out earlier, which may mask (de-)differentiation. Thus, neither cross-sectional nor longitudinal data are without flaws with respect to (de-)differentiation processes.

There are other threats to interpreting differing associations among cognitive variables as reflecting (de-)differentiation. For example, in order to ensure that the same latent constructs, e.g., reasoning, are measured in different age groups or at different measurement occasions, with respect to (de-)differentiation at least weak measurement invariance has to be established (Meredith & Horn, 2001). Also, the examination of (de-)differentiation usually requires splitting the sample into distinct age groups, which bears some arbitrariness that may influence results. In order to extend previous analysis approaches and to overcome some of the limitations mentioned, recently Tucker-Drob (2009) examined cross-sectional age-related (de-)differentiation of the structure of intelligence. He applied non-linear factor analysis of Rasch-scaled cognitive measures in a sample of more than 6,000 individuals aged 4 to 101 years and did find little evidence for (de-)differentiation. To summarize, the empirical findings regarding intelligence (de-)differentiation are mixed.

Of course, as a developmental principle, the idea of (de-)differentiation can (and should) be transferred to other hypothetical, latent constructs common in psychology. Allemand, Zimprich and Martin (2008), for example, found that changes among the personality traits extraversion, openness to experience, agreeableness, and conscientiousness were correlated in old adults across a twelve-year period. This implies that among these traits dedifferentiation was present across time. Lehmann, Allemand, Zimprich & Martin (2010) using data from the Interdisciplinary Study on Adult Development (ILSE) have examined differential stability, mean-level changes and individual-level changes of personality traits over a 12-year time period in middle-aged persons. The longitudinal sample consisted of 323 adults who were initially ranging from 42 to 46 years of age. Personality traits were measured with the NEO-FFI Personality Inventory. Results indicated significant small-sized mean-level changes in Neuroticism and Extraversion. Stability coefficients were around .70, indicating high differential stability. Finally, results showed that 67 percent of the middle-aged adults exhibited reliable personality change on at least one trait in one time period.

From a differentiation-dedifferentiation position, these data have important consequences. Assume that means and individual change trajectories of any trait can be stable, increase, decrease, and have stable or changing rank orders (or differential stability) between persons (in particular when in interaction with the environment development differs between individuals). If stability is observed on all these levels, then personality does not change despite changes in environmental demands. This would be the case when individuals select environments matching their traits so that a change of traits themselves is not required. In this case, development can be characterized as environment *selection*. Would all persons in the population change at the same time, the same direction and to the same degree, then one would observe mean changes combined with rank order stability. In this case, development can be characterized as maturation in the sense that specific environmental changes lead to equal changes in personality traits. If all individuals within a population change to differing amounts, but in the same direction, then mean level change is not representative for the individual changes and a low differential stability results. In this case, development would be a question of the individual *sensitivity* in responding to environmental changes. If changes differ in direction, degree and age of onset, then development is mainly determined by the individual coping with events and the individual *adaptation* to specific demands can be used as an indicator of plasticity (Willis, Schaie & Martin, 2009). The different stability indicators derived from the differentiation-dedifferentiation concept can, thus, be statistically and conceptually distinct. As an illustration take the example of the effects of jobloss on personality differentiation or dedifferentiation: Under the selection hypothesis, the individual would stabilize personality through changing the environment, i.e., would look for challenges that are similar to the job before. According to the maturation hypothesis, the effects of losing the job would not differ from any other job-related event. According to the sensitivity hypothesis it would depend on the new job, how well a particular trait will develop, e.g., a smaller or larger change in extraversion. According to the adaptation hypothesis the demands at the next job will determine the direction of personality trait development. Thus, the differentiation-dedifferentiation hypothesis applied to the examination of personality trait development leads to new and testable hypotheses on the development of personality.

The method applied in this study suggests that the differentiation-dedifferentiation hypothesis can be fruitfully adapted to examine the correlation of personality traits and thus, what has started as a cognitive differentiation-dedifferentiation hypothesis to be extended to a general developmental principle. However, its implications and interpretations clearly differ between the examination of cognition, personality, and likely other essential domains of lifespan development. Be that as it may, the point we want to make is that (de-)differentiation is a phenomenon the presence or absence of which is of great importance for developmental psychology because it reflects a general principle: The specializing or unfolding of abilities or traits – usually during childhood or into adulthood. And its converse, the integration or unification of abilities or traits – usually during old age.

3.   Microdevelopmental Differentiation and Dedifferentiation

The principles of differentiation or dedifferentiation may also be useful from a microgenetic or microdevelopmental perspective. Consider that typically a number of elementary cognitive processes contribute to higher-order cognitive functions such as intelligence. That is, examining single elementary processes as predictors of higher-order functions is often not leading to strong correlative relations. That is, because the reduction in effectiveness of any single contributing process may be compensated for by the use or increase in effectiveness of other contributing processes, no single process is normally highly related to higher-order functioning outcomes. Framing this in terms of differentiation-dedifferentiation, it may be best in the course of normal development when the developmental trajectories of multiple cognitive processes are statistically independent and, more importantly, are statistically unrelated to a higher-order function. That is advantageous because if elementary processes were highly interrelated, they would present no compensatory potential, because all would be affected by the same decline at the same time. However, when one is trying to maximize functioning, individuals might profit from aligning all processes towards the goal of improving overall functioning, i.e., to temporarily dedifferentiate these processes. If all processes have to be engaged to their maximum to achieve a maximum higher-order performance, all are likely to increase and related to overall functioning. So individuals should profit from differentiation of elementary processes because each independent process increases the compensatory potential of an individual, but they should also profit from being able to increase dedifferentiation of elementary processes when pursuing goals of single process optimization or of higher-order performance optimization.

This microdevelopmental view may also be useful for a general understanding of the effects of focusing on one developmental goal versus focusing on several. In the course of development individuals typically pursue multiple developmental goals simultaneously, and goal achievement depends on activities or processes that are independent of each other. However, goals and goal-related activities may interfere with each other or may be contradictory (Riediger & Freund, 2004), and contradictory goals are related to lower wellbeing (Riediger & Freund, 2008). Older adults seem to better than younger adults to select and focus on goals with related activities producing mutual facilitation (Riediger, Freund & Baltes, 2005). That is, one may say that older adults are better in using wellbeing changes to produce temporal goal-activity dedifferentiation to motivate goal engagement and goal achievement. Although this is speculative, we suggest that combining macro- and microdevelopmental views on the interplay between differentiation and dedifferentiation across the lifespan may help to develop a more general model of human development. The same analytical procedures suggested for longterm differentiation and dedifferentiation processes can be used, but obviously the conceptual framework is necessarily different.

4.   Causality and (De-)Differentiation

In addition to reflecting developmental principles, differentiation or dedifferentiation are also interesting from another perspective. This second perspective concerns causality, that is, the question of whether and how from empirical results regarding, for example, two variables one may deduce that one variable causes the other. Although there are some eminent psychologists who believe that social scientists exaggerate the importance of causation in the progress of science (e.g., Cronbach, 1982), others have developed full accounts of causality (e.g., Rubin, 2004). Commonly, causal models assume that the putative cause of an effect can be manipulated as in "true" experimental designs. Unfortunately, with respect to developmental phenomena, this is usually impossible, which necessarily leads to quasi-experimentation. Hence, though the goal of developmental research might be causal inference, development cannot be randomized by the experimenter.

A somewhat relaxed assumption regarding cause and effect relies on the principle that a cause raises the probability of the occurrence of its effect, which also conforms better to statistical data analysis. For example, the mediational model, which was used so frequently in conjunction with the speed hypothesis mentioned above (Salthouse, 1996), formally resembles the idea of "screening off" developed by Reichenbach (1956). Here, it is assumed that when aging causes processing speed to decline, which in turn causes a performance decrement in memory, for example, and the direct effect of age on memory vanishes once processing speed is entered as a mediator variable, processing speed is "causally between" aging and memory decline. The decline of processing speed may thus be seen as a proximate cause of a decline in memory, while aging re-flects a distal cause. Unfortunately, a probabilistic model of causation as instantiated in the mediational model bears some shortcomings that are hard to overcome, not the least of which being that "correlation is not causation."

Starting about two or three decades ago, however, a number of techniques have been developed for representing systems of causal relationships, and for inferring causal relationships from purely observational data. The TETRAD project, for example, explicitly focuses on discovering causation from path analysis models using the method of vanishing correlations and tetrad differences, which is conceptually similar to Reichenbach's "screening of" (Spirtes, Glymour, & Scheines 1993). Similarly, Pearl (2000) has developed an approach of causal modeling that relies on the so-called Markov condition, which entails the same screening off idea Reichenbach invented. Without going into detail here, it thus appears that from observational data (as opposed to experimental data) at least some information on causality can be deduced. Thus, the TETRAD approach and causal modeling do not offer a reduction of causality in the traditional philosophical sense, rather, they offer a series of postulates about how causal structure constrains the values of probabilities.

To return to differentiation, what is striking is that these approaches aim at establishing causation from correlation. Differentiation, however, does not only involve correlation, but rather changes or differences in correlation. To give a concrete example: According to the mediational model, "strength in the lower limbs" is a variable that mediates the relation between age and cognition in cross-sectional data (Anstey, Lord & Williams, 1997). Does this imply that "strength in the lower limbs" is an explanatory variable of cognitive aging? As Salthouse, Hambrick and McGuthry (1998) have demonstrated, the relation between hand grip and cognitive performance disappears in an age-heterogeneous sample once age is statistically controlled for.

Probably, the finding of Anstey et al. (1997) reflects an instance of simultaneous inter-ference, that is, of common age trends not controlled for (Kalveram, 1965). Because both hand grip (or strength in the lower limb, for that matter) and cognition decline with age, they are correlated in age-heterogeneous samples. This does not, however, mean that the former is the cause of the latter. To the contrary, the finding that this correlation vanishes once age is held constant implies that there cannot be a causal link between them.

Salthouse et al. (1998) also reported that after controlling for age, the correlation between processing speed and cognition was almost unaltered. Does this imply that processing speed is an explanatory variable of cognitive aging? Not as seen from a (de) differentiation perspective. If a decline in processing speed is the cause of declines in other cognitive variables, those with a more pronounced decline in processing speed should show a more pronounced decline in the other cognitive variables. In turn, those with less pronounced decline in processing speed should show a less pronounced decline in the other cognitive variables. Longitudinally, this does imply correlated change (e.g., Zimprich & Martin, 2002). But, as Hofer and Sliwinski have demon-strated formally, correlated longitudinal change implies dedifferentiation at cross-section. Thus, processing speed should show increasing correlations (or dediffer-entiation) with other cognitive variables in older age-homogeneous groups in order to be a candidate explanatory variable of cognitive aging.

The basic reasoning behind this argument is in line with current approaches of causation. If more (or less) of a cause is at work, more (or less) of the effect should be observed. In terms of associations, this would imply that individual differences in the causal variable and the outcome variable become more similar because they show a proportional amount of change, leading to increased correlations (dedifferentiation). Alternatively, if two variables decrease in correlation, the influence of the putative causal variable is fading (differentiation). Increasing correlations between two (or more) correlations could also mean that two variables have a common underlying cause (cf. Reichenbach, 1956). Naturally, the correlations under consideration must not be among observed or manifest variables, but could also be examined on the latent level, among constructs or factors. Be that as it may, the point to be made here is that (de-)differentiation has to say something about causality in the sense that it represents a necessary, though not sufficient, condition for causation: If one variable is causal for another variable or if both are caused by a third variable, the correlation between the two variables has to increase over time due to individual differences becoming more similar. In turn, if the causal influence of one variable on the other is getting weaker or if the impact of a common cause on both is becoming smaller, individual differences are becoming less similar. What we argue here is that theories of causation may benefit from having a closer look not only on correlations, but also longitudinal changes or cross-sectional differences in correlations, that is, (de-)differentiation.

5.   Concluding Thoughts

For a long time, developmental psychology has focused on age-related differences and ageing-related changes in individual variables. During the last two decades, more and more studies have been published that examine coupled or correlated change in two or more variables between persons (e.g., Zimprich, 2002; Zimprich & Martin, 2002). Also, studies have begun to emerge that take a closer look on coupled changes of two or more variables within persons (Sliwinski, Hoffmann, & Hofer, in press). Both perspectives, the investigation of between-person and within-person relations among variables can be combined (Zimprich & Martin, 2009).

The study of (de-)differentiation goes one step further, because it represents a different level of analysis. Hitherto, age-related differences or age-related changes in variables and the way they are associated have been examined. Differentiation or dedifferentiation require the examination of differences or changes in associations among variables. If examined cross-sectionally, one would focus on age-related differences in the associations among individual differences in a variety of variables. As noted above, there are a number of studies on cross-sectional (de-)differentiation, although the separation between age-related differences and individual differences has not always been done properly (Baltes & Lindenberger, 1997). If examined longitudinally, there are different ways to examine (de-)differentiation. In a multiple-cohorts design, one could focus on age-related differences in the associations among individual differences in changes of a variety of variables. Alternatively, one could investigate age-related differences in the associations among within-person changes of a variety of variables. Finally, if the longitudinal data are, for example, split into two time periods, one could examine aging-related changes in the associations among individual differences in changes of a variety of variables or aging-related changes in the associations among within-person changes of a variety of variables. Naturally, these longitudinal assessments of (de-)differentiation require more data than cross-sectional approaches.

To summarize, the issue of (de-)differentiation still is an underrepresented, but promising topic of developmental research, which from examining change in single variables has evolved into looking on the commonality of change across several variables but could, in the future, also focus on the change of commonalities of change in several variables. In other words, a more general lifespan developmental model must explain between-person differences in within-person changes of multiple abilities, because that is essentially what characterizes development (Lehr, Thomae & Diehl, 1987): Individuals differ and find different ways to pursue multiple activities through aligning them coherently with individually meaningful goals, but may be comparably able to achieve high levels of higher-order functioning and wellbeing. Analytical and conceptual tools to describe and analyze the (between-person) differentiation of micro- and macrodevelopmental (within-person) dedifferentiation are thus essential to our theorizing about and understanding of development across the lifespan.

References

[1] Anstey, K. J., Hofer, S. M., & Luszcz, M. A., Cross-sectional and longitudinal patterns of dedifferentiation in later-life cognitive and sensory function: The effects of age, ability, attrition, and occasion of measurement, *Journal of Experimental Psychology: General* **132** (2003), 470-487,

[2] Anstey, K. J., Lord, S. R., & Williams, P., Strength in the lower limbs, visual contrast sensitivity, and simple reaction time predict cognition in older women, *Psychology and Aging* **12** (1997), 137-144.

[3] Balinsky, B., An analysis of the mental factors of various age groups from nine to sixty, *Genetic Psychology Monographs* **23** (1941), 191-234.

[4] Baltes, P. B., & Lindenberger, U., Emergence of a powerful connection between sensory and cognitive functions across the lifespan, *Psychology and Aging* **12** (1997), 12-21.

[5] Baltes, P. B., Cornelius, S. W., Spiro, A., Nesselroade, J. R., & Willis, S. L., Integration versus differentiation of fluid/crystallized intelligence in old age, *Developmental Psychology* **6** (1980), 625-635.

[6]   Cronbach, L. J., *Designing evaluations of educational and social programs.* Jossey-Bass, San Francisco, CA, 1982.
[7]   Garrett, H. E., A developmental theory of intelligence, *American Psychologist* **1** (1946), 372-378.
[8]   Hofer, S. M., & Sliwinksi, M. J., Understanding ageing: An evaluation of research designs for assessing the interdependence of ageing-related changes, *Gerontology* **47** (2001), 341-352.
[9]   Kalveram, K. Th., Die Veränderung von Faktorenstrukturen durch „simultane Überlagerung" [The change of factor structures due to "simultaneous interference"], *Archiv für die gesamte Psychologie* **117** (1965), 296-305.
[10] Lehmann, R., Allemand, M., Zimprich, D., & Martin, M., Persönlichkeitsentwicklung im mittleren Erwachsenenalter, *Zeitschrift für Entwicklungspsychologie und Pädagogische Psychologie* **42:2** (2010), 79-89.
[11] Lehr, U., *Psychologie des Alterns,* Quelle & Meyer, Wiebelsheim, 2003.
[12] Lehr, U., Thomae, H., & Diehl, M., *Formen seelischen Alterns:Ergebnisse der Bonner gerontologischen Längsschnittstudie (BOLSA),* Enke, Stuttgart, 1987.
[13] Martin, M., & Kliegel, M., Psychologische Grundlagen der Gerontologie, 2. Aufl., in: C. Tesch-Römer, H.-W. Wahl, S. Weyerer & S. Zank (Hrsg.), *Grundriss Gerontologie: Band 3,* Kohlhammer, Stuttgart, 2008.
[14] Meredith, W., & Horn, J. L., The role of factorial invariance in modeling growth and change, in: L. M. Collins & A. G. Sayer (Eds.), *New methods for the analysis of change,* 203-240, American Psychological Association, Washington, DC, 2001.
[15] Pearl, J., *Causality: Models, reasoning, and inference,* Cambridge University Press, Cambridge, MA, 2000.
[16] Reichenbach, H., *The direction of time,* University of California Press, Berkeley, CA, 1956.
[17] Reinert, G., Baltes, P. B., & Schmidt, L. R., Faktorenanalytische Untersuchungen zur Differenzierungshypothese der Intelligenz: Die Leistungsdifferenzierungshypothese, *Psychological Research* **28** (1965), 246-300.
[18] Riediger, M., & Freund, A. M., Interference and facilitation among personal goals: Differential associations with subjective well-being and persistent goal pursuit, *Personality and Social Psychology Bulletin* **30** (2004), 1511–1523.
[19] Riediger, M., & Freund, A. M., Me against myself: Motivational conflicts and emotional development in adulthood, *Psychology and Aging* **23** (2008), 479–494.
[20] Riediger, M., Freund, A. M., & Baltes, P. B., Managing life through personal goals: Intergoal facilitation and intensity of goal pursuit in younger and older adulthood, *Journals of Gerontology, Series B: Psychological Sciences* **60** (2005), 84–91.
[21] Rubin, D. B., Teaching statistical inference for causal effects in experiments and observational studies, *Journal of Educational and Behavioral Statistics* **29** (2004), 343-367.
[22] Salthouse, T. A., The processing-speed theory of adult age differences in cognition. *Developmental Review* **103** (1996), 403-428.
[23] Salthouse, T. A., Hambrick, D. Z., & McGuthry, K. E., Shared age-related influences on cognitive and non-cognitive variables, *Psychology and Aging* **13** (1998), 486-500.
[24] Sliwinski, M., Hoffman, L., & Hofer, S., Evaluating convergence of within-person change and between-person age differences in age-heterogeneous longitudinal studies, *Research on Human Development,* (in press).
[25] Spirtes, P., Glymour, C., & Scheines, R., *Causation, prediction, and search,* Springer, New York, NY, 1993.
[26] Tucker-Drob, E. M., Differentiation of cognitive abilities across the life span, *Developmental Psychology* **45** (2009), 1097-1118.
[27] Willis, S. L., Schaie, K. W., & Martin, M., Cognitive plasticity, in: V. Bengtson, M. Silverstein, N. Putney, & D. Gans (Eds.), *Handbook of Theories of Aging,* 295-322, Springer, New York, 2009.
[28] Zimprich, D., *Kognitive Entwicklung im Alter,* Kovac, Hamburg, 2002.
[29] Zimprich, D., & Martin, M., A multilevel factor analysis perspective on intellectual development in old age, in: H. B. Bosworth & C. Hertzog (Eds.), *Aging and Cognition: Research Methodologies and Empirical Advances,* 53-76, American Psychological Association, Washington, DC, 2009.
[30] Zimprich, D., & Martin, M., Can longitudinal changes in processing speed explain longitudinal changes in fluid intelligence? *Psychology and Aging* **17** (2002), 690-695.

Begründungen für Bildung im Alter

Rudolf TIPPELT, Aiga VON HIPPEL und Bernhard SCHMIDT-HERTHA
Ludwig-Maximilians-Universität München, Deutschland

Abstract. Der Beitrag hebt die Notwendigkeit von Bildung wie auch die individuellen Bildungspotenziale über die gesamte Lebensspanne hervor und zeigt auf, dass
in den künftigen Kohorten älterer Menschen ein im Durchschnitt deutlich höheres
Bildungsniveau und Bildungsinteresse bestehen wird – worauf sich Bildungsträger
einzustellen haben. Die Bildungspotenziale werden sowohl aus psychologischer als
auch aus bildungswissenschaftlicher Perspektive dargestellt – im Zentrum stehen
dabei Plastizität und Veränderungsfähigkeit über die Lebensspanne. Dabei wird
auch auf die Notwendigkeit stärkerer Beachtung emotionaler und motivationaler
Faktoren hingewiesen. Es werden Gründe genannt, warum Bildung im Alter als
eine gesellschaftlich lohnende Investition zu begreifen ist – zentrale Gründe sind
die Selbstsorge wie auch das gesellschaftliche Engagement, die durch Bildung
gefördert und gestärkt werden. Eine empirisch fundierte Typologie zum Bildungsverständnis und zu den Bildungsinteressen älterer Menschen wird expliziert;
Anforderungen an eine Didaktik der Altenbildung werden dargelegt.

1. Bildung in einer Gesellschaft des langen Lebens

Bildung bezieht sich auf alle Altersstufen – von der frühkindlichen Bildung bis zur
Bildung Hochbetagter (Alheit & Dausien, 2010) –, sie umfasst formale, non-formale
und informelle Lernformen, sie trägt wesentlich zur Selbstfindung und Selbstsorge,
zum kompetenten Umgang mit Anforderungen in der Arbeitswelt sowie zur gesellschaftlichen Integration und Mitgestaltung bei. Auch das Ziel, durch Bildung die
individuelle Kompetenz zu entwickeln und zu erhalten, bezieht sich auf alle Alters- und
Lebensphasen.

Angesichts des starken demographischen Wandels ist in den nächsten Jahrzehnten
von einer deutlichen quantitativen Zunahme älterer Kohorten auszugehen. Bedenkt
man, dass aufgrund des Wandels des Bildungssystems das Bildungsniveau der
Bevölkerung insgesamt kontinuierlich ansteigt, so folgt daraus, dass die älteren
Generationen in Zukunft „bildungsgewohnter" und die verschiedenen Formen des
informellen Lernens im Alltag intensiver sein werden. Das wachsende Bildungsniveau
wie auch die Bildungsexpansion werden sich in den nächsten Jahrzehnten auch auf die
Weiterbildungsnachfrage und damit auf das organisierte Lernen der Erwachsenen- und
Weiterbildung auswirken (Tippelt, 2000).

Die Aufgabe der Erwachsenen- und Weiterbildung ist darin zu sehen, bei der
didaktischen Gestaltung der Bildungsangebote vermehrt auf die Bildungserfahrungen
und Bildungsinteressen heutiger und künftiger älterer Generationen einzugehen, die
Vielfalt dieser Erfahrungen und Interessen zu berücksichtigen und somit soziale
Exklusionsprozesse zu verringern (Friebe, 2010).

Die Lebenslagen und die Interessen älterer Erwerbstätiger und Älterer in der
Nacherwerbsphase werden schon seit den 1960er Jahren in verschiedenen Bildungs-
programmen und -angeboten aufgegriffen (Tietgens, 1992), wobei lange zwischen

Altenbildung und Alternsbildung unterschieden wurde (Bubolz-Lutz, 2000). Während die Bezeichnung „Altenbildung" Angebote bezeichnet, die sich ausschließlich oder vorrangig an ältere Teilnehmer richten, bezieht sich „Alternsbildung" auf die Inhalte und steht für Bildungsangebote, die Menschen in verschiedenem Lebensalter auf die mit dem Alterungsprozess verbundenen Veränderungen, Entwicklungsaufgaben und Statuspassagen vorbereiten sollen. Alternsbildung begann in den 1970er Jahren populär zu werden (vgl. Knopf, 2000); sie machte das Alter selbst zum Bildungsgegenstand. In den letzten Jahren hingegen dominierte der Terminus „Altenbildung", auch wenn sich die inhaltliche Gestaltung von Angeboten nicht selten an das Konzept der Alternsbildung anlehnt. Von der „Altenbildung" oder der „Seniorenbildung" wird nach wie vor eine Förderung der Produktivität im Alter erwartet; man schreibt ihr eine Unterstützungsfunktion bei der Suche nach eigenen Bewältigungsmustern angesichts biographischer Veränderungen zu (Bubolz-Lutz 1999a). Die Defizitorientierung der Altenbildung früherer Jahrzehnte scheint dabei weitgehend überwunden; Alter wird als eigenständige Lebensphase mit spezifischen Entwicklungsaufgaben und Herausforderungen verstanden. Bildung stellt – gerade auch in der Lebensphase Alter – einen Eigenwert dar, der über die berufliche Verwertbarkeit oder die Bewältigung von Alltagsanforderungen hinausgeht (Williamson 1997). Dennoch ist heute zu fragen, ob diese „positive Diskriminierung" wirklich zeitgemäß ist und ob nicht aufgrund der bis heute aktuellen Forderungen nach lebenslangem Lernen wie auch nach Bildungsprozessen über die gesamte Lebensspanne vieles für das Konzept der „Alternsbildung" spricht.

Lebenslanges Lernen wird seit den 1990er Jahren in der bildungspolitischen Diskussion dadurch begründet, dass die kulturellen, ökonomischen und politischen Leistungen moderner Gesellschaften nur durch die problemlösenden Kompetenzen ihrer Mitglieder – die in formalen, nonformalen und informellen Bildungsprozessen erworben werden – möglich sind. Dabei geht es um zwei Fragestellungen: Wie kann die Integration des Einzelnen durch Lernen in den verschiedenen Altersphasen gefördert werden; welchen Beitrag leistet die Bildung der Erwachsenen, um die Handlungsfähigkeit des Gemeinwesens zu stärken? Lernen und Bildung haben damit immer sowohl individuelle als auch gesellschaftliche Bezüge (Kruse, 2007).

Lebenslanges Lernen wird in verschiedenen Diskursen analysiert, so in bildungstheoretischen, psychologischen, soziologischen, sozialisationstheoretischen, bildungspolitischen, sowie in lern- und wissenstheoretischen Studien. In den interdisziplinären Diskursen zeigen sich jedoch empirische und theoretische Begründungslücken (Faulstich, 2003). Im vorliegenden Beitrag sollen einige Perspektiven dargestellt werden, aus denen sich Begründungen für lebenslanges Lernen ableiten lassen: eine psychologische und neurowissenschaftliche, eine bildungs- und gesellschaftspolitische und eine pädagogische Perspektive.

2. Psychologische und neurowissenschaftliche Perspektive: Lernen erfolgt kumulativ und wirkt präventiv

Die psychologische Lernforschung wie auch die neurowissenschaftliche Hirnforschung geben Hinweise darauf, dass ein individuelles Lern- und Bildungspotenzial auch im Alter besteht (Parasuraman, Tippelt & Hellwig, 2007) – kognitive Leistungsgewinne sind insbesondere dann möglich, wenn im Lebenslauf kontinuierlich gelernt wurde und keine Lernentwöhnung auftritt (Kruse & Packebusch, 2006).

Aus Sicht der Entwicklungspsychologie ist die ontogenetische Entwicklung ein lebenslanger Prozess mit zahlreichen Entwicklungsaufgaben – die Arbeit an der eigenen Biographie kann auch als Bildungsarbeit gesehen werden. Bildung kann „bis ins Alter hinein eine unterstützende inhaltliche und methodische Anregung darstellen, die sich auf das Ziel der Ich-Integrität positiv auswirkt" (Breloer, 2000, S. 47). Zudem können über die gesamte Lebensspanne kontinuierliche und kumulative, aber auch überraschende und diskontinuierliche Lernprozesse auftreten. Entwicklung vollzieht sich in einem Wechselspiel von Autonomie und Abhängigkeit (Baltes, 1997): So ist es für das fortgeschrittene Alter wichtig, kreativ und produktiv mit Abhängigkeiten umgehen zu lernen. Hier zeigt sich eine hohe funktionelle Plastizität auch im Alter (Kade, 2009).

Aus einer neurowissenschaftlichen Perspektive kann Lernen als eine Veränderung in der Stärke und Effizienz neuronaler Verbindungen gesehen werden, die kognitive Prozesse unterstützen (Spitzer, 2002), es geht demnach um die Entwicklung von neuronalen Netzwerken und Synapsen (Fishback, 1999), um neuronale Plastizität (Cozolino & Sprokay, 2006). Die Schnelligkeit des Lernens nimmt mit dem Alter zwar ab, gleichzeitig können jedoch Genauigkeit und Nachhaltigkeit zunehmen. Nachlassende Kompetenzen können u.a. im Bereich der Verarbeitung visueller Informationen und im Kurzzeitgedächtnis festgestellt werden. Auch in der Hirnforschung zeigt sich, dass kognitive Fähigkeiten im Alter desto länger erhalten bleiben, je höher das Bildungsniveau und je anregender der Lebensstil sind (Fishback, 1999; Feinstein et al., 2003). Die psychologische Lernforschung hat empirisch dargelegt, dass Bildungsangebote, insbesondere motorische und kognitive Trainings präventive Funktionen haben (siehe schon Lehr, 1991). Die neurowissenschaftliche Hirnforschung konnte zudem zeigen, welche Rolle Motivation und Emotionen beim Lernen spielen – negative Erinnerungen an frühere Lernerfahrungen und Stress in der Lernumgebung haben einen negativen Einfluss auf das Lernen (Cozolino & Sprokay, 2006) – Befunde, die sich aus pädagogischer und bildungswissenschaftlicher Sicht bestätigen ließen (Barz & Tippelt, 2007). Lernen ist nicht nur verknüpft mit früheren Emotionen und Erfahrungen, sondern auch mit früherem Wissen. Lernen ist damit auch aus neurowissenschaftlicher Sicht kumulativ (Taylor, 2006). Erwachsene Lerner lernen besser, wenn das zu Lernende an frühere Erfahrungen und Wissen anknüpft, da neue Information besser in bestehende neuronale Netzwerke eingefügt werden kann – die Erwachsenenbildung antwortet auf diese Erkenntnis mit dem Anspruch auf Teilnehmer- und Adressatenorientierung (siehe Abschnitt 4). Konstruktivistische Ansätze ebenso wie die neurowissenschaftliche Perspektive weisen darauf hin, dass soziale Interaktionen die neuronale Plastizität positiv beeinflussen (Cozolino & Sprokay, 2006).

3.   Bildungs- und gesellschaftspolitische Perspektive: Bildung fördert das Humanvermögen und unterstützt das bürgerschaftliche Engagement

In der bildungspolitischen Diskussion dominiert häufig eine bildungsökonomische Perspektive, die Bildung vor allem als Investition in das gesamtgesellschaftliche Humankapital versteht. Dabei meint Humankapital die Summe der auf dem Arbeitsmarkt verwertbaren persönlichen Fähigkeiten, Kenntnisse und Erfahrungen. Im Zentrum steht die berufsbezogene, kognitiv-fachliche Leistungsfähigkeit von Individuen, während andere Qualifikationen und Kompetenzen oder auch motivationale und affektive Ressourcen erst in einer erweiterten Definition von Humankapital, die „die Gesamtheit aller individuellen Fähigkeiten, Fertigkeiten, Kenntnisse, Kompetenzen und Eigenschaften subsumiert, welche persönliches, soziales und wirtschaftliches Wohlergehen ermöglichen" (Hummelsheim &Timmermann, 2009, S. 102), einbezogen werden. Die Summe des individuellen Humankapitals in einer Gesellschaft wird dann auch als Humanvermögen oder Humanressource bezeichnet, was nicht weniger als „das gesamte, d.h. aggregierte individuelle Handlungspotenzial einer Bevölkerung" (Hummelsheim &Timmermann, 2009, S. 102) umfasst, also auch die Bevölkerungsteile, die dem Arbeitsmarkt nicht (mehr) zur Verfügung stehen. Die Weiterbildung Älterer bedeutet aus humankapitaltheoretischer Perspektive also eine Investition in die gesellschaftliche Leistungsfähigkeit, deren Erträge sowohl auf dem Arbeitsmarkt (ältere Arbeitnehmer) als auch in anderen gesellschaftlichen Bereichen (Ehrenamt, bürgerschaftliches Engagement, Entlastung der Sozialsysteme) zu finden sind.

Humankapital bleibt aber immer ein immaterielles Gut, das an Individuen gebunden ist. Bildungsaktivitäten und auch der Erfolg in formalisierten Bildungsprozessen garantieren keineswegs den Erfolg dieser Investitionen, allerdings wird die Wahrscheinlichkeit, dass sich individuelle und gesellschaftliche Investitionen in Humankapital günstig auswirken, als sehr hoch eingeschätzt. Wichtig ist dennoch, dass Individuen als Bildungsteilnehmer und Bildungskunden immer auch elementarer Bestandteil der Bildungsprozesse sind, so dass deren Motivation, deren Eigenleistung, deren Anstrengung, aber auch deren Misserfolg die Qualität des individuell erzeugten Leistungsvermögens wesentlich beeinflussen.

Als Teil des Humankapitals werden schon in der klassischen Humankapitaltheorie auch die physische und psychische Leistungsfähigkeit und Gesundheit verstanden. Englische Längsschnittstudien konnten zeigen, dass Bildung insgesamt und Weiterbildung im Besonderen nicht nur positive Effekte auf das subjektive Wohlbefinden von Personen haben, sondern insgesamt günstig auf deren physische und psychische Gesundheit wirken (OECD, 2007). Gerade vor dem Hintergrund einer zunehmenden Lebenserwartung und damit einhergehend höherer Risiken einer längeren Phase der Morbidität und Pflegebedürftigkeit im höheren Alter sind diese gesundheitspräventiven Effekte von Bildung hervorzuheben (Kruse, 2002). Dabei geht es nicht nur um die statistisch geringere Wahrscheinlichkeit schwerer Erkrankungen bei bildungsaktiven Erwachsenen, sondern auch um einen für diesen Zusammenhang mitverantwortlichen gesundheitsbewussten Lebensstil, den bildungsaktive Personen pflegen. Der Beitrag von Bildung zu einem gesünderen Lebensstil erhält für ältere Erwachsene eine zusätzliche Relevanz, weil er auch den Erhalt einer autonomen Lebensführung und die Unabhängigkeit von sozialen Unterstützungsangeboten wie Pflegediensten bis ins hohe Alter fördert. Bildung wird auch in diesem Rahmen ein präventiver und im weitesten Sinne sogar rehabilitativer Charakter zugeschrieben (Görres & Martin, 2004). In diesem Sinne kann Bildung im Alter als gesellschaftlich lohnende Investition gesehen werden, da sie mittelfristig zu einer Entlastung der sozialen Sicherungssysteme beiträgt. Gleichzeitig ist zu berücksichtigen, dass eine langjährige Bildungspassivität zur Lernentwöhnung führt und die individuellen Bildungsbarrieren dadurch anwachsen.

Bildung im Alter kommt die Aufgabe zu, Interessen des Individuums aufzugreifen und Angebote so bereitzustellen, dass sie der Persönlichkeitsentwicklung in einem ganzheitlichen Sinn dienen, so das Wohlbefinden Älterer erhöhen, um für diese einen Kompetenz-Gewinn erlebbar zu machen (Lehr, 1987, 1994).

Die bereits heute spürbaren, aber in den kommenden Jahrzehnten noch weitaus deutlicher in Erscheinung tretenden Folgen einer veränderten Altersstruktur der Bevölkerung gehören zu den wichtigsten Herausforderungen unserer Gesellschaft. Trotz eines in den letzten Jahrzehnten kontinuierlich gewachsenen Anteils Älterer in der Bevölkerung sind die geburtenstarken Jahrgänge der Babyboomer-Generation heute zwischen 40 und 55 Jahren alt und stehen noch voll im Erwerbsleben. Wenn diese Kohorten für den Arbeitsmarkt verloren gehen, werden sie durch die wesentlich kleineren nachfolgenden Kohorten kaum mehr zu ersetzen sein. Bildung erhält in diesem Kontext eine wesentliche Bedeutung – dies in zweierlei Hinsicht:

Erstens gilt es, die Innovationsfähigkeit und das Potenzial der „Babyboomer" möglichst lange für den Arbeitsmarkt zu erhalten. Hier sind betriebliche, aber auch außerbetriebliche Weiterbildungsangebote erforderlich, die auch und gerade die älteren Arbeitnehmer ansprechen; zudem müssen diese eingebettet sein in altersgerechte Personalpolitiken (lebenszyklusorientierte Personalpolitik; vgl. Kruse, 2009), die auch ältere Mitarbeiter fördern und auf deren spezifischen Kompetenzen aufbauen. Bildung darf dabei nicht als Intervention zu einem bestimmten Zeitpunkt des Erwerbslebens verstanden werden, sondern sollte – um Lernentwöhnung zu vermeiden – das ganze Erwerbsleben begleiten. Bei älteren Mitarbeitern reicht die Schaffung von Angeboten alleine nicht aus, sondern es bedarf zusätzlicher Anreizsysteme für Mitarbeiter, die für sich selbst keine Möglichkeit eines beruflichen Aufstiegs mehr sehen (Schmidt, 2009). Darüber hinaus ist eine Ermutigung und Unterstützung insbesondere für bildungsferne und lernentwöhnte Arbeitnehmer bedeutsam, wobei den unmittelbaren Vorgesetzten eine Schlüsselrolle zukommt. Es sind gerade die unmittelbaren Vorgesetzten, die ältere Mitarbeiter nicht immer im gleichen Maße fördern wie deren jüngere Kollegen (Schmidt, 2007).

Zweitens gilt es das gesellschaftliche Leistungsvermögen und das Erfahrungs-wissen der Älteren auch über die Erwerbsphase hinaus für die Gesellschaft zu erhalten. Bereits heute sind Ältere eine zentrale Stütze des Ehrenamts und des bürgerschaftlichen Engagements. Es ist aber davon auszugehen, dass viele Ältere zusätzlich bereit wären, sich in der Gesellschaft zu engagieren, sich oftmals aber nicht ausreichend qualifiziert oder kompetent fühlen. Hier gilt es zum einen Ängste abzubauen, zum anderen entsprechende Bildungs- und Qualifizierungsangebote bereitzustellen, die Ältere dazu befähigen, ihre vorhandenen Kompetenzen und Erfahrungen in einer Form des ehrenamtlichen oder bürgerschaftlichen Engagements in die Gesellschaft einzubringen. Im Rahmen der EdAge-Studie (Tippelt et al., 2009) ließ sich bei Kontrolle zahlreicher anderer soziodemografischer und lebensstilbezogener Variablen zwar ein positiver Einfluss von Weiterbildungspartizipation auf ehrenamtliches Engagement belegen, für die schulische Erstausbildung zeigte sich bei den 45- bis 80-jährigen Befragten aber kein entsprechender Zusammenhang. Hier scheinen vor allem aktuelle oder erst wenige Jahre zurückliegende Bildungsaktivitäten relevanter zu sein, als über den Lebenslauf kumulierte Bildungsabschlüsse. Gleichzeitig zeigt die Studie auch, dass die eigenen ehrenamtlichen Tätigkeiten von den Älteren intensiv als eines ihrer wichtigen Lern-felder wahrgenommen werden.

Eine weitere aktuelle gesellschaftspolitische Herausforderung ergibt sich aus einer über die letzten Jahrzehnte zunehmend entstandenen Segregation der Generationen. Der Wegfall familiärer Verwandtschaftsnetzwerke durch kleiner werdende Familien, die relative Altershomogenität von Teams in manchen Arbeitsbereichen und Branchen sowie die Einrichtung separater Jugendabteilungen in den meisten Organisationen, Verbänden und Vereinen haben dazu geführt, dass intergenerationelle Begegnungsräume selten geworden sind. Die Generationenstudie der Hans-Seidel-Stiftung (2001) zeigt ein eher harmonisches, kaum konfliktbeladenes Verhältnis der Generationen zueinander, das von beidseitigem Verständnis getragen wird. Diese historisch ungewöhnliche Harmonie der Generation kann auch auf die fehlende konstruktive Auseinandersetzung zwischen den Generationen zurückgeführt werden. Eben diese Auseinandersetzung wäre aber für alle Altersgruppen bedeutsam, da die Jüngeren sich erst in der Interaktion mit den Älteren auch von diesen emanzipieren können und für die Älteren eine Abschottung von den nachkommenden Generationen auch zur gesellschaftlichen Desintegration führen kann. Die Verbindung des Innovations-potenzials und des Veränderungswillens jüngerer Generationen mit dem Erfahrungs-wissen der Älteren birgt überdies die größten Potenziale zur Bewältigung aktueller gesellschaftlicher Probleme. Erwachsenen- und Weiterbildung kann in Verbindung mit Jugendbildung einen entscheidenden Beitrag zum intergenerationellen Dialog leisten, indem sie Menschen verschiedener Generationen in Bildungsangeboten nicht nur zusammenbringt, sondern Raum für den Austausch generationenspezifischer Erfah-rungen und Perspektiven bietet. Dass Bildungsangebote, die das Ziel des inter-generationellen Dialogs fokussieren, Freiraum für Diskurse und auch Konflikte vorsehen müssen, ist dabei ebenso grundlegend wie eine entsprechende Qualifikation der Dozenten (Franz, 2009). Die Bereitschaft zu und das Interesse an inter-generationellem Lernen ist bei vielen Älteren stark ausgeprägt und wird begleitet von einem generellen Interesse an der Auseinandersetzung mit jüngeren Generationen (Schmidt & Tippelt, 2009). Für jüngere Erwachsene und Jugendliche liegen hierzu bislang keine Studien vor, allerdings lassen aktuelle Jugendstudien zumindest auf eine gewisse Aufgeschlossenheit der Jugendlichen für den Dialog mit Älteren schließen.

4. Pädagogische und bildungswissenschaftliche Perspektive: Ganzheitliche Bildung wirkt auf individueller wie auf gesellschaftlicher Ebene

Bildung im Alter kann – wie aus den bislang charakterisierten Perspektiven dargelegt wurde – eine wichtige gesellschaftliche Funktion übernehmen. Bildung entfaltet u.a. gesundheitspräventive Wirkungen, fördert das Humanvermögen im Beschäftigungs-system, steigert die Qualität und die Zufriedenheit des ehren- und bürgerschaftlichen Engagements. Bildung ist immer mit persönlichen Entwicklungszielen verbunden. Wichtig ist aber auch die Bereitschaft der Älteren, ihre Kompetenzen und Erfahrungen in die Gesellschaft einzubringen. Persönliche Entwicklungs- und Bildungsziele vari-ieren zwischen bildungsaktiven älteren Menschen erheblich: Eine aus den qualitativen Daten der EdAge-Studie entwickelte Typologie differenziert vier Gruppen von älteren Lernern und berücksichtigt hierbei die soziale Einbettung von Lernprozessen und die damit verbundenen Motive (Tippelt et al., 2009). Während beim utilitaristischen Typ Bildung als Mittel zur Erreichung persönlicher Ziele gesehen wird, sieht der gemeinwohlorientierte-solidarische Typ Bildung zwar ebenfalls als Mittel zum Zweck, im Mittelpunkt stehen hier aber Zielsetzungen, die auf das Gemeinwohl ausgerichtet und die unmittelbar mit gesellschaftlichem Engagement verknüpft sind. Für den letztgenannten Typus spielt überdies der intergenerationelle Austausch in Bildungs-kontexten und anderen Lebensbereichen eine bedeutsame Rolle. Für beide Lerntypen stellen Lernen und Bildung keinen Eigenwert dar, der damit angestrebte Nutzen unterscheidet sich aber markant. Eine ähnliche Differenzierung wird auch bei den beiden weiteren Typen sichtbar. Hier steht Bildung als Eigenwert im Mittelpunkt der

Teilnahmemotivation, utilitaristische Motive rücken in den Hintergrund. Während der selbstabsorbierend-kontemplative Typ mit Bildung jedoch primär die eigene Weiterentwicklung und die Erweiterung des persönlichen Wissenshorizonts verbindet, ist der sozial emotionale Typ offen für die Weitergabe eigenen Wissens, er ist in verschiedenen Formen des freiwilligen Engagements aktiv. Aber besonders wichtig ist hier die Möglichkeit, durch Bildung soziale Kontakte zu schließen.

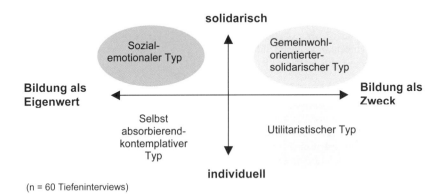

Abbildung 1. Typologie zu Bildungsverständnis und -interessen Älterer (aus: Tippelt u.a., 2009, S. 175)

Aus einer pädagogischen Perspektive ist insbesondere der Bildungsbegriff notwendig, um pädagogisch-didaktisches Handeln begründbar und verantwortbar zu machen (Klafki, 2007). Bildung in einer humanen Tradition beinhaltet die Vermittlung von kulturellem Wissen ebenso wie die Entfaltung der Person: „So ist Bildung immer Selbstentfaltung, aber immer auch schon in einer mit anderen geteilten Welt." (Faulstich, 2003, S. 12). Es geht um das Selbst- und Weltverhältnis des Individuums und damit auch um die Weiterentwicklung von Individualität und Gemeinschaftlichkeit. Bildung kann orientierend und sinnstiftend sein, wenn die Interpretationsfähigkeit von sozialen Tatsachen gefördert wird. Sie kann zur Bewältigung von Kontingenz, also der Offenheit und Ungewissheit menschlicher Lebenserfahrungen, beitragen (Tenorth, 1990).

Klafki vertritt eine bildungstheoretische Didaktik, da er eine „Fundierung der Didaktik in einer Bildungstheorie für notwendig" (Klafki, 2007, S. 9) hält. Seine kritisch-konstruktive Didaktik erklärt die Förderung von Selbstbestimmungs-, Mitbestimmungs- und Solidaritätsfähigkeit zu generellen normativen Zielen. Bildung wird von ihm – in der Tradition der Aufklärung und des Neuhumanismus – als Befähigung zu vernünftiger Selbstbestimmung verstanden. Bildung ist gleichzeitig Weg und Ausdruck der Selbstbestimmungsfähigkeit. Der Selbstbestimmungsbegriff ist jedoch nicht subjektivistisch, da die Selbstbestimmungsfähigkeit nur in Aneignungsprozessen und Auseinandersetzungen mit der Umwelt entwickelt wird (Klafki, 2007, S. 21). Die Selbstbestimmungs- und Mitbestimmungsfähigkeit wiederum erfordern die Solidaritätsfähigkeit.

Sie müssen mit dem Einsatz für diejenigen verbunden werden, denen Selbst- und Mitbestimmungsmöglichkeiten vorenthalten werden. Bildung ist damit gleichzeitig rezeptiv wie produktiv-verändernd.

*Allgemein*bildung in modernen Gesellschaften meint Bildung für *alle* zur Selbstbestimmungs-, Mitbestimmungs- und Solidaritätsfähigkeit, meint auch kritische Auseinandersetzung mit dem uns *alle* Angehenden und meint die Förderung *aller* menschlichen Fähigkeitsdimensionen (Klafki, 2007). Klafki formuliert damit einen Anspruch aller Menschen auf kognitive, soziale, emotionale, motorische und motivationale Bildung im Medium der sich stetig wandelnden gesellschaftlichen Schlüsselprobleme (Tippelt, 1990). Bildung im Alter lässt sich damit begründen, dass die Selbst- und Mitbestimmungsfähigkeit gerade bei Autonomieeinschränkungen erhalten bleibt und die Solidaritätsfähigkeit – z.B. beim zivilgesellschaftlichen Engagement oder beim intergenerationellen Lernen – gefordert und gefördert wird.

Bildung ist nicht mit einem Bildungsabschluss irgendwann abgeschlossen, sondern ist ein lebenslanger Prozess, der „teleologisch immer auf ein Mehr verweist" (Breloer, 2000, S. 43).

Aus diesen Argumenten lassen sich die Aufgaben der Bildung und auch der Erwachsenenbildung formulieren: Bildung und Erwachsenenbildung haben eine qualifizierende, eine kulturelle, eine sozialisierende und sozial integrierende Aufgabe (Tippelt, 2000). Die qualifizierende Aufgabe bezieht sich insbesondere auf die Weiterbildung von Menschen im Arbeitsleben, kann jedoch beispielsweise auch die Qualifizierung für eine bestimmte Aufgabe im ehrenamtlichen Bereich beinhalten. Als sozialisierende Aufgabe können die Intensivierung der Mit- und der Selbstverantwortung, die Steigerung von Rollenübernahmefähigkeiten und Empathie verstanden werden (Tippelt, 1990). Die kulturelle Aufgabe erweist sich in der bewussten und reflektierten Auseinandersetzung mit Werten und Normen einer Gesellschaft. Der sozial integrierenden Aufgabe kann Bildung nur nachkommen, wenn die Interessen unterschiedlicher Adressaten in die didaktische Planung miteinbezogen werden. Sozial integrierend heißt sowohl, unterschiedliche soziale Gruppen in Bildungsangebote zu integrieren, als auch in ein und demselben Angebot unterschiedliche Gruppen zu gemeinsamem Lernen zusammenzubringen – was sich jedoch häufig als schwierig erweist.

5.   Gestaltung von Bildungsangeboten für Ältere: Bildung ist lebensweltlich und teilnehmerorientiert

Bildungsangebote für Ältere richten sich an eine nicht nur hinsichtlich des kognitiven Leistungsvermögens und der Bildungserfahrungen sehr heterogene Gruppe. Gerade für die sogenannten „jungen Alten" kann selbstgesteuertes Lernen in den Vordergrund gestellt werden, wodurch die Lernerzentrierung zu einem zentralen Postulat wird, das sich u.a. im „Seniorenstudium" bewährt hat (Stadelhofer, 2000). Eine US-amerikanische Studie zeigt, dass auch die Altersgruppe der 75- bis 87-Jährigen mit selbstgesteuerten und selbstinitiierten Lernprojekten in verschiedenen Lebensbereichen Kompetenzen erweiterte und sich zielgerichtet mit den für sie relevanten Themen auseinandersetzen konnte (Roberson & Merriam, 2005).

Eine Didaktik der Altenbildung kann sich folglich nicht nur von den Inhalten her entwickeln, sondern muss sich an Lerninteressen und Lebenswelten der älteren Lerner orientieren (Schäffter, 2000). Diese Interessen sind einerseits durch die Lebensphase und Lebenslage beeinflusst, andererseits aber auch durch generationsspezifische Sozialisationserfahrungen geprägt. Zentral ist in der Bildungsarbeit mit älteren Erwachsenen daher der Einbezug individueller subjektiver Erfahrungen der Teilnehmer/

-innen, nicht nur auf kognitiver Ebene, sondern auch hinsichtlich der emotionalen Bedeutung für die Lernenden. Weiterbildung für Ältere wird dann verstanden als die rationale und affektive Auseinandersetzung mit Erfahrungen, deren Anreicherung mit neuen Informationen und eine Einordnung in erweiterte Wissens- und Sinnstrukturen.

Während die berufliche Weiterbildung auf die individuellen Qualifizierungsziele älterer Mitarbeiter eingehen und sich an deren Qualifizierungsbedarf orientieren muss, decken sich die Ziele einer nachberuflichen Altersbildung mit den übergeordneten Zielen der allgemeinen Erwachsenenbildung. Dazu gehören (1) die Befähigung zur gesellschaftlichen Teilhabe, (2) die Stärkung geistiger und psychischer Kräfte, (3) die Sinngebung und Lebensplanung im Alter, (4) die Förderung von Lebensqualität, (5) die Befähigung zu bürgerschaftlichem Engagement und (6) die soziale Interaktion (Kalbermatten 2004, S. 115). Für ältere Erwerbstätige kommt die Aktualisierung beruflicher Kompetenzen hinzu, während für die Hochbetagten der Umgang mit altersbedingten Verlusten im Mittelpunkt des Bildungsbedarfs steht.

Die Idee des Empowerment knüpft daran an, steht für die Entdeckung gesellschaftlicher und beruflicher Leistungsfähigkeit von Älteren und zielt nicht mehr primär auf die Kompensation von Defiziten. Die Förderung von Eigenverantwortung und Selbstbewusstsein kann nur gelingen, wenn eine Abkehr von stark vorstrukturierten und lehrerzentrierten Unterweisungsformen stattfindet. Ältere Lernende, die über ein breites Spektrum von Wissen und Erfahrungen verfügen, erwarten eine angemessene Berücksichtigung dieses Vorwissens und die Forderung nach einer Ermöglichungs-didaktik, die Bildungsprozesse Erwachsener als Selbstbildungsprozesse begreift und hierfür einen anregenden Rahmen bereitstellt (Kruse & Maier, 2000) – Ältere sind nicht die Objekte von Maßnahmen, sondern sie sind die Subjekte von selbst-bestimmten Gestaltungsprozessen.

Teilnehmer- und Lebensweltorientierung ist immer Anschlusslernen und ein kontinuierliches Weiterlernen ist im höheren Alter wahrscheinlicher als ein Umlernen (Kade, 2009). Hier sind die Suchbewegungen angesprochen, die von Adressaten- wie von Programmplanerseite kommen:

> „Ob und in welcher Weise organisiertes Weiterlernen von Erwachsenen zustande kommt, hängt davon ab, ob die Suchbewegungen derer, die mehr oder weniger deutliche Lernbe-dürfnisse haben, und derer, die Lernchancen vermitteln wollen, zusammentreffen" (Tietgens, 1982, S. 128).

Erwachsenenbildung kommt durch „Erwartungskonkordanz" (Tietgens, 1992, S. 67) zustande, denn es geht darum, eine Passung zwischen Angebot und Nachfrage zu gewährleisten.

6.   Fazit: Begründungen für Bildung im Alter

Bildung im Erwachsenenalter ist eine Hilfe bei der lebenslangen Entwicklung von individueller Identität, eine Hilfe, die die kognitive, soziale und moralische Entwicklung von Kompetenzen des Individuums stimuliert. Zurückliegende bio-grafische Bildungserfahrungen wirken – wie die aktuelle Teilhabe am lebenslangen Lernen – auf eine aktive und autonome Lebensführung, auf emotionales Wohlbefinden und auf die kognitive wie motorische Leistungsfähigkeit positiv (Baltes & Baltes, 1989; Kruse, 2006). Bildung über die gesamte Lebensspanne sollte daher von

Menschen in sehr verschiedenen Lebenslagen als notwendige Aufgabe und als Recht interpretiert werden – was derzeit keineswegs gegeben ist. Die Realisierung dieses Ziels stellt sowohl für den Einzelnen als auch für die relevanten Einrichtungen eine Herausforderung dar. Die Bildung älterer Menschen erweist sich aber im Gesundheitssystem, im Beschäftigungssystem und der Arbeitswelt, in den Bereichen des bürgerschaftlichen und zivilgesellschaftlichen Engagements als notwendig, wenn Selbstsorge, Partizipation, interkultureller Austausch und intergenerative Solidarität verwirklicht werden.

Literaturangaben

[1]   Alheit, P., & Dausien, B., Bildungsprozesse über die Lebensspanne: Zur Politik und Theorie lebenslangen Lernens, in: R. Tippelt, & B. Schmidt, (Hrsg.), *Handbuch Bildungsforschung*, 3. Aufl., 713-736, VS Verlag, Wiesbaden, 2010.

[2]   Baltes, P., Die unvollendete Architektur der menschlichen Ontogenese: Implikationen für die Zukunft des 4. Lebensalters, Psychologische Rundschau **48** (1997), 191-210.

[3]   Baltes, P. B., & Baltes, M., Optimierung durch Selektion und Kompensation. Ein psychologisches Modell erfolgreichen Alterns, Zeitschrift für Pädagogik **35** (1989), 85-105.

[4]   Breloer, G., Altenbildung und Bildungsbegriff, in: S. Becker, L. Veelken, K.-P. Wallraven, (Hrsg.), *Handbuch Altenbildung. Theorien und Konzepte für Gegenwart und Zukunft*, 38-50, Leske und Budrich, Opladen, 2000.

[5]   Bubolz-Lutz, E., Bildung im Alter - eine Chance zu persönlicher, sozialer und gesellschaftlicher Entwicklung, *BAGSO Nachrichten* **02**/2000, Online im Internet: URL: http://www.bagso.de/899.html, 2000.

[6]   Cozolino, L., & Sprokay, S., Neuroscience and Adult Learning, *New Directions for Adult and Continuing Education* **110** (2006), 11-19.

[7]   Faulstich, P., *Weiterbildung. Begründungen Lebensentfaltender Bildung*, Oldenbourg Verlag, München, 2003.

[8]   Feinstein, L., Hammond, C., Woods, L., Preston, J., & Bynner, J., The Contribution of Adult Learning to Health and Social Capital. *Wider Benefits of Learning Research Report* No. **8**, London.

[9]   Fishback, S. J. (1999). Learning and the Brain, *Adult Learning* **10:2** (2003), 18-22.

[10] Franz, J., *Intergenerationelles Lernen ermöglichen. Orientierung zum Lernen der Generationen in der Erwachsenenbildung,* Bertelsmann, Bielefeld, 2009.

[11] Friebe, J., Exklusion und Inklusion älterer Menschen in Weiterbildung und Gesellschaft, in: Kronauer, M. (Ed.). *Inklusion und Weiterbildung,* 141-184, wbv, Bielefeld, 2010.

[12] Görres, S., & Martin, P., Prävention und Rehabilitation, in: A. Kruse, M. Martin, (Hrsg.), *Enzyklopädie der Gerontologie*, 462-476, Bern, 2004.

[13] Hans-Seidel-Stiftung (Hrsg.), *Generationenstudie 2001: Zwischen Konsens und Konflikt: Was Junge und Alte voneinander denken und erwarten,* Online im Internet: URL: http://www.hss.de/downloads/ Politische_Studien_Sonderausgabe_Generationenstudie_2001.pdf, 2002.

[14] Hummelsheim, S., & Timmermann, D., Bildungsökonomie, in: Tippelt, R., & Schmidt, B. (Hrsg.), *Handbuch Bildungsforschung,* 93-134, 2. überarb. und erw. Aufl., VS, Wiesbaden, 2009.

[15] Kade, S., *Altern und Bildung,* wbv, Bielefeld, 2009.

[16] Kalbermatten, U., Bildung im Alter, in: A. Kruse, M. Martin, (Hrsg.), *Enzyklopädie der Gerontologie*, 110-124, Bern, 2004.

[17] Klafki, W., *Neue Studien zur Bildungstheorie und Didaktik: Zeitgemäße Allgemeinbildung und kritisch-konstruktive Didaktik,* Beltz, Weinheim, 2007.

[18] Knopf, D., Menschen im Übergang von der Erwerbsarbeit in den Ruhestand, in: Arbeitsstab Forum Bildung (Hrsg.), *Erster Kongress des Forum Bildung am 14. und 15. Juli 2000 in Berlin,* 536-549, Bonn, 2000.

[19] Kruse, A., *Gesund altern,* Nomos, Wiesbaden, 2002.

[20] Kruse, A., Der Beitrag der Prävention zur Gesundheit im Alter – Perspektiven für die Erwachsenenbildung, in: *Bildungsforschung 3/2*, Online im Internet: URL: http://www.bildungsforschung.org/, 2006.

[21] Kruse, A., Alter, in: H.-E. Tenorth, & R. Tippelt (Hrsg.), *Lexikon der Pädagogik,* 18-19, Beltz, Weinheim, 2007.

[22] Kruse, A., *Lebenszyklusorientierung und veränderte Personalaltersstrukturen*, Wissenschaftliche Schriftenreihe des Roman-Herzog-Instituts, Band 6, München, 2009.

[23] Kruse, A. & Maier, G., Psychologische Beiträge zur Leistungsfähigkeit im mittleren und höheren Erwachsenenalter – eine ressourcenorientierte Perspektive, in: Ch. von Rothkirch (Hrsg.), *Altern und Arbeit: Herausforderung für Wirtschaft und Gesellschaft*, 72-87, Berlin, 2000.

[24] Kruse, A. & Packebusch, L., Alter(n)sgerechte Arbeitsgestaltung, in: B. Zimolong & U. Konradt (Hrsg.), *Enzykopädie der Psychologie, Ingenieurpsychologie,* 425-459, Hogrefe, Göttingen.

[25] Lehr, U., Älterwerden als Lebenschance, *Kirche und Gesellschaft* **138**, Mönchengladbach, 1987.

[26] Lehr, U., *Psychologie des Alterns,* 7. Aufl., Heidelberg, 1991.

[27] Lehr, U., Einführung: Kompetenz im Alter, in: U. Lehr, K. Repgen (Hrsg.), *Älterwerden: Chance für Mensch und Gesellschaft,* 9-28, München, 1994.

[28] OECD, *Understanding the Social Outcomes of Learning,* Paris, 2007.

[29] Parasuraman, R., Tippelt, R., & Hellwig, L., Brain, cognition and Learning in Adulthood, in: OECD (Ed.), *The Learning Brain – Understanding the Brain: The Birth of a Learning Science,* 211-237, Paris, 2007.

[30] Parasuraman, R., Tippelt, R., & Hellwig, L., Brain, Cognition and Learning in Adulthood, *SourceOECD,* **13** (2007), 379-423.

[31] Roberson Jr., D. N., & Merriam, S. B., The Self-Directed Learning Process of Older Rural Adults, *Adult Education Quarterly* **55:4** (2005), 269-288.

[32] Schäffter, O., Didaktisierte Lernkontexte lebensbegleitenden Lernens. Perspektiven einer allgemeinen Didaktik lebensbegleitenden Lernens, in: S. Becker, L. Veelken, & K. P. Wallraven (Hrsg.), *Handbuch Altenbildung. Theorien und Konzepte für Gegenwart und Zukunft,* 74-87, Opladen, 2000.

[33] Schmidt, B., Weiterbildung älterer Erwerbstätiger: Veränderungen hinsichtlich Partizipation, Interessen und Barrieren, in: T. Eckert, (Hrsg.), *Übergänge im Bildungswesen,* 265-276, Waxmann, Münster, 2007.

[34] Schmidt, B., *Weiterbildung und informelles Lernen älterer Arbeitnehmer: Bildungsverhalten. Bildungsinteressen. Bildungsmotive,* VS-Verlag, Wiesbaden, 2009.

[35] Schmidt, B., & Tippelt, R., Bildung Älterer und intergeneratives Lernen, *Zeitschrift für Pädagogik* **1:55** (2009), 74-90.

[36] Spitzer, M., *Lernen. Gehirnforschung und die Schule des Lebens,* Berlin, 2002.

[37] Stadelhofer, C., „Forschendes Lernen" im dritten Lebensalter, in: S. Becker, L. Veelken, & K. P. Wallraven (Hrsg.), *Handbuch Altenbildung. Theorien und Konzepte für Gegenwart und Zukunft,* 304-310, Opladen, 2000.

[38] Taylor, K., Brain Function and Adult Learning: Implications for Practice, *New Directions for Adult and Continuing Education* **110** (2006), 71-85.

[39] Tenorth, H.-E., Neue Konzepte der Allgemeinbildung, in: H. W. Heymann, & W. von Lück (Hrsg.), *Allgemeinbildung und öffentliche Schule: Klärungsversuche,* 111-127, Bielefeld, 1990.

[40] Tietgens, H., Angebotsplanung, in: E. Nuissl (Hrsg.), *Taschenbuch der Erwachsenenbildung. Baltmannsweiler,* 122-144, 1982.

[41] Tietgens, H., Bildung für Ältere an der Volkshochschule, in: F. Karl, W. Tokarski (Hrsg.), *Bildung und Freizeit im Alter,* 55-72, Bern, 1992.

[42] Tippelt, R., *Bildung und sozialer Wandel. Eine Untersuchung von Modernisierungsprozessen am Beispiel der Bundesrepublik Deutschland seit 1950,* Weinheim, 1990.

[43] Tippelt, R., Bildungsprozesse und Lernen im Erwachsenenalter. Soziale Integration und Partizipation durch lebenslanges Lernen. *Zeitschrift für Pädagogik, 42. Beiheft, Bildungsprozesse und Erziehungsverhältnisse im 20. Jahrhundert. Praktische Entwicklungen und Formen der Reflexion im historischen Kontext,* 69-90, 2000.

[44] Tippelt, R., & Barz, H. (Hrsg.), *Weiterbildung und soziale Milieus in Deutschland - Praxishandbuch Milieumarketing,* 2. Aufl., DIE spezial, Bertelsmann, Bielefeld, 2007.

[45] Tippelt, R., Schmidt, B., Schnurr, S., Sinner, S., & Theisen, C. (Hrsg.), *Bildung Älterer: Chancen des demografischen Wandels,* Bielefeld, 2009.

[46] Williamson, A., You're never too old to learn! Third-Age perspectives on lifelong learning, *International Journal of Lifelong Education* **16:3** (1997), 173-184.

Geschlechterdifferentielle Prozesse im Kontext des Alterns: Eros, Sexualität, Intimität

Insa FOOKEN

Universität Siegen, Deutschland

Abstract. Geschlechterdifferentielle Prozesse im Kontext des Alterns, die auch den Themenkomplex Eros, Sexualität und Intimität einbeziehen, werden als grundsätzlich selbst gestaltbar angesehen. Auch wenn diese Zusammenhänge vergleichsweise selten in der themenrelevanten Fachliteratur behandelt werden, lässt sich einige Evidenz entsprechender geschlechterdifferenter Orientierungsmuster im Lebensvollzug älter werdender Menschen identifizieren. Über die geschlechterdifferentielle Perspektive hinausgehend werden einige Befunde zum Entwicklungsverlauf unterschiedlicher „Sexualitäten" zusammengetragen. Zudem wird die Bedeutung der Berücksichtigung biografischer und zeitgeschichtlicher Kontextualität herausgearbeitet.

1.   Entwicklung der Geschlechtstypisierung – ein selbst bestimmter Alternsprozess?

Unabhängig von unvorhersehbaren Schicksalsschlägen, der steigenden Wahrscheinlichkeit physischer Beeinträchtigungen sowie der Persistenz defizitärer Alters(rollen)normen und Stereotype ist Altern in einem gewissen Sinne immer auch ein individuell gestaltbarer Prozess. Die Möglichkeit der Selbstgestaltung zeigt sich auch an dem Stellenwert, der den Geschlechterdifferenzen im Alter und den Prozessen der Geschlechtsrollenentwicklung und Geschlechtsidentifikation im Verlauf der Entwicklung über die Lebensspanne eingeräumt wird. Zwar stellt die Geschlechtszugehörigkeit einerseits einen grundlegenden biologischen Tatbestand dar, und ein langes Leben als Mann bzw. Frau hinterlässt im Alter dem entsprechend auch geschlechterdifferente hirnanatomische Spuren; andererseits aber lässt der soziale Bedeutungshof der Geschlechtszugehörigkeit erhebliche Spielräume zu und ist dabei immer auch offen für individuelle Ziel- und Wertsetzungen. Beide, Frauen und Männer, sind von rollen- und alter(n)sbezogenen Implikationen ihrer Geschlechtszugehörigkeit betroffen, ohne dass man von einer generellen Benachteiligung des einen oder anderen Geschlechts per se ausgehen kann. So differieren mögliche Vor- und Nachteile der Lebenssituation im Alter geschlechtsspezifisch und halten unterschiedliche Verhaltens- und Entwicklungsspielräume für beide Geschlechter bereit. In Bezug auf genderrelevante Fragen sind Männer und Frauen im Alter dabei aber nicht nur von objektiven Rahmenbedingungen bestimmt, sondern auch davon, was sie als männliche und weibliche Individuen aus ihren Biographien und Lebensumständen an Überzeugungen, Einstellungen, Präferenzen und Verhalten im Zusammenhang mit Geschlechtsrollenverhalten und Geschlechterbeziehungsfragen für sich selbst (bewusst oder unbewusst) daraus abgeleitet haben. So verweisen beispielsweise Datenanalysen der Bonner Gerontologischen Längsschnittstudie darauf, dass eine mit dem Älterwerden erworbene „androgyne Kompetenz" (im Sinne der Überwindung geschlechtsrollentypischer Einseitigkeiten) bei beiden Geschlechtern ein recht erfolgreicher Lebensstil zu sein scheint, der zumeist mit ausgeprägter Langlebigkeit einher geht.

2.   Zum Bedeutungskontext von Eros, Sexualität, Intimität

Die definitorische Bestimmung von „Eros", „Sexualität" und „Intimität" erweist sich als komplex und kompliziert, da sowohl im alltäglichen wie auch im wissenschaftlichen Sprachgebrauch die Begriffe nicht trennscharf unterschieden werden. So dient die Bezeichnung „Eros" bzw. „Erotik" häufig als vorgeblich neutraler Sammelbegriff – wenn nicht als Euphemismus – für alle mit Geschlechtlichkeit und Sexualität verbundenen Phänomene. Andererseits akzentuiert „Eros" eher die mental-kognitiv-motivationale Ebene geschlechtlicher Erregung und sinnlichen Begehrens, während „Sexualität" eher auf vital-körperliche Aspekte verweist. Oder anders gesagt: „Eros" wird als ein Kulturprodukt und „Sexualität" als ein Naturprodukt angesehen. Darüber hinaus wird auch „Intimität" oft als „sexuelle Intimität" definiert und somit als Umschreibung von Sexualität benutzt, zum anderen steht der Begriff aber auch für das Phänomen „Liebe" und verweist auf zwischenmenschliche (sexuelle und/oder emotionale) Nähe, Bezogenheit und interpersonelle Transparenz. Die einschlägigen ideengeschichtlichen Diskurskontexte weisen darüber hinaus eine noch weitaus differenziertere Sicht auf: Hier gilt die Trias von Eros, Sexualität und Liebe sowohl als in komplexer Weise eng miteinander verbunden wie auch als widersprüchlich aufeinander bezogen bzw. als sich im Wandel der Zeiten in einem immer wieder verändernden Spannungsverhältnis neu konstituierend. Alter und Alternsprozesse werden in diesen Zusammenhängen allerdings selten thematisiert, obwohl sich gerade im Kontext einer lebensspannenorientierten entwicklungspsychologischen Perspektive eine integrative und biografische Verortung dieser Themen in die individuellen Bedürfnis- und Erkenntnissysteme anbieten würde.

3.   Eros und Intimität – geschlechterdifferente Orientierungsmuster des Lebensvollzugs?

Weder der Topos Eros noch die Themen Sexualität und Intimität sind im Rahmen einer Entwicklungspsychologie über die Lebensspanne des Erwachsenenalters in nennenswertem Umfang Bestandteile psychologischer Theoriebildung gewesen (Fooken, 2005). Unterzieht man die wenigen Arbeiten, in denen diese motivationalen Konzepte dennoch thematisiert werden, einer genaueren Betrachtung, dann wird zumeist – mehr oder weniger expliziert – von geschlechterdifferentiellen Verlaufsformen ausgegangen. Dies gilt beispielsweise für die aus dem Umfeld der Psychoanalyse abgeleiteten Konzeptionen. Dabei schärften die von Sigmund Freud formulierten Erkenntnisse über die verschiedenen Phasen (psycho)sexueller Erlebens- und Ausdrucksformen in der frühen Kindheit den Blick dafür, dass psychosexuelle Entwicklung von Beginn des Lebens an stattfindet. Allerdings ging die hier vorgenommene Konstatierung einer prägenitalen Sexualität nicht mit entsprechenden Erkenntnissen über ein mögliches Potential psychosexueller Weiterentwicklung am anderen Ende der Lebensspanne einher. Genauer gesagt: Für das Älterwerden ging man davon aus, dass es, wenn überhaupt, nur um die Sublimierung erotischer Empfindungen gehen könne. So wird der Eindruck vermittelt, dass erotisch-sexuelle Entwicklung ein Prozess ist, der sich in der Kindheit entfaltet, im Jugendalter unter dem „Primat der Genitalität" gebündelt wird und sich im frühen Erwachsenenalter endgültig formatiert und konsolidiert. Letzteres geschieht in der Auseinandersetzung mit den beiden für diese Lebensphase postulierten normativen Stationen psychosozialer und psychosexueller Entwicklung: der (heterosexuellen) Beziehungsaufnahme (Intimität) einerseits und der Elternschaft (Generativität) andererseits (vgl. Erikson, 1988). Die nächste Station, die als normative Transition psychosexueller Entwicklung angesehen wird, ist das Klimakterium, auch als „Involutionsalter" bezeichnet und in diesem Sinne defizitär konnotiert. Entgegen aller Logik der real gegebenen Langlebigkeit – insbesondere bei Frauen – wird mit dem Ende der biologischen Reproduktionsfähigkeit weitere psychosexuelle Entwicklung überwiegend als ein Prozess der Desexualisierung, der Regression, d.h. der Rückentwicklung auf die Stufen einer infantilen, als „prä-genital" apostrophierten Sexualität verstanden. Dabei ist mittlerweile hinreichend nachgewiesen worden, dass es gerade die im Alter präferierten, nicht-koitalen sexuellen Ausdrucksformen (z.B. Zärtlichkeit und körperliche Sensualität) sind, die als Ausdruck eines neuen Potentials im Prozess des Älterwerdens gedeutet werden können.

Anders als die traditionelle Psychoanalyse enthält die Eros-Rezeption im Rahmen des Konzepts der Individuation von Carl Gustav Jung relativ deutliche Bezüge sowohl zu einer Entwicklungspsychologie des Erwachsenenalters als auch zu den möglichen Entwicklungsprozessen der Geschlechtsidentität. Demnach sind männliche (animus) und weibliche (anima) Anteile bei beiden Geschlechtern angelegt, wobei zunächst die dem eigenen Geschlecht zuzurechnenden Eigenschaften entwickelt werden, um dann etwa ab der Lebensmitte einen gegenläufigen Prozess der zunehmenden Aktualisierung und Differenzierung gegengeschlechtlicher Merkmale einzuleiten. Im Alter kommt es demnach zu einer Integration männlicher und weiblicher Anteile, so dass das intrapsychisch angelegte geschlechterdifferentielle erotische Spannungsverhältnis in einem gewissen Sinne aufgehoben wird. Unter Bezugnahme auf das Entwicklungsmodell von C. G. Jung einerseits und entlang einer Re-Interpretation der Geschichte von Eros und Psyche andererseits entwickelt auch Gisela Labouvie-Vief (1994) ein Entwicklungsmodell des Erwachsenenalters, in dem argumentiert wird, dass Fragmente und Brüche im Lebensverlauf sowie eine drohende Vereinseitigung in Richtung rein rationaler Strukturen („Logos") durch die Integration möglicherweise verloren gegangener bzw. verborgener narrativer mythologischer Themen („Mythos") überwunden werden können. Der Bezug zum Topos „Eros im Alter" wird dabei folgendermaßen vorgenommen: Durch die Begegnung mit den historisch-mythologischen Figuren des „männlichen Eros" und der „weiblichen Psyche" bzw. durch die Konfrontation mit diesen beiden geschlechtsspezifisch konnotierten Themen, in denen „Eros" die Libido als sexuelle Lust und Begehren und „Psyche" die Verbundenheit repräsentieren, kann im Lebensverlauf des Erwachsenenalters eine „gender"-Balance hergestellt werden, die allerdings immer noch weiter in einem dialektischen Spannungsverhältnis steht. Die Botschaft würde demnach lauten: Es geht um Annäherung, aber nicht um Nivellierung, so dass die erotischen Spielräume in einer gewissen Weise an Vielfalt gewinnen können.

Zieht man weitere theoretische Konzepte heran, in denen entwicklungs-transformatorische Perspektiven für das Erwachsenenalter entworfen werden, dann bietet sich der Ansatz einer dynamischen Interpretation der Persönlichkeit von Hans

Thomae (1968) mit seiner Analyse thematischer Handlungseinheiten als ein allgemeiner motivational-kognitver Rahmen an. Anders als in den klassischen psycho-
analytischen Konzeptionen sind Eros und Sexualität hier nicht als Formen der Energie-
und Triebabfuhr konzipiert, sondern als (potentiell) zentrale Themen und
Orientierungsmuster des Lebensvollzugs im Erwachsenenalter. Sie sind auf dem
Hintergrund des „Bedeutsamkeitshorizonts" (ebd., S. 283) des jeweiligen Subjekts zu
verstehen und verweisen zumeist auf eine sensorisch-explorative Thematik, auf das
Motivationsprinzip der Selbstverwirklichung, auf die Suche nach „Erlebnisfülle,
Abwechslung, Anregung ..., nach gesteigertem Innewerden des eigenen Daseins" (ebd.,
S. 287/288). Es geht somit um motivationale Fragen der Umwandlung bzw.
Transformation bestimmter Daseins- und Lebensziele, die einen im weitesten Sinne
erotisch-sexuellen Handlungsbezug haben können. Eine solche Sichtweise findet sich
auch in anderen Theoriebezügen, in denen lebenslange Entwicklungsprozesse
fokussiert werden. Zu nennen wäre hier beispielsweise das Konzept der „Intentionalität" von Charlotte Bühler (Bühler, 1933), hier verstanden als Absicht, „sich zu
bestimmen, ‚wofür' man da sein will" (ebd., S. 68), um somit eine mögliche
Neubewertung von Intimität im Kontext sozialer Bindungen und Beziehungen
vorzunehmen. Basieren die Arbeiten von Bühler vornehmlich auf biographischen
Analysen der Lebensläufe von (berühmten) Männern, so bezieht der Ansatz von Erik
H. Erikson (1988) eher beide Geschlechter mit ein und verweist wieder auf Prozesse
der Integration und Überwindung vorausgegangener Geschlechterdifferenzen im Zuge
des Älterwerdens. So geht er davon aus, dass sich optimalerweise die ursprüngliche
psychosexuelle Energie im Erwachsenenalter von Liebe in Fürsorge transformiert: „ ...
in diesem Zusammenhang setzen sich spirituelle Konzepte wie das einer
allumfassenden Caritas in hohem Maße für die Ausweitung der im Entwicklungsplan
angelegten Fürsorge ein" (ebd., S. 89). Auch für Alice Rossi (1994a) geht die sexuelle
Entwicklung im Verlauf des Erwachsenenalters allmählich von Eros (Leidenschaft) in
Caritas (Fürsorge) über. Auch hier wird wiederum betont, dass die im jungen und
mittleren Erwachsenenalter häufig stattfindende einseitig geschlechtstypisierte
Aufteilung, in der Männern das Thema „Eros" und Frauen das Thema „Caritas"
zugeordnet wird, sich im weiteren Lebensverlauf bei beiden Geschlechtern zugunsten
einer stärkeren interpersonalen Annäherung und intrapsychischen Integration aufheben
kann. Auch andere Autoren beobachten für den Kontext des Älterwerdens eine
Tendenz, zwischenmenschliche Beziehungen weniger stark von vornherein zu
erotisieren bzw. zu sexualisieren, sondern diese Bedürfnisse in den allgemeinen
Kontext einer sozialen bzw. sozio-emotionalen Orientierung einzubeziehen. Während
in psychoanalytisch beeinflussten Konzepten ein solches Entwicklungsgeschehen im
Erwachsenenalter zumeist mit der Wirksamkeit eines in der menschlichen Psyche
angelegten epigenetischen Programms erklärt wird, akzentuieren andere Autoren
stärker den Einfluss kultur- und zeithistorischer Narrationen. Gemäß dieser
Argumentation sind solche Diskurse in den betroffenen Individuen mehr oder weniger
bewusst subjektiv repräsentiert und fungieren dabei als auslösende und/oder steuernde
Einflussgrößen. So geht beispielsweise Margaret M. Gullette (1998) von kulturell
konstruierten „midlife fictions" aus, die Menschen im mittleren Erwachsenenalter in
erotisch-sexueller Hinsicht (unausweichlich) mit dem Thema der Nostalgie
konfrontieren. Demnach wird erotisches und sexuelles Erleben und Handeln in dieser
Lebensphase immer mit der zumeist unrealistisch phantasierten sexuellen Kompetenz
des Jugendalters und jungen Erwachsenenalters abgeglichen und das Ergebnis dieses
intraindividuell vorgenommenen temporalen Vergleichsprozesses wird dann notge-

drungen als (Virilitäts-)Verlust erlebt. Aus dieser Fiktionalität speist sich sozusagen die kulturelle „Erfindung der Nostalgie-Narration", die bei Männern und Frauen unterschiedliche Bewertungsprozesse in Gang setzt. Demnach neigen Männer stärker als Frauen dazu, sich diese wenig selbstwertdienlichen Sichtweisen zueigen zu machen bzw. ihnen zu erliegen und mit dieser Kränkung in das höhere Erwachsenenalter hineinzugehen. Hingegen wird angenommen, dass Frauen sich – aus verschiedenen Gründen – besser von diesen kulturell konstruierten Zumutungen abgrenzen können.

Für das höhere Erwachsenenalter gibt es nur wenige entwicklungsbezogene Vorgaben, in denen Fragen einer möglicherweise spezifischen Alters-Erotik aufgeworfen werden. Auch werden hier kaum noch Geschlechterdifferenzen thematisiert. Betont wird zumeist, dass in dieser Lebensphase die Möglichkeit der „Transzendenz von körperlichen Gegebenheiten" besteht, womit die potenziell spirituelle Dimension erotisch-sexuellen Erlebens im Alter unterstrichen wird. Unter Verweis auf Alfred Adlers teleologische, prospektive Konzeption des Überwindungsstrebens von Schwäche stellt Leopold Rosenmayr einen Bezug zwischen Eros und Entwicklungsprozessen im höheren Lebensalter her. Demnach kann Eros Urerinnerungen wecken und ein schöpferisches Überwinden von alltäglicher Normalität im Alter ermöglichen. Weiterhin steht Eros für „die Verbindung von seelischer Ergriffenheit, geistigem Potential und Verlangen" (Rosenmayr, 1996, S. 90) und erlaubt im höheren Erwachsenenalter einen ganzheitlicheren Bezug, als das im Kontext von Sexualität der Fall ist. Dies könnte man als Ausdruck einer spezifischen „erotischen Kompetenz" bzw. einer „Alters-Erotik" ansehen, in der neue Gestaltungsformen und Begegnungszusammenhänge im Beziehungsverhältnis der Geschlechter möglich sind.

4. Empirische Befunde zu differentiellen Aspekten unterschiedlicher „Sexualitäten"

Die empirische Befundlage zur Frage geschlechtstypischer und alter(n)sbezogener sexuell-erotischer Entwicklungsverläufe ist spärlich und wenig verallgemeinerbar (vgl. Fooken, 2005). Zunächst kann man konstatieren, dass für Männer und Frauen zumeist die Bedeutung körperlicher und physiologischer Veränderungen und die daraus resultierenden sexuellen Probleme in vielen einschlägigen Studien ausführlich behandelt werden, wobei insbesondere dem Problem der männlichen Impotenz sehr große Aufmerksamkeit gewidmet wird. So verläuft der Diskurs zwischenzeitlich oft in der Weise, dass männliche Alter(n)s-Sexualität tendenziell defensiver, aus einer medikalisierten Perspektive heraus dargestellt wird und den eher „technischen" Aspekten bei der Beseitigung von Störreizen und der Wiederherstellung von Funktionstüchtigkeit viel Platz eingeräumt wird. Hingegen wird weibliche Alter(n)s-Sexualität – trotz einer langen Tradition der Biologisierung und Medikalisierung sexueller Anliegen bei Frauen – zwischenzeitlich durchaus unter dem Blickwinkel möglicher Entwicklungspotenziale, neuer Bedeutungszusammenhänge und der Entwicklung einer altersintegrierten positiven sexuellen Identität thematisiert.

Weiterhin finden sich zahlreiche Befunde zur Bedeutung der Sexualität im Entwicklungsverlauf langjähriger intimer (heterosexueller bzw. ehelicher) Beziehungen, wobei hier zumeist die Frage des Einflusses der Sexualität sowohl auf das Wohlbefinden als auch auf die Beziehungsqualität interessiert. Allerdings erscheint es bemerkenswert, dass der Stellenwert der Sexualität für die Beziehung und die Beziehungsentwicklung lange Zeit nicht sonderlich beachtet wurde. Dies gilt insbesondere für langjährige alte Beziehungen, in denen einerseits zwar nur selten explizit und offen über sexuelle Wünsche, Ansprüche und Erfahrungen kommuniziert wird, andererseits aber deutlich wird, dass sexuelle Erfahrungen und Intimitätsaspekte im biografischen Verlauf durchaus als eine wichtige Einflussgröße auf die aktuelle Beziehungsqualität im Alter angesehen werden können. So verwundert es letztlich nicht, dass auch bei langjährigen Ehen im mittleren und höheren Erwachsenenalter sexuelle Untreue einer der häufigsten Anlässe für Trennungen und Scheidungen ist. In diesem Zusammenhang ist es auffallend, wie tief verankert die Vorstellung über die „normative Normalität" einer ehelichen heterosexuellen erwachsenen Sexualität ist, obwohl zwischenzeitlich eine hohe Pluralisierung sexueller Lebens-, Beziehungs- und Orientierungsstile praktiziert wird. So wird alltagssprachlich (und zum Teil auch im wissenschaftlichen Bereich) immer noch von vor-, außer- oder nach-ehelicher Sexualität gesprochen und damit suggeriert, dass es sich in diesen Fällen in gewisser Weise um normabweichendes Verhalten handelt, obwohl bekannt sein dürfte, dass die Institution Ehe als normativer Austragungsort sexuell-erotischer Bedürfnisse erheblich an Bedeutung verloren hat. Parallel zur Persistenz solcher konventioneller Bewertungsmuster hat sich allerdings andererseits in gesellschaftlicher Hinsicht eine erhebliche Toleranz und Akzeptanz gegenüber nicht-ehelichen und/oder nicht-heterosexuellen Beziehungsformen etabliert. Diese Liberalisierung wirkt auch in ganz erheblichem Maße auf die Optionen und Selbstverständnisse älterer Menschen zurück. Es bleibt abzuwarten, ob und inwieweit die radikalen Dekonstruktionsansätze von Sexualität und Geschlecht seitens der „kritischen Sexualwissenschaft", der „Gender-Forschung" und der „Queer-Theory-Ansätze" letztlich auch von älteren Menschen rezipiert und für sich reklamiert werden.

Die insgesamt sehr heterogene Befundlage in diesem Themenbereich hängt unter anderem auch damit zusammen, dass in den verschiedenen empirischen Studien sehr unterschiedliche Aspekte sexuell-erotischen Erlebens und Handelns einbezogen werden. So geht es unter anderem um die Wahl der Sexualpartner, um die Zahl der (verschiedenen) Sexualpartner sowohl im Lebensverlauf als auch in der aktuellen Lebenssituation (z.B. außereheliche Beziehungen), um die Häufigkeit von Geschlechtsverkehr und Orgasmus, um sexuelle Praktiken und Vorlieben (z.B. vaginale, orale oder anale Praktiken), um Häufigkeit der Masturbation, Nutzung von „Erotika", um sexuell übertragene Krankheiten, sexuelle Nötigung, sexuelle Gewalt und tabuisiertes sexuelles Verhalten (z.B. Telefon-Sex, Prostitution). Auch hier kann man angesichts der Entmystifizierung einer vorgeblichen Asexualität des Alters davon ausgehen, dass der sexuell-erotische Verhaltensspielraum bei Männern und Frauen im Alter zunehmend größer werden wird.

Nicht zuletzt finden sich zwischenzeitlich vermehrt empirische Arbeiten sowohl über lebenslange psychosexuelle Entwicklungsverläufe bei homsexueller und bisexueller Orientierung als auch über die Frage der Veränderbarkeit sexueller Orientierungen im Laufe des Erwachsenenlebens. In diesem Zusammenhang wird zum einen deutlich, dass die sexuelle Orientierung im Verlauf des Erwachsenenalters weitaus variabler ist, als es die normative Vorgabe einer ausschließlichen, persistenten und irreversiblen Heterosexualität suggeriert; zum anderen werden zwischenzeitlich – trotz weiterhin bestehender gegenteiliger Vermutungen und Vorurteile gerade gegenüber homosexuellen Männern – eine weitgehende Unauffälligkeit bzw. sogar Vorteile für ältere Menschen konstatiert, die homosexuell sind und auch so leben. So dürften gerade auch die Erfahrungen mit der Pflegebereitschaft von (Aids-)Erkrankten in den homosexuellen Communities das lange Zeit tradierte Bild relativer Beziehungslosigkeit als Problemlage im Alter deutlich revidiert haben. Bei Menschen mit bisexueller Orientierung werden bislang etwas kompliziertere Entwicklungsverläufe vermutet. Man geht davon aus, dass im Zuge des Älterwerdens eine Tendenz besteht, sich letztlich doch auf eine eindeutige Ausrichtung der sexuellen Orientierung festzulegen. Zahlreiche Fragestellungen thematisieren dabei vorrangig den Zusammenhang zwischen sexueller Orientierung und Lebenszufriedenheit bzw. Lebensbewältigung im Laufe des Älterwerdens. Die bisherige Befundlage signalisiert hier, dass eine nicht-heterosexuelle Orientierung für die Befindlichkeit im Alter in der Regel kein spezifisches Risiko bedeutet.

5. Kontextualisierung: Biografie und Zeitgeschichte

Will man adäquate Entwicklungsverläufe im mittleren und höheren Erwachsenenalter unter der Perspektive der Bedeutung der Themenkomplexe Eros, Sexualität, Intimität und Geschlechterdifferenzen adäquat erfassen, muss in jedem Fall die biografische und zeitgeschichtliche Kontextualität mit einbezogen werden. Biografische Kontextualität meint in diesem Zusammenhang die intrapsychische Integration verschiedener, lebensgeschichtlich bedeutsamer erotisch-sexueller Komponenten, die letztlich eine (kohärente) individuelle sexuell-erotische Identität konstituieren. Dabei können unter Bezugnahme auf die „Skript-Theorie" zur sexuellen Entwicklung (Simon & Gagnon, 1969) trotz aller komplexen Verflechtung drei konzeptuell abzugrenzende, aber nie unabhängig wirksam werdende Dimensionen von sexuell motiviertem Geschehen identifiziert werden: (1) die körperlich-sinnliche („sensual") Seite, d.h. die Körperreaktionen und deren erlebte Bedeutung, (2) die erotische Ebene, d.h. die sich verändernden Bilder und Metaphern unserer persönlichen sexuellen Kultur und (3) die soziale Dimension, in der alle nicht-sexuellen motivationalen Einflüsse auf sexualitätsbezogene Entscheidungen repräsentiert sind. Zu berücksichtigen ist, dass sexuell-erotische Sozialisation lebenslang und zumeist – unabhängig von der Dauer und Anzahl intimer Partnerschaften – in einem partnerschaftlichen Beziehungskontext stattfindet. Das heißt, es geht somit auch immer um die Koordination und Einbindung dieser komplexen Bedürfnisse und Verhaltensmuster in die Form einer dyadischen sexuellen Intimität. In diesem Zusammenhang kann man davon ausgehen, dass Bedeutung und Stellenwert, den die Trias von Eros, Intimität und Sexualität im Verlauf des Erwachsenenlebens einnehmen, zumeist einem Wandel unterliegt. Innerhalb der themenrelevanten einschlägigen Forschung geht es dabei zudem um die wechselseitig sich beeinflussenden Zusammenhänge von Erotik und Sexualität mit dem generellen Wohlbefinden, der Partnerschaftszufriedenheit, dem Lebenssinn etc. So zeigt sich einerseits in der Berliner Altersstudie BASE auf der Ebene altersnormierter Prozesse, dass im Zuge zunehmender Hochaltrigkeit die Bereitschaft, in den Lebensbereich bzw. in das Ziel „Sexualität" zu investieren, deutlich abnimmt. Andererseits wird aber auch deutlich, dass das völlige Fehlen erotisch-sexueller Aspekte, wie z.B. fehlende zärtliche Kontakte im Alter, ein Einsamkeitsrisiko darstellen kann. Generell wird hier noch einmal die hohe Bedeutung der Verfügbarkeit von Partnerschaften bzw. der Möglichkeit der Erfahrung von Intimität erkennbar. Bei bestehenden Partnerschaften im Alter ist der Zusammenhang zwischen der Zufriedenheit mit der sexuellen Beziehung und der Zufriedenheit mit der Partnerschaft zumeist eher hoch ausgeprägt. Dabei wird das Intimitätserleben mit dem zunehmenden „Alter der Beziehung" weniger stark durch „sexuelle Intimität" als durch andere Formen von Intimität, Nähe und interpersonaler

Transparenz konstituiert. Allerdings kann man davon ausgehen, dass sich der biografische Gesamtkontext zumeist als ausgesprochen komplex darstellt. Erotisch-sexuelle Entwicklungsprozesse und Partnerschaftsentwicklung im Alter unterliegen vielfältigen Einflussgrößen, die dazu führen können, dass es sowohl zu einer Konvergenz dieser beiden Dimensionen im Paar und auch in jedem der beiden beteiligten Partner kommen kann als auch zu erheblichen Abweichungen. Darüber hinaus können diese Prozesse – intradyadisch betrachtet – synchron, aber auch asynchron verlaufen. Letztlich erweist sich das Zusammenspiel bzw. die Balance von motivationalen und kognitiven Systemen auch bei diesem Themenbereich als relevant. So sind es oft die Überzeugungen und manchmal auch die Fiktionen und Illusionen über das, was im Bereich erotisch-sexueller Bedürfnisse und entsprechender Verhaltensweisen als natürlich, biologisch-normiert, normal und sozial angemessen oder unangemessen empfunden wird, die darüber entscheiden, ob und wie Erotik, Sexualität und Intimität im Alter in den Lebensvollzug einbezogen werden.

Lebensspannenbezogene Entwicklungsprozesse sind auch immer in einen zeitgeschichtlichen Kontext eingebunden und insofern kann der Themenkomplex „Eros, Intimität und Sexualität" nicht als ein universelles, biologisch determiniertes triebpsychologisches Geschehen jenseits aller personalen, sozialen und kulturellen Historizität konzipiert werden. Erotisches Erleben und sexuelles Handeln sind untrennbar eingebunden in zeitgeschichtlich geprägte sexuelle Skripte und Kulturen. Viele der diesbezüglichen Botschaften, seien sie bewusst oder unbewusst aufgenommen, seien sie explizit oder implizit geäußert, werden in der Familie erfahren und gelernt und insbesondere von den Eltern vermittelt. Aber auch andere gesellschaftliche Institutionen und Kontexte sind in diesem Zusammenhang relevant: Schule, Kirche, Berufs- und Freizeitmilieus, Sport, Militär, Krieg. In jedem Falle kommt dem Jugendalter bzw. dem jungen Erwachsenenalter ein besonderer Stellenwert zu, da in diesen Entwicklungsphasen die sexuelle Initiation und die allmähliche Integration der Sexualität in die eigene Person eine zentrale Entwicklungsaufgabe darstellen. Dabei entfalten die in dieser Zeit herrschenden Intimitäts- und Sexualnormen, die Praktiken und Regulierungsprinzipen, das Ausmaß selbst- oder fremdbestimmter Erfahrungskontexte sowie die Diskurse über Erotik und Sexualität eine besondere Wirksamkeit für das weitere sexuell-erotische Erleben und Handeln. Man kann davon ausgehen, dass die Menschen, die zu Beginn des 21. Jahrhunderts zu der Gruppe der Älteren gehören, diesbezüglich in ihren Lebensverläufen mit sehr unterschiedlichen Botschaften konfrontiert worden sind. So gibt es nicht zuletzt seit den 60er Jahren des 20. Jahrhunderts viele Veränderungen, die aber nicht unbedingt linear an- oder absteigen, sondern kohortenspezifisch schwankend verlaufen und zudem auch teilweise geschlechtsspezifisch differieren (man denke beispielsweise an die sich immer wieder verändernden Bewertungen der verschiedenen kontrazeptiven Methoden und Möglichkeiten). Es dürfte interessant sein zu untersuchen, inwieweit die im Zuge der „sexuellen Revolution" der 70er Jahre diskutierten Themen und Erfahrungen sexueller Liberalisierung und Selbstbestimmung das sexuelle Erleben und Handeln im Alter beeinflussen. Je nachdem, in welcher Lebens- und Entwicklungsphase die Angehörigen der verschiedenen Geburtskohorten damit konfrontiert waren, werden die Einflüsse und Auswirkungen auf das sexuell-erotische Selbstverständnis im höheren Erwachsenenalter sicherlich unterschiedlich sein. Dabei kann der gesellschaftliche Wandel des erotisch-sexuellen Selbstverständnisses – im Sinne einer retroaktiven Sozialisation – durchaus auch über Modelle in der Generation der eigenen Kinder und Enkel ins mittlere und höhere Erwachsenenalter zurück wirken. Hier scheinen insbesondere gerade Frauen im Alter manche Zwänge einer traditionellen weiblichen Geschlechtsrolle hinter sich lassen zu können. So galt ja lange Zeit die Erwartung, dass für Frauen der Themenbereich Erotik und Sexualität nur im Kontext einer Partnerschaft relevant ist. Mittlerweile ist zu beobachten, dass auch in Zeiten von Partnerlosigkeit die Konfrontation mit anderen sexuellen Selbstverständnissen bedeuten kann, dass das individuelle sexuell-erotische Erleben und Handeln selbstbestimmt verändert werden kann, sei es durch die Reflexion der eigenen sexuellen Biografie, sei es als erstmaliges Aufgreifen bislang ungeahnter und ungelebter sexuell-erotischer Optionen.

6. Eros, Sexualität, Intimität – eine poetische Bilanz

In der kritischen Auseinandersetzung mit einem sexualwissenschaftlichen Verständnis, das die Bedeutung körperlicher und physiologischer Aspekte der Sexualität einseitig akzentuiert, greift Leonie Tiefer (1999) zu einem Vergleich der Sexualität mit der Musik. Ihre Argumentation lautet, dass ein adäquater Zugang zu Formen musikalischen Erlebens und Verhaltens nicht darin bestehen kann, mit den neurophysiologischen Grundlagen des Gehörs und der Anatomie der Ohren anzufangen. So sind sowohl Eros, Sexualität und in gewisser Weise auch Intimität wie auch die Musik ohne Körper nicht denkbar, wobei es letztlich aber immer um die Erfassung ganzheitlicher Qualitäten geht: um Harmonien und Dissonanzen, um Schwingungen und Stimmungen, um Takt und Rhythmus, um Motive und Themen, um „laut" und „leise", um „diminuendo" und „crescendo" und um die eigene individuelle und selbstbestimmt vorgenommene Verortung in diesem Geschehensablauf. Gerade im Entwicklungsverlauf jenseits der Lebensmitte wächst zumeist die Kompetenz, Zwischentöne wahrzunehmen und scheinbar Disparates zu integrieren. Entwicklung im mittleren Erwachsenenalter enthält somit viele Chancen, die Balance zwischen Eros, Sexualität und Intimität immer wieder neu herzustellen. Viele Befunde sprechen mittlerweile dafür, dass es Frauen und Männern, die diesbezüglich ja oft von ganz unterschiedlichen Erfahrungshintergründen ausgegangen sind, im Alter durchaus gelingt, die Zwischen-töne zu entdecken, wodurch eine neue zwischenmenschliche Nähe, dyadische Resonanz und ein gemeinsames Klingen erreicht werden kann, auch wenn die Resonanzkörper durchaus autonom und getrennt bleiben. Noch poetischer beschreibt Octavio Paz (1997, S. 246) das Zusammenspiel von Körper(n) und Seele:

> „Ohne Seele – oder wie man diesen *Hauch* nennen will – gibt es keine Liebe, aber es gibt sie auch nicht ohne den Körper. Dank des Körpers ist die Liebe Erotik und steht somit in Verbindung mit den gewaltigsten und geheimnisvollsten Kräften des Lebens. Beide, die Liebe und die Erotik – eine doppelte Flamme – nähren sich vom Urfeuer: der Sexualität. Liebe und Erotik kehren immer zum letzten Ursprung zurück, zu Pan und seinem Schrei, bei dem der ganze Wald erzittert".

Literaturangaben

[1] Bühler, Ch., *Der menschliche Lebenslauf als psychologisches Problem,* S. Hirzel, Leipzig, 1933.
[2] Erikson, E. H., *Der vollständige Lebenszyklus,* Suhrkamp, Frankfurt/M., 1988.
[3] Fooken, I., Eros und Sexualität, in: S-H. Filipp, & U. M. Staudinger (Hrsg.), *Enzyklopädie der Psychologie. Band C/V/6. Entwicklungspsychologie des mittleren und höheren Erwachsenenalters,* 715-738, Verlag für Psychologie/Hogrefe, Göttingen, 2005.

[4]   Gullette, M. M., Midlife discourses in the Twentieth-Century United States: an essay on the sexuality, ideology, and politics of "middle-ageism", in: R. A. Shweder (Ed.), *Welcome to middle age! (And other cultural fictions),* 3-44, University of Chicago Press, Chicago, 1998.

[5]   Labouvie-Vief, G., *Psyche and Eros. Mind and gender in the life course,* Cambridge University Press, Cambridge, 1994.

[6]   Paz, O., *Die doppelte Flamme. Liebe und Erotik,* Suhrkamp, Fankfurt/M., 1997.

[7]   Rosenmayr, L., *Altern im Lebenslauf. Soziale Position, Konflikt und Liebe in den späten Jahren,* Vandenhoeck & Ruprecht, Göttingen/Zürich, 1996.

[8]   Simon, W., & Gagnon, J. H., On psychosexual development, in: D. A. Goslin (Ed.), *Handbook of socialization theory and research,* 733-752, Rand McNally and Company, Chicago, 1969.

[9]   Thomae, H., *Das Individuum und seine Welt. Eine Persönlichkeitstheorie*, Hogrefe, Göttingen, 1968.

[10] Tiefer, L., Challenging sexual naturalism, the shibboleth of sex research and popular sexology, in: *Nebraska Symposium on Motiavion. Vol. 45, Gender and motivation,* 143-172, University of Nebraska Press, Lincoln, 1999.

II. Neue kulturelle Entwürfe des Alters

Alter neu denken –
Kategorien eines veränderten kulturellen
Verständnisses von Alter

Andreas KRUSE

Universität Heidelberg, Deutschland

Abstract. Der Beitrag zeigt zunächst auf, in welcher Richtung sich die gesellschaftlichen Bilder des Alters differenzieren sollten: Im Zentrum stehen dabei die stärkere Akzentuierung von Potenzialen im Alter sowie ein verändertes Verständnis des Umgangs mit Grenzen im Alter; hinzu tritt die Differenzierung unseres Menschenbildes mit einer stärkeren Betonung auch der emotionalen, der empfindungsbezogenen, der sozialkommunikativen und der alltagspraktischen Dimension der Person. In einem weiteren Schritt wird das Alter im Kontext einer Verantwortungsethik diskutiert und dargelegt, welche Bedeutung Selbstverantwortung und Mitverantwortung älterer Menschen für deren Lebensqualität wie auch für die Solidarität zwischen den Generationen besitzen. Danach wird die Kategorie der bewusst angenommenen Abhängigkeit eingeführt und deutlich gemacht, wie wichtig gesellschaftliche Solidarität, Teilhabe und Kompetenzorientierung des Versorgungssystems für die Fähigkeit und Bereitschaft des Einzelnen sind, Abhängigkeit von der Hilfe anderer Menschen anzunehmen. Die Potenzialorientierung – eine für die Differenzierung des gesellschaftlichen Altersbildes besonders wichtige Kategorie – wird in einen systematischen Zusammenhang mit Bildung gestellt; dabei wird auch die Offenheit des Menschen für neue Lebensanforderungen und Lebensperspektiven in ihrer Bedeutung für die Verwirklichung von Potenzialen im Alter expliziert.

Einführung – Wissenschaftliches und Persönliches

„Denn dieses scheint die Hauptaufgabe der Biographie zu sein, den Menschen in seinen Zeitverhältnissen darzustellen und zu zeigen, inwiefern ihm das Ganze widerstrebt, inwiefern es ihn begünstigt, wie er sich eine Welt- und Menschenansicht daraus gebildet und wie er sie, wenn er Künstler, Dichter, Schriftsteller ist, wieder nach außen abgebildet. Hierzu wird aber ein kaum Erreichbares gefordert, dass nämlich das Individuum sich und sein Jahrhundert kenne, sich, inwiefern es unter allen Umständen dasselbe geblieben, das Jahrhundert, als welches sowohl den Willigen als Unwilligen mit sich fortreißt, bestimmt und bildet, dergestalt, dass man wohl sagen kann, ein jeder, nur zehn Jahre früher oder später, dürfte, was seine eigene Bildung und die Wirkung nach außen betrifft, ein ganz anderer geworden sein." (Johann Wolfgang von Goethe, „Dichtung und Wahrheit", Vorwort)

„Denn wenn wir in früherer Zeit leidenschaftlich unsern eigenen Weg gehen, und, um nicht irre zu werden, die Anforderungen anderer ungeduldig ablehnen, so ist es uns in spätern Tagen höchst erwünscht, wenn irgendeine Teilnahme uns aufregen und zu einer neuen Tätigkeit liebevoll bestimmen mag." (ebd.)

Ursula Lehr, in Frankfurt geboren, hatte immer schon eine besondere Affinität zu einem anderen Frankfurter, nämlich Johann Wolfgang von Goethe. Die Tatsache, dass sie aus derselben Stadt stammt wie der Dichterfürst, ist aber für ihre besondere Zuneigung zu diesem kaum von Belang. Viel entscheidender ist, dass sie an diesem ein Genre schätzen gelernt hat, das zu ihren bevorzugten wissenschaftlichen Interessen gehörte und gehört: die *Biografie*. Das Studium der Biografien hat sie von ihren ersten Anfängen als Forscherin an interessiert, nein, fasziniert. Und noch heute zieht sie Ergebnisse biografischer Analysen der Persönlichkeit heran, um deren Dynamik besser verstehen und sprachlich abbilden zu können. Dabei verbindet sie Erleben und Verhalten eines Menschen sowohl mit historisch-politischen als auch mit gesell-schaftlich-kulturellen Entwicklungen: Inwiefern beeinflussen oder prägen diese Erleben und Verhalten? Inwieweit und in welcher Hinsicht unterscheiden sich Menschen, die zu ähnlichen Zeitpunkten ihrer Biografie verschiedenartigen historisch-politischen, gesellschaftlich-kulturellen Entwicklungen ausgesetzt waren? Und inwie-weit finden die momenta specifica einer bestimmten Periode Ausdruck im Erleben und Verhalten von Angehörigen verschiedener Generationen? Mit diesen Fragen befasste sich Ursula Lehr, die Frankfurterin, Bonnerin, Heidelbergerin, dann wieder Bonnerin zunächst in der mit Hans Thomae von 1965 bis 1983 durchgeführten *Bonner Längsschnittstudie des Alterns* (BOLSA) (Thomae, 1976, 1983, 1987), später in der *Interdisziplinären Längsschnittstudie des Erwachsenenalters* (ILSE) (Martin, Ettrich, Lehr et al., 2000), die im Jahre 1993 mit dem ersten Messzeitpunkt aufgenommen wurde (mittlerweile haben drei Messzeitpunkte stattgefunden). Blicken wir nun auf die erste der beiden Aussagen aus Goethes „Dichtung und Wahrheit": Der Mensch, so heißt es dort, soll in seinen Zeitverhältnissen dargestellt werden, und dies bedeutet in unserer heutigen Begrifflichkeit: Die historisch-politischen wie auch die gesell-schaftlich-kulturellen Einflüsse auf die individuelle Entwicklung sind abzubilden – hier sind Kohorten- und Periodeneffekte angesprochen, die in ihrem Einfluss auf individuelle Entwicklung, und zwar bis in das hohe Lebensalter, nicht unterschätzt werden dürfen. Und es heißt weiter, man könne wohl sagen, „ein jeder, nur zehn Jahre früher oder später, dürfte, was seine eigene Bildung und die Wirkung nach außen betrifft, ein ganz anderer geworden sein". Damit werden noch einmal Kohorten- und Periodeneffekte in ihrem Einfluss auf individuelle Entwicklungsprozesse hervor-gehoben – diesmal in der Hinsicht, dass die Ressourcen, die Menschen im Lebenslauf aufbauen können oder die ihnen aufzubauen verwehrt ist (so zum Beispiel die Bildungsressourcen), auch in ihrer historisch-politischen und gesellschaftlich-kulturellen Bedingtheit zu verstehen sind. Für das Verständnis der kognitiven Entwicklung in den aufeinander folgenden Altersgruppen ist diese Kohorten-perspektive geradezu essenziell.

Nun mag der geneigte Leser die Frage stellen, warum wir ihn in die Welt von „Dichtung und Wahrheit" führen, was die Bezugnahme auf dieses Werk mit dem Thema dieses Beitrags – „Alter neu denken" – zu tun hat. Es ist dies zum einen die Tat-sache, dass eine neue Deutung des Alters erst durch die Einführung der Kohorten-perspektive theoretisch-konzeptionell überzeugend wirkt: Veränderte Ressourcen, die im Lebenslauf ausgebildet werden konnten, veränderte Lebensstile, die im Lebenslauf entwickelt wurden, spiegeln unterschiedliche historisch-politische, gesellschaftlich-kulturelle Kontexte wider, in denen der individuelle Bios stand. Riley, Foner & Waren (1988) haben überzeugend dargelegt, dass Angehörige einer neuen älteren Generation, die unter anderen Kontextbedingungen aufgewachsen sind als die Angehörigen der vorausgehenden älteren Generation(en), Potenziale zeigen, die sich mit den Lebensstilen und Lebensformen der vorausgehenden älteren Generation(en) brechen: Die neue ältere Generation zeigt und nimmt an sich selbst Potenziale zur gesellschaftlichen wie auch zur kulturellen Gestaltung wahr, die die vorausgehenden älteren Generationen noch nicht gezeigt haben und die die Gesellschaft zunächst von der aktuellen älteren Generation nicht erwarten würde: aus diesem Grunde die Erfahrungs- und Handlungsspielräume (die als gesellschaftliche Potenziale verstanden werden können), die sich im öffentlichen Raum bieten, nicht wirklich in Übereinstimmung stehen mit den individuellen oder generationsbezogenen Potenzialen, die die aktuelle ältere Generation zeigt. Oder positiv ausgedrückt: Die aktuelle ältere Generation kann auch im Sinne der „new frontiers", der „new pioneers" verstanden werden, die zu einer neuen gesellschaftlich-kulturellen Gestaltung des Alters anregen. Für eine veränderte „Kultur des Alters" ist dieser Gedanke originell wie bedeutsam zugleich – und er findet in den wissenschaftlichen, vor allem empirisch kulturwissenschaftlichen Beiträgen von Ursula Lehr einen bemerkenswerten Vorlauf und ebenso eine bemerkenswerte Bekräftigung.

Dies ist nur der erste Grund für die Auswahl des Zitats. Es gibt einen weiteren Grund, der nun ein wenig den persönlichen Umgang von Ursula Lehr mit ihren damaligen Assistenten widerzuspiegeln vermag[3]. Es war nun so, dass diese immer wieder aufs Neue inspirierte und inspirierende Frau ein im Sommer 1987 stattgehabtes Abendessen mit ihren Assistenten mit dem Hinweis auf „Dichtung und Wahrheit" einleitete und dabei betonte, dass Johann Wolfgang von Goethe in diesem Werk eine Aussage folgender Art getroffen habe: dass nämlich Menschen, wären sie zehn Jahre früher oder zehn Jahre später geboren, vielleicht eine ganz andere Entwicklung genommen hätten. Und dann kam der Auftrag: Herr Kruse könne doch diese Textstelle heraussuchen und sie als Anregung für eine kohortensequentielle Studie zu Konstanz und Variabilität in der Entwicklung von Daseinsthemen und Daseinstechniken, mithin jener Analyseeinheiten, die für das persönlichkeitspsychologische Werk von Hans Thomae konstitutiv waren (Thomae, 1966, 1968), wählen. Diese böte sicherlich eine schöne Grundlage für die Habilitation. Diese Idee griff der Angesprochene gerne auf, auch wenn er sie nicht bis zu Ende führte – das Habilitationsthema zentrierte sich um die Kompetenz im Alter, und zwar in ihren Bezügen zur objektiven und subjektiv erlebten Lebenssituation.

Blicken wir nun wenigstens kurz auf die Einleitung zur Autobiografie von Ursula Lehr (2004). Was lesen wir dort?

„Am 5. Juni 1930 wurde ich als erstes Kind meiner Eltern, Georg Josef Leipold und seiner Frau Gertrud, in Frankfurt am Main geboren. Wir wohnten damals in einer modernen, gerade neu erbauten Siedlung am Stadtrand, dem Tor zum Taunus. Wir waren eine bürgerliche Familie; das Gehalt meines Vaters als Bankbeamter ließ uns nicht hungern, aber es musste gerechnet werden. Als ich fünf Jahre alt war, wurde meine Schwester geboren, vier Jahre später, kurz vor Ausbruch des Zweiten Welt- krieges, mein Bruder. Das Familienleben war sehr harmonisch; an Sonntagen wurden – nach dem Kirchenbesuch – Ausflüge, manchmal per Rad, in den Taunus nach Kronberg, Königstein, oder auch zur Saalburg unternommen; der kleine Schreber- garten an der Nidda bot wochentags Naherholung, Gelegenheit zur körperlichen Aktivität und gesunde und preiswerte Ernährung. Meine Mutter, eine äußerst perfekte Hausfrau, die sich – soweit wir Kinder es beobachten konnten – mit meinem Vater bestens verstand, war aber irgendwie in ihrer Hausfrauenrolle unglücklich. Sie selbst,

---

[3]   Der Verfasser hatte die Ehre und das Vergnügen, von 1982 bis 1993 als Wissenschaftlicher Assistent von Ursula Lehr tätig zu sein – von 1982 bis 1985 an der Universität Bonn, von 1986 bis 1993 (allerdings mit Unterbrechungen durch Lehrstuhlvertretungen) an der Universität Heidelberg.

Jahrgang 1905, war die Älteste von zwölf Kindern, aufgewachsen auf einem Bauernhof in Schlesien. Sie wollte unbedingt einen Beruf erlernen, durfte aber nicht. Und auch ein mehrmaliges Vorsprechen ihrer Lehrer bei meinen Großeltern, sie doch auf die Lehrerbildungsakademie zu schicken, wurde abgelehnt. „Sie muss helfen, ihre Geschwister großzuziehen!" habe es seitens ihrer Eltern geheißen. Ihre vier jüngeren Brüder, die alle im Zweiten Weltkrieg in Russland gefallen sind, haben studiert; ihre jüngeren Schwestern durften wenigstens eine ordentliche Berufsausbildung machen. So erklärt sich vielleicht, dass mir von frühester Kindheit eingeimpft wurde, in unserer Familie werden Jungen und Mädchen gleich behandelt! Ebenso war für mich von früher Kindheit an völlig klar, dass ich sowohl eine Familie als auch unbedingt einen Beruf haben wollte – und dass ich auch als Mutter berufstätig sein würde. Ein zweiter Einflussfaktor war unsere äußerst sympathische Hausärztin, verheiratet mit einem Arzt, die trotz ihrer vier Kinder in der gemeinsamen Praxis tätig war und Hausbesuche machte. Ich erlebte auch hier, dass Beruf und Familie sich durchaus vereinbaren lassen – eine Thematik, die ich später in meinen Forschungen immer wieder aufgegriffen habe."

Wenn man diese Einleitung zur Autobiografie liest, so wird manches in der Entwicklung von Ursula Lehr noch besser verständlich – zum Beispiel das freundlich-zupackende, von hohem Gerechtigkeitssinn geprägte Moment ihrer Persönlichkeit, ihr Engagement für ein deutlich gewandeltes Frauenbild, das Familie und Beruf systematisch integriert, überhaupt ihre – wissenschaftlich fundierte – Annahme, dass die Integration dieser beiden Lebensbereiche für Frauen und Männer in vergleichbarem Maße in Frage komme und Frauen keinesfalls auf den häuslichen Bereich eingeengt werden dürften.

Nun fehlt noch der Bezug zu der zweiten der beiden genannten Aussagen aus „Dichtung und Wahrheit". „So ist es uns in spätern Tagen höchst erwünscht, wenn irgendeine Teilnahme uns aufregen und zu einer neuen Tätigkeit liebevoll bestimmen mag": Damit wird deutlich gemacht, wie wichtig die Teilhabe, wie wichtig die persönlich sinnerfüllte Aktivität für ein „gutes Leben" im Alter ist. Auch diese Aussage könnte ganz auf Ursula Lehr zugeschnitten sein – so, als hätte der eine Frankfurter die andere Frankfurterin charakterisieren wollen. Beide Frankfurter haben mit ihren Aussagen zur Teilhabe und sinnerfüllten Aktivität im Alter ein zentrales Merkmal von Lebensqualität im Alter benannt – der eine literarisch, die andere wissenschaftlich, empirisch fundiert. Der eine hat diese Aussage, als er denn ein hohes Alter erreicht hatte, ebenso praktisch gelebt, wie dies die andere heute tut. Und wie sie dies tut!

1.   Notwendigkeit eins neuen gesellschaftlichen Entwurfs des Alters – Differenzierung des Menschenbildes

> Und dieses Einst, wovon wir träumen,
> es ist noch nirgends, als in unserm Geist; –
> wir sind dies Einst, uns selbst vorausgereist
> im Geist, und winken uns von seinen Säumen,
> wie wer sich selber winkt
>
> *Christian Morgenstern*
> *Stufen*

In diesem von Christian Morgenstern (1986, S. 252) verfassten Epigramm drückt sich eine Herausforderung aus, die als charakteristisch für unsere Gesellschaft, für unsere Kultur angesehen werden kann: Wir stehen vor der Herausforderung, eine veränderte Sicht des Alters zu entwickeln, die auch auf die seelisch-geistigen Kräfte in dieser Lebensphase Bezug nimmt und darstellt, in welcher Weise unsere Gesellschaft von der Nutzung dieser Kräfte profitieren könnte. Bislang stehen eher die negativen Bilder des Alters im Vordergrund des öffentlichen Diskurses: Alter wird primär mit Verlust an Kreativität, Neugierde, Offenheit und Produktivität gleichgesetzt. Dieses einseitige Bild des Alters engt – indem es offene oder verborgene Altersgrenzen fördert – nicht nur die Zukunftsperspektive älterer Menschen ein, es trägt auch dazu bei, dass die potenziellen Kräfte des Alters gesellschaftlich nicht wirklich genutzt werden: Und dies kann sich gerade eine alternde Gesellschaft nicht leisten. – Zu dieser veränderten Sicht des Alters gehört auch ein *differenziertes Menschenbild*, ein umfassendes Verständnis der Person. Damit ist zunächst gemeint, dass der Alternsprozess nicht auf das körperliche Altern reduziert werden darf, sondern dass ausdrücklich auch dessen seelisch-geistige Dimension wahrgenommen und geachtet wird, wobei sich in dieser Dimension Entwicklungsmöglichkeiten bis in das hohe Alter ergeben. Damit ist weiterhin gemeint, dass die Verletzlichkeit und Endlichkeit des Lebens größere Akzeptanz in unserer Gesellschaft finden und überzeugende Formen des kulturellen Umgangs mit den Grenzen des Lebens entwickelt werden.

Wenn auf der einen Seite die seelisch-geistigen Kräfte des Alters vernachlässigt, auf der anderen Seite die Grenzen im Alter ausgeblendet werden, dann erscheint diese Lebensphase in den kollektiven Deutungen als undifferenziert, als ein Abschnitt der Biografie, in dem die Psyche keinen nennenswerten Aufgaben und Anforderungen ausgesetzt ist, in dem aber auch keine Entwicklungsmöglichkeiten bestehen, deren Verwirklichung seelisch-geistiges Wachstum bedeuten würde, in dem Menschen nicht mehr schöpferisch sein und sich als mitverantwortlich für andere Menschen erleben können. Und gerade diese Sicht ist falsch: Die Alternsforschung belegt, in welchem Maße das Leben im Alter älteren Menschen als eine seelisch-geistige Aufgabe und Anforderung erscheint, in welchem Maße auch im Alter das Potenzial zu weiterer seelisch-geistigen Entwicklung gegeben ist, wie viel Mitverantwortung ältere Menschen übernehmen – vor allem innerhalb der Familie, aber auch außerhalb dieser (zivilgesellschaftliches Engagement). Dabei finden sich gleichzeitig Hinweise auf den Einfluss, den die kollektiven Deutungen des Alters auf den individuellen Umgang mit Aufgaben und Anforderungen wie auch mit den Entwicklungspotenzialen im Alter ausüben (zum Beispiel Levy, 2003). In einer Gesellschaft, in der mit Alter *unspezifisch und verallgemeinernd* Verluste (an Kreativität, Interesse, Offenheit, Zielen) assoziiert werden, sehen sich ältere Menschen nicht dazu motiviert, Initiative zu ergreifen und etwas Neues zu beginnen (der Begriff der Initiative stammt aus dem lateinischen *initium*, das mit *Anfang* zu übersetzen ist).

Aus diesem Grunde ergibt sich die Forderung nach veränderten kulturellen Entwürfen des Alters, die sich nicht allein auf körperliche Prozesse konzentrieren, sondern die in gleicher Weise seelisch-geistige Prozesse berücksichtigen, die die Verschiedenartigkeit der individuellen Lebens- und Kompetenzformen im Alter anerkennen und diese als Grundlage für vielfältige Formen des schöpferischen und produktiven Lebens verstehen (Kommission, 2010). Das Alter in seiner *Differenziertheit* zu erkennen und anzusprechen, Möglichkeiten gezielter *Beeinflussung* von Alternsprozessen zu erkennen und umzusetzen (zu nennen sind hier das Erschließen von Bereichen zivilgesellschaftlichen Handelns, die Schaffung altersfreundlicher Umwelten, Initiativen in den Bereichen Bildung, Prävention und Rehabilitation), ist eine gesellschaftliche Aufgabe, deren Lösung empirisch fundierte

Visionen eines gesellschaftlich wie individuell „guten Lebens" im Alter erfordert (Ehmer & Höffe, 2009). Doch sind wir in unserer Gesellschaft mit der Entwicklung solcher Visionen noch viel zu zaghaft, zeigen wir uns gegenüber dem Alter in viel zu starkem Maße *reserviert*.

2. Notwendigkeit einer neuen Verantwortungsethik – die *coram*-Struktur des Lebens im Alter

> Dies die Athener zu lehren, befiehlt mir mein Herz,
> dass Dysnomie der Stadt sehr viel Unglück bereitet,
> Eunomie aber alles wohlgeordnet und, wie es sein soll,
> hervorbringt und beständig den Ungerechten Fesseln umlegt.
> Raues glättet sie, beendet Übermut, erniedrigt die Hybris
> und lässt vertrocknen der Verblendung wachsende Blüte,
> richtet gerade die krummen Rechtssprüche und mildert hochmütiges Tun,
> beendet die Taten der Zwietracht, beendet den Zorn schlimmen Streites;
> und es ist unter ihr alles im menschlichen Bereich,
> wie es sein soll, und vernünftig.
>
> *Solon (640 – 560 v. Chr.)*
> *Staats- oder Eunomnia-Elegie*

Die Staats- oder Eunomia-Elegie gilt als „Geburtsurkunde" des Bürgerstaates (Stahl, 1992). Mit der Eunomie entstand zum ersten Mal ein Begriff politischer Ordnung; Solons Analyse bildete einen der Ausgangspunkte in der Entwicklung der Polis (Oliva, 1998). Solon appelliert an die Gesellschaft („Polisgemeinschaft"), die individuellen, partikularen Interessen dem Gemeinwohl unterzuordnen. In dem Maße, in dem die Mitglieder der Polis Verantwortung für die Gemeinschaft übernehmen, tragen sie zur Verwirklichung der Eunomie bei, die alles „wohlgeordnet und, wie es sein soll, hervorbringt". Wenn von Verantwortung gesprochen wird, so ist – dieser Idee der Polis und des Gemeinwohls zufolge – die Mitverantwortung des Individuums für die Polisgemeinschaft gemeint, von der im Grunde niemand ausgenommen ist, von der aber im Grunde auch niemand ausgeschlossen werden darf (Kruse, 2007a).

Die Idee der Polis und des Gemeinwohls lässt sich mit dem Begriff des „öffentlichen Raumes" in die Gegenwart übertragen. Die Verbindung zum politikwissenschaftlichen Werk von Hannah Arendt liegt insofern nahe, als sich diese Autorin – so zum Beispiel in ihrer Schrift *Vita activa oder vom tätigen Leben* (1960) – ausdrücklich auf Ideen aus der altgriechischen Philosophie bezieht, und dabei in besonderer Weise auf die Idee der Polis und des Gemeinwohls. Freiheit interpretiert Arendt im Sinne des Zugangs jedes Individuums zum öffentlichen Raum und der Mitgestaltung des öffentlichen Raums. Arendt spricht von *den* Menschen und nicht von *dem* Menschen, um hervorzuheben, dass die Vielfalt der Menschen Grundlage für das schöpferische Leben im öffentlichen Raum darstelle. Der Ausschluss eines Menschen aus dem öffentlichen Raum – sei es aufgrund seines Geschlechts, seines Alters, seiner Hautfarbe oder eines Handicaps – würde nicht nur die Idee des öffentlichen Raumes (und damit der Demokratie) kompromittieren, sondern auch diesen Menschen selbst schwächen, denn: Der Mensch ist ein *zoon politikon*, Menschen sind *zoa politika* (diese Charakterisierung geht auf Aristoteles – nämlich auf sein Werk *Politika* zurück [Aristoteles, 1991]), das heißt, sie streben in den öffentlichen Raum, sie haben das Bedürfnis, diesen aktiv mitzugestalten. Dabei ist die Mitgestaltung des öffentlichen

Raums – in unserer Terminologie: die Übernahme von Mitverantwortung für andere Menschen – nicht als ein beiläufiges, sondern als ein zentrales Merkmal der Person zu werten (Kruse, 2009).

Eine *Verantwortungsethik* weist große Potenziale für ein verändertes Verständnis von Alter auf. In welchen Verantwortungsbezügen steht der Mensch? Hier sei auf das Sprachbild der *coram*-Struktur zurückgegriffen. Das lateinische Wort *coram* kann übersetzt werden mit *vor den Augen*, das Wort *coram publico* mit *vor den Augen der Öffentlichkeit* (der Gemeinschaft, der Gesellschaft, der Welt). Es wird nun von drei grundlegenden Verantwortungsbezügen des Menschen ausgegangen, die in ihrer Gesamtheit jene *coram*-Struktur bilden, die die Bedeutung des Alters sowohl für das Individuum als auch für die Gesellschaft erhellt. Den ersten Verantwortungsbezug bildet die Selbstsorge des Individuums, das heißt, dessen Verantwortung für sich selbst, den zweiten die Mitverantwortung des Individuums, das heißt dessen Bereitschaft, sich für Menschen, für die Gesellschaft zu engagieren, den dritten die Verantwortung des Individuums für die Schöpfung.

Überlegungen zum Alter in den Kontext dieser Verantwortungsbezüge zu stellen, bedeutet, zu fragen, was der Mensch selbst in früheren und späteren Lebensjahren dafür tun kann, um Kompetenz, Selbstständigkeit und Lebensqualität zu bewahren. Es sind selbstverständlich gesellschaftliche Vorleistungen (und zwar im Sinne der Daseinsvorsorge) notwendig, um den Menschen zur Selbstsorge zu befähigen, es ist jedoch genauso wichtig, dessen Verantwortung für das eigene Leben in allen Phasen des Lebens zu betonen und an diese zu appellieren. In diesem Zusammenhang sind die Lern- und positiven Veränderungspotenziale des Menschen bis ins hohe Alter hervorzuheben, die für Bildungsprozesse auch nach Ausscheiden aus dem Beruf sprechen. Individuelle Bildungsaktivitäten können für die Erhaltung von Kompetenz Selbstständigkeit, Gesundheit und Lebensqualität nicht hoch genug bewertet werden.

Ein aus gesellschaftlicher wie auch aus individueller Sicht gelingendes Alter ist zudem an die Mitverantwortung des Menschen gebunden, die verstanden werden soll als gesellschaftliche Teilhabe oder – in den Worten von Hannah Arendt (1960) – als Zugang zum öffentlichen Raum sowie als dessen aktive Mitgestaltung. Der öffentliche Raum beschreibt dabei jenen Raum, in dem sich Menschen (in ihrer Vielfalt) begegnen, sich in Worten und Handlungen austauschen, etwas gemeinsam beginnen – und dies im Vertrauen darauf, von den anderen Menschen in der eigenen Besonderheit erkannt und angenommen zu werden, sich aus der Hand geben, sich für einen Menschen oder eine Sache engagieren zu können. Dabei ist bei alten Menschen nicht selten die Sorge erkennbar, im Falle körperlicher Veränderungen (die natürlicherweise mit dem Alter einhergehen und in denen folglich das eigenen Altern auch nach außen hin deutlich wird) und körperlicher Einschränkungen von anderen Menschen abgelehnt, in seiner Einzigartigkeit eben nicht mehr erkannt, sondern aufgrund seines Alters nicht mehr als ebenbürtig akzeptiert zu werden – was bedeutet, dass man sich mehr und mehr aus dem öffentlichen Raum ausgeschlossen fühlt und sich die Verwirklichung von Mitverantwortung nicht länger zutraut. In diesem Falle, so sei hier unterstrichen, nimmt man dem Menschen auch das *Politische* – dieser fühlt sich nämlich nicht mehr länger als Teil von Gemeinschaft, von Gesellschaft, die er durch eigenes Handeln mit gestalten, für die er Mitverantwortung empfinden kann. In jenen Fällen, in denen ältere Menschen aus dem öffentlichen Raum ausgeschlossen werden (sei es, dass sie abgelehnt werden, sei es, dass sie auf verborgene Grenzen und Diskriminierungen stoßen), beraubt sich unsere Gesellschaft eines Teils ihrer Vielfalt. Zudem schadet sie im Kern dem Gedanken der Demokratie. Mitverantwortliches Leben

wird von den meisten älteren Menschen als eine Quelle subjektiv erlebter Zugehörigkeit wie auch von Sinnerleben, von positiven Gefühlen, von Lebensqualität verstanden.
Nicht allein die soziale Integration ist für ältere Menschen bedeutsam, sondern das
aktive Engagement für andere Menschen – und gerade in diesem liegt die Grundlage
für Mitverantwortung oder soziale Teilhabe.

Neben diesen beiden Verantwortungsbezügen wurde schließlich ein dritter
genannt: Nämlich die Verantwortung des Menschen für die Schöpfung, seine
Verantwortung vor Gott. Damit ist die Bereitschaft des Menschen angesprochen, sich
für nachfolgende Generationen einzusetzen und diese durch Bereitstellung eigener
Ressourcen – materielle, kognitive, instrumentelle, emotionale oder zeitliche – in ihrer
Entscheidung für die Zeugung neuen Lebens zu stärken und sie bei der Verbindung von
familiären und beruflichen Aufgaben zu unterstützen. Initiativen des Gesetzgebers zur
Förderung des Engagements älterer Generationen für die nachfolgenden Generationen
sind an dieser Stelle ausdrücklich zu würdigen und zu unterstützen, denn ein derartiges
Engagement ist zum einen für die nachfolgenden Generationen von hohem Wert, zum
anderen stärkt es die Überzeugung älterer Menschen, ihren Beitrag zur Gerechtigkeit
zwischen den Generationen zu leisten.

3. Notwendigkeit einer veränderten Sicht von Abhängigkeit – Integration der Vorder- und Rückseite unseres Lebens

> Media in vita in morte sumus
> *Notker der Stammler (um 900 n. Chr.)*
>
> Media in vita in morte sumus – kehrs umb! – media in morte in vita sumus
> *Martin Luther (1483-1546)*

Die veränderte Sicht von Abhängigkeit soll zunächst mit dem von uns gewählten
Begriff der *bewusst angenommenen Abhängigkeit* zum Ausdruck gebracht werden, die
wir – neben Selbstständigkeit, Selbstverantwortung und Mitverantwortung – als
zentrale Kategorie des „guten Lebens" (eudaimonia) im Alter verstehen (Kruse,
2005a). Die bewusst angenommene Abhängigkeit beschreibt die Bereitschaft des
Individuums, die grundlegende Angewiesenheit auf die Hilfe anderer Menschen
anzunehmen. Dabei stellt sich, wie Martin Buber in der Charakterisierung des dia-
logischen Prinzips hervorhebt, die Erfahrung der Angewiesenheit auf den anderen
Menschen in jeder wahrhaftig geführten Kommunikation ein (Buber, 1971). Die
Abhängigkeit von der Hilfe anderer Menschen gewinnt besonderes Gewicht, wenn die
Lebenssituation von Einschränkungen bestimmt ist, die ein selbstständiges und selbst-
verantwortliches Leben erkennbar erschweren, wie dies im Falle gesundheitlicher und
sozialer Verluste oder im Falle materieller Einschränkungen der Fall ist. In diesem
Falle stellt sich vermehrt die Aufgabe einer bewussten Annahme der gegebenen
Abhängigkeit. Damit ist gemeint, dass das Individuum die Angewiesenheit auf diese
Hilfen ausdrückt, auf seine Bedürftigkeit hinweist, Ansprüche auf Solidarität – jene
anderer Menschen, aber auch jene der Gesellschaft – artikuliert und diese Solidarität
einfordert. Diese Artikulation, diese Einforderung gelingt aber nur in dem Maße, in
dem eine Gesellschaft Einschränkungen nicht als „Makel" deutet, sondern als Aspekte
einer Lebenssituation, mit der jeder Mensch (zum Teil auch ganz plötzlich)
konfrontiert sein kann. In dieser Weise lässt sich auch eine Aussage aus der 17.
Meditation des Schriftstellers und Priesters John Donne (1572-1631) deuten:

"No man is an island, entire of itself; every man is a piece of the continent, a part of the main. ... Any man's death diminishes me, because I am involved in mankind. Therefore, do not send to know for whom the bell tolls, it tolls for thee." (Donne, 1624/2008, S. 124).

Auf unser Thema übertragen, heißt dies: Wir sollten uns der Tatsache bewusst sein, dass sich im Schicksal eines von Einschränkungen bestimmten Menschen immer auch *mein mögliches Schicksal* widerspiegelt. Eine solche Haltung dem anderen Menschen und der eigenen Person gegenüber bildet eine Grundlage für praktizierte Solidarität, die Menschen motiviert, ihre Ansprüche auf Hilfeleistungen (anderer Menschen wie auch der Gesellschaft) zu artikulieren.

Bewusst angenommene Abhängigkeit beschreibt mit Blick auf das hohe Alter die Fähigkeit, irreversible Einschränkungen und Verluste anzunehmen, wobei diese Fähigkeit durch ein individuell angepasstes und gestaltbares, kontrollierbares System an Hilfen gefördert wird. Mit dem Hinweis auf das *individuell angepasste* und *gestaltbare, kontrollierbare System an Hilfen* soll deutlich gemacht werden, dass mit bewusst angenommener Abhängigkeit nicht die Abhängigkeit von institutionellen Praktiken gemeint ist. Vielmehr ist hier ein Hilfesystem angesprochen, das von einer Ressourcen-, Kompetenz- und Teilhabeorientierung bestimmt ist, somit die Förderung von Selbstständigkeit und Selbstverantwortung in das Zentrum der Hilfen stellt. In Anlehnung an die Terminologie von Margret Baltes kann hier von einem *„independency-support script"* gesprochen werden, also einer grundlegenden Tendenz, das selbstständigkeits- und teilhabeorientierte Verhalten eines Menschen zu verstärken (Baltes, 1995). In Interventionsstudien, die in Einrichtungen der stationären Altenhilfe (Baltes & Wahl, 1996) wie auch in Einrichtungen der Behindertenhilfe (Kruse & Ding-Greiner, 2003) durchgeführt wurden, ließ sich der zentrale Einfluss der von den Mitarbeitern gezeigten „Skripte" auf den Grad der Selbstständigkeit der Bewohner nachweisen: In dem Maße, in dem Mitarbeiter ein „independency-support script" zeigten und deren Unterstützung auf einem derartigen Skript gründete, nahm auch die Selbstständigkeit der Bewohner zu – selbst dann, wenn bei diesen stark ausgeprägte funktionelle Einbußen vorlagen. Wie Baltes (1996) hervorhebt, kann gerade in solchen Pflegekontexten die Bereitschaft zur bewussten Annahme von Abhängigkeit wachsen: Denn die bei der Ausführung einzelner Aktivitäten des täglichen Lebens in Anspruch genommene Unterstützung fördert die selbstständige Ausübung anderer Aktivitäten, in die vermehrt körperliche und seelisch-geistige Ressourcen investiert werden können (Baltes spricht hier auch von einer „funktionalen Abhängigkeit"). Wenn hingegen an die Stelle eines „independency-support script" ein „dependency-support script" tritt, das sich ausschließlich auf abhängigkeitsorientiertes Verhalten konzentriert und nur dieses positiv verstärkt (nämlich durch besondere Zuwendung und Hilfsbereitschaft), so wird die bewusst angenommene Abhängigkeit in dem von uns genannten Sinne nicht gelingen: Denn in einem solchen Falle entwickelt sich eine grundlegende Unselbstständigkeit, die selbstständiges und selbstverantwortliches, lebensgestaltendes und hilfekontrollierendes Handeln unmöglich macht.

Vor diesem Hintergrund erscheint eine deutliche Stärkung der Rehabilitations-orientierung in allen Phasen der Pflege, Versorgung und Begleitung als zielführend. Mit dem Konzept der „rehabilitativen Pflege, Versorgung und Betreuung" wird auch auf die *ICF – Internationale Klassifikation der Funktionsfähigkeit, Behinderung und Gesundheit* Bezug genommen, in der neben dem biologisch-medizinischen Verständnis das subjekt- und teilhabeorientierte Verständnis von Gesundheit und gesundheitlichen Einbußen im Vordergrund steht (siehe zum Beispiel Grundmann, Keller & Bräuning-

Edelmann, 2005; Schuntermann, 2005). Somit ist in jedem einzelnen Falle zu bestimmen, wie bei eingetretenen gesundheitlichen Einbußen durch gezielte Förderung der personalen Ressourcen und Kompetenzen sowie durch gezielte Adaptation der Umwelt an Ressourcen, Kompetenzen und bleibende Einschränkungen das selbstständige, selbstverantwortliche und mitverantwortliche Leben der Person möglichst weit erhalten oder wiederhergestellt werden kann. *Rehabilitativ* ist ein solcher Ansatz in der Hinsicht, als er die gezielte Förderung der körperlichen, kognitiven, alltagspraktischen und sozialkommunikativen Funktionen und Fertigkeiten wie auch emotionaler Prozesse in das Zentrum stellt und sich dabei ganz auf wissenschaftlich fundierte und praktisch erprobte Interventionsverfahren stützt. Die Integration des Rehabilitativen in die Pflege bedeutet, dass vermehrt Schnittmengen zwischen Rehabilitation und Pflege geschaffen werden, die letztlich auch leistungsrechtlich fundiert werden müssen. Gerade in diesem Zusammenhang könnte eine stärkere Orientierung des SGB XI an den Grundsätzen des SGB IX neue Perspektiven bieten. Zudem ist die Weiterentwicklung des Pflegebedürftigkeitsbegriffs – in Richtung auf Selbstverantwortung und Mitverantwortung (als Formen sozialer Teilhabe) – notwendig. Denn dadurch würde schon in den Grundkategorien das Rehabilitative in der Pflege zum Ausdruck gebracht.

In den hier getroffenen Aussagen kommt eine Orientierung zum Ausdruck, die die Grundlage für das von Lehr (1979) explizierte Verständnis von Intervention bildet: Diese soll immer von individuellen Ressourcen und Kompetenzen ausgehen und hier wissenschaftlich begründete Methoden einsetzen, durch die individuelle Ressourcen und Kompetenzen aufgebaut und erhalten werden (*Optimierung*), durch die mögliche Risiken für deren Erhaltung erkannt und abgebaut werden (*Prävention*), durch die deren Reduktion oder Verlust möglichst weit rückgängig gemacht (*Rehabilitation*) oder zumindest aufgehalten werden kann (*Erhaltung*). In diese Systematik – die die gezielte Beeinflussung personaler wie auch umweltbezogener Merkmale umfasst – lässt sich die bewusst angenommene Abhängigkeit (in dem dargelegten Verständnis) integrieren. Folgen wir den Beiträgen von Lehr (1979) zur Intervention, so steht die differenzierte, auf fundierter fachlicher Beratung gründende Wahrnehmung der eigenen Ressourcen und Kompetenzen wie auch der eigenen Grenzen im Zentrum der an die Person selbst gerichteten Aufgaben. Ressourcen und Kompetenzen zu erkennen und umzusetzen, aber auch die eigenen Grenzen und damit die Abhängigkeit von Hilfen bewusst anzunehmen, bilden ihrem Verständnis nach Aufgaben, die der Person bis in das hohe Alter gestellt sind.

Die bewusst angenommene Abhängigkeit soll aber noch in einen weiteren Bezugsrahmen gestellt werden, der auch im Titel dieses Abschnittes – wenn nämlich von der Integration der Vorder- und der Rückseite des Lebens die Rede ist – angesprochen wird. Gemeint ist hier die *Integration zweier grundlegender Ordnungen*: Der Ordnung des Lebens und der Ordnung des Todes (Kruse, 2007b). Mit dem Begriff „Ordnung des Todes" soll zum Ausdruck gebracht werden, dass der Tod nicht ein einzelnes Ereignis darstellt, sondern vielmehr ein unser Leben strukturierendes Prinzip (v. Weizsäcker, 1986, 2005), das in den verschiedensten Situationen des Lebens sichtbar wird, zum Beispiel dann, wenn wir an einer schweren, lang andauernden Erkrankung leiden, die uns unsere Verletzlichkeit und Begrenztheit sehr deutlich vor Augen führt, oder dann, wenn wir eine nahe stehende Person verlieren. In den einzelnen Lebensaltern besitzen die beiden Ordnungen unterschiedliches Gewicht: In den frühen Lebensaltern steht eher die Ordnung des Lebens im Zentrum – ohne dass die Ordnung des Todes damit ganz „abgeschattet" werden könnte –, in den späten Lebensaltern tritt hingegen die Ordnung des Todes immer mehr in den Vordergrund, ohne dass dies bedeuten würde, dass die Ordnung des Lebens damit aufgehoben wäre. Wenn Menschen pflegebedürftig sind oder an einer fortgeschrittenen Demenz leiden, dann werden sie, dann werden auch ihre engsten Bezugspersonen immer stärker mit der Ordnung des Todes konfrontiert: Die hohe Verletzlichkeit und die Vergänglichkeit dieser Existenz sind zentrale Merkmale der Ordnung des Todes. Doch dürfen auch bei der Konfrontation mit der Ordnung des Todes nicht die Ausdrucksformen der Ordnung des Lebens übersehen werden. Denn dies zeigen empirische Befunde: Auch bei hoher Verletzlichkeit können Menschen bemerkenswerte seelisch-geistige Kräfte zeigen, die sie in die Lage versetzen, bestehende körperliche Einschränkungen zu verarbeiten.

Die Notwendigkeit, im Lebenslauf zu einer Verbindung der Ordnung des Lebens und der Ordnung des Todes zu gelangen, findet sich eindrucksvoll ausgedrückt in einer Aussage der Schriftstellerin Marie Luise Kaschnitz (1901-1974):

> „Wenn einer sich vornähme, das Wort Tod nicht mehr zu benützen, auch kein anderes, das mit dem Tod zusammenhängt, mit dem Menschentod oder dem Sterben der Natur. Ein ganzes Buch würde er schreiben, ein Buch ohne Tode, ohne Angst vor dem Sterben, ohne Vermissen der Toten, die natürlich auch nicht vorkommen dürfen ebenso wenig wie Friedhöfe, sterbende Häuser, tödliche Waffen, Autounfälle, Mord. Er hätte es nicht leicht, dieser Schreibende, jeden Augenblick müsste er sich zur Ordnung rufen, etwas, das sich eingeschlichen hat, wieder austilgen, schon der Sonnenuntergang wäre gefährlich, schon ein Abschied, und das braune Blatt, das herabweht, erschrocken streicht er das braune Blatt. Nur wachsende Tage, nur Kinder und junge Leute, nur rasche Schritte, Hoffnung und Zukunft, ein schönes Buch, ein paradiesisches Buch" (Kaschnitz, 1981, S. 21).

4. Notwendigkeit einer Bildungsperspektive für das Alter – Potenziale im Altern

Gerasko d'aiei polla didaskomenos

Solon

> „Aber es gibt doch viele alte Menschen, die so schwächlich sind, dass sie kein Geschäft des Berufs oder überhaupt des Lebens mehr zu verrichten im Stande sind." Allein, dies ist ein Fehler, der dem Greisenalter nicht eigentümlich zukommt; er liegt gewöhnlich in den Gesundheitsumständen.

Cicero

„Ich bin alt und lerne jeden Tag hinzu": Mit dieser Aussage des griechischen Staatsmannes und Philosophen Solon (640-560 v. Chr.) wird die – durch viele empirische Untersuchungen belegte – Erkenntnis angedeutet, dass bis in das hohe Alter Veränderungspotenziale im Hinblick auf Denken, Lernen und Wissen gegeben sind, die Grundlage für die Fähigkeit zur Lösung *neuartiger* Aufgaben und Anforderungen bilden.

4.1. Grundlegende Überlegungen und Definitionen

Beginnen wir mit einer Definition von Potenzialen des Alters, da auf dieser Definition auch unsere Überlegungen zur Bildung gründen. Wie lassen sich Potenziale definieren? Dabei sei auf eine Definition des Potenzialbegriffs in seiner Beziehung zum Altern zurückgegriffen, die Soeren Kierkegaard in seinem Essay „Die Krise und eine Krise im Leben einer Schauspielerin" (1984) gegeben hat. Er unterscheidet darin zwei

Formen der Metamorphose – wobei mit dem Begriff der Metamorphose das Verständnis von *Altern* als kontinuierlichem Prozess wie auch die Ablehnung der Vorstellung von Alter als einer eindeutig abgrenzbaren, eigenständigen Lebensphase angedeutet wird: Die Metamorphose der Kontinuierlichkeit, die Metamorphose der Potenzierung.

> „Die Metamorphose der *Kontinuierlichkeit* wird sich im Lauf der Jahre gleichmäßig ausbreiten über den wesentlichen Umfang der Aufgaben innerhalb der Idee der Weiblichkeit; die der *Potenzierung* wird sich im Lauf der Jahre immer intensiver zu derselben Idee verhalten, die, wohlgemerkt ästhetisch verstanden, im höchste Sinne die Idee der Weiblichkeit ist." (S. 105)

Dabei geht er von folgender Beziehung zwischen Metamorphose und Altern aus:

> „Jedes Jahr wird den Versuch darauf machen, seinen Satz von der Macht der Jahre zu beweisen, aber die Perfektibilität und die Potenzialität werden siegreich den Satz der Jahre widerlegen." (S. 106)

Es ist für die potenzialorientierte Sicht des Alters von großem Wert, zwischen diesen beiden Metamorphosen zu differenzieren: Die erste (Kontinuierlichkeit, Perfektibilität) bezieht sich auf seelisch-geistige Kräfte, die wir heute als Erfahrungswissen und Überblick umschreiben. Die zweite (Potenzialität) hingegen legt besonderes Gewicht auf die schöpferischen Kräfte im Prozess der Vervollkommnung einer Idee, eines Werkes oder eines persönlich bedeutsamen Daseinsthemas. Dabei gewinnt die Potenzialität gerade im Hinblick auf die Abrundung und Vervollkommnung von grundlegenden Ideen und Zielen der Person große Bedeutung.

Schreiten wir von dem Potenzialbegriff weiter zur Definition von Bildung; diese Definition sei mit einer Reflexion des Handlungsbegriffs begonnen. Zwischen welchen Handlungsbegriffen ist zu differenzieren, wenn ein Verständnis von Bildung expliziert werden soll, das das Recht und die Verpflichtung zu Bildungsaktivitäten über die gesamte Lebensspanne betont?

In seiner *Theorie kommunikativen Handelns* differenziert Habermas (1987) zwischen drei Handlungsbegriffen, in denen sich zugleich drei verschiedenartige *Aktor-Welt-Bezüge* widerspiegeln – dem teleologischen Handeln, dem normenregulierten Handeln, dem dramaturgischen Handeln. Die Umschreibung dieser Handlungsbegriffe – wie auch der Aktor-Welt-Bezüge – sei in den Worten Habermas' (1987) vorgenommen:

„Der Begriff des *teleologischen Handelns* setzt Beziehungen zwischen einem Aktor und einer Welt existierender Sachverhalte voraus. Diese objektive Welt ist als Gesamtheit der Sachverhalte definiert, die bestehen oder eintreten bzw. durch gezielte Interventionen herbeigeführt werden können. Das Modell stattet den Handelnden mit einem kognitiv-volitiven Komplex aus, so dass er einerseits (durch Wahrnehmungen vermittelt) Meinungen über existierende Sachverhalte ausbilden und andererseits Absichten mit dem Ziel entwickeln kann, erwünschte Sachverhalte zur Existenz zu bringen." (S. 129 f)

„Hingegen setzt der Begriff des *normenregulierten Handelns* Beziehungen zwischen einem Aktor und genau zwei Welten voraus. Neben die objektive Welt existierender Sachverhalte tritt die soziale Welt, der der Aktor als Rollen spielendes Subjekt ebenso angehört wie weitere Aktoren, die untereinander normativ geregelte Interaktionen aufnehmen können. Eine soziale Welt besteht aus einem normativen Kontext, der festlegt, welche Interaktionen zur Gesamtheit berechtigter interpersonaler

Beziehungen gehören. Und alle Aktoren, für die entsprechende Normen gelten (von denen sie als gültig akzeptiert werden), gehören derselben sozialen Welt an." (S. 132)

„Der Begriff des *dramaturgischen Handelns* ist in der sozialwissenschaftlichen Literatur weniger klar ausgeprägt als der des teleologischen und des normengeleiteten Handelns. (…) Unter dem Gesichtspunkt dramaturgischen Handelns verstehen wir eine soziale Interaktion als Begegnung, in der die Beteiligten ein füreinander sichtbares Publikum bilden und sich gegenseitig etwas vorführen. (…) Eine Vorführung dient dazu, dass sich der Aktor vor seinen Zuschauern in bestimmter Weise präsentiert; indem er etwas von seiner Subjektivität zur Erscheinung bringt, möchte er vom Publikum in einer bestimmten Weise gesehen und akzeptiert werden." (S. 135 f)

Mit diesen drei Handlungsbegriffen wird ein Spektrum von Bildungsaufgaben und -zielen angedeutet, das in besonderer Weise geeignet ist, die Lebensspannenperspektive von Bildung zu veranschaulichen. Zudem lassen sich mit diesen Handlungsbegriffen in prägnanter Art und Weise die spezifischen Potenziale von Bildung für ältere Menschen charakterisieren. Mit dem teleologischen Handeln ist die kritisch reflektierende Aneignung von Welt gemeint – ein genuines Gebiet von Bildung. Das normenregulierte Handeln kann auch im Sinne von sozialer Teilhabe und Engagement im öffentlichen Raum verstanden werden – ein weiterer wichtiger Effekt von Bildung. Das dramaturgische Handeln schließlich beschreibt Formen der Begegnung zwischen Menschen – in denen eine bedeutende Grundlage schöpferischen Handelns zu erblicken ist.

Folgen wir den Aufgaben der Erwachsenenbildung, wie diese Tippelt und von Hippel (2009) darlegen, so finden sich Übereinstimmungen zu den Bildungsaufgaben und -zielen, wie diese vor dem Hintergrund der Handlungsbegriffe nach Habermas entwickelt wurden. Tippelt und von Hippel gehen von den folgenden Aufgaben der Erwachsenenbildung aus (S. 12 f):

1. Der qualifizierenden Aufgabe (diese ist „mit dem Anspruch auf ein selbstgestaltetes Leben in Verbindung zu sehen"; S. 12),

2. Der sozial integrierenden Aufgabe („eine im Geist kommunikativer Offenheit und Toleranz konzipierte Erwachsenenbildung leistet aber auch unmittelbar einen Beitrag zur sozialen Integration in einem Gemeinwesen"; S. 13),

3. Der kulturell bildenden Aufgabe (diese spiegelt sich im Versuch wider, „Menschen für die eigene Geschichte und für andere Völker, Kulturen und Sprachen aufzuschließen"; S. 13).

Vor dem Hintergrund dieser Überlegungen sei folgende Definition von Bildung gegeben (Kruse, 2008): Diese beschreibt zum einen den *Prozess* der Aneignung und Erweiterung von Fähigkeiten, Fertigkeiten, Erfahrungen und Wissenssystemen in formellen und informellen Kontexten, zum anderen das *Ergebnis* dieses Prozesses. Bildung beschränkt sich nicht allein auf den Erwerb von Wissen und Qualifikationen, sondern umfasst auch Fähigkeiten, Fertigkeiten und Erfahrungen, die die effektive, kreative Auseinandersetzung mit aktuellen oder zukünftigen Aufgaben und Anforderungen fördern – seien dies Aufgaben und Anforderungen im Beruf, in der Familie, in der Freizeit oder im bürgerschaftlichen Bereich. Bildung vollzieht sich nur zum Teil in *institutionellen Kontexten*, in denen versucht wird, durch die gezielte Anwendung spezifischer Methoden die Aneignung definierter Lerninhalte und das Erreichen von Lernzielen zu fördern, zu beurteilen und in Form von Zeugnissen oder Zertifikaten zu dokumentieren. Bildung umfasst auch *non formale Kontexte*, in denen

Erfahrungen im Umgang mit Aufgaben und Anforderungen gewonnen werden sollen, ohne dass Lernziele, Lerninhalte und Lernmethoden vorgegeben werden. Des Weiteren vollzieht sich Bildung auch mehr oder weniger beiläufig in *informellen Kontexten*, etwa durch den Austausch von Erfahrungen in sozialen Interaktionen, wie er natürlicher Bestandteil gleichberechtigter Kommunikation über Alltag und Lebenswelt ist. Unter der Voraussetzung, dass die Erfahrungen der älteren Generation ernst genommen werden, bieten zum Beispiel bereits alltägliche, scheinbar beiläufige intergenerationelle Kontakte für Angehörige jüngerer Generationen die prinzipielle Möglichkeit, von den in konkreten Auseinandersetzungsformen und Problemlösungen zum Ausdruck kommenden kreativen Potenzialen Älterer zu profitieren.

Zum Bildungsbegriff gehört sowohl die Ausbildung einer Motivstruktur, die das Interesse an Bildungsinhalten weckt und die aktive Auseinandersetzung mit Bildungs-inhalten fördert, als auch die Fähigkeit des Menschen, Möglichkeiten und Grenzen eigenen Handelns zu reflektieren sowie zukünftige Aufgaben und Herausforderungen zu antizipieren. Die für die Verwirklichung individueller Entwicklungspotenziale – bzw. allgemeiner für den Erfolg einer bestimmten Kultur – jeweils relevanten Bil-dungsinhalte spiegeln sowohl individuelle Reifungsprozesse und lebens-altersspezifische Entwicklungsaufgaben wider als auch sozialen Wandel und gesell-schaftlichen Fortschritt.

4.2. Ergebnisse der Interventionsforschung

Haben Bildungsangebote *im Alter* nachweisbare Effekte? Lässt sich in Bildungs-prozessen eine Potenzialverwirklichung beobachten? Empirisch fundierte Antworten auf diese Frage sind für die Begründung individueller wie auch gesellschaftlicher Investitionen in Bildung von Bedeutung. Aus diesem Grunde seien im Folgenden beispielhaft Ergebnisse angeführt, die das Veränderungspotenzial im Alter verdeut-lichen und damit die Notwendigkeit und Sinnhaftigkeit von Bildung belegen.

Kommen wir zunächst zu möglichen Zusammenhängen zwischen körperlicher Aktivität und kognitiver Leistungsfähigkeit. Colcombe und Kramer (2003) konnten in einer Metaanalyse von 18 zwischen 1996 und 2001 publizierten Interventionsstudien zeigen, dass sich ein aerobes Fitnesstraining insbesondere auf exekutive Kontroll-prozesse und auf die Lösung von Aufgaben zum räumlichen Vorstellungsvermögen und einfache Tempoaufgaben positiv auswirkt. Menschen, die eine Kombination aus aerobem Fitnesstraining und Krafttraining absolvieren, profitieren in ihrer kognitiven Leistungsfähigkeit im Allgemeinen stärker als Menschen, die lediglich ein aerobes Fitnesstraining absolvieren. Auch für vergleichsweise kurze Trainings (mit einer durchschnittlichen Dauer von zwei Monaten) sind positive Effekte nachgewiesen, die Programmen mittlerer Dauer durchaus vergleichbar sind, aber etwas unter den Effekten langfristiger Programme (mit einer Dauer von über 6 Monaten) liegen. Durch Trainingseinheiten mit einer Dauer von über 30 Minuten lassen sich größere Effekte erzielen als durch kürzere Trainingseinheiten. Des Weiteren zeigten sich in Gruppen, in denen der Frauenanteil jenen der Männer überwog, und bei „jungen Alten" (Teil-nehmern im siebten Lebensjahrzehnt) stärkere Effekte.

In einer von Colcombe, Erickson, Raz et al. (2003) durchgeführten Untersuchung ließen sich Hinweise darauf finden, dass sich aerobe Fitness positiv auf die Dichte des Hirngewebes im frontalen, parietalen und temporalen Cortex auswirkt. Auch nach Kontrolle potenziell konfundierter Variablen wie dem Bildungsstand der Unter-suchungsteilnehmer zeigte sich bei Personen, die regelmäßig körperlich aktiv waren, ein deutlich geringerer Rückgang mit zunehmendem Alter. Dieser Effekt war für jene Hirnregionen am stärksten ausgeprägt, die am höchsten mit dem Lebensalter korrelieren. Jene Regionen, die sich im Kontext normalen Alterns am stärksten verändern, erwiesen sich also als durch aerobe Fitness am stärksten beeinflussbar. Ergebnisse weiterer Untersuchungen aus dem Arbeitskreis von Colcombe sprechen zudem dafür, dass sich ein aerobes Fitnesstraining nicht nur positiv auf exekutive Kontrollprozesse auswirkt, sondern auch mit veränderten Aktivationsmustern des Cortex einhergeht.

Setzen wir nun die Erörterung möglicher Interventionseffekte mit der Bedeutung des *Lebensstils* für die kognitive Leistungsfähigkeit fort. Es liegen empirische Untersuchungen vor, die auf enge Zusammenhänge zwischen diesen beiden Bereichen deuten. In einer Studie von Wilson et al. (1999) wurden 6.162 Personen im Alter von 65 Jahren und mehr darüber befragt, inwieweit sie kognitiven Aktivitäten (wie zum Beispiel Zeitung lesen, Radio hören und Museum oder Kino besuchen) nachgehen, sowie hinsichtlich ihrer kognitiven Leistungsfähigkeit getestet. Zwischen dem über sieben verschiedene Aktivitäten gemittelten Ausmaß an kognitiver Aktivität und dem Lebensalter bestand nur ein schwacher Zusammenhang, stärkere Zusammenhänge bestanden dagegen mit dem Bildungsstand und dem Einkommen. Nach Kontrolle des Einflusses soziodemografischer Variablen zeigte sich eine statistisch bedeutsame Beziehung zwischen dem Ausmaß an kognitiver Aktivität und der kognitiven Leistungsfähigkeit. Befunde der MacArthur Studie lassen die Folgerung zu, dass die Dominanz monotoner Tätigkeiten im Berufsleben dazu beitragen kann, dass die geistige Flexibilität zurückgeht, während Problemlösefähigkeiten von Menschen, die sich im Beruf kontinuierlich mit neuen Aufgaben und Herausforderungen auseinandersetzen mussten und die auch nach Austritt aus dem Beruf neue Aufgaben und Herausforderungen gesucht haben, im Alter keine wesentliche Veränderung zeigen. Rowe & Kahn (1998) fassen ihre Ergebnisse wie folgt zusammen:

> „Just as we must keep our physical selves active, so we must keep our mind busy in our later years if we want it to continue to function well. ... ‚Use it or lose it‘, is a mental, not just a physical phenomenon." (p. 119)

Lövdén et al. (2005) sind in ihrer Analyse von Daten der Berliner Altersstudie der Frage nachgegangen, inwieweit der nachgewiesene empirische Zusammenhang zwischen einem engagierten und aktiven Lebensstil im Alter und der kognitiven Leistungsfähigkeit darauf zurückgeht, dass sich ein entsprechender Lebensstil positiv auf die Entwicklung kognitiver Fähigkeiten im Alter auswirkt oder aber primär darauf zurückzuführen ist, dass erhaltene kognitive Fähigkeiten die Aufrechterhaltung eines engagierten und aktiven Lebensstils ermöglichen. In dieser Studie wurde der Grad der sozialen Partizipation mit Hilfe der in einem Yesterday-Interview erhobenen Informationen über die für Freizeitaktivitäten, instrumentelle Aktivitäten, soziale Aktivitäten und Arbeit verwendete Zeit, sowie über eine Liste von Aktivitäten, für die die Untersuchungsteilnehmer angeben sollten, inwieweit sie diesen in den letzten 12 Monaten nachgegangen waren, bestimmt. Als Maß für die kognitive Leistungsfähigkeit diente die mit Hilfe von zwei Untertests erfasste Geschwindigkeit der Wahrnehmung. In einem Dual Change Score Model, in dem das chronologische Alter und der soziale Status als Kovariaten berücksichtigt wurden, zeigte sich, dass sich Veränderungen in der Wahrnehmungsgeschwindigkeit durch die soziale Partizipation vorhersagen lassen, während umgekehrt die Wahrnehmungsgeschwindigkeit nicht zur Vorhersage der sozialen Partizipation beiträgt. Als mögliche Erklärung für die positiven Auswirkungen der sozialen Partizipation auf die Entwicklung kognitiver Funktionen im Alter verweisen die Autoren zum einen darauf, dass ein höheres Engagement mit verbesserten Kompensations- und Bewältigungsmöglichkeiten einhergehen kann, zum anderen darauf, dass ein engagierter Lebensstil mit Lebensstilfaktoren wie vermehrter körperlicher Aktivität und gesünderer Ernährung einhergehen kann. Damit könnte soziale Partizipation auch günstige Auswirkungen auf Hirnalterungsprozesse haben, die für eine verringerte kognitive Plastizität im Alter verantwortlich sind.

Die Trainierbarkeit von Aspekten der fluiden Intelligenz und des episodischen Gedächtnisses ist durch empirische Studien belegt (Lindenberger & Kray, 2005). Bei einer grundlegenderen Interpretation vorliegender Studien ist das im Alter erkennbare latente kognitive Potenzial hervorzuheben. Dieses ist im Sinne eines Entwicklungspotenzials zu definieren, bei dessen Realisierung stabile Verbesserungen einer Funktion erzielt werden. Das latente kognitive Potential zeigt sich darin, dass nach kontinuierlich angebotenem funktionsspezifischem Training neue kognitive Strategien erworben und mit Erfolg eingesetzt werden können. Diese Trainingseffekte sind auch in Bereichen der Informationsverarbeitung erkennbar, die in hohem Maße von physiologischen Prozessen bestimmt sind und damit altersbezogene Verluste aufweisen. Allerdings ist zu berücksichtigen, dass die latenten kognitiven Potenziale im Alter geringer sind als in früheren Lebensaltern: Wenn die Schwierigkeit der Gedächtnisaufgabe durch Zeitbegrenzung erhöht wird, profitieren jüngere Erwachsene in stärkerem Maße als Ältere.

5.   Abschluss – An sich

Bei der Reflexion über die Bedeutung von Bildung für die Verwirklichung der Potenziale des Alters ist die Besinnung auf das in unserem Kulturkreis vorherrschende Verständnis von Bildung hilfreich. Dieses gründet auf dem lateinischen *formatio*, das übersetzt werden kann mit Handlungen, durch die das Individuum die ihm eigene Gestalt *(forma)* annimmt. Das Wort *forma* stellt dabei die Übersetzung des griechischen *eidos* dar, das im Sinne von *Wesen* oder *eigentlicher Gestalt* eines Menschen verstanden werden muss. Hier nun gelangen wir zu einem interessanten Verständnis des Zusammenhangs zwischen Potenzialen einerseits und lebenslanger Bildung andererseits: Letztere trägt dazu bei, dass wir vermehrt in der Lage versetzt werden, uns im Laufe unseres Lebens immer mehr unserem Wesen, unserer eigentlichen Gestalt anzunähern. In dieser Weise hat ja Soeren Kierkegaard Potenzialität verstanden, wie bereits dargelegt wurde.

Hier finden wir aber auch bemerkenswerte Bezüge zu dem von William Stern verwendeten Plastizitäts-Begriff. In seiner Schrift „Die menschliche Persönlichkeit" (1923) ist zum Thema der „Bildsamkeit oder Plastik der Person" zu lesen:

> „Das, was ihre Bildsamkeit nennen, ist nicht ein beliebiges Sich-kneten-Lassen und Umformen-Lassen, sondern ist wirkliche Eigendisposition mit aller inneren Aktivität, ist ein Gerichtet- und Gerüstetsein, welches die Nachwirkungen aller empfangenen Eindrücke selbst zielmäßig auswählt, lenkt und gestaltet" (S. 156).

An anderer Stelle dieses Buches findet sich eine Formulierung des Verhältnisses von Mensch und Welt, die indirekt wieder auf die große Bedeutung von Bildung auch für die Entwicklung der Persönlichkeit hinweist:

> „Was in den Taten eines Menschen lebt, ist nicht mehr nur er selbst – das absolut Schöpferische ist ihm versagt –, sondern ist zugleich die Welt, die ihn umspannt wie ein elastischer Ring." (S. 122)

Und nun noch einmal zurück zur Autobiografie von Ursula Lehr aus dem Jahre 2004. In dieser gibt sie ausführlich Auskunft darüber, welche Ideen, welche Vorstellungen sie von ihrer eigenen Entwicklung hatte, als sie im Kindes- und Jugendalter stand. Und sie stellt rückblickend fest, dass sich zentrale Ideen und Vorstellungen in der Tat verwirklicht haben – dies ist der Hinweis auf das eigene Wesen, die eigentliche Gestalt, zugleich aber auch der Hinweis auf die innere Aktivität, auf das Gerichtet- und Gerüstetsein.

Wenn wir dieser bemerkenswerten, schöpferischen Frau nun für die Zukunft etwas zurufen dürfen, so geschieht dies auf dem Wege des vom Barockdichter Paul Fleming (1609-1640) verfassten Gedichts *An sich*, in dem der Appell an die eigene Person im Zentrum steht, in dem die Person vor ihr inneres Auge tritt, vor sich selbst Verantwortung übernimmt (hier sei noch einmal an die *coram*-Struktur erinnert). In diesem Gedicht wird das innere Gerichtetsein angesprochen, dessen Verwirklichung als schöpferisches Moment erscheint. Dabei endet die Möglichkeit zum schöpferischen Leben nicht mit einem bestimmten Alter, sondern besteht über den gesamten Lebenslauf – sogar in den Grenzsituationen des Lebens. Dies lehrte mich, lehrte uns Frau Lehr in der viersemestrigen Vorlesung zur Entwicklungspsychologie wie auch in zahlreichen wissenschaftlichen Diskussionen. Und diese Lehre sei in Dankbarkeit gespiegelt, erwidert.

An sich

Sei dennoch unverzagt, gib dennoch unverloren
Weich keinem Glücke nicht, steh höher als der Neid
Erfreue dich an dir und acht es für kein Leid
Hat sich gleich wider dich Glück, Ort und Zeit verschworen.

Was dich betrübt und labt, halt alles für erkoren
Nimm dein Verhängnis an, lass alles unbereut
Tut was getan muss sein und eh man dir's gebeut
Was du noch hoffen kannst, das wird noch stets geboren.

Was lobt, was klagt man doch? Sein Unglück und sein Glücke
Ist ihm ein jeder selbst. Schau alle Sachen an
Dies alles ist in dir. Lass deinen eitlen Wahn.

Und eh du fürder gehst, so geh in dich zurücke.
Wer sein selbst Meister ist und sich beherrschen kann
Dem ist die weite Welt und alles untertan.

Literaturangaben

[1]   Arendt, H., *Vita activa oder vom tätigen Leben*, Kohlhammer, Stuttgart, 1960
[2]   Aristoteles., *Politik*. Band 9.2, herausgegeben von H. Flashar, Akademie Verlag, Berlin, 1991
[3]   Baltes, M. M., Verlust der Selbständigkeit im Alter: Theoretische Überlegungen und empirische Befunde, *Psychologische Rundschau* **46** (1995), 159-170.
[4]   Baltes M. M., *The many faces of dependency in old age*, Cambridge University Press, New York, 1996.
[5]   Baltes, M. M., Wahl, H. W., Patterns of communication in old age: The dependency-support and independence-ignore script, *Health Communiction* **8** (1996), 217-231.
[6]   Buber, M., *Ich und Du*, Lambert Schneider, Heidelberg, 1971.
[7]   Colcombe, S. J., Erickson, K. I., Raz, N., Webb, A. G., Cohen, N. J., McAuley, E., & Kramer, A. F., Aerobic fitness reduces brain tissue loss in aging humans, *Journal of Gerontology* **58** (2003), 176-180.
[8]   Colcombe, S. J., Kramer, A. F., Fitness effects on the cognitive function of older adults: A meta-analytic study, *Psychological Science* **14** (2003), 125-130.
[9]   Donne, J., *Devotions upon emergent occasions*, BiblioBazaar, Charleston, 1624/2008.
[10] J. Ehmer, O. Höffe (Hrsg.), *Bilder des Alters im Wandel. Historische, interkulturelle, theoretische und aktuelle Perspektiven*, Altern in Deutschland, Band 1, Nova Acta Leopoldina, Vol. 99, 197-205, Wissenschaftliche Verlagsgesellschaft, Stuttgart, 2009.
[11] Grundmann, J., Keller, K., Bräuning-Edelmann, M., Praxisorientierte Anwendung der Internationalen Klassifikation der Funktionsfähigkeit, Behinderung und Gesundheit (ICF) in der medizinischen Rehabilitation von psychisch erkrankten und behinderten Menschen, *Zeitschrift für Praxis und Forschung in der Rehabilitation* **44** (2005), 335–343.
[12] Habermas, J., *Theorie kommunikativen Handelns*, Band 1, 4. Aufl., Suhrkamp Verlag, Frankfurt, 1987.
[13] Kaschnitz, M. L., *Steht noch dahin*, 6. Aufl., Suhrkamp, Frankfurt/Main, 1981.
[14] Kierkegaard, S., Die Krise und die Krise im Leben einer Schauspielerin. *Werke, Band 2*, 85-106, Syndikat, Frankfurt, 1984.
[15] Kommission, *Altersbilder in der Gesellschaft. Sechster Altenbericht der Bundesregierung*, Bundesministerium für Familie, Senioren, Frauen und Jugend, Berlin, 2010.
[16] Kruse, A., Selbstständigkeit, Selbstverantwortung, bewusst angenommene Abhängigkeit und Mitverantwortung als Kategorien einer Ethik des Alters, *Zeitschrift für Gerontologie & Geriatrie* **38** (2005), 223-237.
[17] Kruse, A., Ältere Menschen im „öffentlichen" Raum: Perspektiven altersfreundlicher Kultur, in: H. W. Wahl & H. Mollenkopf (Hrsg.), *Alternsforschung am Beginn des 21. Jahrhunderts*, 320-339, Akademische Verlagsgesellschaft, Wiesbaden, 2007a.
[18] Kruse, A., *Das letzte Lebensjahr. Die körperliche, psychische und soziale Situation des alten Menschen am Ende seines Lebens*. Kohlhammer, Stuttgart, 2007b.
[19] Kruse, A., Alter und Altern – konzeptionelle Überlegungen und empirische Befunde der Gerontologie, in: A. Kruse (Hrsg.), *Weiterbildung in der zweiten Lebenshälfte. Multidisziplinäre Antworten auf Herausforderungen des demografischen Wandels*, Schriftenreihe des Deutschen Instituts für Erwachsenenbildung, 21-48, Bertelsmann Verlag, Bielefeld, 2008.
[20] Kruse, A., Kulturelle Gerontologie: Gesellschaftliche und individuelle Antworten auf Entwicklungspotenziale und Grenzsituationen im Alter, in: Th. Klie, M. Kumlehn, & R. Kunz (Hrsg.), *Praktische Theologie des Alterns*, 77-105, de Gruyter, Berlin, 2009.
[21] Kruse, A., Der Respekt vor der Würde des Menschen am Ende seines Lebens, in: Th. Fuchs, A. Kruse, G. Schwarzkopf (Hrsg.), *Menschenwürde am Lebensende*, 18-39, Universitätsverlag Winter, Heidelberg, 2010.
[22] Kruse, A., & Ding-Greiner, C., Ergebnisse einer Interventionsstudie zur Förderung und Erhaltung von Selbstständigkeit bei älteren Menschen mit geistiger Behinderung, *Z für Gerontologie und Geriatrie* **36** (2003), 463-474.
[23] Lehr, U., Intervention – das Insgesamt der Bemühungen, ein hohes Alter bei psychophysischem Wohlbefinden zu erreichen, in: U. Lehr (Hrsg.), *Interventionsgerontologie*, 1-59, Steinkopff, Darmstadt, 1979.
[24] Lehr, U., Psychologie in Selbstdarstellungen. Lehr, U. (2004). Psychologie in Selbstdarstellungen, in: Helmut, & E. Lück (Hrsg.), *Psychologie in Selbstdarstellungen*, Vol. 4, Pabst, Science Publ., Lengerich, 2004.
[25] Levy, B. R., Mind matters: Cognitive and physical effects of aging stereotypes, *Journal of Gerontology* **58** (2003), 203-211.
[26] Lindenberger, U., & Kray, J., Kognitive Entwicklung, in: S.-H. Filipp, U. M. Staudinger (Hrsg.), *Entwicklungspsychologie des mittleren und höheren Erwachsenenalters*, 299-341, Hogrefe, Göttingen, 2005.
[27] Lövdén, M., Ghisletta, P., Lindenberger, U., Social participation attenuates decline in perceptual speed in old and very old age, *Psychology and Aging* **20** (2005), 423-434.

[28] Martin, P., Ettrich, K. U., Lehr, U., Roether, D., Martin, M., & Fischer-Cyrulies, A. (Hrsg.), *Aspekte der Entwicklung im mittleren und höheren Lebensalter – Ergebnisse der interdisziplinären Längsschnittstudie des Erwachsenenalters,* Steinkopff, Darmstadt, 2000.

[29] Morgenstern, C., *Stufen,* Piper, München, 1986.

[30] Oliva, P., *Solon. Legende und Wirklichkeit,* Konstanz, 1988.

[31] Riley, M., Foner, A., & Warner, J., Sociology of age, in: N. J. Smelser (Ed.), *Handbook of sociology,* 243-290, Sage, Newbury Park, 1988.

[32] Schuntermann, M. F., *Einführung in die ICF,* Landsberg/Lech, 2005.

[33] Stahl, M., Solon. Die Geburtsstunde des demokratischen Gedankens, *Gymnasium* **99** (1992), 385-408.

[34] Stern, W., *Die menschliche Persönlichkeit,* Band 2, Barth, Leipzig, 1923.

[35] Thomae, H., *Persönlichkeit – eine dynamische Interpretation,* Bouvier, Bonn, 1966.

[36] Thomae, H. (Ed.), *Patterns of aging. Findings from the Bonn Longitudinal Study on Aging,* Karger, Basel, 1976.

[37] Thomae, H., *Alternsstile und Altersschicksale,* Huber, Bern, 1983.

[38] Thomae, H. (Hrsg.), *Formen seelischen Alterns,* Enke, Stuttgart, 1987.

[39] Tippelt, R., & von Hippel, A., Einleitung, in: R. Tippelt, A. & von Hippel (Hrsg.), *Handbuch Erwachsenenbildung/ Weiterbildung,* 3. Aufl., 11-21, Verlag für Sozialwissenschaften, Wiesbaden, 2009.

[40] von Weizsäcker, V., *Der Gestaltkreis,* Thieme, Stuttgart, 1986.

[41] von Weizsäcker, V., *Pathosophie,* Suhrkamp, Frankfurt, 2005.

[42] Wilson, R. S., Bennett, D. A., Beckett, L. A., Morris, M. C., Gilley, D. W., & Bienaus, J. L., Cognitive activity in older persons from a geographically defined population, *Journal of Gerontology,* **54** (1999), 155-160.

Kultureller Aspekt des Alterns –

Theodosius Schoepffers Gerontologia seu Tractatus de jure senum (1705)

Georg RUDINGER[a], Arnold BECKER[a], Elke JANSEN[a], Karl August NEUHAUSEN[b]
und Winfried SCHMITZ[c]

[a]*Psychologisches Institut der Universität Bonn,*
[b]*Abteilung für Griechische und Lateinische Philologie, Universität Bonn*
[c]*Abteilung für Alte Geschichte, Universität Bonn, Deutschland*

Abstract. Die vor mehr als 300 Jahren (1705) erschienene, zwischenzeitlich in fast
völlige Vergessenheit geratene Schrift eines damals prominenten neu-lateinischen
Autors — Theodosius Schoepffer — steht in einer langen literarischen Tradition,
in der das komplexe Thema „Alter und Altern" unter sämtlichen theoretischen und
praktischen Gesichtspunkten der einzelnen wissenschaftlichen Disziplinen erörtert
und demgemäß auch kontrovers die Stellung der alten Menschen in positivem
ebenso wie in negativem Sinne bewertet wurde. Dieser Traktat nimmt in
mehrfacher Hinsicht einen herausragenden Rang in der gesamten Geschichte der
Gerontologie von der Antike bis zur Gegenwart ein: Schoepffer ist der erste, der
den Schlüsselbegriff *gerontologia* als Titel eines wissenschaftlichen Werkes
wählte. Angesichts des demographischen Wandels spielt die Erforschung der
Alterung und des Alters mit Recht eine zentrale Rolle in wissenschaftlichen
ebenso wie in politischen Diskussionen der Gegenwart. Dabei herrscht heute
ebenfalls Übereinstimmung darüber, dass eine Rückbesinnung auf ähnliche
Prozesse und Erfahrungen alternder Gesellschaften in der Vergangenheit notwendig und aufschlussreich ist, um die gewaltigen, alle Bereiche der Lebenspraxis
und Kultur umfassenden Aufgaben zu bewältigen. Tatsächlich erweist sich
Schoepffers Traktat als idealer Ausgangspunkt für kultur-historische Untersuchungen, aus denen sich wesentliche Erkenntnisse zur Lösung aktueller
Probleme gewinnen lassen.

Einleitung

Am 27. November 2004 wurde Frau Lehrs Doktordiplom von der Philosophischen
Fakultät der Universität Bonn erneuert. In Bonn sind die Doktorurkunden – sowohl die
ersten, als auch die zum fünfzigjährigen Doktorjubiläum – in Latein verfasst, also
enthält letztere u. a. das lateinische Wort *gerontologia*. Dieser Begriff klingt vertraut,
in seiner heutigen Bedeutung scheint es ihn aber erst seit 1705 zu geben. In diesem Jahr
veröffentlichte Theodosius Schoepffer ein Buch mit dem Titel: *Gerontologia seu
tractatus de jure senum.* Karl August Neuhausen – der Übersetzer auch dieser Urkunde
– hat dies recherchiert. Das *Centre for the Classical Tradition* (CCT) hat nach diesem
Fund den ersten Traktat zur „Gerontologie" u. a. zusammen mit dem *Zentrum für
Alternskulturen* (ZAK) zum Gegenstand eines interdisziplinären Forschungsprojekts
gemacht[4]: So hat Frau Lehr *allein* durch Erneuerung ihrer Doktorurkunde nachhaltige

---

[4]   Das Projekt Theodosius Schoepffers *Gerontologia seu Tractatus de jure senum* (1705): *Der
vergessene erste Traktat zur „Gerontologie' im Spannungsfeld der Altersbilder von der Antike über die
frühe Neuzeit bis zur Gegenwart"* wurde im Rahmen des NRW-Exzellenzwettbewerbs „Geistes-
wissenschaften gestalten Zukunftsperspektiven" vom (seinerzeitigen) Ministerium für Wissenschaft und

Forschung – denn es soll ein Nachfolgeprojekt geben – zu kulturellen Aspekten des Alter(n)s initiiert, Forschung, über die hier in gebotener Kürze berichtet werden soll. Eine entsprechende umfangreiche Buchpublikation (inkl. der Übersetzung wesentlicher Teile des Schoepfferschen Traktats) ist im Erscheinen begriffen (Becker, Neuhausen, Laureys & Rudinger, i. Dr.).

1. Zum Titel des Schoepfferschen Traktats

Als der Quedlinburger Anwalt Theodosius Schoepffer im Jahre 1705 seiner Abhandlung über das Recht alter Menschen (*Tractatus de iure senum*)[5] die Überschrift *Gerontologia* gab, hat er zur Bezeichnung eines Bereichs der Jurisprudenz einen lateinischen Terminus neu geprägt, der mehr als zwei Jahrhunderte später der Benennung der im Verlaufe des 20. Jahrhunderts eigenständig etablierten wissenschaftlichen Disziplin zur Erforschung des Alter(n)s dient, ohne dass freilich bei dieser modernen Neubildung die Kenntnis der Schoepfferschen Prägung angenommen oder gar bewiesen werden könnte (vgl. Wahl & Heyl, 2004).

Der entsprechende griechische Begriff findet sich deutlich vor Schoepffer bei Erasmus von Rotterdam (1469–1536) im Titel eines der Dialoge in der Sammlung vertrauter Gespräche (*Colloquia familiaria*). Als deutscher Titel hat sich „Altmännergespräch, oder das Fuhrwerk", im Lateinischen die Kurzform *Colloquium senile* durchgesetzt. Schon die Übersetzungen des griechischen Titels machen klar, dass Erasmus damit etwas deutlich anderes ausdrücken will als Schoepffer. Vier – im doppelten Wortsinn – alte Freunde treffen sich in diesem *Colloquium* 42 Jahre nach ihrem gemeinsamen Studium zufällig auf dem Weg nach Antwerpen wieder. Während der Fahrt erzählen die vier Greise mit den sprechenden Namen Eusebius, Pampirus, Polygamus und Glycion[6], wie ihr Leben jeweils verlaufen ist. Sie gehen dabei vor allem der Frage nach, warum sie sich trotz gleichen Alters in so unterschiedlicher körperlicher und geistiger Verfassung zeigen. Als Antwort kristallisiert sich im Verlaufe des Gesprächs schnell die unterschiedliche Lebensführung heraus, die Erasmus schon mit der Namensgebung angedeutet hat. Das Altmännergespräch, das

---

Forschung gefördert (Juni 2005 - Dezember 2006) Beteiligte Forscher (ohne Ortsangabe aus Bonn): Werner Gephart (Institut für Politische Wissenschaft und Soziologie); Marc Laureys (CCT); Karl August Neuhausen (CCT); Georg Rudinger (ZAK); Daniel Schäfer (Institut für Geschichte und Ethik der Medizin, Universität zu Köln); Winfried Schmitz (Institut für Geschichtswissenschaft); Mathias Schmoeckel (Institut für Deutsche und Rheinische Rechtsgeschichte); Toon Van Houdt (Seminarium Philologiae Humanisticae, Fac. Letteren, Katholieke Universiteit Leuven/Belgien).

[5]   Der vollständige Titel lautet: *Gerontologia Seu Tractatus De Jure Senum: Quatenus Illud Tum Extra Judicium, Quoad Jus Personarum Et Rerum, Tum In Judicio, Secundum Causas Civiles Seculares Et Ecclesiasticas, Et Secundum Causas Criminales, In Legalem Considerationem Venit, Quem Multis Quæstionibus Et Præjudiciis Quedlinburgicis Collectum, Et Repletum Nunc Primum Publici Juris Fecit Theodosius Schöpffer, Adv. Ord. Quedl. Quedlinburgi. Sumptibus Theodori Philippi Calvisii, Literis Johannis Georgii Sieverti. Anno MDCCV.*
Gerontologia oder Abhandlung über das Recht alter Menschen, insoweit es teils außerhalb der Rechtsprechung, sofern es das Personen- und Sachenrecht betrifft, teils vor Gericht, entsprechend den Fällen des weltlichen und kirchlichen Rechtsfällen in Zivilsachen sowie entsprechend den Strafsachen mit Blick auf die Gesetzeslage in Betrachtung kommt, die mit vielen Rechtsfragen sowie Quedlinburger Vorentscheidungen vervollständigt und jetzt erstmals veröffentlicht hat. Theodosius Schöpffer, zugelassener Anwalt in Quedlinburg. Quedlinburg. Im Verlag von Theodor Philipp Calvisius. In der Druckerei von Johann Georg Sievert, 1705.

[6]   Im Deutschen könnten diese sprechenden Namen etwa folgendermaßen wiedergegeben werden: „Der Gottesfürchtige", „Der in allem Erfahrene", „Der oft Verheiratete" und „Der Angenehme".

Gespräch unter Greisen erweist sich als ein Gespräch über das Greisenalter. Ob Schoepffer nun bei der Namensgebung seiner Abhandlung über das Recht der alten Menschen von Erasmus beeinflusst worden ist, lässt sich nicht eindeutig klären, da der Autor selbst auf diese Frage nicht eingeht und weitere Spuren des Erasmus in Schoepffers Werk zumindest nicht offensichtlich zu Tage treten. Unwahrscheinlich ist jedenfalls nicht, dass er das *Colloquium senile* kannte, zumal die *Colloquia* bis ins 18. Jahrhundert zum festen Bestandteil des schulischen Lektürekanons gehörten.

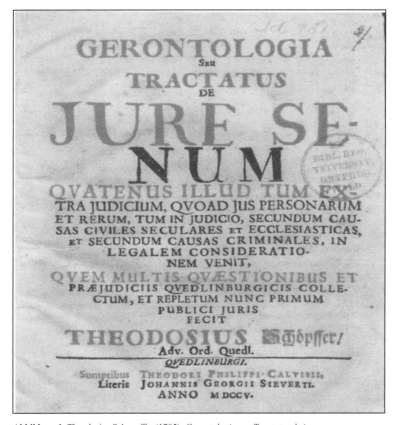

Abbildung 1. Theodosius Schoepffer (1705): *Gerontologia seu Tractatus de jure senum.*

2. Zum Werk: Kultureller Kontext

Von den homerischen Epen bis in die spätantike christliche Literatur präsentiert das Schrifttum der Antike eine bunte Fülle verschiedener Reflexionen und Bilder, Beschreibungen und Deutungen über die Alten und das Altern (vgl. Gutsfeld & Schmitz, 2008). In den Altersbildern der antiken Literatur stehen neben der Anerkennung von Lebenserfahrung, Weisheit und Besonnenheit als positiven Merkmalen des Alters Klagen über das drückende Alter, die Gebrechlichkeit und die soziale

Ausgrenzung der alten Menschen. Theodosius Schöpffers Traktat *Gerontologia* fußt auf mannigfaltigen Rezeptionen früheren Schrifttums und damit zumindest indirekt auch auf antiken Altersbildern. Es ist eine mehrfach gebrochene Rezeption, vermittelt über Autoren seiner Zeit und des vorausgegangenen 17. Jahrhunderts. Aufschlussreich für Schoepffers Umgang mit dem antiken literarischen Erbe und eine mögliche Übernahme antiker Altersbilder sind vor allem die *praefatio ad lectorem*, das *prooemium* und seine einleitenden Kapitel (Schoepffer, 1705, S. 0 (*praefatio ad lectorem*); S. 1-5 (*prooemium*); S. 5-11 (*part. I membr. I*) und S.11-41 (*part. I membr. II*)). So schreibt Schoepffer in seinem Vorwort an den Leser (*praefatio ad lectorem*):

> Einen zwar kleinen, aber von verschiedenen Farben und vorzüglichen Eigenschaften vollen Blumenstrauß biete ich dir, geneigter Leser, in dem Traktat mit dem Titel Gerontologia. Dieser wird deine Sinne, am meisten jedoch den Gesichts- und den Geruchssinn erfreuen, da ja gemäß der vorangeschickten Übersicht sofort im ersten Teil die angenehmen Seiten der Ehe begegnen mit der Zeugung der Kinder und der daraus hervorgehenden väterlichen Gewalt. Diese Dinge kommen im gewöhnlichen Leben öfters vor, weil auf dieser ganzen Erde nichts häufiger ist als geboren zu werden, eine Zeit zu leben und zu sterben, woraus auch der unterschiedliche Status der Menschen entsteht, wodurch sie als kleine und ältere Kinder, als Jugendliche, als Männer und Greise auftreten.

Um dem geneigten Leser unserer kurzen Abhandlung schon an dieser Stelle an zwei Beispielen einen Blick auf das Vorgehen im Forschungsprojekt zu geben: Philologisch-kulturhistorische Analyse stellt den jeweils ersten Schritt dar, so ist der Blumenstrauß als Anspielung auf *Anthologia / Florilegium* (Blütenlese) oder ähnlich farbige und blumige Titel griechischer bzw. lateinischer Schriften zu verstehen. Doch trotz Anspielung auf Anthologien und Florilegien hat Schoepffer ein eigenständiges Werk geschaffen, das sich von den antiken Vorläufern deutlich unterscheidet. Die antiken Anthologien waren fast reine Zitatensammlungen. Auch die seit der Antike gebräuchlichen Bezeichnungen der Altersstufen des menschlichen Lebens werden von Schoepffer bewusst verwendet. Hier kann jedoch nicht der Raum sein, dieses reizvolle Vorgehen Schritt für Schritt nachzuzeichnen, deshalb der wiederholte Verweis auf die anstehende Publikation.

Im *prooemium* seiner *Gerontologia* stellt Schoepffer – indirekt (s. u.) – die Anbindung seiner Abhandlung an antike Altersbilder her, indem er folgendes Rätsel präsentiert:

> In Form eines Rätsels will ich dir, geneigter Leser, zu Beginn eine Frage stellen: Was ist nach deiner Ansicht das, wonach alle streben und sich sehnen, was sie jedoch, wenn es erreicht ist, zurückweisen? Jedermann begehret es / und wenn man es erlanget / klaget man darüber?
>
> Vielleicht glaubst du, es sei die Ehe? Viele nämlich gehen sie zwar ein, lehnen sie aber danach ab, jedoch zu Unrecht. Du hast die Lösung noch nicht gefunden, da diejenigen, die sie eingehen, diese nicht gegen den Willen der anderen Seite rückgängig machen können.
>
> Aber dann wird es doch der Reichtum sein? Nein. Reichtum wird nämlich unter Schmerz erworben, erhalten und nicht zurückgewiesen, sondern vielmehr ständig angestrebt, indes unter vielen Sorgen und Schmerzen.
>
> Deshalb werden es Ehrungen sein. Auch das nicht. Recht häufig nämlich werden viele in die Höhe gehoben, um in noch tieferem Fall zu stürzen.
>
> Aber ich will dich nicht länger warten lassen: Nach meiner Meinung ist es das Greisenalter.

Ein jeder nämlich wünscht sich, lange zu leben, was dann allerdings das Greisenalter zur Folge hat. Dass dieses aber wegen verschiedener Symptome unerquicklich ist, bezeugt die allgemeine Erfahrung, mögen auch alle akademischen Fakultäten ihm Hebammendienste erweisen. Eifrig bemüht wirst du hier nämlich nicht nur Theologen, sondern auch Mediziner und die Juristen finden, und zwar jeweils nach ihrer Disziplin und daher in verschiedener Hinsicht (Schoepffer, 1705, S. 2).

Indirekt ist Schoepffers Bezug deshalb, weil er sich auf eine Briefsammlung aus seinem zeitlichen Umfeld bezieht, sich seine Formulierung dennoch an eine Cicero-Passage aus dem Beginn des *Cato Maior* anschließt. Gemeint sind vor allem wohl die traditionellen vier Anklagepunkte gegen das Greisenalter (Alter verwehrt dem Menschen die Tätigkeit, lässt die Kraft der Jugend vermissen, lässt keine Sinneslust mehr zu, bedrückt durch den nahenden Tod), die im Mittelpunkt von Ciceros *Cato maior* stehen und die Cicero bzw. Cato der Reihe nach widerlegt. Freilich konnte Schoepffer mit großer Sicherheit erwarten, dass die Anspielung auch in dieser Form von seinen Zeitgenossen wahrgenommen wurde, wie sich mit dem Anfang von Jacob Grimms 1860 gehaltener Rede über das Alter zumindest plausibel machen lässt. Mit den Worten »Wer hat nicht Cicero *de senectute* gelesen? Sich nicht erhoben gefühlt durch alles, was hier zu des alters gunsten, gegen dessen verkennung oder herabsetzung gesagt wird?« setzt Grimm in seiner rhetorischen Frage noch mehr als 150 Jahre nach Schoepffer die Kenntnis von Ciceros Schrift voraus und nimmt sie samt dem darin zum Ausdruck kommenden Altersbild zum Ausgangspunkt seiner eigenen Ausführungen. Aus heutiger Sicht könnte man – durchaus positiv konnotiert – sagen, Schoepffer geht mit den Quellen recht frei um, bindet sie in einen Kontext ein, der Eigenständigkeit in der Sache und im Aufbau verrät. Schoepffer versteckt seine Ansichten und Absichten nicht hinter einer reinen Zitatensammlung, sondern setzt stilistische Mittel ein, für die er in der antiken Literatur keine unmittelbaren Vorbilder fand (vgl. im Detail dazu Becker, i. Dr.; Schmitz, i. Dr.; die von K. A. Neuhausen kommentierte Übersetzung von Schoepffers Traktat in Becker et al., i.Dr.). Doch noch einmal zurück zu Schoepffer. Selbst wenn Schoepffer auf die von Cicero aufgegriffenen Altersklagen anspielen sollte, nehmen seine Ausführungen eine völlig andere Wendung. Cicero geht es im *Cato maior* darum, die vier Klagen gegen das hohe Alter durch eine positive Sicht des Alters zu entkräften. Schoepffer ist hingegen hier anderer Meinung:

Die Theologen z.B. suchen nach dem Seelenheil, indem sie lehren, ermahnen, tadeln, zur Reue aufrufen, Gottesdienste leiten etc.; sie zeigen den Weg zum Himmel und schreiben nach Maßgabe der Heiligen Schrift allen Christen die Art und Weise vor, die notwendig ist, um das ewige Leben zu erlangen. Dennoch können Pastoren und Pfarrer, auch wenn sie sehr fromm sind, den natürlichen Verlauf des Alters und den bevorstehenden Tod nicht verhindern.

Die Mediziner tragen Fürsorge um den menschlichen Körper und kämpfen gegen Krankheiten lindernd ebenso wie heilend. Dennoch können sie gegen das Alter kein Allheilmittel oder Medikament ersinnen, weil sie selbst altern und im Lauf der Zeit sterben. Zwar haben sich viele gerühmt, dass sie mit Hilfe des Steins der Weisen oder sogar der goldenen Tinktur oder des Lebenswassers und des Balsams des Lebensgeistes das Leben erneuern, verlängern und das angeborene Warme und Feuchte wiederherstellen können, und zugleich glaubten sie, dass Menschen nicht aus natürlicher Notwendigkeit sterben, sondern wegen der Unkenntnis dessen, was getan werden muss (Schoepffer, 1705, S. 2).

Die Grundstimmung ist hier also eher eine pessimistische. In diesem Sinne streift Schoepffer später in seinem Traktat das Thema „Langlebigkeit" mit kritischen Erörterungen über mögliche Einflüsse von Umweltfaktoren auf die Lebensdauer und widmet sich „Tod und Sterben" nur hinsichtlich ihrer Unausweichlichkeit. Schoepffers etwas lakonischer Hinweis auf die Unabwendbarkeit des Todes könnte manchen Diskussionen um das Aufhalten, zumindest um die Verlangsamung des Alterns einen „lebensnäheren" Rahmen geben (Feeser-Lichterfeld et al., 2007).

Aufgehoben wird der pessimistische Tenor allerdings in den Hauptteilen und im Schlusskapitel, in dem Schoepffer hervorhebt, dass auch noch ältere Menschen Nützliches leisten können. Außerdem richten sich seine Hoffnungen auf die ewige Glückseligkeit im Jenseits, die dem Leben folgt.

3.   **Facetten des Schoepfferschen Altersbildes**

Theodosius Schoepffer als Jurist hat allerdings als Leitthema rechtliche Aspekte der Älteren. Entsprechend setzt der Hauptteil seines Werkes mit den Worten ein:

> Es wird eine Abhandlung über die Gerontologia im Allgemeinen sowie im Speziellen entstehen und gezeigt werden müssen, wie deren Rechte außerhalb des Gerichts und vor Gericht zu wahren sind.

Das soll und kann nicht Gegenstand dieses Beitrags sein, geht es dabei doch etwa um Vormundschaften und Treuhänderschaften und auch Straftaten, d.h. Ältere als Opfer und Täter inkl. der Erörterung des Strafmaßes. Damals wie heute stehen Ältere primär als Opfer und nicht als Täter im Blickpunkt der Betrachtung. Bei Älteren als Straftäter macht Schoepffer eine „feine" Unterscheidung: Hier erfahren wir z. B., dass ältere Frauen bei Straftaten häufiger unter den Giftmischerinnen zu finden sind und Greise durchaus als Brandstifter tätig werden. Damals wie heute noch sind Ältere als Täter/innen auch gemessen am Bevölkerungsanteil unterrepräsentiert. Wie diese Proportionen sich im Zuge der demografischen Entwicklung und veränderter Lebensstile entwickeln, bleibt abzuwarten.

In diesem „juristischen" Zusammenhang finden sich allerdings weitere Ausführungen zu Einstellungen, Verhaltensweisen, Lebensstilen, Kompetenzen Älterer, wie z. B. zum selbstständigen Leben, zu emotionalen und sozialen Kompetenzen (ganz im Sinne eines positiven Altersstereotyps: Freundschaften pflegen, Unruhen, Streitigkeiten und Beleidigungen anderer meiden und sich um geistige Ausgeglichenheit bemühen), zu Ehe und Sexualität, vor allem mit Verhaltensempfehlungen speziell für den Fall einer Ehe eines älteren Mannes mit einer jüngeren Frau, die vermuten lassen, dass diese Paarkonstellation auch zu Schoepffers Lebzeiten keine Seltenheit darstellte. Dazu ein Zitat:

> ...dass auf Greise nicht leicht der Verdacht des Ehebruchs fällt, weil ihre Natur aus Altersgründen schon geschwächt ist. Gleichwohl schränken die Rechtsgelehrten dies bei alten Frauen ein, die vulgo eine Tollheit im Unterleib haben sollen (Schoepffer, 1705, 2.2.5.)

Das Altersbild, das Theodosius Schoepffer in seiner *Gerontologia* präsentiert, beinhaltet Verluste oder negative Konnotationen des Alters, z. B. hinsichtlich der Körperkräfte, also in jenen Bereichen, *die eine Übung des Körpers erfordern*, und des Gedächtnisses. Hier heißt es:

Greise aber lassen nicht nur an Körperkräften nach, sondern auch an Geisteskräften, am meisten aber wird ihr Gedächtnis geschwächt, ob sie nun Rechtsgelehrte, Theologen oder Philosophen sind (Schoepffer, 1705, 1.1.1.).

Es finden sich jedoch auch positive Konnotationen des Alters, Zugewinne gar, wie hinsichtlich der Vernunft und praktischer Erfahrung oder aber in Eigenschaften und Kompetenzen, welche z. B. in der aktuellen gerontologischen Debatte unter dem Stichwort Resilienz als emotionsregulierende Maßnahmen zum Erhalt des subjektiven Wohlbefindens oder auch Kompensation und Potentiale des Alters firmieren könnten.

Das Altersbild der *Gerontologia* konzentriert sich – entsprechend dem fachlichen Hintergrund des Autors – in seinen psychosozialen Facetten auf drei große Bereiche mit rechtlicher Relevanz, wie die (geistige) Leistungsfähigkeit, soziale Netze Älterer und das gesellschaftliche Miteinander. Hier finden sich z. B. Erörterungen zur gesellschaftlichen Stellung Älterer (ihren Rechten und – speziell – Privilegien), ihrer gesellschaftlichen Partizipation (ihren Rollen und möglichen Funktionen). Solche Vorstellungen beinhalten Annahmen letztlich auch über den „gesellschaftlichen Wert" älterer Menschen und über den Prozess des Alterns an sich.

4.   Altern ist keine Krankheit

Theodosius Schoepffers attestiert den Älteren ein allgemeines Nachlassen der „Körperkräfte" Dieses Nachlassen an Kraft oder „Schwäche" bezieht er auf jene Bereiche, die eine Übung des Körpers erfordern:

> … Gleichsetzung (von Greisenalter und Schwäche) lässt sich nur in den Bereichen vornehmen, die eine Übung des Körpers erfordern. Denn in dem Maße, wie ein Geschwächter das nicht leisten kann, was ein junger, gesunder und kräftiger Mensch vermag, kann dieses auch ein Greis nicht leisten (Schoepffer, 1705, 1.1.1.).

In diesem Zusammenhang sei an die unerquicklichen Symptome, die mit dem Alter verbunden sind, erinnert, die im Mittelpunkt von Ciceros *Cato maior* stehen: Hierzu gehören ebenso eine allgemeine körperliche Schwäche wie das Abnehmen der sinnlichen Leidenschaft, die Furcht vor dem Tod und eine politische Untätigkeit älterer Menschen.

Ganz im Sinne „moderner" Sichtweisen, dass die natürlichen Veränderungen des Gewebes und der Organe für sich genommen keine Krankheiten darstellen, Altern also nicht mit Krankheit gleichzusetzen ist, jedoch aufgrund der verringerten Anpassungs- und Widerstandsfähigkeit des Organismus Vulnerabilität und Erkrankungsrisiko im Alter erhöht sind, spricht sich auch Schoepffer klar gegen eine Gleichsetzung von Alter und Krankheit aus:

> „Die Frage, ob das Greisenalter eine Krankheit sei, muss verneint werden; denn das Greisenalter entsteht aus der Natur und gemäß der Natur, eine Krankheit jedoch ist ein widernatürlicher Zustand des Körpers (Schoepffer, 1705, 1.1.1.).

Diese Verneinung geschieht mit Verweis auf das Schrifttum des 17. Jahrhunderts, aber schon in der antiken medizinischen Literatur ist diese Frage bereits gestellt und ebenso wie bei Schoepffer als unzutreffend zurückgewiesen worden. Für Galen ist der Alterungsprozess des menschlichen Körpers unausweichlich und daher nicht als Krankheit zu verstehen. Das Altern ist kein gegen die Natur gerichteter Prozess. Die Argumente scheinen ähnlich; inwieweit dieses antike medizinische Wissen aber über

Schoepffers Gewährsmänner in seine Darstellung einfloss, lässt sich nicht bestimmen. Möglicherweise spielt Schoepffer lediglich auf die Bemerkung Ciceros in *Cato maior* an, dass das Alter mit der Zwangsläufigkeit der Natur eintreten wird. Als Ursache für den Kräfteverlust nimmt Schoepffer jedoch das kalendarische Alter an:

> Wenn das Greisenalter keine Krankheit ist, woher stammt also das Schwinden der Kräfte? Die Antwort lautet: aus der hohen Anzahl an Jahren (Schoepffer, 1705, 1.1.1.).

Die schiere Zahl der Jahre kann allerdings nicht die „Ursache" sein, weisen diese körperlichen Veränderungen im Alter auch schon zu Schoepffers (und auch noch früheren) Zeiten in hohem Maße interindividuelle Unterschiede auf, da sie wohl schon immer sicherlich genetisch bedingt sind und speziell mit dem Grad körperlicher Aktivität sowie Risikofaktoren und Erkrankungen in früheren Lebensaltern zusammenhängen.

5.   Das Gedächtnis

Schoepffer vertritt hier die Ansicht, dass unabhängig vom fachlichen Hintergrund eines älteren Menschen das Gedächtnis von allen geistigen Leistungsbereichen am stärksten altersbedingten Einschränkungen unterworfen ist. Er thematisiert das Gedächtnis bei seinen Erörterungen über Zeugenaussagen.

> Greise aber lassen nicht nur an Körperkräften nach, sondern auch an Geisteskräften, am meisten aber wird ihr Gedächtnis geschwächt, ob sie nun Rechtsgelehrte, Theologen oder Philosophen sind (Schoepffer, 1705, 1.1.1.).

Dennoch vorhandene individuelle Unterschiede können auf eine Fülle von Faktoren zurückgeführt werden, wie Lebensumstände, Anforderungen der Umgebung, Anzahl und Qualität kompensatorischer Strategien, Art der Abrufsituation, Art der Gedächtnisinhalte (Kruse, 2008). Die letzte Erkenntnis klingt vielleicht in Schoepffers Empfehlung an, älteren Menschen durchaus Glauben zu schenken, wenn keine detaillierten Schilderungen erfragt werden:

> Von Greisen zwischen 60 und 70 Jahren muss die Rechenschaft wegen des nachlassenden Gedächtnisses nicht so genau abgelegt werden, vielmehr muss ihren Worten, insbesondere wenn sie beeidet sind, geglaubt werden (Schoepffer, 1705, 1.1.2.)

In der gerontologischen Forschung wird ebenfalls angenommen, dass eine erhebliche Wirkung vom eigenen Altersstereotyp im Sinne der Selbstwirksamkeitserwartung ausgeht – darauf werden wir noch zurückkommen.

6.   Expertenwissen, Vernunft und Denkstrategien

Nicht bei allen kognitiven Kompetenzen sieht Schoepffer diese ausgeprägten altersbedingten Defizite wie beim Gedächtnis.

> Sobald es nötig ist, dass Experten in einem Fach eine Sache bescheinigen und sie darüber nicht übereinkommen, etwa ob eine Wunde tödlich ist und dergleichen, glaubt man den älteren Experten mehr (Schoepffer, 1705, prooemium).

Solches Expertenwissen entsteht, wenn ein Mensch sich schon beginnend in früheren Lebensjahren systematisch und kontinuierlich mit Inhalten eines bestimmten Lebensbereichs auseinandersetzt und zugleich effektive Handlungsstrategien zur Bewältigung der Anforderungen dieses Lebensbereichs entwickelt (Bundesministerium für Familie, Senioren, Frauen und Jugend, 2001). Wenn auch die Anerkennung von Expertenwissen heute (noch) nicht dazu führt, dass z. B. ältere Arbeitnehmer/innen im Berufsleben als Humanvermögen begriffen und länger in das Erwerbsleben eingebunden werden, finden sich im Bereich des ehrenamtlichen Engagements vielfältige Beispiele für eine diesbezügliche Wertschätzung und Nutzung.

In der *Gerontologia* heißt es mit Bezug auf den Juristen André Tiraqueau, dass ältere Menschen in verschiedenen Kulturen über Vernunft verfügten, die durch Erfahrung gewonnen wurde.

> Er bekräftigt dies (d. h., dass ältere Menschen aufgrund ihrer Lebensjahre geehrt werden sollten) aus der Übereinstimmung mehrerer Völker, weil bei diesen („Alten") die Vernunft, erworben durch die Erfahrung in vielen Dingen, gefunden wird (Schoepffer, 1705, prooemium).

Vernunft gilt als Voraussetzung für Erkenntnis und gibt eine Systematik und einen Bezugsrahmen für Wissen vor. Vernunft kennzeichnet eine bestimmte Art des Verstandesgebrauches, nämlich wenn z. B. beim Denken sinnvoll gefragt oder geschlussfolgert wird. Auf diesem Hintergrund könnte Vernunft als ein Kriterium der Güte der im Lebenslauf ausgebildeten Denkstrategien betrachtet werden

Mit dem zweiten Zitat von Tiraqueau wird auf eine weitere kognitive Qualität hingewiesen, die durch Erfahrungen gewonnen wird und ebenfalls die Güte der Denkstrategien betrifft. Diese Lebenserfahrung schützt ältere Menschen davor, auf betrügerische Geschäfte hereinzufallen.

> Ältere werden nicht leicht durch Listen und Kunstgriffe getäuscht, wie ja auch selten ein alter Fuchs mit dem Seil gefangen wird (Schoepffer, 1705, prooemium).

Überlegungen zu Kompensationsmechanismen, bei denen etwaige Verluste im Bereich der geistigen Leistungsfähigkeit ausgeglichen werden können, finden sich in Schoepffers Traktat nicht. Die Plastizität der Intelligenz ist eine jüngere Erkenntnis der gerontologischen Psychologie. Heute wird davon ausgegangen, dass es im Alter ein beträchtliches, unausgeschöpftes Potential gibt, das auch kognitive Entwicklungsreserven umfasst. Aber das vierte Alter mit all seinen Einbußen und Unvollkommenheiten (z.B. Demenz) darf nicht ganz verdrängt werden. Kompensation von Verlusten ist bei Schoepffer eher im Kontext von Altersvorrechten und Privilegien Thema.

7. Ältere Menschen und ihre Stellung in der Gesellschaft

Hier kommt Theodosius Schoepffer auf das Ansehen, das Ältere genießen, auf die Privilegien, die ihnen zuerkannt werden, und Rollen, die sie einnehmen, zu sprechen. Ob es sich hierbei eher um Forderungen und Empfehlungen Schoepffers handelt oder um damals gelebte gesellschaftliche Wirklichkeit, bleibt größtenteils offen.

> Ältere werden in Diskussionen vorgezogen, natürlich damit sie früher, nämlich vor den anderen, sprechen und antworten können.

> Ältere müssen auf dem ersten (besten) Platz sitzen. ...
> Bei Wahlen und auch anderen Dingen müssen die Stimmen der Älteren vorrangig behandelt werden.
> Ältere werden bei derselben Art von Vergehen milder bestraft.
> Bei Ehrungen, Ämtern und weltlichen Würden werden Ältere vorgezogen, vielmehr noch bei kirchlichen (alle Zitate aus Schoepffer, 1705, prooemium).

Schoepffer versteht mit dem schon erwähnten Tiraqueau diese Vergünstigungen als eine Art Altersausgleich. „Privilegien" sind eher dem Greisenalter zu übertragen als der jungen Generation und räumt dabei ein, dass diese Vorrechte nicht ausreichen würden, die „Last des Alters" aufzuwiegen. Hier heißt es, dass wir

> dennoch durch keine Wohltaten des Rechts, durch keine Ausnahmen, ... verhindern können, dass das Alter drückender wird (Schoepffer, 1705, prooemium).

Diese Vorzugsbehandlung führt jedoch nicht so weit, dass ältere Menschen jenseits des Gesetzes stehen. Dies wird an Schoepffers Ausführungen zur Behandlung älterer Straftäter vor dem Gesetz deutlich.

Neben Ansehen und Privilegien finden sich in der *Gerontologia* auch Hinweise auf mögliche Rollen und Aufgaben, die ältere Menschen in der damaligen Gesellschaft zugewiesen wurden, z. B.

> Wir müssen die Älteren als Lehrer den Kindern zuweisen, die sie in den Wissenschaften und im Charakter unterweisen (Schoepffer, 1705, prooemium).

Älteren solche Aufgaben zu übertragen, ist eine nahe liegende Konsequenz aus den beschriebenen Fähigkeiten und Persönlichkeitseigenschaften, die Schoepffer in der Gerontologia älteren Menschen zuerkennt: Expertenwissen, Erfahrung und Vernunft, Tugenden, wie Ausgeglichenheit und Friedfertigkeit. So ist es nur verständlich, dass Schoepffer als Jurist sich für die Berufung Älterer als Richter ausspricht:

> Daher stellt sich die Frage, ob ein Greis im Vollbesitz seiner geistigen Kräfte Richter in Strafsachen sein kann. Ich stimme dem zu... (Schoepffer, 1705, 2.2.1).

Da Schoepffer in der Ausübung eines solchen Richteramtes einen zentralen Beitrag zum Erhalt des Staates sieht, ist seine Fürsprache als Hinweis zu werten, dass er den potentiellen Beitrag Älterer für die damalige Gesellschaft hoch schätzt:

> ...denn durch Belohnungen und Strafen wird der Staat bewahrt, ... indem erstere denjenigen, die sich positiv ausgezeichnet haben, zugewiesen werden, letztere ruchlosen Menschen und Verbrechern zugefügt werden (Schoepffer, 1705, 2.2.1).

Unsere Wirtschaft und Gesellschaft kann es sich anders als in der Zeit der Industrialisierung nicht mehr leisten, die Ressourcen eines Großteils der Bevölkerung ungenutzt zu lassen (Kruse, 2009; Staudinger, 2007). Darüber hinaus sollte es ein – nicht ganz uneigennütziges – politisches und gesellschaftliches Anliegen sein, günstige Rahmenbedingungen für ein zufrieden stellendes Leben im Alter zu schaffen. Hier kann eine Verbindung zur Identifikation von Potentialen auch für Lebensbereiche gesehen werden, die über den erwerbsbiographischen Kontext hinausgehen, wie freiwilliges ehrenamtliches Engagement (vgl. Bundesministerium für Familie, Senioren, Frauen und Jugend, 2005).

8.   Das Dritte Auge

Theodosius Schoepffer betont – das dürfte zunehmend deutlich geworden sein – stark den Erfahrungsreichtum alter Menschen und hebt auf ihre – auch gesellschaftlich nutzbare – Leistungsfähigkeit ab.

Schon in der *praefatio* legt Schoepffer mit einer Metapher den Kern seines Altersbildes dar:

> Daher haben alle anderen Menschen nur zwei Augen, Greise dagegen drei' wegen ihrer praktischen Erfahrung in vielen Dingen, was man als drittes Auge bezeichnet.

In einer scheinbar allgemein anerkannten Feststellung von grundsätzlicher Bedeutung wird eine Unterscheidung zwischen den alten Menschen (Greisen), die über drei Augen verfügen, und allen anderen Altersgruppen, die lediglich zwei Augen besitzen, ausgedrückt; das spezifische dritte Auge, mit dem die Greise die jüngeren Menschen übertreffen, ist demnach nichts anderes als die „praktische Erfahrung in vielen Lebensbereichen". Es handelt es sich bei dieser metaphorischen Vorstellung von dem „dritten Auge" offensichtlich um eine singuläre Idee Schoepffers. Zwar lassen sich aus der überlieferten griechischen und lateinischen Literatur der Antike, des Mittelalters und der Neuzeit einige wenige Parallelen zitieren, die aber jeweils in einem ganz anderen thematischen Zusammenhang stehen: Edelsteine, Pflanzenreich, Boethius' Kommentar zu Aristoteles, spätantiker Kommentar zu Vergil von Servius. Eine Beziehung speziell zum Greisenalter und einem ihm zugeschriebenen Merkmal fehlt dabei jedoch völlig. Vor dem Hintergrund der gesamten europäischen Geschichte des komplexen literarischen Begriffs „Auge" von der Antike bis zur Gegenwart lässt sich somit aus heutiger Sicht feststellen, dass Schoepffer mit seiner Präsentation der „drei Augen der Greise" eine Sonderstellung einnimmt. Diese Behauptung beruht offenbar auf einem originellen Einfall des Autors, der weder vor ihm zu belegen ist noch später im Laufe der letzten drei Jahrhunderte wieder aufgegriffen wurde (weitere Details dazu finden sich in K.A. Neuhausens kommentierter Schoepffer-Übersetzung in Becker et al., i. Dr.).

Will Schoepffer mit dieser Besonderheit nahe legen, dass ältere Menschen über eine andere Art der Wahrnehmung und eine spezielle Voraussicht verfügen? Dieses „dritte Auge" könnte im einfachsten Fall „Routine" meinen, die z. B. ein älterer Experte bei der Bewältigung praktischer Anforderungen an den Tag legt, wenn er Handlungsstrategien mehr oder minder automatisiert einsetzt. Vielleicht verweist diese zusätzliche „Gabe" aber auch auf ein weit komplexeres Phänomen, wie es mit dem Begriff der „Weisheit" verbunden wird als „Expertenwissen in den grundlegenden Fragen des Lebens" (Baltes & Staudinger, 2000). Dieses hoch entwickelte Wissenssystem ermöglicht Einsicht und Urteilsfähigkeit in schwierigen und unsicheren fundamentalen Fragen des Lebensvollzugs mit seinen fünf Facetten zur Bewertung kognitiver Produkte und Prozesse: Faktenwissen, Strategiewissen, Lebensspannen-Kontextualismus, Erkennen von und Umgang mit Unsicherheiten, Werte-Relativismus. Dass Theodosius Schoepffer mit dem „dritten Auge" Älterer in Richtung Weisheit blicken könnte, mag durch Befunde nahe gelegt werden, dass weisheitsbezogene Fähigkeiten bis ins hohe Alter aufrechterhalten und sogar verbessert werden können, dass Erfahrung eine wichtige Voraussetzung für Weisheit darstellt, dass Menschen, die qua Beruf in besonderem Maße mit wesentlichen Lebensfragen konfrontiert werden, über ausgeprägtes weisheitsbezogenes Wissen verfügen. Vielleicht war ja auch dem juristischen Berufsstand zur Zeit Schoepffers ein vergleichbarer Einblick in menschlich Essentielles vergönnt.

Wenn Schoepffer im Schlusskapitel der *Gerontologia* (2.3.3) neben weiteren persönlichen Umständen auch sein eigenes fortgeschrittenes Alter erwähnt, sind diese Äußerungen nicht ohne die Folie des schon in der *praefatio* umrissenen Altersbildes, auf das er jetzt wie in einer Ringkomposition zurückkommt, zu betrachten.

> Sicher ist aber, dass ich dieses Werk dank göttlicher Gnade begonnen habe, dass die hochheilige Dreifaltigkeit meine Versuche hinsichtlich der Geistes- und Körperkräfte geleitet, mich vor widrigen Gesundheitszuständen bewahrt und die Nebenstunden, die ich meiner Berufstätigkeit abgerungen habe, bis zum dreiundsiebzigsten Lebensjahr unterstützt hat und mir wie in den früheren Abhandlungen, in denen ich das Bierbraurecht, den veränderten Witwenstand und die Vitrico-Privignologia (Stiefvater und -kinderkunde) ausgearbeitet habe, so auch hier mit göttlicher Milde beigestanden, mich und meine Familie mit vielen Wohltaten ausgestattet und mit neun Enkeln beschenkt hat.

Schoepffer bringt hier nicht nur seine Demut und Dankbarkeit dafür zum Ausdruck, dass er bis ins 73. Lebensjahr in der geistigen und körperlichen Verfassung war, sowohl seiner juristischen Praxis als auch seiner Tätigkeit als juristischer Autor nachzukommen. Er lässt hier auch deutlich seinen Stolz erkennen, dass er auch in seinem Alter noch in der Lage ist, die zeitaufwändige Berufsausübung als Jurist mit den ebenso zeitraubenden Publikationsprojekten zu verbinden, deren Namen er hier ebenso wenig wie an vielen weiteren Stellen der *Gerontologia* übergeht. Bei aller Zurückhaltung, die aus obigen Formulierungen spricht, sticht die Selbststilisierung des Autors gemäß dem Altersbild vom erfahrenen und leistungsfähigen alten Menschen, das er der *Gerontologia* zugrunde gelegt hat, deutlich hervor. Abschließend dürfen wir jedoch auch – in aller Bescheidenheit – getrost mit Schoepffer sagen, dass heute in der Tradition der *Gerontologia* vieles *für* die Gunst der Alten in Angriff genommen wird.

Literaturangaben

[1]   Baltes, P. B., & Staudinger, U., Wisdom: A metaheuristic (pragmatic) to orchestrate mind and virtue toward excellence, *American Psychologist* **55** (2000), 122-136.

[2]   Becker, A., Wie schöpferisch war Schoepffer? Untersuchungen zum Zusammenhang von Titel und Konzept der *Gerontologia* Theodosius Schoepffers, in: A. Becker, K.-A. Neuhausen, M. Laureys, & G. Rudinger, G. (Hrsg.), *Theodosius Schoepffers Gerontologia seu Tractatus de jure senum: Kulturwissenschaftliche Studien zu einem vergessenen Traktat über das Recht alter Menschen. Super alta perennis. Studien zur Wirkung der Klassischen Antike*, Band 8, Bonn University Press, V&R unipress, Göttingen, im Druck.

[3]   Becker, A., Neuhausen, K.-A., Laureys, M., & Rudinger, G. (Hrsg.), *Theodosius Schoepffers Gerontologia seu Tractatus de jure senum: Kulturwissenschaftliche Studien zu einem vergessenen Traktat über das Recht alter Menschen. Super alta perennis. Studien zur Wirkung der Klassischen Antike*, Band 5, Bonn University Press, V&R unipress, Göttingen, im Druck.

[4]   Bundesministerium für Familie, Senioren, Frauen und Jugend, *Dritter Bericht zur Lage der älteren Generation. Alter und Gesellschaft*, Berlin, 2001.

[5]   Bundesministerium für Familie, Senioren, Frauen und Jugend, *Fünfter Bericht zur Lage der älteren Generation. Potentiale des Alters in Wirtschaft und Gesellschaft*, Der Beitrag älterer Menschen zum Zusammenhalt der Generationen, Berlin, 2005.

[6]   Feeser-Lichterfeld, U., Fuchs, M., Illes, F., Kleinemas, U., Krahn, B., Prell, K., Rietschel, M., Rietz, C., Rudinger, G., Runkel, T., & Schmitz, E., Lebensverlängerung und Verlangsamung des menschlichen Alterns – Erträge eines interdisziplinären Forschungsprojekts, in: L. Honnefelder, & D. Sturma (Hrsg.), *Jahrbuch für Wissenschaft und Ethik, Band 12*, 219-254, de Gruyter, Berlin, 2007.

[7] Gruss, P. (Hrsg.), *Die Zukunft des Alterns*, Beck, München, 2008.

[8] Gutsfeld, A. & Schmitz, W. (Hrsg), *Altersbilder in der Antike. Super alta perennis. Studien zur Wirkung der Klassischen Antike*, Band 8, Bonn University Press, V&R unipress, Göttingen, 2008.

[9] Kruse, A., *Weiterbildung in der zweiten Lebenshälfte,* Bertelsmann, Bielefeld, 2008.

[10] Kruse, A., *Lebenszyklusorientierung und veränderte Personalaltersstrukturen,* Wissenschaftliche Schriftenreihe des Roman-Herzog-Instituts, Band 6, München, 2009.

[11] Schmitz, W., Theodosius Schoepffers *Gerontologia* im Spiegel der antiken Tradition. In A. Becker, K.-A. Neuhausen, M. Laureys & G. Rudinger, G. (Hrsg.), *Theodosius Schoepffers Gerontologia seu Tractatus de jure senum: Kulturwissenschaftliche Studien zu einem vergessenen Traktat über das Recht alter Menschen. Super alta perennis. Studien zur Wirkung der Klassischen Antike*, Band 8, Bonn University Press, V&R unipress, Göttingen, im Druck.

[12] Schoepffer, T., *Gerontologia seu Tractatus de iure senum*, Calvisius, Quedlinburg, 1705.

[13] Staudinger, U. M., Dynamisches Personalmanagement als eine Antwort auf den demographischen Wandel. *Dokumentation des 60. Deutschen Betriebswirtschaftler-Tages,* 2007.

[14] Wahl, H.-W. & Heyl, V., *Gerontologie – Einführung und Geschichte*, Kohlhammer, Stuttgart, 2004.

Der Schlangenfänger –Altersweisheit aus dem afrikanischen Busch

Leopold ROSENMAYR

Institut für Soziologie, Universität Wien, Österreich

Abstract. Der Beitrag schildert die im Prozess der ethnologischen Feldforschung gewonnenen Erfahrungen des Autors mit einem älteren Mann, der in seiner Lebensführung, vor allem aber in seinem subjektiv bedeutsamen Aufgabengebiet – dem Fangen von Schlangen wie auch der Schlangenhaltung – ein hohes Maß an Kompetenz und ein sehr differenziertes Lebenswissen zeigte, die zusammen auf Altersweisheit deuten. Dabei wird Weisheit im Sinne einer „übergeordneten Nachdenklichkeit" – gepaart mit hoher Konzentration und mit Hingabe – interpretiert. Zudem wird aufgezeigt, dass Weisheit nicht etwas einmal Abgeschlossenes darstellt, sondern immer im Sinne eines „bleibenden Schrittes" und damit der Bereitschaft zum Neuanfang zu deuten ist.

Ich freue mich, dass ich Ursula Lehr zu Ihrem Geburtstag eine kleine Gabe widmen kann. Es ist eine Geschichte, die ich selber erlebte und hier für ein Verständnis von „Altersweisheit" zu deuten versuche.

Ich habe für meine kleine Festgabe ein Stück ausgewählt, das aus dem weiten Feld der „narrativen Soziologie" stammt. Es folgt der Anregung von Wilhelm Dilthey vor nunmehr schon mehr als einem Jahrhundert, sich auch als Wissenschaftler dem Erleben auszusetzen. Aus dem Erleben und dem Nacherleben entstehe, so meinte Dilthey, unter bestimmten Bedingungen das „Verstehen". Mein eigener vielfach gewundener Lebenslauf, aber auch meine Entscheidung, mich als Forscher in abgelegene Regionen der Welt in Südostasien oder Westafrika zu begeben, lehrten mich zu verstehen, was „Verstehen" bedeuten kann. Es handelt sich hier um ein kleines Stück aus diesem Bereich des erfahrenen Erlebens und der darauffolgenden Versuche des Verstehens.

Ich traf jenen Mann, den ich in das Zentrum meines Berichts stellen will, das erste Mal auf einem Felspfad durch die „Falaise de Bandiagara". Das 300 bis 500 m aufragende Felsriff, ein Naturmonument im östlichen Dogonland. Die Falaise liegt im Grenzbereich der Republik Mali und vom anrainenden Staat Burkina Faso. Wer hinaufsteigt auf dem Pfad zur Hochfläche, mit den dortigen Dörfern der Dogon, muss sorgfältig auf jeden Tritt achten, um nicht auszugleiten und in die felsige Tiefe zu stürzen.

Der Mann kam von oben und war auf dem schmalen Steig geradezu leichtfüßig unterwegs. Er schien den Pfad gut zu kennen. Ich suchte mir, aufsteigend, die oft nur fußbreiten Tritte sorgfältig heraus. Ich setzte auch die Hände ein, um sie an Gesteinskanten anzulegen und mich so nach oben zu ziehen.

Da standen wir nun unerwartet einander gegenüber, abschätzend, wer von uns beiden vorangehen sollte. Ich ermutigte ihn, herunter zu kommen, da ich auf einem felsigen Platz stand, wo ich mich mit den Armen gut festhalten konnte.

Schließlich fanden wir, der Mann mit dem Rucksack aus der Höhe der Felsen und ich, mehr durch Gesten als durch Worte, einen Platz, wo wir uns ohne Absturzgefahr verständigen konnten. Der da plötzlich in mein Leben getretene Mann war dem Gesichtsausdruck und der hellen braunen Hautfarbe nach ein Dogon mit stark gekräuseltem, ganz dunklem Haar. Meiner Einschätzung nach durfte er bei unserer Begegnung zwischen 60 und 70 Jahre alt gewesen sein. Aus der Körperhaltung konnte man folgern, dass er sich in der Natur vielfach bewegte und sich dadurch auch jung erhalten hatte.

Meinem Dolmetscher, einem jungen Bambara, der gut Dogon zu sprechen verstand, hatte ich freigegeben, da ich wusste, dass er kein begeisterter Bergsteiger war. Ich würde ihn erst am Abend auf einem vereinbarten Punkt am Hochplateau treffen. Ein Landrover sollte ihn über die flache Seite der Falaise auf einer Bergstraße dort hinbringen. Jetzt galt es für mich, auf dieses Plateau zu Fuß aufzusteigen, noch rechtzeitig vor Einbruch der Dunkelheit.

Der Austausch mit dem Mann, dem ich nun gegenüberstand, musste sich daher zeitlich beschränken. Natürlich verstand er, dass ich neugierig war und wissen wollte, was er in seinem Rucksack mit sich führte. Er trat, das war auf diesem kleinen Platz zwischen den Felsen gerade noch möglich, etwas zurück, öffnete den Rucksack ein wenig, und ließ mich aus einiger Distanz hineinschauen. Was ich sah, war überraschend und für mich ein wenig erschreckend zugleich. Es waren Schlangen verschiedener Art, die sich, über- und untereinander liegend, in mäßigen Rhythmen bewegten.

Wozu sammelte der Mann die Schlangen? Das war für mich die naheliegende Frage, die aber, bedingt durch Sprachschwierigkeiten und Zeitknappheit, an Ort und Stelle nicht ausreichend behandelt werden konnte. Die Frage blieb also vorderhand offen, sodass die Fantasie schweifen konnte.

Aber der kleine Austausch auf dem engen Platz zwischen den Felsen genügte dem Mann, nachdem er den Rucksack wieder sorgfältig verschlossen hatte, mich mit Gesten und einigen Worten, die ich teilweise verstand, zu sich einzuladen. Er deutete ins Tal hinunter, wo sein Dorf und offenbar auch der Platz seiner Hütte waren. Kurz darauf machte er durch Hinweise auf seine und meine Brust deutlich, dass ich ihn dort besuchen solle. Ich nickte und verneigte mich in Dankbarkeit für diese so ungezwungen ausgesprochene Einladung. Dass ich sie angenommen hatte, schien eine klare Sache.

Ich nannte den Mann, ohne seinen Namen zu kennen, „den Schlangenfänger". Ich hoffte, bei einem Besuch mehr über ihn und seine Einsammlung der Schlangen in Erfahrung bringen zu können.

Vorerst aber musste ich die Hochfläche erreichen, um, ihrem Rand folgend, zum vereinbarten Abholungsplatz zu gelangen, auf meinen Dolmetscher zu treffen und auf den Fahrer, der mit unserem Landrover auf mich dort warten würde.

Alles gelang, aber ich möchte berichten, was ich an Eindrücken beim weiteren Aufstieg gewann. Ich fand eine mit hohem Gras bewachsene kleine, in den Berg gleichsam eingeschobene Ebene. Aufgrund der Frische der Luft und der ständigen Geräusche von kleineren Tieren, die sich zwischen den Gewächsen dort bewegten, schloss ich, dass diese kleine Ebene durch eine Quelle versorgt sein musste, eine Seltenheit im Dogonland. Ich konnte mich aber auf der heimatlich anmutenden Almwiese nicht aufhalten. So strebte ich an großen Felsbrocken und an dem winzigen Teich vorbei, hinauf zur Hochfläche. Die Regenzeit war vorbei, es begann, bei einer untertags schon deutlich fühlbaren hohen Temperatur, das neue Wachstum. Der Zyklus der Natur geriet in Bewegung. Das musste ich auch als Antrieb auffassen, die eigene Forschungstätigkeit voranzubringen, um sich vor Beginn der großen Hitze wieder mit

Ergebnissen nach Europa zurückziehen zu können. Auf der Hochfläche angekommen, stieß ich binnen kurzem auf ein kleines Dorf, worin sich ein übergroßer Ahnenschrein mit wohl 100 in den Lehm der Hauptmauer eingebauten Nischen als Rastplätze für die Ahnenseelen befand.

Die Hälfte der Nischen zeigte deutlich die Nahrungsmittel, die zum Empfang der Ahnen hingebracht worden waren. Die Ahnenseelen wurden dort für gelegentliche Besuche erwartet. Bei ihrem Eintreffen sollten sie gleich Speis' und Trank vorfinden. Der Ahnenschrein befand sich, wie üblich, im Mittelpunkt des Dorfes. Dem Schnittpunkt zwischen Vergangenheit und Zukunft, an dem die Ahnen entscheidend beteiligt sind, wies die traditionelle afrikanische Kultur immer große Bedeutung zu.

Natürlich wurde ich, oben im Dorf angekommen, als ungewohnter und für die Honoratioren des Dorfes gegen die guten Sitten verstoßender, weil nicht angekündigter Besuch wahrgenommen.

Der Dorfpriester, der sich einfand, als ich ihm als Fremder gemeldet worden war, schlug die Brücke zu mir und führte mich in der beginnenden Dämmerung zu meiner Überraschung in den Vorraum des Geisterhauses. Ich konnte mir nicht erklären, wie seine rasche Bereitschaft entstanden war, mich willkommen zu heißen. Es war wohl auch die Erwartung, dass sich der Besucher, nämlich ich, gegenüber dem deutlich armen kleinen Dörfchen als großzügig erweisen würde, was ich ja selber bereits so geplant hatte.

Der Dorfpriester, zu dem sich bald darauf eine Art Helfer gesellte, ließ mich durch eine nur wenig geöffnete alte Holztüre in den eigentlichen Fetischraum des Geisterhauses hineinblicken, in dem auch größere holzgeschnitzte Figuren standen. Dann forderte er mich auf, im Vorraum Platz zu nehmen, um mir irgendein traditionelles Objekt auszuwählen, das ich bereit wäre, zu erwerben.

Wie oft in solchen Situationen, trafen rasch die Verwahrer und Anbieter kultureller Objekte ein, um den Erwerb dieses oder jenes Stückes besonders zu empfehlen. Es gab da auch hölzerne, kunstvoll geschnitzte Reiterfiguren, die dem Gedächtnis an den eingewanderten Ahnen der Dogon gewidmet waren, dem vor mehr als sieben Jahrhunderten tätig gewordenen Begründer des kühnen Volkes hier im Bergland, das seine Toten, in Tücher gehüllt, in den Felshöhlen bestattete.

Das mir zugedachte Stück aus der kulturellen Tradition der Dogon war eine, an einer rostigen eisernen Kette hängende, nach dem Modell eines Lehmhauses gebildete, etwa daumenhohe eiserne Glocke mit hellem Klang.

Die Glocke hängt, während ich dies schreibe, an meiner Schreibtischlampe und verstärkt damit die Erinnerung an die Erklärung ihrer kultischen Funktion, die mir der Ortspriester vor dem Ankauf geliefert hatte.

Die Glocke habe die Aufgabe, wenn sie von ihm oder seinem Helfer geläutet würde, die erwachsenen und initiierten Männer zu einem Kult zusammen zu rufen. Auf ihren Klang hin würden sich auch die Geister wohlwollend sammeln. Der Ortspriester, der mir die alte, über und über mit Rost überzogene Glocke samt Kette anbot, erklärte mir, dass im Ort nunmehr eine neue Glocke den kultischen Dienst versehe. Er würde mir aber die ehrwürdige alte Glocke als Ausdruck der Verehrung für mich, als eines nicht erwarteten, aber dennoch willkommenen Besuches, gerne übergeben.

Natürlich hatte ich schon etwas Geld dafür vorgesehen, legte aber im Sinne des freundschaftlichen Empfangs im Ort und der offensichtlichen Pflege des Ahnenkults, der mich als religiöse Gedächtnisleistung beeindruckte, nun noch einige Scheine hinzu.

Für mich war es an diesem Abend auf der Falaise eine Art Verbrüderung im Rahmen der in diesem Ort offenbar vorhandenen Spiritualität. Trotz der Armut blickte man über den Alltag hinweg in die durch die intensive Ahnenverehrung ausgezeichnete Siedlung. Als ich die Glocke samt Kette in Empfang nahm und dem Priester die Geldscheine übergab, musste ich daran denken, dass die traditionelle Glocke auch im Christentum und seinem Kult über die Jahrhunderte hinweg in Europa Erweckungsfunktion hatte. Die Glocke rief zum Gottesdienst, zu Festen oder Begräbnissen. Sie hatte eine kultische Bedeutung erworben und wurde in die europäische Kultur auf diese Weise integriert bis zur kleinen Kirche meiner Heimatpfarrei St. Thekla in Wien, Margareten.

Man könnte die Notwendigkeit des Wachhaltens oder des Erwachens aus Schläfrigkeit auch heute als gerontologische Aufgabe im Geistigen bezeichnen. Wachheit im späten Leben – Ursula Lehr hat die Bedeutung der Wachheit und ihre Notwendigkeit mehrfach als Aufgabe für Selbsterziehung im Alter betont.

Als ich mit der Glocke und ihrer Kette im Rucksack aus dem Geisterhaus kam, war die Dunkelheit schon wie eine Umhüllung von Geistern herabgekommen. Ich hatte nicht lange zu warten, bis die ernüchternd weißen und grellen Lichter des Landrovers in diese traditionelle Welt hereinschnitten. Das Fahrzeug nahm mich auf und brachte mich ins Quartier der Gruppe – ohne Schlangen, aber mit einer Glocke an einer alten rostigen eisernen Kette. Durch diese Kette bin ich bis heute an die gerade beschriebenen Erlebnisse gebunden.

Etwa eine Woche später nahm ich mir einen Tag von meiner Funktion als Leiter der für mehrere Monate konstituierten österreichischen Forschergruppe frei. Ich wollte mein Bedürfnis nach einem Verständnis der Rolle und der Persönlichkeit des Schlangenfängers stillen. Zusammen mit dem jungen Dolmetscher entdeckte ich das Haus des Schlangenfängers in seinem Dorf am Fuß der Falaise und fand auch ihn, als er gerade dabei war, Leinensäckchen zusammenzunähen. Er gab uns zur Begrüßung von seinem selbstgewonnenen Honig zu kosten. Dann erst kam die Sprache auf die Schlangen.

Er habe alle anderen Tätigkeiten, so auch den Verkauf von afrikanischen Altertümern an Europäer aufgegeben, begann der Mann zu erzählen, denn die Schlangen hätten ihn mehr und mehr zu beschäftigen begonnen. Er wolle sie richtig verstehen, um mit ihnen nicht als Beherrscher, sondern als Freund umgehen zu können.

Früher habe er die Schlangen alle zusammen in einem Behälter (den er das „Haus" nannte) aufgezogen und gefüttert. Nunmehr, da er sie besser kennen gelernt habe, hätte jede Art der Schlangen ihr eigenes „Haus" erhalten. So könne man auch besser kontrollieren, von welcher Art jeweils das Gift stamme, das er in regelmäßigen Abständen aus den Giftdrüsen (er drückte sich anders aus) gewinne und für medizinische Zwecke in der Stadt verkaufe. Er hatte dort schon seit langer Zeit seine Abnehmer, die das Gift an Ärzte und Spitäler weiterverkauften.

Natürlich fragte ich ihn auch, wie er es bewerkstellige, die Schlange, die er im Gestrüpp, im Wald oder auf einem Weg auffinde, zu fassen zu bekommen.

Das sei natürlich sein Geheimnis, gab er mir zu verstehen. Aber er könne mir trotzdem sagen, dass das Wichtigste beim Schlangenfangen einerseits die Schnelligkeit und anderseits die selber bewahrte Ruhe sei. Die Schlange sei allemal schneller als der Mensch. Von einer Mamba gebissen zu werden in der Schreckreaktion der Schlange, würde auch für ihn den Tod bedeuten. Er habe jetzt eine Verlängerung seiner Finger, mit an sie gebundenen Holzstäbchen erfunden. Dadurch sei es weniger gefährlich geworden, eine Mamba vom Baum zu holen. Aber es sei trotzdem höchste Vorsicht geboten. Man könne z. B. auch im Wald den Dangalan (eine kurze Schlange, so lang und so dick wie ein Unterarm) für ein Aststück halten, ein Irrtum mit unter Umständen tödlichem Ausgang für den unachtsamen Schlangensucher.

Je älter er werde, sagte der Mann, desto weniger wolle er durch einen Schlangenbiss sterben. Da müsste er sich ja auch noch vor dem Tod schämen.

Bei allen Transporten der Schlangen kämen die artverwandten Tiere in gemeinsame Säckchen. Das war auch der Grund, warum er eben damit beschäftigt sei, solche Säckchen zu nähen.

In der großen Holzhütte hätten die verschiedenen Arten von Schlangen nun schon seit einiger Zeit, das was der Schlangenfänger „Häuser" nannte, eigene Abteilungen mit eigener Fütterung. Der Kampf um die Nahrung sei unter den Schlangen dadurch entscheidend zurückgegangen.

„Ich will, dass sich meine Tiere vertragen", sagte er in väterlichem Ton. Dafür brauche es allerdings Einteilung und Geduld. Das bringe ihm aber auch mehr Freude an den Tieren. Es bleibe alles sein Geheimnis, darauf lege er weiterhin Wert. Er wolle aber, da ich von weither komme, um die Falaise und ihn, den Schlangenfänger, näher kennen zu lernen, eine Ausnahme machen. Er würde uns daher einen Blick in seine Schlangenhütte werfen lassen, auf den großen Schatz, seine Tiere.

Wie angekündigt, so geschah es auch. Er öffnete die hölzerne Türe weit und wir konnten die mit fein geschnitzten Holzstäbchen aufgebauten Teilhäuschen sehen, in denen Schlangen sich entweder ruhig bewegten oder in den Ecken der jeweiligen „Häuser" zusammengerollt ruhten und offenbar z. T. auch schliefen.

Die Bewegung der Tiere nahm durch den Eintritt des Meisters zwar zu, brachte aber keine Erregung unter ihnen. Der Meister, den wir bisher „Schlangenfänger" nannten, nun aber auch in seiner Rolle als Pfleger kennen lernten, streute für die einzelnen „Häuser" dort und da etwas Futter aus.

Er gab keine weiteren Erklärungen. Er ließ uns aber unseren interessierten Umblick abschließen und geleitete uns dann in seine Hütte zurück, wo er auch seine Näharbeiten vor uns wieder aufnahm. Die Fortführung eigener Arbeiten in der Gegenwart von Besuchern ist in Afrika keine Abwertung des Besuchers. Im Gegenteil: der Gast wird so in das eigene Leben einbezogen.

Er lud uns ein, später einmal wiederzukommen, schenkte uns ein Töpfchen mit dem wunderbaren fast schwarzen afrikanischen Honig und begleitete uns als Zeichen seiner Hochachtung bis ans Ende des Dorfes, wo unser Landrover auf uns wartete.

Als wir uns auf der schmalen staubigen Landstraße schon ein Stück vom Dorf entfernt hatten und einer Auffahrt auf die Falaise zustrebten, damit wir Ober-Ogol und schließlich auch Bandiagara erreichen könnten, begann der junge Dolmetscher, den ich immer wieder ermutigt hatte, über die gemeinsamen Eindrücke zu sprechen, sich über den Schlangenfänger zu äußern. Er sagte, dass er ihn für einen mutigen Mann halte. Dann aber fügte er hinzu, dass dieser Dogon ja noch nicht zu den ganz Alten zähle. Trotzdem halte er ihn für einen „homme sage", einen weisen Mann.

Ich konnte ihm nur zustimmen und drückte dies auch aus. Der Mann hatte in der Tat viel Verständnis für die Tiere gewonnen und verstehe es, sie richtig und gut zu behandeln. Und wer das alles könne und in die Tat umzusetzen verstehe, den müsse man wohl als einen „sage", als einen weisen Mann bezeichnen. Mit dieser Übereinstimmung schloss das Gespräch. Es trug dazu bei, die Erinnerung an den Schlangenfänger und seine Anerkennung durch den jungen Bambara mir noch tiefer einzuprägen.

Zu einem neuerlichen Besuch kam ich in den folgenden Jahren nicht mehr. Andere Probleme gewannen Dringlichkeit, wie oft bei Forschungen in Afrika, wo das Leben selbst Probleme plötzlich in den Vordergrund schiebt. Aber mir war zum ersten Mal

Weisheit im Zusammenhang mit dem Verhältnis zu Tieren, damit überhaupt zur Natur, bekannt geworden.

Der Arzt von Ober-Ogol, den ich vor der Abreise besuchte, bat mich geradezu flehentlich, Insektenspray zu schicken. Trotz der Mückennetze breite sich die Malaria wie eine Flut aus und raffe besonders die Kinder hinweg. Wenn es hier nicht gelinge, die Anopheles-Mücke und ihre Brut unter Kontrolle zu bekommen, steuere man auf eine Katastrophe zu.

Da trat dann wieder ein ganz anderer Aspekt unserer Forschungstätigkeit hervor, der Zeit und Initiativen erforderte. Ich trage beide Erinnerungen mit mir, die des weisen Schlangenfängers als Tierfreund, aber auch die Bilder der hochfiebernden Kinder und der alten Frauen, die im Delirium einer entfesselten Malaria auf ihren Matten lagen.

Worin lag nun eigentlich die „Weisheit" des Schlangenfängers? Sie lag in der Konzentration auf seine einmal begonnene Tätigkeit, im Verstehen und in der Hingabe, die er für die Schlangen zu entwickeln im Stande war. Oft sehen wir Einstellungen und Tätigkeiten, die zu den uns gewohnten neu hinzukommen, als weise an, weil sie aus einer übergeordneten Nachdenklichkeit stammen. Hier glaubte ich eine Weisheit entdeckt zu haben, die aus der Verfeinerung und Vertiefung einer bisherigen Tätigkeit herauswuchs, z. B. die Trennung der Schlangen voneinander nach Arten.

Ich werde den Mann und seine Schlangen gewiss nie vergessen, sondern als Vorbild der Differenzierung und Verfeinerung des Lebens mit den Tieren mit mir tragen, eine Differenzierung des Verhältnisses zu den kriechenden Tieren, um die er bemüht war.

Weisheit ist ja kein abgeschlossener Besitz. Sie ist das Ergebnis eines bleibenden, wenn auch meist auf einer bereits begonnen und entwickelten Aufgabe beruhenden Schrittes. Nie aufhören, anzufangen, war eines der für mich prägenden Stichworte von Ursula Lehr, für das ich ihr, eigener Versäumnisse und Irrwege bewusst werdend, immer wieder dankbar gedenke.

Weisheit bedeutet mir heute, mich an manche Dinge zu binden und mich in beglückende und befreiende Verhältnisses zu bringen. Der Mann, den ich auf dem Felsenweg im Dogonland kennen gelernt hatte, führte aus der Beobachtung seiner Umwelt und der dort lebenden Schlangen neue Formen der Obsorge ein, durch ein für ihn neues, differenziertes Verhältnis zur Natur. Ist eine solche Weisheit nicht inspirierend?

Der Schlangenfänger hat mich durch seine große Sorgfalt beeindruckt. Wichtig ist die Sorgfalt, Überlegungen zum Abschluss zu bringen. Man solle Überlegungen nicht nur andenken, sondern ausformulieren und jede Überlegung wie eine kostbare Schlange in ihr eigenes „Haus" bringen, wie der Schlangenfänger es für seine Verhältnisse eingerichtet hatte.

Ich danke Ursula Lehr, dass ich von ihrer Nachdenklichkeit und Sorgfalt lernen durfte. Die Sorgfalt ist ein notwendiger Teil der Weisheit. Das zeigt sich vielleicht erst so richtig im Alter. Denke man daran, wie Michelangelo mit 89 Jahren bis zuletzt seine schließlich unvollendet gebliebene Pietà Rondanini polierte.

Leben im Alter
A. Kruse (Hrsg.)
© *2010, AKA Verlag Heidelberg*

Altersbilder in Medizin und Pflege

Ulla WALTER[a] und Hartmut REMMERS[b]

[a]*Institut für Epidemiologie, Sozialmedizin und Gesundheitssystemforschung,
Medizinische Hochschule Hannover, Deutschland*
[b]*Institut für Pflegewissenschaft, Universität Osnabrück, Deutschland*

Abstract. Der Beitrag diskutiert Altersbilder in ihrer Bedeutung für den gesellschaftlichen und gesellschaftspolitischen Umgang mit Fragen des Alterns und Alters wie auch in ihrem Einfluss auf die intergenerationellen Beziehungen. Er zeigt die Veränderungsdynamik der Altersbilder auf, die sich vor allem in der differenzierten Wahrnehmung von Potenzialen und Grenzen, von Stärken und Schwächen des Alters widerspiegelt. In einem weiteren Schritt wird die Beziehung zwischen Selbst- und Fremdbildern diskutiert. Im Zentrum des Beitrags stehen die Altersbilder von Medizinern und Pflegefachkräften. In beiden Berufsgruppen findet sich eine differenzierte Betrachtung des Alters; vor allem fällt auf, dass das Altern in seinen verschiedenen Facetten wahrgenommen und bewertet wird. Vielfach ist bei der Beschreibung und Bewertung des Alters das Muster einer „Negation" erkennbar, die hervorhebt, dass bestimmte (erwartete) Verluste *nicht* aufgetreten sind. Pflegefachkräfte nehmen die soziale Dimension des Alterns stärker wahr als Medizinerinnen und Mediziner. Gerade in der Berufsausbildung besteht die Tendenz zu einer Idealisierung des Alters. Auch lässt sich eine starke Helferorientierung erkennen. Insgesamt ist ein differenzierter Umgang mit Fragen des Alterns erkennbar; das Altern wird als eine Lebensphase mit vielfältigen Kompetenzen betrachtet, auch wenn die Fähigkeit zur Weiterentwicklung des Lebenswissen und zur Vertiefung der persönlichen Erkenntnisse nicht angenommen wird.

Ursula Lehr hat sich als eine der ersten Wissenschaftlerinnen in Deutschland mit Altersbildern und der Überwindung von Vorurteilen auseinandergesetzt. Bereits vor vierzig Jahren wies sie darauf hin, dass nicht nur im ärztlichen Bereich Altern als „krankhafte Abwandlung des normalen menschlichen Verhaltens" (Lehr, 1972, S. 863) aufgefasst wird, sondern auch in Lesebüchern „das Bild des einsamen, vergesslichen, hilfsbedürftigen und an das Mitleid der Mitbürger appellierenden alten Menschen nur verstärkt wird" (ebenda). Lehr konstatiert, dass hierdurch ein Altersbild in der Bevölkerung entsteht, „das den alten Menschen von vornherein in eine Problemgruppe der Gesellschaft einordnet", ihm damit aber keinen Dienst erweist, sondern vielmehr in die Isolation treiben kann.

Vorstellungen vom Alter und vom Altern beeinflussen den Umgang mit älteren Menschen und den Stellenwert, der dieser Lebensphase in der Gesellschaft zukommt. Altersbilder bilden sich im Wechselspiel zwischen Individuum und Gesellschaft heraus. Einerseits prägen ältere Menschen Altersbilder durch ihr Handeln. Andererseits beeinflussen Altersbilder auf gesellschaftlicher und individueller Ebene die Wahrnehmung und Beurteilung von älteren Menschen.

Werden Altersbilder in der Wissenschaft, insbesondere unter psychologischer Perspektive (Amrhein & Backes, 2007) seit einigen Jahrzehnten untersucht, werden sie im gesellschaftspolitischen Kontext in Deutschland erst in jüngster Zeit verstärkt thematisiert. So setzte sich eine Expertenkommission der Bertelsmann Stiftung (2006) mit dem aktuellen gesellschaftlichen Altersbild auseinander mit dem Ziel, dieses hin zu einer realistischeren Darstellung unter Berücksichtigung der verschiedenen Altersformen zu korrigieren. Der Sechste Altersbericht der Bundesregierung (2010) widmet sich dem Altersbild und seinen Wirkungen in unterschiedlichen gesellschaftlichen Bezügen.

Sollen ältere Menschen in einer Gesellschaft sozial, kulturell und politisch aktiv teilhaben, ist ein differenziertes, die Unterschiede in den körperlichen, geistigen und sozialen Ressourcen berücksichtigendes Altersbild erforderlich. Einseitige, positiv überzeichnete Altersbilder wie das der gesunden, aktiven, attraktiven und kaufkräftigen Senioren können dazu führen, dass Potenziale nicht genutzt werden, insbesondere wenn aus den vorhandenen Möglichkeiten Verpflichtungen abgeleitet werden und sich ältere Menschen überfordert und ausgenutzt fühlen (Bundesministerium für Familie, Senioren, Frauen und Jugend, 2006). Sie können zudem eine negative Stereotypisierung gegenüber alten gesundheitlich eingeschränkten Menschen verstärken und zu einer medikalisierten Alterssicht führen. Auch Anti-Ageing-Bewegungen verhindern durch die Verdrängung der Alterungsprozesse eine adäquate Auseinandersetzung mit dem Alter, das nicht zuletzt Sterben und Tod einschließt (Kondratowitz, 2003; Kruse, 2010; Reindl, 2009). Auf der anderen Seite können einseitig negative Altersbilder sowie eine ausschließlich negative Attribution von Krankheit und Pflege eine konstruktive Auseinandersetzung sowie die Wahrnehmung vorhandener Ressourcen und Kompetenzen erschweren und die Nutzung von Unterstützungsmöglichkeiten verhindern.

Nicht unerwähnt bleiben sollte, dass Altersbildern auch im Zusammenhang mit politischen Herausforderungen an ein jeweils neu auszutarierendes gesellschaftliches Zusammenleben große Bedeutung zukommt. So erfolgen Prozesse der sozialen Integration nicht unabhängig davon, inwieweit bei der Strukturierung sozialer Beziehungen auf kulturell vorgeformte Bestände sanktionierter Einstellungen und wechselseitiger Verhaltenserwartungen zurückgegriffen werden kann. Es handelt sich um handlungssteuernde Orientierungsmuster, die stark affektiv besetzt sein können und ihre Ausprägung bereits durch unmittelbare Kontakte im Verlauf früher sozialisatorischer Bildungsprozesse erhalten. Wenn davon auszugehen ist, dass aus dem demografischen Wandel zugleich Herausforderungen für die soziale Integration moderner Gesellschaften erwachsen, so kommt Altersbildern als kulturell vermittelten Deutungs- und Orientierungsmustern zukünftig eine herausragende Bedeutung zu. Insofern wird die Zukunft des Alters wesentlich durch Altersbilder mit bestimmt. Dadurch, dass Altersbilder in individuelle Vorstellungen, aber auch in strukturelle Rahmenbedingungen und rechtliche Regelungen Eingang finden, schaffen sie eine gesellschaftliche Realität und einen Bezugsrahmen für das gesellschaftliche Verständnis von Alter und den Umgang mit Alter. Altersbilder werden einen starken Einfluss darauf haben, welche Kompetenzen älteren Menschen zugesprochen werden und inwieweit es gelingt, eine Kultur intergenerationeller Verständigung, solidarischer Anteilnahme und mitverantwortlicher Lebensführung aller Altersgruppen zu stiften (Kruse & Schmitt 2005a).

1. Konzeptionelle Überlegungen zu Altersbildern

Altersbilder sind kognitive Repräsentanzen altersbezogener Vorstellungen, die affektiv-evaluative Anteile enthalten, in der Regel eine gewisse Differenziertheit aufweisen können und flexibel gehandhabt werden. Auf empirischer Ebene hat sich gezeigt, dass in unterschiedlichen Dimensionen differenziert ausgeprägte, jedoch weitgehend voneinander unabhängige Vorstellungen existieren können (Kruse & Schmitt, 2005b). Altersbilder können aber auch stereotypen Charakter haben, indem sie starre, einseitig negativ oder positiv akzentuierte Einstellungen repräsentieren, die den Entwicklungspotenzialen des Alters nicht angemessen sind. Meinungen, Überzeugungen oder bestimmte Eigenschafts- zuschreibungen werden als stereotyp gekennzeichnet, wenn sie unzulässige Verallgemeine- rungen ausdrücken. Ihnen liegen zumeist polarisierende Deutungskonzepte zugrunde (Göckenjan, 2000); sie erfüllen in dieser Weise unterschiedliche psychische bzw. soziale Funktionen (Abspaltung und Projektion negativ bewerteter Persönlichkeitsanteile, Reduk- tion kognitiver Dissonanzen, usw.). Zum Gegenstand sozialwissenschaftlicher Forschungen avancierten Stereotype seit der Vorurteilsforschung und der mit ihr zusammenhängenden Ideologieforschung, die in die Frühzeit bürgerlicher Aufklärung (Francis Bacon) zurück reicht. Die alternswissenschaftliche Stereotypforschung thematisiert altersbezogene Vor- urteile. Dabei konnte gezeigt werden, dass stereotype Vorstellungen vom Altern und von alten Menschen die Wahrnehmung und Bewertung einer Person ebenso wie den Umgang mit ihr stark beeinflussen (Rothermund & Wentura, 2007; Rothermund & Mayer, 2009).

Diskriminierende Effekte der sozialen Interaktionen mit alten Menschen haben Kruse & Schmitt (2005a) in einer repräsentativen Studienpopulation untersucht, ohne dafür aber hinreichende Beweise zu finden. Ein wesentliches Ergebnis war dabei, dass das Alter nicht nur aus der Perspektive von Risiken und Verlusten, sondern auch von Potenzialen betrachtet und bewertet wird. Dieser Befund ist insofern bedeutsam, weil die Überakzentuierung eines einzigen, tatsächlich anzutreffenden Merkmals ein Grund für die außerordentlich starke Änderungsresistenz von Stereotypen ist (Filipp & Mayer, 2005). Die bis in die Gegenwart vielfach postulierte Dominanz eines negativen Alters- bildes ist vor allem mit auf die von Butler (1969) vorgenommene Konzeptualisierung des *ageism* und der damit verbundenen These einer altersfeindlichen Gesellschaft zurückzuführen (Kruse & Schmitt 2005a).

2.   Erscheinungsformen von Altersbildern

Altersbilder werden auf der kollektiven, der individuellen sowie auf der organi- satorisch-institutionellen Ebene wirksam. Allerdings sind sie häufig in den meisten gesellschaftlichen Bereichen und Lebensbezügen nicht unmittelbar sichtbar, vielmehr können sie sich hinter bestehenden Strukturen und Prozessen verbergen. So stehen im Kontext von Medizin und Pflege vordergründig oftmals ökonomische und politische Rationalitäten, die das Versorgungsgeschehen und das professionelle Handeln mit bestimmen. Prinzipiell lassen sich in Anlehnung an den Sechsten Altenbericht der Bundesregierung (2010) vier grundlegende Erscheinungsformen von Altersbildern unterscheiden. Danach können Altersbilder (1) sich als kollektive Deutungsmuster manifestieren, (2) sich als Fremd- und Selbstbild in individuellen Vorstellungen und Überzeugungen finden, (3) in der persönlichen Interaktion wirksam werden sowie (4) institutionalisiert werden und in Strukturen und Prozesse eingehen. Im Folgenden werden die unterschiedlichen Wirkungsebenen in Bezug auf Medizin und Pflege näher betrachtet und Altersbilder von Professionellen weiter ausgeführt.

3. Altersbilder als kollektive Deutungsmuster

Altersbilder als kollektive Deutungsmuster entstehen in öffentlichen Diskursen bei durchaus konkurrierenden Vorstellungen vom Alter und können sich im Laufe der Zeit verändern. Dabei ist von untergeordneter Bedeutung, ob kollektive Altersbilder reale Lebenswirklichkeiten älterer Menschen abbilden. Als vorrangig erweist sich vielmehr eine spezifische Funktion von Altersbildern, soziale Beziehungen zu strukturieren (Göckenjan, 2000). Eine nicht unerhebliche Rolle für die gesellschaftliche Teilhabe älterer, auch gesundheitlich eingeschränkter Menschen spielt dabei, inwieweit es gelingt, Ressourcen und Kompetenzen des Alter(n)s eine gesellschaftlich bedeutsame, produktive Funktion zuzusprechen.

Insgesamt hat sich mit der demographischen Veränderung auch das Altersbild in der Gesellschaft gewandelt. Herrschte noch vor einigen Jahrzehnten ein von der Vorstellung eines psycho-physischen Abbaus und von Verlusten geprägtes Altersbild vor, weist der größte Teil der Bevölkerung heute ein deutlich positiv akzentuiertes persönliches und generalisiertes Altersbild auf (Kruse & Schmitt, 2005a). Allerdings wird kollektiv – und selbst bei auszubildenden Professionellen (Weltermann, 2008) – der Anteil der pflegebedürftigen Älteren über- sowie der Anteil der selbstständig lebenden Älteren und ihr gesellschaftliches Engagement (zum Beispiel Pflege von Angehörigen, Unterstützung bei der Betreuung von Kindern) unterschätzt. Dieses Bild wird durch die derzeitig hohe Relevanz ökonomischer Perspektiven und durch die in der Vergangenheit medial vermittelten hohen Kosten der Älteren im Gesundheitswesen verstärkt. Hinzu kommt, dass auf der wissenschaftlichen Seite in gesundheitsökonomischen Studien eine adäquate Erfassung und Bewertung der gesellschaftlichen Beiträge Älterer aussteht.

So konstatiert der Fünfte Bericht zur Lage der älteren Generation in der Bundesrepublik Deutschland (Bundesministerium für Familie, Senioren, Frauen und Jugend, 2006), dass sich gesellschaftliche Altersbilder noch häufig an Einschränkungen und Verlusten orientieren, die für frühere Geburtsjahrgänge weitaus charakteristischer waren als für die derzeitig Älteren. Diese Diskrepanz zu vielfach bestehenden individuellen Kompetenzen und Bedürfnissen verweist einerseits auf die Kontextgebundenheit der Entstehung von Altersbildern und ihre Beharrlichkeit hinsichtlich Veränderungen. Veränderte subjektive Wahrnehmungen und damit die Verbreitung neuer, innovativer Sichtweisen und Vorstellungen werden nach der Diffusionstheorie von Rogers (1995) zunächst von Wenigen übernommen. Insofern können sich kollektive Altersbilder über ausgewählte Bevölkerungsgruppen allmählich in der gesamten Gesellschaft ändern. Allerdings können, z.B. über Vordenker in politischen Entscheidungsprozessen, zuweilen auch Strukturen geschaffen werden, die Impulse für gesellschaftliche Änderungen und Änderungen von Altersbildern setzen.

4. Altersselbst- und Fremdbilder

Bilder vom Alter bestimmen die Auseinandersetzung eines jeden Menschen mit dem eigenen Älterwerden. Altersbilder können Einstellungen der Älteren und ihnen nahe Stehender im Hinblick auf die Förderung der Gesundheit und den Umgang mit Beeinträchtigungen und Krankheiten prägen, ihr Gesundheitshandeln sowie die Inanspruchnahme von gesundheitsbezogenen Leistungen mit bestimmen und ihre Gesundheit beeinflussen.

Es ist das besondere Verdienst von Ursula Lehr, die wechselseitige Beeinflussung von Altersselbst- und Fremdbildern genauer untersucht zu haben. Dabei zeigte sich – wie durch neuere Untersuchungsergebnisse bestätigt wird (Kruse & Schmitt, 2005b) –, dass das Alters-Fremdbild nicht nur von der objektiven Lage des Älteren, sondern auch von Persönlichkeitseigenschaften des Beurteilers beeinflusst wird. Das Fremdbild beeinflusst das Selbstbild bzw. das Selbsterleben einer älteren Person und wirkt sich auf deren Verhalten sowie ihre Anpassung an die Situation ebenso aus wie auf die Erwartungen an das eigene Älterwerden. Entsprechend Festingers Dissonanztheorie werden selektiv bei bestehendem negativen Selbstbild negative Elemente des Altersbildes wahrgenommen und das negative Selbstbild damit verstärkt (et vice versa), womit ein ständiger Wechselwirkungsprozess zwischen Selbst- und Fremdbild vorliegt (Lehr 1978).

Nachdrücklich weist Lehr (2007) darauf hin, dass autoritäre Einstellungen, Pessimismus bezüglich der eigenen Zukunft sowie unklare Vorstellungen und Lebensentwürfe (bei Jugendlichen) negative Altersstereotype verstärken. Es liegt auf der Hand, dass optimistisch eingestellte Menschen mit positiven Zukunftserwartungen andere Altersbilder haben als Menschen mit einer eher pessimistischen Grundhaltung. Dabei beeinflussen das Selbst- und Fremdbild auch die Motivation und die Bemühungen jedes Einzelnen für ein gesundheitsförderliches Verhalten (Kruse, 2002; Lehr, 2004). Dies unterstreichen auch Ergebnisse des Alterssurveys 2002, wonach Ältere mit einem positiven Altersbild bei gleich guter bzw. schlechter Gesundheit körperlich aktiver sind als Ältere mit einem negativen Altersbild.

Bestehende Diskrepanzen zwischen Selbst- und Fremdbild führen oft zu gravierenden Folgen (Lehr, 2007). Nicht selten weisen ältere Menschen ein starkes Selbstvertrauen auf und haben höhere Erwartungen an sich selbst als andere ihnen gegenüber. Hieraus resultieren oft unangemessene, selbst auferlegte Beschränkungen; eine erwartungskonforme Übernahme von Meinungen und Überzeugungen, die mit dem eigenen Selbstbild nicht übereinstimmen und auf diese Weise vorhandene Potenziale verschütten: „Das gesellschaftliche Bezugssystem erscheint danach als ein bestimmender Faktor für das eigene Selbstbild und für das Alltagserleben" (Lehr, 2007, 203). Unheilvoll wirken sich stereotype Verhaltenserwartungen gegenüber Älteren mit unangemessenen Rollenzuschreibungen auch darin aus, dass sie das Altersbild einer jüngeren Generation prägen, noch bevor diese spontane Erfahrungen mit Älteren hat machen können. Damit sind Gefahren selbst erfüllender Prophezeiungen gegeben.

5.   Altersbilder in der Kommunikation

Altersbilder beeinflussen die Form und den Inhalt der Kommunikation zwischen Professionellen und Älteren im versorgungsbezogenen Kontext. Sowohl die Vorstellungen vom eigenen Alter(n) als auch die Wahrnehmung des Gesprächspartners und die mit seinem Alter vermuteten und zugeschriebenen Kompetenzen sowie Rollenerwartungen prägen das kommunikative Handeln mit. So ist die Bereitschaft zur Kommunikation mit als rüstig attribuierten älteren Patienten größer als mit denjenigen, die unter körperlichen Einschränkungen leiden.

Prägnante Beispiele finden sich auch im Bereich der Altenpflege. Hier zeichnen sich Form und Stil der Kommunikation sehr häufig durch Einfachheit und Variationsarmut aus, die im Wesentlichen der Verständnissicherung dienen. Ein weit verbreitetes Stilelement im kommunikativen Umgang mit älteren Menschen ist hierfür der vermeintlich vereinfachende Secondary Baby Talk. Eine emotionsbezogene Komponente dieser Kommunikationsform besteht darin, Nähe, Geborgenheit und Trost zu vermitteln. Bei dem Secondary Baby Talk handelt es sich um sprachliche Anpassungen an altersbezogene, „stereotypgeleitete Erwartungen" (Thimm, 2000, S. 94). Mit diesen Simplifizierungsstrategien werden jedoch – analog den von Baltes und Wahl (1996) diagnostizierten Abhängigkeitsskripten vieler sozialer Einrichtungen – Hilflosigkeit verfestigt bzw. vorhandene Selbständigkeitspotenziale ignoriert. Dabei hat sich gezeigt, dass mit dem Mittel des Baby Talk Illusionen eines geordneten Dialogs erzeugt werden, der jedoch von älteren pflegebedürftigen Menschen häufig als unangemessen und respektlos, als Bevormundung und Infantilisierung wahrgenommen und zurückgewiesen wird.

Eine weitere Form der Über-Akkommodation an das Verhalten älterer Menschen auf Grundlage stereotypisierter Erwartungen bzgl. Inkompetenz und Abhängigkeit ist patronisierendes Sprechverhalten. Dieses ist charakterisiert durch direktives Sprechen mit kontrollierenden Verben und Negationen, Exklamationen und Drohungen und als Drohungen zu verstehende Handlungsmuster.

6.   Altersbilder auf der organisatorisch-institutionellen Ebene

Altersbilder können nicht nur auf der individuell-professionellen Ebene, sondern auch auf der organisatorisch-institutionellen Ebene wirksam werden, z.B. bei dem Zugang zu Gesundheitsleistungen, der Gewährung von Maßnahmen und der Ausgestaltung entsprechender Angebote. Auch wenn rechtliche und strukturelle Rahmenbedingungen in ihrer Grundlegung und Ausdifferenzierung oft ökonomischen und politischen Rationalitäten geschuldet sind, können Altersbilder über die sie begleitenden gesellschaftlichen Diskurse eingehen, sich hinter systemischen, rechtlichen und institutionellen Regelungen und Gefügen verbergen, aber auch durch sie selbst wieder geprägt und aufrechterhalten werden.

Vorstellungen vom Altern und von älteren Menschen stehen explizit oder implizit hinter dem beruflichen Selbstverständnis und den Zielvorstellungen, die von Professionellen im Gesundheitsbereich entwickelt werden. Sie können zum einen die Wahrnehmung und Bewertung einer Person, ihrer gesundheitlichen Belastungen, aber auch Ressourcen und Kompetenzen beeinflussen. Zum anderen sind sie handlungs-leitend für den Umgang mit älteren Menschen und bestimmen die Ausgestaltung ihrer Versorgung und damit die Nutzung vorhandener Potenziale mit. Eine nicht adäquate bzw. nicht hinreichende Ausschöpfung ist oft vorprogrammiert, wenn zugleich Vorbehalte und negativ konnotierte Altersbilder bei den betroffenen Älteren vorliegen (zum Beispiel bezüglich Prävention und Psychotherapie), für die Professionellen aufwändige und für sie intransparente Antragstellungen mit unklarer Erfolgsaussicht erforderlich sind (zum Beispiel in der Rehabilitation), inadäquate Anreizsysteme existieren (z.B. bis vor kurzem bezüglich der Pflegestufen), inkongruente Konzepte hinter rechtlichen Regelungen stehen (zum Beispiel Pflegeverständnis im SGB XI) oder erforderliche Angebotsstrukturen im Umfeld nicht vorliegen (zum Beispiel in der geriatrischen und palliativen Versorgung).

Unklare bzw. fehlende Handlungsorientierungen verlagern versorgungsbezogene Entscheidungen auf die Professionellen, was insbesondere bei begrenztem Budget und in schwierigen Behandlungsentscheidungen zu erhöhter subjektiver Belastung führt. Auch wenn in der Praxis das Alter in der Regel nicht als ausschließliches, sondern vielmehr

als kontextuelles Kriterium einfließt, ist vor dem Hintergrund zukünftig weiter erforderlicher Rationierungen im Gesundheitswesen zur Transparenz von Entscheidungen
ein gesellschaftlicher Diskurs unter Reflexion von Altersbildern erforderlich.

7.   Altersbilder von Professionellen in der Medizin und Pflege

Es scheint uns verfehlt, die Beschäftigung mit Altersbildern in Medizin und Pflege
lediglich als einen Spezialfall gesellschaftlicher Altersbilder zu betrachten. Diesen
Berufsgruppen wird vielmehr mit Blick auf eminente, mit dem demografischen Wandel
eng verknüpfte gesundheitliche Herausforderungen eine besondere Aufmerksamkeit
zuteil werden müssen. Es ist anzunehmen, dass die in beiden Berufsgruppen
repräsentierten Altersbilder einen nicht unerheblichen Einfluss auf die fachliche,
ethische und damit humane Qualität zu erwartender Dienstleistungen haben werden.
    Ärzte und Pflegekräfte zählen neben Therapeuten zu den „Helferberufen", die
definitionsgemäß keine gewerblichen Interessen verfolgen, sondern sich dem Helfen
im klassisch-antiken Verständnis eines *therapeuein*, d.h. im Sinne purer Dienstbarkeit
(Honorar-Prinzip) verpflichtet fühlen. Sprechen wir von Hilfe, so meinen wir damit
Grundeinstellungen und Aktivitäten, denen gesellschaftlich vermittelte Vorstellungen
zugrunde liegen, die bei Ärzten und Pflegefachkräften jedoch unterschiedlich
repräsentiert sein können.
    Die Tatsache beispielsweise, dass pflegebedürftige ältere Menschen häufig
ausschließlich als unterstützungsbedürftig wahrgenommen und behandelt werden –
Baltes & Wahl (1996) sprechen hier von einem „Unselbständigkeits-Unterstützungs-
Skript" (dependency-support script) –, bedarf soziologischer Aufklärung. Denn nicht
die Erfahrungstatsache, dass ältere Menschen in besonderen, spezifizierbaren Lagen
Hilfe benötigen, wird hier verallgemeinert, sondern ein Bild, mit dem ältere Menschen
per se als der Hilfe bedürftig etikettiert werden. Unter den Einflüssen dieses
Altersbildes neigen Pflegefachkräfte dazu, unselbstständige Verhaltensweisen älterer
Menschen zu verfestigen bzw. zu fördern, dagegen gleichzeitig vorhandene Potenziale
der Selbständigkeit zu ignorieren. Komplementär fühlen sich pflegebedürftige
Menschen weniger zu selbstständigem, sondern vielmehr zu abhängigem Verhalten
ermuntert. Ein im Prinzip negativ akzentuiertes Altersbild führt somit zu einem
Verständnis professioneller Hilfe, in dem weder das menschliche, altersunspezifische
Bedürfnis nach Selbständigkeit noch die altersspezifische, jeweils individuell vorhan-
dene Leistungs- und Bewältigungsfähigkeit als entscheidendes Interventionskriterium
fungiert.
    Vorstellungen, von denen sich Helferberufe leiten lassen, können nicht einfach als
richtig oder falsch bewertet werden. Entscheidend sind vielmehr der Grad ihrer
Differenziertheit und ihr funktionaler Zusammenhang. Im individuellen Kontext einer
Eingriffssituation können beispielsweise bestimmte handlungsleitende Vorstellungen
(Altersbilder) im Abgleich mit objektiven Befunden (zum Beispiel zu den vorhandenen
Potenzialen selbständiger Lebensführung) sich als unangemessen, dysfunktional und
hemmend erweisen und zu professionell inakzeptablen Folgen führen. Insgesamt hat
sich gezeigt, dass die Ausbildung sowie die berufliche Tätigkeit die Persönlich-
keitsentwicklung eines Individuums sowie seine Einstellungen, Erwartungen und die
Ausgestaltung des Hilfeverhaltens gegenüber älteren Menschen wesentlich mit
bestimmen (Reichert, 1993, Brendebach & Piontkowski, 1997).

Bislang liegen in Deutschland nur wenige Untersuchungen zum Bild von alten Menschen und dem Altern bei Ärzten und Pflegekräften vor. Diese sind zudem aufgrund unterschiedlicher Fragestellungen und Methodik sowie der Veränderung der gesetzlichen Rahmenbedingungen nur schwer vergleichbar. Studien der 1970er und 1980er Jahre befassten sich vor allem mit Altersstereotypen, wie sie beispielsweise bei 63 Prozent des Personals aus dem Pflege- und Altenheimbereich ermittelt wurden (Schmitz-Scherzer et al., 1978). Neuere Untersuchungen gehen eher von einem differenzierten Altersbild aus und betrachten Einflussfaktoren wie Arbeitsbedingungen, Berufserfahrungen, Interaktionssituationen und -anforderungen, eigene Ideologien und Pflegekonzepte. Dem bisherigen Erkenntnisstand zufolge unterscheiden sich gesundheitsbezogene Berufsgruppen nicht prinzipiell in ihrer Einstellung gegenüber älteren Menschen von der Allgemeinbevölkerung (Filipp & Mayer, 1999).

Aufgrund der großen Unterschiede zwischen den älteren Patienten orientiert sich kaum ein Arzt oder eine Pflegekraft ausschließlich am kalendarischen Alter. In die subjektive Definition von Alter fließen vielmehr ihre Wahrnehmungen zu den verschiedenen Facetten des Alters in unterschiedlichen Bereichen mit ein. Reflektiert werden der körperliche Zustand, die psychisch-kognitive Verfassung sowie die Ausgestaltung der Lebenssituation. Dabei definieren beide Berufsgruppen Alter vor allem von einer Negation her, die aus einem Vergleich zu früheren Lebensphasen entsteht. Dieses zeigt sich vielfach in sprachlichen Phrasen wie „Nachlassen von ..." „Mangel an...", „Fehlen von...", „zunehmender Verlust an...", die als Kriterien zur Bestimmung von „alt" verwendet werden. Beide Professionen kennen allerdings eine Vielzahl von Patienten, die diese defizitären Kriterien nicht erfüllen. Nicht alt ist z.B., wer interessiert und „geistig fit" ist, wer am Leben teilnimmt, Kontakte sucht und „sich nicht hängen lässt". Entsprechend werden diese Personen auch bei hohem kalendarischen Alter nicht als alt bezeichnet (Walter et al., 2006).

8.   Altersbilder von Professionellen in der Medizin

Brendebach & Piontkowski (1997) fanden differenzierte Einstellungen von Hausärzten in Bezug auf alte Patientinnen. Positiv wurden diese von der Qualität des Arzt-Patientinnen-Kontaktes und einer geriatrischen Zusatzausbildung beeinflusst. Andere Studien weisen auf deutliche Vorbehalte gegenüber einer ausschließlichen Arbeit mit älteren und insbesondere chronisch kranken Patienten hin (Weber, et al., 1997).

Ein intensiver Kontakt zu alten Menschen muss nicht zwangsläufig mit einem differenzierten und/oder positiven Altersbild einhergehen. Wesentlich für die Ausdifferenzierung eines Altersbildes sind nach der sozialen Kontakthypothese vor allem vielfältige Kontakte mit älteren Menschen, insbesondere mit verschiedenen Charakteristika, die über eine vermehrte Auseinandersetzung mit dem Alter und seinen Facetten ein differenziertes Altersbild fördern.

Aktuelle Studien zum Altersbild der Studierenden weisen darauf hin, dass dieses überwiegend positiv, wenn nicht gar unrealistisch idealisiert ist. Alter ist aus ihrer Sicht keine Lebensphase des Verfalls der körperlichen und geistigen Kräfte. Dabei sehen Studierende im höheren Semester (in dieser Studie) bei Älteren mehr Entwicklungspotenziale als Studienanfänger. Insgesamt zeigt sich, dass ein größeres Wissen über Alter(n) und höhere eigene Erwartungen an die psychische und allgemeine Gesundheit mit einem positiven Altersbild einhergehen – und umgekehrt (Klaghofer et al., 2009).

Kenntnisse über das normale Altern, über Krankheiten im Alter, persönliche Präferenzen und persönlich überzeugende Rollenmodelle begünstigen insgesamt eher positive (Weber et al., 1997), aber – mit dem Aufzeigen auch negativ gewerteter Aspekte – differenzierende Altersbilder (Rothermund & Mayer, 2009). Werden diese Bereiche in der Wissensvermittlung jedoch ausgeblendet, besteht die Gefahr einer Polarisierung von Altersbildern und Subgruppenbildung (zum Beispiel in die Differenzierung junge/alte Alte).

9.   Altersbilder von Professionellen in der Pflege

Virulenz und Einfluss von Altersbildern bei Pflegeberufen müssen im Zusammenhang mit beruflichen Rahmen- und Ausbildungsbedingungen betrachtet werden. Dazu gehören nicht nur ein sich in den vergangenen Jahrzehnten verschärfender Kosten- und Zeitdruck, sondern auch strukturelle Veränderungen innerhalb der stationären Altenhilfe und ihrer Klientel. Mit der Vorrangstellung von Pflege- gegenüber Altenwohnheimen verschob sich das Alter der Bewohner zunehmend auf Hochaltrigkeit, womit vermehrte gesundheitliche Beeinträchtigungen bei höherem Schweregrad einhergingen. Während nach einer älteren Studie vor allem das Personal von Pflegeheimen auffällig häufig und stark negativ gefärbte Altersstereotype aufwies, waren beim Personal im reinen Altenwohnbereich diese weit seltener bei insgesamt stärker positiven Einstellungen gegenüber älteren Menschen anzutreffen (Schmitz-Scherzer et al., 1978).

Auch scheinen Ausbildungsmängel zu Fehleinschätzungen der Situation älterer Menschen und zu einem fachlich stark verengten Repertoire an Pflegemodellen zu führen. Dunkel (1994) zeigt in einer qualitativen Studie mit Pflegekräften stationärer Einrichtungen, wie unterschiedliche Vorstellungen vom Alter und alten Menschen sich auf das jeweilige Pflegekonzept sowie Pflegehandeln auswirken und in der Interaktion die Nähe zum alten Menschen bestimmen. Liegt ein Defizitmodell zugrunde, ist die Beziehung asymmetrisch; wird der ältere Mensch dagegen als gleichberechtigter Partner gesehen, gestaltet sich die Beziehung eher symmetrisch. Von vorherrschend negativen Altersstereotypen bei professionellen Pflegekräften kann jedoch nicht gesprochen werden, vielmehr ist ein differenziertes „situations- und anforderungsspezifisches Beurteilungsverhalten" anzutreffen (Weber et al., 1997). Die Beurteilungskriterien pflegerelevanter Attribute alter Menschen variieren je nach Kontext und Anforderungssituation. Werden Interaktionen seitens des Pflegepersonals als relativ störungsfrei erlebt, schenkt es interpersonalen Kompetenzen und Befindlichkeiten pflegebedürftiger Personen mehr Beachtung. Anders verhält es sich im Falle gestörter, problembehafteter Interaktionen, die Pflegekräfte dazu verleiten, interpersonale Fähigkeiten ihnen Anbefohlener zu missachten.

Zu weiteren Differenzierungen gelangt eine vergleichende Untersuchung zu den bei Hausärzten und ambulanten Pflegekräften anzutreffenden Konzepten „Alter" und „Gesundheit" (Walter et al., 2006). Beide Berufsgruppen zeigen große Unsicherheiten hinsichtlich eines „normalen" Alter(n)s und neigen zu Polarisierungen. Pflegefachkräfte heben bei Zuschreibungen von Merkmalen des Alters stärker negative Aspekte der psychisch-kognitiven Situation hervor wie etwa „mangelnde Teilnahme am Leben", „fehlendes Interesse" oder „Verringerung der kognitiven Leistungen". Allerdings dominieren bei ihren Alterszuschreibungen Verluste auf der körperlichen Ebene, während auf der psychisch-kognitiven Ebene auch Gewinne wahrgenommen werden. Bemerkenswerterweise scheinen sich Altersbilder im Laufe des Berufslebens deutlich zu verändern, wobei ein eher positiv gefärbtes Bild vom alten Menschen nach Überwindung erster erschreckender Erfahrungen entwickelt wird. Die häufig positive Korrelation von Selbst- und Fremdbild unterstreicht der Befund, dass lediglich eine Minderheit der befragten Pflegekräfte dem eigenen Alter mit Angst vor Pflegebedürftigkeit und Krankheit entgegen blickt. Alter wird nicht mit Krankheit gleichgesetzt. Vielmehr gilt die prinzipielle Beeinflussbarkeit der Lebenssituation als Indikator für Gesundheit im Alter, der von Pflegekräften stärker gewichtet wird als die körperliche Situation älterer Menschen. Gesundheit im Alter wird mit „weitestgehender Beschwerde- und Schmerzfreiheit" bei „normalem Verschleiß" assoziiert.

10. Neuere eigene Forschungsergebnisse

Im Jahre 2008 wurden 1928 Studierende der Medizin einer Medizinischen Fakultät sowie 2902 an verschiedenen Universitäten und Fachhochschulen Deutschlands eingeschriebene Studierende der Pflege (einschließlich Pflegemanagement) auf Basis einer online-Erhebung zu ihren Altersbildern befragt. Für die Datenerhebung wurde ein Fragebogen mit ausgewählten standardisierten Instrumenten aus dem Alterssurvey erstellt, ergänzt um ausbildungs- und berufsbezogene Fragen. Zur Auswertung kamen die Eingaben von 466 Studierenden der Medizin (bereinigte Rücklaufquote 24 Prozent) und von 969 Studierenden der Pflege (bereinigte Rücklaufquote 33 Prozent).

Das durchschnittliche Alter der Studierenden der Medizin beträgt 25 Jahre, das der Pflege 31 Jahre, 60 Prozent der Studierenden der Medizin und 82 Prozent der Pflege sind weiblichen Geschlechts. Unter den angehenden Medizinern sind neun Prozent in der Altersmedizin tätig bzw. haben hier Erfahrungen gesammelt, Studierende der Pflege weisen zu 64 Prozent eine einschlägige berufliche Ausbildung in Kranken-/ Kinderkrankenpflege und zehn Prozent in der Altenpflege auf; vor ihrem Studium waren 39 Prozent in der Altenpflege tätig. Im Vergleich zu den Studierenden der Pflege ist der Kontakt der Medizinstudierenden zu Älteren deutlich geringer. Auf beruflicher Ebene haben 29 Prozent (Pflege: 55 Prozent) mehrmals wöchentlich, 40 Prozent (Pflege: acht Prozent) nur einmal im Monat oder gar keinen Kontakt. Im privaten Bereich erfolgen diese bei 34 Prozent (Pflege: 57 Prozent) mehrmals wöchentlich, bei 27 Prozent (Pflege: elf Prozent) einmal im Monat oder gar nicht. Fünf Prozent der befragten Medizin-Studierenden beabsichtigen, im geriatrischen Bereich zu arbeiten. Unter den Studierenden der Pflege können sich 35 Prozent eine spätere Tätigkeit im Bereich der Altenpflege vorstellen.

Die Einschätzung des kalendarischen Alters als jung (30 Jahre) bzw. alt (60 Jahre) ist bei der insgesamt jüngeren Stichprobe der Medizinstudierenden im Vergleich zu den Pflegestudierenden um zehn Jahre nach vorne verschoben. Geschlechtsunterschiede sind auch hier nicht zu verzeichnen. Beide Berufsgruppen blicken gleichermaßen zu über 50 Prozent hoffnungsvoll der Zukunft entgegen, sind optimistisch, meinen gute Eigenschaften zu haben und erfolgreich zu sein.

Die Mehrheit der Befragten hat ein positives Selbstbild. In der Wahrnehmung des Alters (Fremdbild) konstatieren die Befragten sowohl Gewinne als auch Verluste. Letztere werden mehr im körperlichen als im sozialen Bereich gesehen, wobei die sozialen Verluste aus der Perspektive der Medizin als wesentlich bedeutsamer eingeschätzt werden, dagegen aus Sicht der Pflege die Fähigkeit Älterer, mit körperlichen Schwächen umzugehen, etwas stärker verneint wird. Allerdings meinen 57 Prozent der Medizinstudierenden (51 Prozent der Pflege), dass man sich mit dem Alter häufiger einsam fühle; 33 Prozent (Pflege: 19 Prozent) glauben an vermehrte Langeweile im Alter. Im emotionalen und persönlichkeitsbezogenen Bereich haben die Befragten die Älteren überwiegend positiv eingeschätzt, wobei altersassoziierte Verluste in diesem Bereich von Studierenden der Pflege weniger akzentuiert werden. Für die persönliche Entwicklung wird das Alter als positiver Einfluss gesehen, ebenso nehme die Selbstkenntnis mit dem Alter zu. Je höher die persönliche Weiterentwicklung und Selbstkenntnis im Alter eingeschätzt werden, desto stärker werden Verluste im körperlichen und sozialen Bereich abgelehnt. Dieser Zusammenhang ist auch bei den Studierenden der Pflege zu beobachten. Vertreter dieser Berufsgruppe räumen Älteren größere Möglichkeiten ein, ihr Leben zu genießen und noch über schöpferische Potenziale zu verfügen.

Das Verhältnis von jüngeren und älteren Menschen in der Gesellschaft zeichnet sich durch Solidarität und Achtung gegenüber den Leistungen der Älteren aus. Beiden Gruppen wird jedoch von der Hälfte der Befragten bescheinigt, dass sie sich zu wenig um die Zukunft der jeweils anderen Gruppe kümmerten.

Die Befragten unterstützen das System der staatlichen Sicherung und die Beibehaltung der Solidargemeinschaft. Auch wenn die Mehrheit anerkennt, dass sich die Älteren ihre Rente verdient und die Erwerbstätigen eine Verpflichtung zur Sicherstellung des angemessenen Lebensstandards der älteren Menschen haben, lehnt gut die Hälfte eine Erhöhung der Renten ab. Für die eigene Generation glauben nur sieben Prozent an eine sichere Rente in der Zukunft. Ambivalent sind die Befragten hinsichtlich der eigenen Vorsorge im Alter sowie der Verantwortlichkeit der Familie für die Angehörigen. Dabei scheinen Studierende der Pflege in höherem Maße davon überzeugt zu sein, dass die jüngere Generation in Zukunft nicht mehr die mit einer altersgewandelten Gesellschaft zunehmenden Belastungen wird tragen können. Etwas stärker weisen Studierende der Pflege Familien eine Verantwortlichkeit für ältere Angehörige zu als ihre ärztlichen Kollegen. In weitaus größerem Maße als Studierende der Medizin sind sie aber davon überzeugt, dass Menschen für ihr Alter vorzusorgen hätten, um niemandem später finanziell zur Last zu fallen.

Mit fortschreitendem Studium glauben die Befragten weniger an eine persönliche Weiterentwicklung und Selbstkenntnis im Alter. Dagegen werden körperliche und soziale Verluste eher abgelehnt. Auch das Alter der Befragten hat einen (geringfügigen) Einfluss auf die Einschätzung des Fremdbildes. So werden mit höherem Alter der Befragten körperliche Verluste im Alter eher bestätigt, eine Selbstkenntnis jedoch eher abgelehnt. Mit längerer Berufserfahrung wird Möglichkeiten der persönlichen Weiterentwicklung im Alter und der Selbstkenntnis eher zugestimmt, werden Verluste im körperlichen und sozialen Bereich stärker abgelehnt. Dieser Zusammenhang ist auch bei privaten Kontakten zu beobachten.

Wie auch bei den Studierenden der Pflege gehen bei den Medizinstudierenden häufige private Kontakte mit beruflichen Erfahrungen mit Älteren einher. Häufige Kontakte mit Älteren oder längere Berufserfahrungen fördern zudem die Bereitschaft, in der Altersmedizin bzw. in der Altenpflege tätig zu sein.

11. Fazit

Zwischen Medizin und Pflege finden sich keine wesentlichen Unterschiede bei der Beurteilung des Alters bzw. altersassoziierter Phänomene. Wo Unterschiede zu erkennen sind, dürfte die Breite der vor dem Studium gewonnenen spezifischen

Erfahrungen bzw. die Kontaktintensität eine gewisse Rolle spielen. Allerdings sollten dabei keine linearen Abhängigkeiten unterstellt werden. Vertreter der Pflege scheinen hinsichtlich der sozialen Dimension des Alterns realistischere Einstellungen zu haben als ihre (vom Ausbildungsprofil möglicherweise stärker somatisch ausgerichteten) medizinischen Kolleginnen bzw. Kollegen. Im Vergleich mit etwas kritischeren Einstellungen angehender Ärztinnen und Ärzte gegenüber der älteren Generation (v.a. in ökonomischen Fragen der Alterssicherung) zeigen Angehörige der Pflege gelegentlich etwas idealisierende Züge einer Helfermentalität. Hinweise für ein (noch immer) praktisch wirksames Unselbständigkeits-Unterstützungs-Skript (insbesondere bei Pflegeberufen) können den Untersuchungsergebnissen nicht entnommen werden. Eines der wichtigsten, ältere Studien bestätigenden Ergebnisse besteht vielmehr darin, dass negative Vorstellungen des Alters auch im Rahmen der hier referierten Untersuchungen nicht gefunden werden konnten.

Dieser Befund mag zunächst beruhigen. Geht man jedoch davon aus, dass Gesundheitsprofessionen auf Grund demografischer Entwicklungen und neuerer epidemiologischer Szenarien eine wachsende gesellschaftliche Bedeutung erlangen, so werden methodisch weit anspruchsvollere Studien erforderlich sein, um gegebenenfalls vorhandene, psychodynamisch (gerade bei Care-Professionen) hoch bedeutsame Diskrepanzen zwischen Selbst- und Fremdbild vom Alter aufdecken zu können. Dies konnte hier keineswegs geleistet werden. Gleichermaßen angezeigt sind (Folge)Studien zur professionellen Kommunikation in breit gefächerten Einrichtungen und Settings des Gesundheits- und Sozialwesens. Wenig wissen wir auch darüber, welche Wirksamkeit bestimmte Altersbilder bzw. -stereotype unter Extremsituationen beruflicher Belastungen und unter institutionellen Besonderheiten entfalten und wie stark institutionalisierte Altersbilder die Versorgung beeinflussen. Und schließlich werden unter wachsendem Kostendruck im Gesundheitswesen weitere Studien erforderlich sein, mit denen sich insbesondere auf mikrologischer, aber auch auf systemischer Ebene medizinischer/pflegerischer Handlungs- und Entscheidungs-analysen implizite Altersdiskriminierung bei (offener oder verdeckter) Rationierung aufspüren lässt.

Literaturangaben

[1]   Amrhein, L., & Backes, G. M., Alter(n)sbilder und Diskurse des Alter(n)s. Anmerkungen zum Stand der Forschung, *Zeitschrift für Gerontologie und Geriatrie* **40** (2007), 104-111.
[2]   Baltes, M. M., & Wahl, H. W., Patterns of communication in old age: The dependence-support and independence-ignore script, *Health Communication* **8** (1996). 217-231.
[3]   Bertelsmann Stiftung, *Alter neu denken. Empfehlungen der Expertenkommission „Ziele in der Altenpolitik". Zu gesellschaftlichen Altersbildern,* Bertelsmann Stiftung, Gütersloh, 2007.
[4]   Brendebach, C., & Piontkowski, U., Alte Patientinnen in der Hausarztpraxis. Ein Beitrag zur gerontologischen Einstellungsforschung, *Zeitschrift für Gerontologie und Geriatrie* **30** (1997), 368-374.
[5]   Bundesministerium für Familie, Senioren, Frauen und Jugend, *Fünfter Altenbericht zur Lage der älteren Generation in der Bundesrepublik Deutschland. Potenziale des Alters in Wirtschaft und Gesellschaft. Der Beitrag älterer Menschen zum Zusammenhalt der Generationen,* Berlin, 2006.
[6]   Dunkel, W. (Hrsg.), *Pflegearbeit – Alltagsarbeit. Eine Untersuchung der Lebensführung von AltenpflegerInnen,* Lambertus, Freiburg, 1994.
[7]   Filipp, S. H., & Mayer, A. K., Zur Bedeutung von Altersstereotypen, *Alter und Altern. Politik und Zeitgeschichte* **49/50** (2005), 25-31.
[8]   Filipp, S. H., & Mayer. A. K., *Bilder des Alters. Altersstereotype und die Beziehungen zwischen den Generationen,* Kohlhammer, Stuttgart, 1999.

[9] Göckenjan, G., *Das Alter würdigen. Altersbilder und Bedeutungswandel des Alters,* Suhrkamp, Frankfurt a.M., 2000.

[10] von Kondratowitz, H. J., Anti-Aging: alte Probleme und neue Versprechen, *Psychomed* **15** (2003), 156-160.

[11] Klaghofer, R., Buddeberg, C., Schleuniger, M. & Herta, K. D., Einstellungen zu alten Menschen zu Beginn und am Ende des Medizinstudiums, *Zeitschrift für Gerontologie und Geriatrie* **42** (2009), 365-371.

[12] Kruse, A., Der Respekt vor der Würde des Menschen am Ende seines Lebens, in: Th. Fuchs, A. Kruse & G. Schwarzkopf (Hrsg.), *Menschenwürde am Lebensende,* 18-39, Universitätsverlag Winter, Heidelberg, 2010.

[13] Kruse, A., & Schmitt, E., Ist in der heutigen Gesellschaft eine Diskriminierung des Alters erkennbar? Ein empirischer Beitrag zum Ageism, *Zeitschrift für Gerontologie und Geriatrie* **18** (Suppl. 1), (2005a), 156-164.

[14] Kruse, A., & Schmitt, E., Zur Veränderung des Altersbildes in Deutschland. Alter und Altern, *Politik und Zeitgeschichte* **49/50** (2005b), 9-17.

[15] Lehr, U., Alter und geistige Leistung. Forschungsergebnisse widerlegen ein Klischee, *ZM* **17** (1972), 863-864.

[16] Lehr, U., Die Situation der älteren Frau – psychologische und soziale Aspekte, *Z Gerontologie* **11** (1978), 6-26.

[17] Lehr, U., *Altersbilder unserer Gesellschaft – ein Beitrag zu Prävention und Gesundheitsförderung?* 1. Kongress des Deutschen Forums Prävention und Gesundheitsförderung, Berlin, [Abgerufen am 30.04.2010], Online im Internet: URL: http://www.gesellschaft-mit-zukunft.de/download/text/GmZ03Leh.pdf, 2004.

[18] Lehr, U., *Psychologie des Alterns,* 11. korrigierte Aufl., Quelle & Meyer, Wiebelsheim, 2007.

[19] Reichert, M., *Hilfeverhalten gegenüber alten Menschen: Eine experimentelle Überprüfung der Rolle von Erwartungen,* Die blaue Eule, Essen, 1993.

[20] Reindl, J., Die Abschaffung des Alters. Eine Kritik des optimistischen Alternsparadigmas, *Leviathan* **37:1** (2009), 160-172.

[21] Rogers, E.M. *Diffusion of innovations,* 4th ed. Free press, New York, 1995.

[22] Rothermund, K., & Mayer, A. K., *Altersdiskriminierung. Erscheinungsformen, Erklärungen und Interventionsansätze,* Kohlhammer, Stuttgart, 2009.

[23] Rothermund, K., & Wentura, D., Altersnormen und Altersstereotype, in: J. Brandstädter, & U. Lindenberger (Hrsg.), *Entwicklungspsychologie der Lebensspanne. Ein Lehrbuch,* Kohlhammer, Stuttgart, 2007.

[24] Schmitz-Scherzer, R., Schick, J., & Kühn, D., *Altenwohnheime, Personal und Bewohner. Eine empirische Studie in der Stadt Braunschweig.* Schriftenreihe des Bundesministers für Jugend, Familie und Gesundheit, Band 57, Kohlhammer, Stuttgart, 1978.

[25] Thimm, C., *Alter – Sprache – Geschlecht. Sprach- und kommunikationswissenschaftliche Perspektiven auf das höhere Lebensalter,* Frankfurt/M., Campus, New York, 2000.

[26] Walter, U., Flick, U., Neuber, A., Fischer, C., & Schwartz, F. W., *Alt und gesund? Altersbilder und Präventionsansätze in der ärztlichen und pflegerischen Praxis,* VS Verlag für Sozialwissenschaften, Wiesbaden, 2006.

[27] Weber, G., Erlemeier, N., Nassehi, A., Saake, I., & Watermann, R., *Altersbilder in der professionellen Altenpflege. Eine empirische Studie,* Leske und Budrich, Opladen, 1997.

[28] Weltermann, B., Romanova, D., Gesenhues, S., Welche Vorstellungen haben Studierende der Medizin über das Leben von Senioren in Deutschland? *Zeitschrift für Allgemeinmedizin* **84:4** (2008), 149-152.

Leben im Alter
A. Kruse (Hrsg.)
© 2010, AKA Verlag Heidelberg

Die „schizophrene Beziehung" von Marken zum Alter

Andrea GRÖPPEL-KLEIN
Institut für Konsum- und Verhaltensforschung
der Universität des Saarlandes, Deutschland

Abstract. **Abstract.** In einem ersten Schritt wird dargelegt, dass Unternehmen vielfach in einer „schizophrenen Beziehung" zum Alter stehen: Dere Marken sollen zwar alt (im Sinne einer langen Tradition) sein, aber nicht alt aussehen. Es wird an verschiedenen Stellen des Beitrags an die Verantwortung von Unternehmen appelliert, die kritische Einstellung gegenüber Alter aufzugeben und auf dem Wege der Produktwerbung zu einem differenzierteren, auch positiveren Altersbild beizutragen. In einem weiteren Schritt werden zwei zentrale Mechanismen expliziert, denen zentrale Bedeutung für die Einstellung gegenüber einem Produkt und einer Marke zukommt und auf deren Wege sich Einstellungen verändern lassen: Emotionale Konditionierung und Priming. Schließlich wird eine Analyse der Stellung jüngerer und älterer Menschen in der Werbung vorgenommen. Dabei scheinen ältere Menschen von vielen Unternehmen nicht als geeignete „Werbeträger" angesehen zu werden. Gerade in Bezug auf diese (affektive) Wertung plädiert der Beitrag für eine grundlegende Neuorientierung.

1.   Einführung in die Thematik

> „Zwei Seelen wohnen, ach!, in meiner Brust. Die eine will sich von der anderen trennen" (Goethe, Faust I).

Vor kurzem erklärte ein namhafter Marketingchef einer bekannten deutschen Marke sinngemäß in einem Vortrag: „Wir werden in Zukunft keine Angst haben, auch ältere Herren mit Hut in der Werbung zu zeigen, da unser Produkt nicht Gefahr läuft, überaltert zu wirken". Anhand dieser Äußerung kommt die komplexe Problematik zum Ausdruck, mit der Firmen heute angesichts des demographischen Wandels konfrontiert werden. Den Unternehmen ist einerseits sehr bewusst, dass sie in Zukunft nur wettbewerbs- und überlebensfähig bleiben, wenn sie sich der älteren Kundschaft annehmen, da die jüngeren Zielgruppen schlicht an Marktanteilen verlieren (Gaspar, 2009). Auch sind bei hochwertigen Anschaffungen vielfach die älteren Konsumenten die Erstkäufer (das Durchschnittsalter der Neuwagenkunden liegt in der automobilen Oberklasse jenseits von 50 Jahren) oder ausgabefreudiger (z.B. im Tourismussektor). Andererseits befürchten viele Unternehmen nach wie vor, dass die Attraktivität der Marke bzw. der Markenwert leiden könnte, wenn sie nicht als dynamisch, attraktiv und sexy oder fortschrittlich und innovativ beworben wird. Solche Eigenschaften, so lautet die einhellige Meinung, würden aber nur von der jüngeren, nicht von der älteren Bevölkerung glaubwürdig verkörpert. Immer wieder wird in Marketingfortbildungen auch der Fall „Kölnisch Wasser" beschrieben und mahnend den Produktmanagern auf den Weg gegeben, dass im Marketing stets rechtzeitig und vorbeugend „Verjüngungskurven" durchgeführt werden müssen, sonst könne es vielen Marken wie „Kölnisch Wasser" ergehen. Diese Traditionsmarke habe einen drastischen Wertverfall erlebt, sei in der Vergangenheit mit Assoziationen wie „Großmütter-Mode", „gestärkte Taschentücher" und „Altersheime" verbunden worden und könne heute nur mühsam durch neue Namen wie „Acqua Colonia" oder das Konzept „Wunderwasser 4711 Ice" Imageverbesserungen erzielen.

Schließlich sind diverse Unternehmen davon überzeugt, dass sich viele ältere Konsumenten durch den Kauf einer „jugendlichen" Marke selbst (unbewusst) verjüngen möchten. Daher müsse man gerade diese Zielgruppe mit jüngeren Werbemodellen ansprechen. Zudem wollten sich ältere Konsumentinnen und Konsumenten in der „empty nest"-Phase" (also nach dem Auszug der Kinder) im Konsum endlich ihre Jugendträume, die sogenannten „defining memories" (Braun-LaTour, LaTour & Zinkhan, 2007), erfüllen, wodurch es sich ebenfalls verböte, Ältere in der Werbung zu zeigen. Der oben zitierte Marketingchef könnte also fast schon als „revolutionär" bezeichnet werden, wenn er sich traut, mit „älteren huttragenden Männern" zu werben. Doch würde er es auch dann noch tun, wenn in der Folge die Marke älter wirkt? Stellt dies überhaupt eine Gefahr für eine Marke dar? Haben nur jugendlich wirkende Marken gute Absatzchancen?

Betrachten wir in Folge nicht das Alter der Markenkäufer, sondern das Alter der Marke selbst. Man kann unschwer aktuellen Kampagnen entnehmen, dass viele Unternehmen zu Recht auf ihre lange Tradition stolz sind und damit in ihren Broschüren oder Internetauftritten bewusst werben. Sie erklären explizit, dass die Marke schon viele Jahrzehnte oder gar schon mehr als ein Jahrhundert existiert; sie geben Jubiläumssondereditionen aus, meist im Retrodesign gestaltet (zum Beispiel Maggi, Nivea oder die Wells Fargo Bank, siehe Abb. 1), oder tragen das Gründungsjahr sogar im Firmennamen (zum Beispiel Eddie Bauer established 1920).

Schließlich versuchen auch manche „junge Anbieter", durch ein Nostalgiedesign (zum Beispiel Chrysler) oder durch die Anlehnung an früher existierende Marken eine solche Tradition künstlich zu kreieren, da man sich hier von der Assoziation „alt und etabliert" Markterfolge verspricht. Zusammengefasst kann man somit sehr vielen Marken – überspitzt formuliert – eine „schizophrene Beziehung" zum Alter bescheinigen, die man in Kurzform wie folgt ausdrücken kann: „alt sein, aber nie alt aussehen". Auf der einen Seite ist man stolz auf das lange Lebensalter der Marke (oder man möchte „alt" und traditionsreich" erscheinen), und man ist stets bedacht, die damit einhergehende Erfahrung und das Know How in der Kommunikationspolitik herauszustellen. Auf der anderen Seite meiden viele solcher Unternehmen ältere Werbepersonen wie der Teufel das Weihwasser. Man möchte zwar von den positiven Assoziationen profitieren, die in der Regel mit einem hohen Markenalter einhergehen, befürchtet aber zugleich, mit den negativen Stereotypen des Alters verbunden zu werden, und zeigt daher keine älteren Nutzer der Marke, um weder die jüngeren Käufer, noch die älteren, die sich mit der Marke verjüngen wollen, zu verschrecken. Als Folge, so zeigen verschiedene Studien, sind ältere Menschen, insbesondere Frauen, gemäß ihrem Bevölkerungsanteil in der Werbung eindeutig unterrepräsentiert (Filipp & Mayer, 1999; Schneider, 2009).

Doch ist diese Vorgehensweise heute angesichts des demographischen Wandels und sich ändernder Altersbilder noch zeitgemäß und langfristig erfolgversprechend? Findet die Übertragung von altersstereotypen Assoziationen durch die Werbung auf die Marken und Produkte in der angesprochenen Weise überhaupt statt, wenn ja, wie? Schließlich ist zu fragen, ob dieser Transfer in der Tat markenschädigend wirkt?

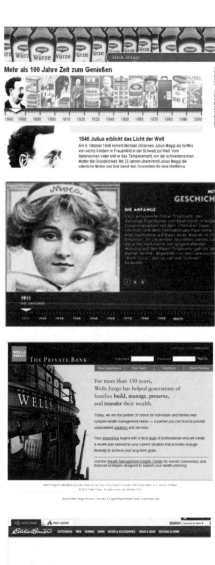

Abbildung 1. Internetauftritte etablierter Marken.

In dem folgenden Beitrag wird versucht, einige dieser Aspekte aufzudecken. Dabei muss allerdings konstatiert werden, dass vielfach nur im Entdeckungszusammenhang und auf der Basis genereller theoretischer Konzepte argumentiert werden kann, da schlicht das empirische Datenmaterial fehlt. Letzteres ist der Tatsache geschuldet, dass langfristige Kommunikationseffekte nur auf der Basis von Langzeitstudien gemessen werden können, die leider zu selten im Marketing durchgeführt werden. Hier ist ein eindeutiges Forschungsdefizit festzustellen.

2.   Emotionale Konditionierung und Priming als theoretische Basis für Übertragungseffekte

In der Kommunikationspolitik werden verschiedene Sozialtechniken, also nach verhaltenswissenschaftlichen Gesetzmäßigkeiten abgeleitete Regeln zur Gestaltung der Umwelt verwendet, insbesondere die emotionale Konditionierung, das Priming und die Nutzung der automatischen Aktivierung von Schemata.

Emotionale Konditionierung: Die so genannte emotionale Konditionierung (Behrens, 1991; Shimp, 1991) baut auf den Gesetzmäßigkeiten der klassischen Konditionierung auf. Das grundlegende Prinzip lautet: Wenn ein neutraler Reiz (Wort, Bild) wiederholt und stets gleichzeitig zusammen mit einem emotionalen Reiz dargeboten wird, so erhält auch der neutrale Reiz nach einiger Zeit die Fähigkeit (wenn er allein dargeboten wird), die emotionale Reaktion hervorzurufen. Der neutrale Reiz wird dadurch zu einem „konditionierten Reiz": Er löst eine konditionierte Reaktion aus, die er vorher nicht entfacht hat.

Übertragen auf die emotionale Produktdifferenzierung durch Werbung lässt sich daraus die Hypothese ableiten, dass Werbung, die wiederholt eine („neutrale") Marke zusammen mit emotionalen Reizen darbietet, dazu führt, dass die Marke selbst einen emotionalen Erlebniswert erhält. Ein klassisches Beispiel ist die Marke „Marlboro". Durch die Einbeziehung der Marke in den „wilden Westen mit kernigen Cowboys" wurde die Marke selbst ein Symbol für diese Erlebniswelt. Grundsätzlich gilt, dass eine wirksame emotionale Konditionierung in der Werbung nur gelingen kann, wenn emotionaler Reiz und Marke gleichzeitig dargeboten werden, die Reize stark aktivieren (z.B. erotische Reize wie bei der Marke Davidoff), die Kampagne zahlreich und mit konsistenten Bildreizen (wie beispielsweise bei der „Wir machen den Weg frei"-Kampagne der Volks- und Raiffeisenbanken) wiederholt wird und die Konsumenten in Situationen angesprochen werden, in denen sie eher gedanklich passiv sind. In sogenannten Low-Involvement-Situationen nehmen die Konsumenten die werblichen Informationen nur flüchtig und bruchstückhaft auf, wodurch eine gefällige und unterhaltsame Form der Werbung gepaart mit einprägsamen emotionalen Bildern sehr viel bessere Chancen hat, einen Werbeerfolg zu generieren, als informative Werbung.

Bei diesem Lernvorgang handelt es sich um einen Prozess, der die gedankliche Kontrolle seitens des Werbeempfängers unterläuft. Es ist aber durchaus möglich, dass auch der Lernvorgang der emotionalen Konditionierung beim Menschen eine gewisse gedankliche Beteiligung des Individuums verlangt, eine – bewusste – Wahrnehmung und Einsicht, dass auf den neutralen Reiz immer wieder ein emotionaler Reiz folgt oder umgekehrt, so dass sich eine gedankliche Assoziation herausbildet (Kroeber-Riel, Weinberg & Gröppel-Klein, 2009). Wenn der neutrale Reiz (Markenname) dargeboten wird, so wird beim Empfänger eine Vorstellung vom emotionalen Reiz (vom emotionalen Bildmotiv) ausgelöst, und diese Vorstellung ist dann mit emotionalen Erlebnissen verbunden. Dieses Lernen ist also mit assoziativen Vorgängen verbunden.

Die eingeschalteten kognitiven Vorgänge wie Wahrnehmung des Bildes, Interpretation und gedankliche Verknüpfung des Bildes mit einem Markennamen komplizieren den Lernvorgang, sie ermöglichen aber auch modifizierte Formen der Konditionierung (Behrens, 1991). Entscheidendes Ergebnis ist aber, dass man durch die Darbietung eines Markennamens in einem emotionalen Umfeld die Einstellung zur Marke ändern kann, ohne eine einzige Information über die sachlichen Eigenschaften der Marke zu vermitteln (Allen & Janiszewski, 1989). Kroeber-Riels (1979) legendäre „HOBA-Seife"-Experimente belegen, dass die für den Konsumenten zunächst bedeutungslose Markenbezeichnung „HOBA-Seife" nach der Konditionierung ein klares emotionales Erlebnisprofil erhielt. Gorn (1982) kombinierte in seinen bekannten Konditionierungsexperimenten die werbliche Präsentation von blauen und andersfarbigen Stiften mit als angenehm und unangenehm erlebter Musik. Die Versuchsteilnehmer wählten mit überwältigender Mehrheit den blauen Stift, wenn er mit als angenehm empfundener Musik beworben wurde. Die Gorn-Experimente wurden in verschiedenen Varianten wiederholt. Ein jüngeres Experiment von North, Hargreaves & McKendrick (1999) verglich deutsche mit französischen Musiktiteln hinsichtlich ihres Einflusses auf den Verkauf von deutschen vs. französischen Weinen. Mit einem geschickten Experimendaldesign, mit dem alternative Erklärungsfaktoren kontrolliert wurden, konnte gezeigt werden, dass an Tagen mit deutscher Musik im Geschäft mehr deutsche Weine, an Tagen mit französischer Musik im Geschäft mehr französische Weine gekauft wurden. Die Nachbefragung der Kunden zeigte, dass diesen der Einfluss der Musik nicht bewusst war.

Diese Studien belegen, dass sich unter Low-Involvement-Bedingungen Produkt- oder Markeneinstellungen verändern lassen. Zeigt man also Marken mit der Erlebniswelt der Gründerzeit, mit alten Postkutschen, Pferden und der Pionierstimmung des wilden Westens wie in der Werbekampagne der Dienstleistungsmarke Wells Fargo Bank, so überträgt man Eigenschaften wie Tradition (Postkutsche), Zuverlässigkeit und Mut (Kutscher), Dynamik und Kraft (Pferde) und erinnert an die Aufbruchstimmung und den Innovationsdrang in der Pionierzeit (Kroeber-Riel & Esch, 2004). Andere Marken zeigen Extremsportarten (z.B. Riverrafting oder Freeclimbing von Red Bull), um Nervenkitzel und Spannung zu symbolisieren. Wieder andere (zum Beispiel Bacardi oder Havana Club) zeigen junge, äußerst attraktive Menschen in karibischen Nächten, um damit Jugendlichkeit und Erotik auszudrücken. Ältere Werbepersonen werden dagegen gerne als „gütige Großeltern" in bequemen Ohrensesseln und im Zusammenhang mit der „guten alten Zeit" präsentiert, wodurch die beworbenen Produkte mit dieser Erlebniswelt verbunden werden.

Über die Technik der emotionalen Konditionierung können somit Marken oder Produkte eine affektive Aufladung erhalten. Verstärkt wird dieser Vorgang in einem zweiten Schritt über die operante Konditionierung. Positive Kauferfahrungen wirken als Verstärker für zukünftiges Verhalten. Für den Erfolg der operanten Konditionierung sind die Enge der Assoziation von gezeigtem Verhalten und Verstärkung sowie die Enge der Assoziation von Stimulus und Verstärkung die bedeutendsten Faktoren (Dragoi & Staddon, 1999; Koch, 2008). Beim Vergleich mit der emotionalen Konditionierung ist hervorzuheben, dass das Verhalten nicht automatisch durch Umweltreize, die auf das passive Individuum einwirken, ausgelöst wird, wie es bei der klassischen Konditionierung der Fall ist. Das Individuum ist vielmehr seinerseits aktiv und bringt Verhaltensweisen hervor. Es versucht zum Beispiel, eine bestimmte Situation zu bewältigen; einige der dabei versuchsweise emittierten Verhaltensweisen führen zum Erfolg, sie werden verstärkt bzw. belohnt und deswegen vom Individuum angenommen. Das Individuum reagiert also nicht nur passiv auf die Umwelt, sondern es wird selbst aktiv. Die

Verstärkung des Verhaltens erfolgt erst nach der Reaktion. Kauft eine ältere Konsumentin also beispielsweise eine Modemarke, die in der Erlebniswelt „jung, dynamisch, verführerisch" angesiedelt ist, und erhält sie das Feedback seitens der Umwelt, mit diesen Kleidungsstücken um Jahre jünger auszusehen, so wird sie die Marke erneut kaufen, wenn es ihrer Motivation entspricht, jünger wirken zu wollen.

Priming („Bahnung")[7]: Eng verwandt mit der emotionalen Konditionierung ist das so genannte Priming. Es bezieht sich auf die verbesserte Fähigkeit, Stimuli aufzudecken oder zu identifizieren, falls diese Stimuli in der gleichen, in ähnlicher oder assoziativer Form aus früheren Erfahrungen bekannt sind. Man spricht auch von der „Erleichterung einer Reaktion auf einen Zielreiz (target) aufgrund der vorherigen Darbietung eines Bahnungsreizes (prime)" (Kiefer, 2008, S. 169). Ein Beispiel: Wenn einigen Probanden zuerst ein rotes, anderen ein grünes Quadrat gezeigt wird (Prime), und sie dann die Aufgabe erhalten, bei den im folgenden gezeigten Buchstabenketten anzugeben, ob es sich jeweils um ein richtiges Wort oder nur um Buchstabensalat handelt, dann werden die Probanden, die vorher das rote Quadrat gesehen haben, das Wort BLUT schneller identifizieren können als die Probanden, die das grüne Quadrat gesehen haben (Solso, 2005). Die Voraktivierung durch den „Prime" macht das Wiedererkennen eines Zielreizes leichter. Beim semantischen Priming erfolgt die Erleichterung der Reaktion auf einen Zielreiz aufgrund der vorherigen Darbietung eines inhaltlich verwandten (semantischen) Bahnungsreizes. Probanden, denen man vorher das Wort TISCH gezeigt hat und die nun das Wort STUHL erkennen sollen, werden eine kürzere Reaktionszeit aufweisen als Probanden, denen man vorher das Wort BROT gezeigt hat und die nun das Wort STUHL erkennen sollen. Die Voraktivierung durch den „Prime" macht die Reaktion auf den Zielreiz (STUHL) leichter. Die grundsätzliche Idee des Primings ist, dass Informationen im Gedächtnis über Netzwerke organisiert sind. Werden bestimmte Knoten des Netzwerks durch Informationen aktiviert, dann breitet sich die Aktivierung im Netzwerk aus und „verlinkte" Knoten werden ebenfalls aktiviert.

Eine hier relevante Studie stammt von Rothermund & Wentura (2001, 2004), die ebenfalls ein sogenanntes semantisches Priming durchführten, um die Wirkung von Altersbildern aufzudecken. Die Autoren blendeten zunächst Sätze wie „Martha S., 79 Jahre, sitzt auf der Parkbank" ein. Anschließend sollten die Probanden bei ebenfalls auf dem Bildschirm eingeblendeten Wörtern über einen Tastendruck mitteilen, ob es sich bei den Wörtern um Adjektive handelt oder nicht. Dabei wurden unter dem Satzpriming „Martha, S., 79 Jahre, sitzt auf der Parkbank" Wörter wie „müde und hilflos" signifikant schneller als Eigenschaftswörter erkannt als wenn zuvor der Satz „Julia, K., 19 Jahre, sitzt auf der Parkbank" eingeblendet war. Julia dagegen wurde schneller mit „optimistisch" verbunden. Diese und andere Experimente wurden als Nachweise gewertet, dass alte Menschen vielfach nach wie vor mit stereotypen Eigenschaften, wie verbraucht, nicht leistungsfähig etc. verbunden werden.

Bargh, Chen & Burrows (1996) führten ein interessantes Experiment durch, bei dem sie ebenfalls ein implizites Einstellungsmessverfahren anwendeten: Sie zeigten einer Gruppe von Probanden Wörter, die mit dem Alter zu tun hatten (zum Beispiel alt, grau, weise, vergesslich, etc.), einer anderen Probandengruppe altersneutrale Wörter (zum Beispiel durstig, sauber, privat, etc.). Danach wurde den Probanden gesagt, das

---

[7]   Für Reize, deren Stärke nicht ausreicht, um bewusst wahrgenommen zu werden, findet sich häufig der Begriff „unbewusste Wahrnehmung" (subliminal perception bzw. priming). Subliminal priming, auch in Bezug auf unbewusste Kontexteffekte, soll hier ausgeklammert werden.

Experiment sei beendet und sie könnten jetzt mit dem Fahrstuhl die Etage verlassen. Dabei wurde versteckt die Zeit gemessen, die die Probanden brauchten, um zum Fahrstuhl zu gelangen. Es zeigte sich, dass die mit den Altersstereotypen gebahnten („geprimten") Probanden im Vergleich zu den mit neutralen Konzepten gebahnten Probanden signifikant länger für die Strecke brauchten. Ein ähnliches Experiment führten sie durch, indem sie Probanden mit Hilfe von Wortstimuli auf die Konzepte „Höflichkeit" und „Unhöflichkeit" bahnten. Danach wurde – für die Probanden unbemerkt – die Zeit gemessen, die die Probanden warteten, bevor sie ein begonnenes Gespräch zwischen zwei Experimentalleitern unterbrachen. Diese Beispiele belegen, dass das Priming auch das Verhalten direkt beeinflussen kann, was Dijksterhuis & Bargh (2001) als „perception-behavior expressway" bezeichnen.

Priming-Effekte basieren zum Teil auf der automatischen Aktivierung von schematischen Vorstellungen. Ein großer Teil unseres Wissens besteht aus standardisierten Vorstellungen darüber, wie ein Sachverhalt typischerweise aussieht. Diese Schemata geben die wichtigsten Merkmale eines Gegenstandsbereichs wieder, sind mehr oder weniger abstrakt (konkret) und hierarchisch organisiert. Ein Schema, bzw. Stereotyp, wenn sich das Schema auf Menschen bezieht, steuert die Wahrnehmung, es vereinfacht Denkvorgänge und es organisiert die Informationsspeicherung. Spricht eine Verpackung ein vorhandenes Schema an (z.B. goldene Verpackung), so schließt der Konsument aufgrund dieses Schemas auf das Vorhandensein ganz bestimmter Produkteigenschaften (zum Beispiel hoher Preis), auch wenn er die Eigenschaften nicht direkt wahrnimmt. Im Marketing wirken vor allem biologisch vorprogrammierte Schemata (zum Beispiel Bebe und Kindchenschema), kulturell geprägte (zum Beispiel Werbung für Baden-Württemberg: „Wir können alles, außer hochdeutsch") oder zielgruppenspezifisch gelernte Vorstellungen („Waldemar Hartmann trinkt Paulaner Weißbier"). Vielfach versuchen Marken Eigenständigkeit und ein besonderes Profil zu erreichen, indem sie in der Werbung zwar ein grundsätzlich attraktives Schema treffen (zum Beispiel Beck's Export Bier und maritime Urlaubswelt), aber in bildlichen Details vom Schema abweichen („grüne Segel des Segelschiffs"). Diese Modifikation kann die Aktivierungskraft einer Marke erhöhen, die notwendig ist für die Erinnerung und letztlich das Kaufverhalten (Gröppel-Klein, 2010).

3. Die Darstellung von jüngeren und älteren Menschen in der Werbung

Die obigen Ausführungen zum Priming und zur Konditionierung zeigen, dass „neutrale" Produkte oder Markennamen durch die Einbettung in einen Kontext automatisch Reaktionen auslösen bzw. nach einiger Zeit selbst eine affektive Aufladung bekommen können.

In der Fernsehwerbung sind ältere Konsumenten zwar unterrepräsentiert (Schneider, 2009; Röhr-Sendlmeier & Ueing, 2004); wenn Ältere jedoch als Werbepersonen gezeigt werden, dann ist deren Darstellung vielfach positiv: Es dominieren die Stereotypen „Perfect Grandparent", „Adventurous Golden Ager" und „Productive Golden Ager" (Miller, Leyell & Mazachek, 2004; Zhang et al., 2006). Ältere Menschen werden als glückliche, aktive und starke Individuen dargestellt, die mit beiden Beinen fest im Leben stehen (Roy & Harwood, 1997). Negative Bilder des Alters sind hingegen nur vereinzelt anzutreffen. Erfolgt eine negative Thematisierung, so werden ältere Personen als schwach, hilflos und gebrechlich charakterisiert (Miller, Leyell & Mazachek, 2004). Das vermeintlich positive Altersbild in der Werbung wird jedoch getrübt, wenn man sich vor Augen führt, mit welchen Informationen die bildlichen Darstellungen sowohl in der Print- als auch in der Fernsehwerbung kombiniert werden (Mayer, 2009). Die verbalen Inhalte der Kampagnen weisen auf die Defizite im Alter hin und suggerieren, dass man nur mit Hilfe der beworbenen Produkte glücklich altern kann. Zum einen zeigt dieser Befund somit, dass „alt zu sein" nur akzeptabel erscheint, wenn man sich aktiv verhält und alles dafür tut, um dem Alterungsprozess entgegenzuwirken. Zum anderen offenbart dieses Ergebnis auch, dass Ältere oftmals nur als Werbemodel eingesetzt werden, wenn Produkte gegen altersbedingte Krankheiten und Defizite beworben werden sollen. Selten (um nicht zu sagen nie) sieht man Ältere als Models für Sportwagen, Mode, Computer, mobile Telefone, Kreditkarten oder Rum. Ist ein „Bacardi feeling" mit Älteren undenkbar? Werden hier die schematischen bzw. stereotypen Vorstellungen so durchbrochen, dass die Werbung unglaubwürdig oder gar lächerlich wirkt? Trauen sich nur vereinzelt Marketingmanager, gegen stereotypische Erwartungen zu verstoßen, wie es Dove Pro Age mit der „Wahre Schönheit kennt kein Alter"-Kampagne vorgemacht hat? Oder werden solche Werbekonzepte gerade von den Älteren missachtet, die sich mit „jungen" Marken selbst um Jahre verjüngen möchten? Ist „Schönheit" unweigerlich mit „Jugend" verbunden?

In einer Studie von Deutsch, Zalenski & Clark (1986) hatten junge Erwachsene die Aufgabe, verschiedene Fotos älterer Gesichter anhand ihrer jeweiligen Attraktivität zu bewerten. Die Ergebnisse zeigten, dass eine Abnahme der Attraktivität als Begleiterscheinung des Alters angesehen wurde. Auch Wernick & Manaster (1984) bestätigen eine negative Beziehung zwischen Schönheit und Alter. Probanden zwischen 19 und 30 Jahren hatten die Aufgabe, anhand von Bildern, die sowohl attraktive als auch unattraktive, ältere sowie jüngere Gesichter zeigten, die Schönheit zu bewerten. Die Resultate ergaben, dass jüngere Probanden ältere Gesichter als unattraktiv wahrnehmen (Wernick & Manaster, 1984). In Verbindung mit der äußeren Erscheinung werden zudem häufig verächtliche Begriffe wie „welk" und „altes Weib" zur Beschreibung älterer Menschen gebraucht (Palmore, 1999).

In einer telefonischen Untersuchung der American Association of Retired Persons (2006) hatten Probanden die Aufgabe, verschiedene mögliche Probleme im Alter nach ihrer Ernsthaftigkeit zu bewerten. Die Ergebnisse zeigten, dass 69 Prozent der Befragten zwischen 18 und 34 Jahren einen schlechten Gesundheitszustand als ein ernstzunehmendes Problem für Menschen über 65 Jahre ansahen. Dieses Ergebnis konnte auch eine Studie von Hawkins (1996) bestätigen, in der jüngere Probanden die Aufgabe hatten, ältere Menschen mit Hilfe von bipolaren Skalen, die sich aus verschiedenen Adjektiven zusammensetzten, zu beschreiben. Die Resultate zeigen, dass die jungen Versuchsteilnehmer alte Menschen vor allem als kränklich charakterisierten. Ebenso zeigt die Untersuchung der American Association of Retired Persons (2006), dass ältere Menschen als „einsam" wahrgenommen werden. Eine Studie von Lynch (2000), in der er unter anderem mit Hilfe der *Aging Anxiety Scale* die Angst vor dem Älterwerden jüngerer Probanden zwischen 18 und 39 Jahren untersuchte, ergab, dass jüngere Teilnehmer befürchten, im Alter sowohl gesundheitliche als auch finanzielle Probleme, Einschränkungen in ihrer Mobilität und eine mögliche Abhängigkeit von anderen Personen erfahren zu müssen.

Betrachtet man diese beispielhaft skizzierten Befunde, so drängt sich die Schlussfolgerung auf, dass Ältere in der Tat als Werbepersonen zu vermeiden sind, da all diese antizipierten negativen Eigenschaften über die Konditionierung und das Priming auf die Marke übertragen werden. Welche Marke möchte schon als hässlich, einsam oder kränklich wahrgenommen werden?

Man sollte jedoch die Gültigkeit der Erkenntnisse der oben skizzierten Studien ein wenig hinterfragen. In der Regel wurden hier Befragungen durchgeführt. Es ist durchaus denkbar, dass viele Jüngere mit vermeintlich als „richtig" oder sozial erwünschtem Antwortverhalten reagiert haben. Denkbar ist auch, dass Jugendliche negative eigene Erfahrungen mit den Eltern oder Großeltern gemacht haben und für sich ein ähnliches Schicksal antizipieren (Kontaminationshypothese). Ebenso ist es möglich, dass durch die Befragungssituation Zukunftsängste hervorgerufen wurden, die eher eigene Probleme offenbaren und gar nicht konkret auf die ältere Generation projiziert wurden.

Im Rahmen einer empirischen Diplomarbeit (Blatt, 2010) am Institut für Konsum- und Verhaltensforschung der Universität des Saarlandes wurden 20 Teilnehmer (10 Frauen und 10 Männer) im Alter zwischen 20 und 35 Jahren gebeten, ihren Vorstellungen von Alter mittels der Anfertigung einer Bildcollage Ausdruck zu verleihen. Projektive Verfahren wie die Collage-Technik sind eine gute Alternative, wenn in Befragungen sozial erwünschtes Antwortverhalten ein Risiko darstellt (Gröppel-Klein & Königstorfer, 2007). Die Materialien zur Gestaltung der Collagen wurden diversen Frauenzeitschriften, Tageszeitungen und Internetquellen entnommen und setzten sich aus 40 positiven sowie 40 negativen Bildern und Textelementen rund um das Thema „Alter" zusammen. Darstellungen von lachenden, aktiven älteren Menschen oder Ausdrücke wie „Wohlbefinden" bildeten Beispiele für positive Elemente (siehe Abb, 2). Abbildungen einer älteren Frau im Rollstuhl und das Wort „Schmerzen" wurden unter anderem als negativ konnotierte Materialien verwendet. Die Probanden wurden zu Beginn der Studie dazu aufgefordert, sich diejenigen Materialien herauszusuchen, die ihrer Meinung nach das Thema „Alter" am besten repräsentierten. Bei der Anordnung der ausgewählten Elemente auf einem DIN A3-Karton wurde den Teilnehmern freie Hand gelassen. Die Collagen wurden mittels Fotoapparat dokumentiert, um die spätere Auswertung zu erleichtern und die Nachvollziehbarkeit der Ergebnisse sicherzustellen.

Bei der Auswertung der Collagen wurde ein Vergleich zwischen der Anzahl der positiven und negativen Elemente in den einzelnen Collagen gezogen. Ausgehend von diesem Vergleich konnten verschiedene Kategorien gebildet werden, die sich je nach Anzahl der Elemente in ein positives, negatives und ambivalentes Altersbild, sowie in ein ambivalentes Altersbild mit positiver bzw. negativer Tendenz zusammenfassen ließen. Es zeigte sich, dass sich positive und negative Altersbilder die Wage hielten, von den jüngeren Probanden wurden also nicht nur negative Aspekte mit dem Alter assoziiert (ambivalent: 65 Prozent (genauer: 30 Prozent ausgeglichen, ambivalent mit negativer Tendenz 25 Prozent, ambivalent mit positiver Tendenz 10 Prozent), rein positiv: 25 Prozent, rein negativ: 10 Prozent).

Die Angst, im Alter auf die Hilfe anderer Menschen angewiesen zu sein, ist nicht unbegründet: Die physiologische Abhängigkeit resultiert aus einer Veränderung der motorischen und sensorischen Fähigkeiten, während die seelisch-geistige Abhängigkeit durch Beeinträchtigungen der mentalen Fähigkeiten hervorgerufen wird (Lehr, 2007). Außerdem unterscheidet man zwischen ökonomischer sowie sozialer Abhängigkeit. Erstere resultiert daraus, dass ältere Menschen auf die Rentenbeitragszahlungen der arbeitenden Bevölkerung angewiesen sind, während sich die soziale Abhängigkeit mit dem Rollenverlust sowie der Isolation älterer Menschen erklären lässt (Lehr, 2007). Doch „unangemessene" oder „falsche" Annahmen über das Alter können erhebliche Belastungen für ältere Menschen darstellen (Lehr & Niederfranke, 1991) und ignorieren das Potential Älterer (Kruse & Schmitt, 2005).

Abbildung 2. Collage mit positivem Altersbild (Quelle: Blatt, 2010).

Junge Menschen erwerben in der Kindheit nur Vorstellungen vom *typischen* Alter. Ältere haben jedoch eigene Erfahrungen mit dem Älterwerden gemacht, die dann mit den früheren Vorstellungen verglichen werden können. Vergleicht man die Aussagen von unterschiedlichen Altersgruppen bezüglich der Beurteilung älterer Personen, so ist zu erkennen, dass ältere Menschen positiver gegenüber Personen ihres Alters eingestellt sind als jüngere (Celejewski & Dion, 1998). Die positive Sicht auf das Alter ist für den Einzelnen durchaus von Vorteil, wie verschiedene Studien belegen: Menschen, die eine positive Perspektive vom eigenen Älterwerden einnehmen, zeigen höhere Gedächtnisleistungen (Levy, 1996), legen mehr Wert auf Gesundheit und Aktivität im Alter (Levy, 2003; Wurm, Tesch-Römer & Tomasik, 2007) und haben eine höhere Lebenserwartung (Levy et al, 2002) als Menschen, die eine negative Auffassung vom eigenen Älterwerden haben.

Angesichts dieser Befunde kann man der Werbung somit durchaus eine gesellschaftliche und sogar eine gesundheitsvorbeugende Verantwortung einräumen, können positive Altersbilder doch vor allem über bildliche Darstellungen in Werbeanzeigen und Werbefilmen transportiert werden. Die Werbung kann dazu beitragen, dass die Vorstellungen über das Alter positiv verändert werden. Sollten daher mehr Unternehmen den Mut fassen, Ältere in Kampagnen zu zeigen (und zwar nicht nur für Produkte, die die Gebrechen des Alters lindern)? Oder besteht die Gefahr, dass solche Darstellungen kontrapoduktiv wirken, da die Älteren über den Konsum mit Waren, die von jungen Werbepersonen angepriesen werden, sich der Illusion hingeben können, selbst ein paar Jahre jünger zu sein?

Auch hierzu wurde im Rahmen einer Diplomarbeit am Institut für Konsum- und Verhaltensforschung ein Experiment durchgeführt (Zilch, 2009). Es wurde eine Anzeige für ein calciumhaltiges Mineralwasser in drei verschiedenen Varianten drei Probandengruppen à 40 Personen vorgeführt. In jeder Gruppe wurden Teilnehmer unterschiedlicher Altersgruppen befragt; das Altersspektrum reichte insgesamt von 19 bis 85 Jahre. Die Anzeigen zeigen Werbepersonen verschiedenen Alters (jung vs. alt), wobei die älteren Werbepersonen entweder ein traditionelles Altersstereotyp zeigen oder ein Motiv der „junggebliebenen, aktiven Frau" (siehe Abb.3).

Die (nicht nach Altersgruppen differenzierten) Ergebnisse zeigen, dass alle drei Werbepersonen als gleich sympathisch erlebt wurden, die Beurteilungsdimension „Attraktivität der Werbeperson" wurde am positivsten bei der Variante „junges Modell" eingeschätzt, die Vertrauenswürdigkeit der Werbeperson wurde jedoch am besten für die beiden Anzeigen mit den älteren Modellen eingestuft. In Bezug auf die „Jugendlichkeit der Marke" schnitt erwartungsgemäß die Anzeige mit der jungen Frau am besten ab, in Bezug auf die Frage, welche Werbeperson besonders qualifiziert wirke, die Anzeigen mit der älteren sportlichen Darstellerin.

Diese Ergebnisse legen zunächst nahe, dass Konsumenten Werbeanzeigen mit jungen Models Attraktivität, mit älteren Darstellern dagegen Verlässlichkeit zuschreiben und sich somit eine stereotype Erwartung bestätigt. Dieses Ergebnis kann mit der automatischen Aktivierung verinnerlichter typischer Altersvorstellungen erklärt werden (Junge sind attraktiv, Ältere sind erfahren). Doch kontrolliert man die Ergebnisse um den Faktor „gefühltes Alter" (der ebenfalls erhoben wurde), so zeigt sich, dass die Anzeige mit dem modernen aktiven Altersmotiv von den Teilnehmern, die sich viel jünger als ihr chronologisches Alter fühlten, auch bezüglich der Attraktivität der Werbeperson ähnlich positiv beurteilt wird wie das junge Werbemodell. Die Ergebnisse müssen aufgrund der kleinen Stichprobe zwar mit Vorsicht interpretiert werden, sollten sie sich aber durch weitere Studien erhärten, so könnte man die These ableiten, dass mit zeitgemäßen Altersmotiven „junggebliebene" Ältere überzeugt werden können. Diese Motive werden sowohl als attraktiv als auch als vertrauenswürdig in der Zielgruppe beurteilt. Unternehmen könnten daher mehr Mut zeigen und ältere Werbepersonen in neuen, aber realistischen Rollen stärker forcieren (Reidl, 2005). Einzelne Produkte (Dove Pro Age, Nivea, Actimel, auch einzelne Versicherungen und Dienstleistungsunternehmen) haben diesen Mut schon aufgebracht.

In letzter Zeit kann man immer wieder die Empfehlung von Werbeagenturen hören, generationenübergreifende Werbung durchzuführen, die junge Darsteller zeigt, die aber Modewörter (wie beispielsweise „knorke", „flippig") früherer Generationen verwendet. Die jungen Darsteller würden die jungen Konsumenten ansprechen, die älteren fühlten sich durch die sprachlichen Ausdrücke in ihre Jugendzeit zurückversetzt. Ist auch der umgekehrte Weg denkbar, dass ältere Darsteller Modeausdrücke der jüngeren Generation verwenden, oder würde das lächerlich und anmaßend wirken? Die „It's cool man" Fernsehkampagne von Milka, die in den 1990er gezeigt wurde, erhielt „Kultstatus". Der Werbesong schaffte es in die Hitparaden Deutschlands, Österreichs und der Schweiz. Der „barttragende" und sichtlich über 70 Jahre alte Darsteller verkörperte einen „Alm-Öhi", der einen Städter mit dem Slogan „It's cool man" vor dem Vorurteil warnte, dass Bergbauern altmodisch seien.

Abbildung 3. Anzeigenmotive in den drei Versuchsgruppen (Quelle: in Anlehnung an Zilch, 2009).

4.   Fazit

Unternehmen haben vielfach nicht die Courage, ältere Darsteller in der Werbung zu zeigen. Sie befürchten, dass über die Mechanismen „emotionale Konditionierung" und „Priming" negative Altersstereotype auf die Marken übertragen werden. So sind beispielsweise ältere Frauen in der Automobilwerbung derzeit nicht zu entdecken, während junge und schöne Frauen sehr häufig präsentiert werden, in der Hoffnung, dass die Attraktivität der Frau auf das Auto abfärbt. Die „Dove-Pro-Age"-Kampagne stellt immer noch eine der wenigen Ausnahmen dar und hat die Gesellschaft zweifellos aufgerüttelt. Es bleibt abzuwarten, ob die Bilder der unbekleideten, attraktiven, aber älteren und nicht mehr makellosen Frauen auch langfristig dazu geeignet sind, Markenpräferenzen aufzubauen. Es ist aber angesichts der bisherigen Erkenntnisse zu vermuten, dass sich ältere Konsumentinnen, wenn ihnen zeitgemäße und realistische Werbemotive mit älteren Darstellern präsentiert werden, mit diesen besonders gut identifizieren können und sich nicht von der Illusion leiten lassen, man könne sich nur durch die Orientierung an jungen idealen Models die Illusion ewiger Jugend und Schönheit erhalten. Die Identifikation mit einer Marke, die Sympathie und Empathie, die man ihr entgegenbringt, sind in der Regel entscheidendere Erfolgsfaktoren für den langfristigen Erfolg einer Marke als die einfache Beurteilung derselben als „jugendlich" und „attraktiv" (Escalas & Stern, 2003). Dagegen hat Kölnisch Wasser in der Vergangenheit sicherlich den Fehler gemacht, ein antiquiertes Image zu verbreiten, mit dem sich weder die jüngeren noch die älteren Konsumentinnen identifizieren konnten.

Viele Unternehmen sollten sich angesichts des demographischen Wandels auch ihrer „schizophrenen Beziehung" zum Alter bewusst werden. Die lange Erfahrung eines Unternehmens ist zweifellos in fast allen Branchen ein Werttreiber, und die positiven Assoziationen, die hiermit einhergehen, müssen von der Werbung aufgegriffen werden. Man vermisst jedoch den offensiven Umgang mit diesem Pfund. Warum zeigt man so selten „intergenerationale" Gespräche in Werbefilmen, in denen sich jung und alt über die Erfahrungen mit der Marke austauschen? Viele „fachsimpeln" gerne über High-Involvement-Produkte, unabhängig davon, ob die Fans „jung" oder „alt" sind. Das Erfahrungswissen der älteren Konsumenten kann im Marketing viel stärker genutzt werden, nicht nur in der Kommunikationspolitik, sondern auch in der Produktpolitik bei der Weiterentwicklung von Angeboten.

Literaturangaben

[1]   Allen, C. T., & Janiszewski, C. A., Assessing the Role of Contingency Awareness in Attitudinal Conditioning with Implications for Advertising Research, *Journal of Marketing Research* **26:1** (1989), 30–43.

[2]   American Association of Retired Persons, *Images of Aging in America 2004,* Washington, 2006.

[3]   Bargh, J. A., Chen, M., & Burrows, L., Automaticity of Social Behavior: Direct Effects of Trait Construct and Stereotype Activation on Action, *Journal of Personality and Social Psychology* **71:2** (1996), 230-244.

[4]   Behrens, G., *Konsumentenverhalten. Entwicklung, Abhängigkeiten, Möglichkeiten,* 2. Aufl., Heidelberg, 1991.

[5]   Blatt, S., *Die Risiken des Alters im Spiegel der Medienberichterstattung und ihre Bedeutung für das Konsumentenverhalten jüngerer Menschen,* unveröffentlichte Diplomarbeit eingereicht am Institut für Konsum- und Verhaltensforschung, Universität des Saarlandes, Saarbrücken, 2010.

[6]   Braun-LaTour, K. A., M. S. LaTour, & G. M. Zinkhan, Using Childhood Memories to Gain Insight into Brand Meaning, *Journal of Marketing* **71:2** (2007), 45-60.

[7]   Celejewski, I., & Dion, K. K., Self-perception and perception of age groups as a function of the perceiver's category membership, *International Journal of Aging and Human Development* **47:3** (1998), 205-216.

[8]   Deutsch, F. M., Zalenski, C. M., & Clark, M. E. Is There a Double Standard of Aging? *Journal of Applied Social Psychology* **16:9** (1986), 771-785.

[9]   Dijksterhuis, A., & Bargh, J. A., The Perception-Behavior Expressway: Automatic Effects of Social Perception on Social Behavior, in: Zanna, M. P. (Hrsg.), *Advances in Experimental Social Psychology, Vol. 33,* 1-40, San Diego, 2001.

[10]   Dragoi, V., & Staddon, J. E. R. The Dynamics of Operant Conditioning, *Psychological Review* **106:1** (1999), 20-61.

[11]   Escalas, J. E., & Stern, B. B. Sympathy and Empathy: Emotional Responses to Advertising Dramas, *Journal of Consumer Research* **29** (2003), 566–578.

[12]   Filipp, S.-H., & Mayer, A.-K., *Bilder des Alters. Altersstereotype und die Be-ziehungen zwischen den Generationen*, Stuttgart, 1999.

[13]   Gaspar, C., *Wirtschaftsfaktor Senioren, ausgewählte Untersuchungsergebnisse der GfK für den Workshop zum Altenbericht der Bundesregierung*, Köln, 2009.

[14]   Gorn, G. J., The Effects of Music in Advertising on Choice Behavior: A Classical Conditioning Approach, *Journal of Marketing* **46:1** (1982), 94-101.

[15]   Gröppel-Klein, A. Psychophysiologie und Konsumentenverhaltensforschung, in: M. Bruhn, & R. Köhler (Hrsg.), *Neuroökonomie*, 2010, im Druck.

[16]   Gröppel-Klein, A., & Königstorfer, J. Projektive Verfahren in der Marktforschung, in: Buber, R. und H. Holzmüller (Hrsg.): *Qualitative Marktforschung. Konzepte - Methoden – Analysen*, 537–553, Wiesbaden, 2007.

[17] Hawkins, M. J., College students' attitudes toward elderly persons, *Educational Gerontology* **22:3** (1996), 271-279.

[18] Kiefer, M., Bewusstsein, in: J. Müsseler, (Hrsg.), *Allgemeine Psychologie*, 2. Aufl., 154-188, Berlin, 2008.

[19] Koch, I., (2008): Konditionierung und implizites Lernen, in: J. Müsseler, (Hrsg.), *Allgemeine Psychologie*, 2. Aufl., 339-374, Berlin, 2008.

[20] Kroeber-Riel, W., Activation Research: Psychobiological Approaches in Consumer Research, *Journal of Consumer Research* **5:4** (1979), 240-250.

[21] Kroeber-Riel, W., & Esch, F.-R. *Strategie und Technik der Werbung*, 6. Aufl., Stuttgart, 2004.

[22] Kroeber-Riel, W., Weinberg, P., & Gröppel-Klein, A., *Konsumentenverhalten*, 9. Aufl., München, 2009.

[23] Kruse, A., & Schmitt, E., Zur Veränderung des Altersbilds in Deutschland, *Aus Politik und Zeitgeschichte* **49/50** (2005), 9-17.

[24] Lehr, U. M., *Psychologie des Alterns*, 11. Aufl., Wiebelsheim, 2007.

[25] Lehr, U. M., & Niederfranke, A., Altersbilder und Altersstereotype, in: W. D. Oswald, W. M. Herrmann, S. Kanowski, U. M. Lehr und H. Thomae (Hrsg.), *Gerontologie. Medizinische, psychologische und sozialwissenschaftliche Grundbegriffe*, 2. Aufl., 38-46, Stuttgart, 1991.

[26] Levy, B. R., Improving memory in old age through implicit self stereotyping, *Journal of Personality and Social Psychology* **71:6** (1996), 1092-1107.

[27] Levy, B. R., Mind matters: Cognitive and physical effects of aging self-stereotypes, *Journals of Gerontology Series B: Psychological Sciences and Social Sciences* **58B:4** (2003), 203-211.

[28] Levy, B. R., Slade, M. D., Kunkel, S. R., & Kasl, S. V., Longevity increased by positive selfperceptions of aging, *Journal of Personality and Social Psychology* **83:2** (2002), 261-270.

[29] Lynch, S. M., Measurement and Prediction of Aging Anxiety, *Research on Aging* **22:5** (2000), 533-558.

[30] Mayer, A.-K., Vermittelte Altersbilder und individuelle Altersstereotype, in: B. A. Schorb, Hartung, A. & Reißmann, W. (Hrsg.), *Medien und höheres Lebensalter: Theorie-Forschung-Praxis* 114-129, Wiesbaden, 2009.

[31] Miller, D. W., Leyell, T. S., & Mazachek, J. Stereotypes of the elderly in U.S. television commercials from the 1950s to the 1990s, *International Journal of Aging and Human Development* **58:4** (2004), 315-340.

[32] North, A. C., Hargreaves, D. J., & McKendrick, J. The influence of in-store music on wine selections, *Journal of Applied Psychology* **84:2** (1999), 271-276.

[33] Palmore, E. B., *Ageism: Negative and Positive*, 2.Aufl., New York, 1999.

[34] Reidl, A., *Grau, rüstig, kauffreudig, Vortrag bei der GfK in Nürnberg am 8. Juli 2005*, [Zugriff am 30.03.2009], Auszüge zu lesen online im Internet unter „Pressemitteilungen", URL: www.gfk.com.

[35] Röhr-Sendlmeier, U. M., & Ueing, S. Das Altersbild in der Anzeigenwerbung im zeitlichen Wandel, *Zeitschrift für Gerontologie und Geriatrie* **37:1** (2004), 56-62.

[36] Rothermund, K., & Wentura, D. Figure-Ground Asymmetries in the Implicit Association Test (IAT), *Experimental Psychology (formerly "Zeitschrift für Experimentelle Psychologie")* **48:2** (2001), 94-106.

[37] Rothermund, K., & Wentura, D., Underlying Processes in the Implicit Association Test: Dissociating Salience From Associations, *Journal of Experimental Psychology: General* **133:2** (2004), 139-165.

[38] Roy, A., & Harwood, J., Underrepresented, Positively Portrayed: Older Adults in Television Commercials, *Journal of Applied Communication Research* **25:1** (1997), 39-56.

[39] Shimp, T. A., Neo Pavlovian Conditioning and its Implications for Consumer Theory and Research, in: Robertson, T. S., & Kassarjian, H. H. (Hrsg.), *Handbook of Consumer Behavior*, 162-187, Englewood Cliffs, NJ, 1991.

[40] Schneider, C., *Bilder und Stereotypen älterer Menschen in der Marketingkommunikation – eine inhaltsanalytische Studie vor dem Hintergrund des demographischen Wandel*, unveröffentlichte Diplomarbeit eingereicht am Institut für Konsum- und Verhaltensforschung, Universität des Saarlandes, Saarbrücken, 2009.

[41] Solso, R. L., *Kognitive Psychologie*, Heidelberg, 2005.

[42] Wernick, M., & Manaster, G. J., Age and the Perception of Age and Attractiveness, *The Gerontologist* **24:4** (1984), 408-414.

[43] Wurm, S., Tesch-Römer C., & Tomasik, M. J., Longitudinal findings on aging related cognitions, control beliefs and health in later life, *Journals of Gerontology Series B: Psychological Sciences and Social Sciences* **62B:3** (2007), 156-164.

[44] Zhang, Y. B., Harwood, J., Williams, A., Ylänne-McEwen, V., Wadleigh, P. M., & Thimm, C. The Portrayal of Older Adults in Advertising: A Cross-National Review, *Journal of Language and Social Psychology* **25:3** (2006), 264-282.

[45] Zilch, T., Das *Bild älterer Menschen in der Werbung aus Sicht älterer und jüngerer Konsumenten*, unveröffentlichte Diplomarbeit eingereicht am Institut für Konsum- und Verhaltensforschung, Universität des Saarlandes, Saarbrücken, 2009.

III. Mitverantwortliches Leben in Generationenbeziehungen

Leben im Alter
A. Kruse (Hrsg.)
© *2010, AKA Verlag Heidelberg*

Generational Intelligence and Sustainable Relationships

Simon BIGGS[a] and Irja HAAPALA[b]

[a]*Professor of Gerontology & Social Policy, School of Social & Political Science,*
University of Melbourne, Australia
[b]*School of Applied Educational Science and Teacher Education,*
University of Eastern Finland

Abstract. Ausgehend von zwei Fragen, denen die Autoren eine grundsätzliche Bedeutung in der Annäherung an die Herausforderung der Alterung der Bevölkerung beimessen, wird ein Instrumentarium entwickelt, welches zum Ziel hat, den intergenerationell-zwischenmenschlichen Verständniszugang zu optimieren. Dabei lautet die erste Frage: Wie können wir uns selbst in die Lage eines Mitglieds einer anderen Generation versetzen? Die zweite lautet: Wie ist es möglich, intergenerationell nachhaltige Problemlösungen zu generieren? Im weiteren Verlauf wird anhand eines Vier-Stufen-Modells porträtiert, wie der Blick durch eine generationelle Linse beschaffen sein müsste, um auf diese Weise u.a. zu verstehen, inwiefern kohortenspezifische soziale Realitäten eine Verständnisbarriere zwischen den Generationen darstellen. Die Autoren verfolgen mit diesem Ansatz das Ziel, die von der Gesellschaft produzierten künstlichen Hürden zu reduzieren, die einen vorbehaltlosen Blick auf intergenerationelle Belange verhindern. Angesichts der mit der Alterung der Bevölkerung einhergehenden gesellschaftlichen Implikationen – z.B. der als unausweichlich betrachteten Ausdehnung der Lebensarbeitszeit – gilt den Autoren die Schärfung der generationellen Intelligenz als notwendiges Instrumentarium, um westliche Gesellschaften auf die kommenden Veränderungen angemessen vorbereiten zu können.

Introduction

This paper outlines two questions that, it is argued, are necessary in order to adequately address the challenge of population ageing. Firstly, how can we put ourselves in the place of someone of another generation? And, secondly, how is it possible to generate intergenerationally sustainable solutions?

When compared to the end of the 20th century, the first decade of the 21st, has made the question of population ageing a commonplace of policy anxiety. The proportional growth of number of older adults and the length of time that people are living is historically unprecedented (WHO 2000). Change in age structure is affecting both the developed and developing worlds (Aboderin, 2004). The question is one of culture as well as demography, and may be expected to provoke challenges to existing norms of intergenerational behaviour (Antonucci, Jackson & Biggs, 2007). It is becoming clear that we do not currently, as national or global societies, have the cultural resources, the redundant cultural strength, to draw on to negotiate this novel situation. We are, collectively, rather like mid-lifers who, according to Dan McAdams (1993), have to "figure it out on their own". Traditional roles and responsibilities no longer seem to fit and the new demands lack the specificity and cultural embeddedness to supply a reliable guide to action.

The first question is necessary because, in life-course terms, contemporary society so often eclipses the existential projects of the later, second half of adult life and replaces them with the priorities of the more youthful first. This seems at first glance to make putting oneself into the shoes of the age-other an easy task. In effect, to the person in the first stage, the goals, hopes, desires and sense of past and future appear to be the same regardless of age. On closer inspection, however, the task becomes a considerable psychological and social challenge.

The second question is necessary because it is not simply enough to become self consciously aware of one's own and another's life-course priorities. It is also important to achieve a rapport between them, and find ways of negotiating a complementary relationship that can be sustained over time. It has to, in other words, work for both parties and to be able to last. It is in this sense that we are using the word sustainable: to be able to stand the test of time, be mutually acceptable and constitute a good cultural stewardship of intergenerational concerns.

Generational intelligence is a way of interrogating intergenerational relationships that exists at a number of levels. It was first used by Biggs and Lowenstein (2009) as a means of identifying positive and negative aspects of communication between younger and older adults, so that individuals could be identified as exhibiting high or low levels of insight into the circumstances of persons felt to be of a different age. Here we would like to explore this concept in a little more depth and draw out some of its implications for current trends in social policy.

1.   Becoming aware of Generational Similarity and Difference

Identifying another person as being of a different age, an age-other, is not a quantifiable difference when speaking about generational intelligence, but is rather phenomenologically real in the sense that a difference is perceived to exist by one or both of the actors involved. This difference may be based on cohort differences, such as that between the "baby-boomers" and their parents (Phillipson et al, 2008) or the "IT" generation and age groups who are less IT literate (Edmunds and Turner, 2005). It may be based on lineage within families, where a different generational position is biologically and socially visible (Bengtson & Lowenstein, 2003). It may also result from the occupation of a different phase of life, such as for example, adolescence or childhood, or the first decades of adulthood or midlife (Biggs, 1999).

Further, a number of writers have argued that generational difference reflects existential questions concerning passage through the human life-course itself. Differences occur as a consequence of increased recognition that life is finite, changing life-projects between early and late adulthood and that forms of social engagement and insight vary with in-creasing age (Cole, 1992; Dittman-Kohli, 1991, 2005; Biggs, 1999; Westerhoff et al, 2007).

In each case a difference based on age is socially signified and acts to guide the way in which each actor constructs a sense of self and of those who are age-others. Because such a difference is thereby socially real, it becomes a barrier to mutual understanding that then has to be overcome.

In terms of age similarity, the notion of an age-other points toward at least two types. On the one hand there is what might be called "simple similarity". This is when no barrier exists in the socially constructed realities of either party with respect to age identity. Complex similarity, however, has a deeper structure in so far as age difference has at first been recognised and is then denied. In this sense it might exist as what Bollas (1987) has called an "unthought known". An unthought known has been suppressed from phenomenological experience, but is nevertheless present as a guiding principle for everyday activity. It rests on the idea that in order to suppress something, to hide it so to speak from everyday expression, it has had to have at some point been recognised. While Bollas was largely speaking about unconscious processes, it is also possible to see interpersonal activities such as masquerade (Biggs, 1999) as means of acting on the basis of something that is hidden and may also be hidden from the actors themselves.

2. Generational Balance: Symmetrical and A-symmetrical

The distinction between phenomenological similarity and difference also gives rise to questions of balance between the perspectives of different social and personal realities. When the perspectives of different actors are in balance with each other, both hold the same position with respect to the relationship to the other, in this case with respect to generational category. Thus if two adults both agree that one is in early adulthood and the other in late adulthood, they concur that there is a distinction and each acts towards the other as if there were certain age-based distinctions between them. They are, for all intents and purposes in a position of a-symmetrical balance. If one considers that there is a difference and the other does not; for example, between a person in midlife and someone in young adulthood, then there is a mismatch and the relationship between assumptive realities is out of balance. If both parties agree that they are, in age terms effectively the same, then there is a symmetrical balance. The question of the degree of balance between social actors on the question of age and identity also adds to the complexity of the games that can be played and the emotional energy that needs to go into holding a particular position.

The more complex the relationship between age identities and the perception of similarity and difference based on age, the more the social actor needs to manage the presentation of self and the more complex the task facing generational intelligence becomes. Again, returning to Bollas (1989):

> Each new generation is a period of intense subjective life, a time for the simple self who feels himself to be part of a collective process carrying him along inside it. Music, fashion, lingual expressions, social idioms, seem to give immediate expression to the parts of the self which take their place in the plenitude of generational objects. This period on the immersion of self in the culture gives way in and through time to the complex self who collects these selves into one more or less objectifiable location when one reflects on those selves as objects. In the course of generational progression one is less immersed in social culture, less idiosyncratic and more conventional, and increasingly inclined to see the self and its objects more clearly. This is in part what is meant by wisdom; that knowledge accrued out of reflected upon experiences (Bollas, 1989, p. 270).

Thus, there are periods when one can be carried along in a generational "time for the simple self". This may partly be a result of psychological development and partly of social context. Elsewhere it has been argued that this is a social construct based primarily on the dominance of one generational identity over another (Biggs, 2004, 2007). If you are part of a dominant generation culturally speaking, then you are less conscious of an imbalance between your own sense of self and the surrounding social milieu. One is immersed in it; it does not readily throw up issues that make you have to stop and think. Once one steps out of that immersive space, however, the question of a personal generational identity becomes more problematic. One ceases to act within a masquerade and begins to deploy a masquerade in order to protect oneself and connect to others in ways that are less open to psychological and social wounding.

Once this sense of immersion and complexity and of balance and lack of balance is introduced to the public sphere, then it is also possible to have different discourses existing at different levels. One level may concern the macro structural and systems planning, another concerns intergroup and interpersonal relations, and another of perception of self at various degrees of consciousness. It is quite possible then to have unevenness between levels, so that at one level there exists certain sets of assumptions about the degree of similarity/difference between generational groups, at another level, another, and so on. At this point it may be useful to explore the relationship between generations at the levels of personal and interpersonal organization, and return to the question of macro discourse, such as that of social policy a little later.

3.   Deploying Generational Intelligence

This combination of a complex generational self and the degree of balance with and age-based constructions of social reality; contributes to the salience and deployment of generational intelligence.

If generational intelligence can be seen as unevenly distributed in terms of generations and age groups, then it follows that there could be certain steps to help move social actors from one state of awareness to another.

At an everyday level, generational intelligence can refer to the forms of information that are available to the active subject, in the sense of the 'intelligence' currently available in any one situation. Rather like the way that spies use the phrase to discriminate available and potentially available clues, generational intelligence refers to seeking out information or searching for data. In other words, we gather intelligence about generational relations as a guide to action. However, seeking out available information relies on that information being explicit and accessible.

A second way of using the term "intelligence" addresses the degree to which a person is aware of and able to work with generational and related forms of information. It involves a critical approach to generational categories: working 'intelligently' with them. This emphasizes the degree to which actors and groups behave as if they were immersed in their own group-specific form of generational consciousness as compared to more complex forms that include an openness to multiple generational perspectives. Generational Intelligence in this sense denotes different degrees to which social actors behave reflexively with respect to generational identities and intergenerational relations. Just as with the deployment of a masquerade, a reflexive awareness of generation creates room for manoeuvre. It creates a distance between immersion inside a generational identity and being able to step outside in order to take a position with respect the generational identities that are available options. It identifies the ground on which it is possible to take a stand.

4.   Steps toward Generational Intelligence

If Generational Intelligence is a matter of degree, particularly with respect to an awareness of self and others as members of a generational group, it also suggests certain processes that would need to occur, in order to establish higher degrees of generational sensitivity. It can, perhaps, be broken down into identifiable steps that are liable to increase the likelihood of generationally intelligent understanding and action. By taking such steps immediate experience can follow pathways into more complex and reflective processes. It involves a process of separation and return which allows a critical reflective space to emerge. As this space is entered, it provokes recognition of the relationship between self and other, which leads to further action taking place beyond immersion. These steps might look like this:

Step One. This step is, as a first footfall, necessary to become aware that generational distinctiveness actually exists. This is a rather obvious point to make were it not for the tendency for certain policy statements (Biggs et al, 2007) and identity positions (Biggs et al., 2007a) to deny or obscure it. Recognizing distinctiveness would be necessary in order to locate oneself within generational space and to identify different contributory factors that are expressed through generational identity. The degree to which one's immediate experience is affected by cohort, family and lifecourse position would need to be critically interrogated as part of this process. Socio-historical attitudes to family for example will influence a person's thoughts and feelings about themselves as a child, parent and grandparent, and progress through their own lifecourse as one phase leads on to another from adolescence, through to midlife and on into old age. How these distinctions fold back into cohort identities would need to be disaggregated and understood. At this point self-awareness would be principally a personal reflective endeavor, an interior process where immersive awareness is separated out and made the subject of conscious reflection.

Step Two: This step would consist of understanding the relationship between generational positions. The purpose of this second step would be to identify the key generational actors in any one situation and see them through generational spectacles, thus making intergenerational relations explicit. Generational relations include the positions that each social actor may hold, but also the associations that each person brings with them about other generations, their internalized images of ageing that are organized generationally. As part of this process it would be possible to see the age-other as a person with priorities, desires, fears and reflections that may or may not overlap with one's own, thus engaging with the difficult tasks of placing oneself in the position of that age-other.

Step Three: This step involves taking a value stance toward generational positions. Knowing that generational distinctiveness and difference exist is no guarantee of the quality of the relations that emerge. It is quite possible that participants in generational exchange take an antagonistic position, one based on harmony, on mixed feelings or on indifference. Each of these suggests a value position supported by certain power relations, and as generational intelligence's own value position is one of increasing the likelihood of harmonious accommodation between generations, being explicit about the position taken is important at this stage. Rather than assume that actions concerning generational relations are in themselves neutral or objective, the task would be to critically assess the relations that tacitly and explicitly underpin intergenerational behavior. This is part of finding the ground on which we stand, which for critical gerontologists would require examination of generational power and how it might be negotiated.

Step Four: The fourth step concerns action in a manner that is generationally aware. Once a value stance has been taken with respect to generational power, then the ground on which action can take place is made much clearer. Generationally intelligent action would take place in the knowledge of one's own contribution and those of others. Action would work toward situations that move from immersion to actively negotiated accommodations, one to another, as it is in this way that sustainable genera-tional relationships might emerge.

Taken together, these steps show a way of seeing through a generational lens, in order to draw out how social reality has been generationally inflected and sustainable negotiation around resources can take place. It is important, however, to engage in such a process without falling into the trap of saying what old age or other phases of adult ageing should be like. Rather, the objective would be to make a preliminary sketch of the processes that might have to take place to allow sustainable solutions to emerge, where sustainability refers to negotiations that take differing generational perspectives and requirements into account. The next section of this paper is used to examine recent trends in social policy and make some preliminary observations on their degree of generational intelligence.

Policy, Generation and Power

We would argue that Generational intelligence will become an increasingly important factor for the analysis and even the formulation of social policy on ageing. Conflict and competition in the public sphere may be expected to increase the salience of generational similarity and difference, both in their simple and complex states. Kohli (2005) has argued that "in the twenty-first century, the class conflict seems to be defunct and its place taken over by the generational conflict" (Kohli, 2005: 518). This assertion gains some support from Turner (1998) who has outlined generational tension between boomers and younger generations on the distribution of power. Francophone writers such as Ricard (in Olazabal, 2005) and Chauvel (2007) have criticized the boomer or lyric generation for social selfishness and disproportionate cultural and economic arrogance to the disadvantage of succeeding generational groups. Moody (2008) has charted what he calls the 'boomer wars' as a recurrent polarization of discourse in North American popular literature. In UK politics, Willetts (2010) has blamed the boomer generation for using up resources belonging to other generational groups. This is in spite of evidence that indicates that, at least in the private sphere, generational transfers continue to travel downward, from older to younger generations (Irwin, 1999) that this exists across systems that rely on family or state-based welfare support (Daatland et al., 2010) and the view that generational rivalries can be exacerbated by individualizing, market driven, economic systems (Lorenz-Meyer, 2001). These patterns may also be driven by macro economic trends rather than interpersonal ones, although they commonly conflate the two. When it comes to pensions policy, for example, actuarial concern about a "longevity gap" emerging between increasing lifespans and the cash made available to cover years in retirement, has led to a removal of the most beneficial 'final salary schemes' schemes and a lengthening of the age of retirement. These changes, which rarely take wider forms of expenditure and wealth distribution into account, threaten a significant argument supporting public generational transfers and sense of fairness in so far as younger generations are both expected to pay for current generations and receive reduced benefits themselves. Giuliano & Spilimbergo (2009) have argued that in times of economic prosperity, people tend to attribute success to personal prowess and failure to personal shortcomings, but in periods of adversity, economic wellbeing is more likely to be attributed to luck and circumstance. Tolerance for collective support for the victims of economic recession is thereby increased. At the time of writing the recessional period, beginning in 2008 had yet to play itself out and these changes in public policy had yet to make themselves felt.

Social commentaries, especially those arising from the public sphere, then, suggest a renewed aggression in intergenerational discourse, directed primarily against late-midlife intergenerational relations. Indeed, a number of social problems are likely to increase as populations live longer and the proportion of older adults increases. Social issues have emerged at the beginning of the 21st century that are intergenerational in form, including increased salience of age discrimination in the work place, elder abuse in care, and questions of generational equity around pensions.

If it is accepted that increased scarcity of resources leads to a retrenchment into in-group identification, and that identities are increasingly being cast in terms of generation, obscuring other forms of social inequality, then the degree to which it is possible to put oneself in the position of someone of a different age group may become one of the defining factors driving social policy in the twenty-first century.

5.   Biomedicine, Productive Ageing and attempted Social Inclusion

There are perhaps two major discourses on adult ageing in contemporary social policy. The first concerns the sphere of biomedicine. Its power rests on scientific innovation and the power of medical innovation to repair and enhance the ageing body. In terms of its relationship to old age it is a narrative of avoidance. It recognises that old age exists and promises a means of reducing its effects and perhaps avoiding it altogether. The older adult is cast in a consumer role. The second discourse exists primarily in the realm of social policy and concerns the possibility of productive ageing. Here, the principle mechanism is the maintenance of a certain form of lifestyle and a means of ensuring continued social inclusion. Its power rests on an assumption of agelessness within workplace settings, where it is performance, rather than age, that counts. As such it rests on a denial rather than an avoidance of adult ageing. The two discourses perform complementary roles under contemporary conditions as the latter introduces ageing as a source of new markets and the latter as a source of economic capital (Estes, 2002). In fact the two, while generally occupying separate domains, come together in so far as a fitter ageing population that continues to work, reverses a cycle of age and fiscal dependency. Productive agers draw less in terms of pensions and benefits and contribute more in terms of tax revenue. The temptation to use work as the mechanism to cement strained intergenerational relations is therefore considerable and has been adopted by most advanced economies (Estes et al 2003; Walker, 2006, 2009). The logic, in terms of generational identity travels the following route. If ageism exists because older adults are seen as being lacking a useful social role, then productive ageing provides a key mechanism for social inclusion (Caro et al., 1993). Work succeeds because it "makes them like us" in two senses, in the sense of similarity and thus the erasure of generational difference, plus in the sense of reducing intergenerational resentment and increasing generational solidarity (Estes et al., 2003), as seen from the younger generation's point of view.

In answer to the question: why are societies in the developed world spending so much on longevity research and simultaneously worrying about the burden of increasing numbers of pensioners. The answer comes: rather than generating a "longevity gap", the gap between how long people live and the finances they have available to support themselves, bioscience and productivity go hand in hand because they generate a 'longevity dividend'. The notion that ageing societies are actually economically beneficial to all generations has been take up by a number of high profile gerontologists (Bloom & Canning, 2000; Olshansky et al, 2006; Butler et al, 2008, 2009). The new relation between life extension and productivity go hand in hand is put most clearly below:

> In addition to the obvious health benefits, enormous economic benefits would accrue from the extension of healthy life. ...The science of aging has the potential to produce what we refer to as a "Longevity Dividend" in the form of social, economic, and health bonuses both for individuals and entire populations—a dividend that would begin with generations currently alive and continue for all that follow (Olshansky et al., 2006).

That is to say:

> ...by extending the time in the lifespan when higher levels of physical and mental capacity are expressed, people would remain in the labor force longer, personal income and savings would increase, age-entitlement programs would face less pressure from shifting demographics, and there is reason to believe national economies would flourish (Butler, 2009, p.1).

The policy implications of the "longevity dividend" play well against the backdrop of cultural trends such as the desire to extend midlife lifestyles for as long as possible (Hepworth, 1995, 2004) and the erosion of distinctions between generational groups through a diversity of consumption driven "cultures of ageing" (Gilleard & Higgs, 2004). The main difference between these and the productive ageing approach is that one set of approaches is based on the assumption of increased leisure and consumerism and the other on a continuation of working life.

The idea of biomedicine and productive ageing coming together to solve the problem of ageing societies is extremely tempting, as it taps into deeply embedded cultural myths. One might almost say it promises the elixir of life and the alchemist's stone in one. It sounds too good to be true, and it is here that we need to return to the concept of generational intelligence.

6. Generational Intelligence and Sustainable Relationships

The problem with the longevity dividend proposal is that it eclipses generational difference and attempts to establish a culturally simple state of mind. This is achieved at considerable cost, however, in so far as it adopts the criterion of productivity in the context of work. Productive ageing not only provides a common way of identifying different generational groups, it eclipses other forms of distinctiveness. If the distinction between the priorities of the first and second halves of life is accepted, then it constitutes an act of age-imperialism once the existential priorities of earlier adulthood are extended to cover those of later adulthood.

In policy terms, however, it is in effect a second level state of simplicity because it recognises generational difference, but only in so far as it attempts to bury it again through the twin mechanisms of bio-scientific avoidance and denial through the yardstick of productivity. The productivist solution, for example, recognises that there is an economic problem if the cake is to continue to be cut in the same way. In order to maintain that wider economic situation it accepts that there might be age-based differences that need to be overcome. The solution is to restore social status by making the two groups the same by extending one to cover the other. One is left wondering how many economists who advocate this approach have actually encountered a person in their late sixties or early seventies and not recognised the differences that exist between them and younger adults. In terms of deep old age when mental and physical capacity become truly compromised, the productivist solution has little to say.

This discourse sets up tension between levels were there to be a macro-level denial of the existential distinctiveness, which is nevertheless felt at the personal level. The dominant view would not correspond with lived experience, and in so doing would create considerable dissonance. There are few people who would consider themselves to being the same shape at 60 that they were twenty years earlier, for example, regardless of the popular cachism "sixty is the new forty".

As a policy solution, productivism replaces a system that supplied a socially acceptable, and for many people desirable, rite de passage in the form of funded retirement that ensured intergenerational succession and separated out generational positions. In its place, different generational groups are expected to occupy the same position, thus increasing rather than reducing the likelihood of competition between generational groups. Indeed, the possibility of continued and increasingly unequal competition is exacerbated by the extension of longevity without the recognition of difference and the need for complementary social spaces. The productivist solution to intergenerational conflict and personal fulfilment assumes there is no contradiction between living longer and wanting to work longer. It assumes that there are no legitimate alternatives or counter-roles available to older adults that may bring value to society and that the aims and objectives of earlier and later parts of the adult lifecourse are essentially the same. In short, more life should constitute more of the same, even if this places younger and older adults on the same competitive terrain.

It is currently unclear how far bio-scientific advance can come to the rescue here. Olshansky et al (2006) present a strong argument for the funding of research that can delay the effects of ageing by seven years. This would take effect across the lifecourse, so that a person at forty would effectively become thirty-three, a seventy year old, sixty-three and so on. However the need for research itself indicates that this not yet the case and that as De Grey (2003) has argued, we are at best in the realms of 'science foreseeable'. Were there to be a period of lifecourse extension on even this scale, then the need for intergenerational negotiation would be considerable. Existing mechanisms for generational negotiation do not only include the presence or absence of retirement, but within-work issues that extend to the negotiation of seniority, succession, skill complementarity, obsolescence and renewal, the value of continuity and historical experience. Each of these suggests a cultural challenge that repeats the need for complex generational states of intelligence. If generational difference and complementarity are recognised, then important questions about the psychosocial value of a long life, the allocation of resources between generations and the importance of stewardship and sustainability emerge.

So, while there are considerable potential advantages in an amalgam of productivist and bioscientific discourses, depending upon the level of discourse that is engaged in, there are also problems. Central to these is an absent recognition, an unthought yet known tension between the life priorities that occur at different periods of the adult lifecourse. These differences are in part cohort and culturally dependent, but are also based on deep-seated rhythms existing in human experience, the denial of which is to deny something about being fully human. Productivism attempts to deny that these alternatives exist and that work is fulfilling enough. Longevism leaves the question open as to the purpose of a long life, but raises new ones about intergenerational negotiation of which there is little historical experience to draw on.

7.   Negotiating Generational Sustainability

How, then can a sense of the specialness of each part of the adult life-course be re-established, and the likelihood of harmony, rather than competition be fostered between generational groups?

It may be premature to specify the contents of such a sustainable settlement. It would depend upon the expression of existential priorities that adults have been encouraged, culturally speaking, to suppress within advanced economies. It will take time to get beyond the socially correct answers of wanting to work longer, claiming that one does not grow old and that there are effectively no generational differences. Policy should, perhaps also work toward the creation of spaces that foster the discovery of alternative pathways and of pluralistic, yet more subversive discourses.

An answer might lie in an a-symmetrical balance outlined earlier. Rather than trying to be the same regardless of age, we should perhaps attempt a course that explores complementary role relations based on the recognition of generational distinctiveness. The point here is that without basing intergenerational negotiation on the recognition of substantive differences as well as commonalities, any solutions are unlikely to stand the test of time. They are in this sense unsustainable. In order to ground negotiation, the series of assumptive policy realities outlined above need to be set aside, so that they can be seen with the benefit of critical distance rather through cultural immersion. Space for sustainable cultural growth is thereby created.

To achieve this, in process terms, it might be worth briefly re-visiting the steps toward generational intelligence outlined earlier in this paper. The first of these would be for social actors to critically locate themselves within a distinguishable generational group. This would help to clarify the specific existential tasks associated with a particular part of the lifecourse. It would involve a process of self-reflection as well as the establishment of a complex rather than an immersive relationship with contemporary social expectations.

The second would be to increase explicit awareness of generational distinctiveness and the balance between difference and similarity of interest. This would avoid the trap of thinking that all age groups hold essentially the same priorities and needs. It would include a process of separation and return from the age-other in order to establish distinctiveness and also to establish connection that recognises the age-other as more than an extension of one's own priorities.

The third includes making a value judgement in terms of one's position on the quality of this differential relationship, in terms of conflict and cooperation, holding potentially contradictory elements in mind without succumbing to oppositional thinking. In terms of increased generational intelligence, this stage would include the development of a-symmetrical complementarity.

Finally action would be considered, based on intergenerational negotiation. Such negotiation would need to be mindful of the opportunities for recognising distinctiveness while at the same time discovering areas of common cause. It would begin from the position that the projects of different generational groups are equally valid, yet accommodation toward sustainable solutions requires compromise.

While the proposal that bioscience and productive ageing holds the solution to population ageing is an optimistic one, it may be missing some important factors in the management of adult ageing and intergenerational relationships. Most notably, there are differences between generations in terms of their life tasks and existential positions which are culturally eclipsed by the dominant economistic perspective. Such a statement would not be necessary were it not for the fact that people so often take age and generation for granted. So that, while we all too often act on the basis of emotional resonances and stereotypical judgements, we assume these are commonsense and unremarkable. If, that is, we are aware of them at all, as they exist in the context of imbalances of power at a number of levels, in terms of personal identity, inter-personally, inter-group and structural allocation of resources. These assumptions help to explain why putting oneself in the shoes of the age-other appears so easy. Essentially, when we think we are seeing something from the perspective of the age-other we are making a life-course category error. A mistake that is based primarily on the dominance of younger adulthood and midlife priorities, backed up by economic considerations grafted onto population ageing from other domains.

If it is assumed that generational difference cannot be voiced, excepting through competition, and yet they have been and continue to structure social relations, then it is unsurprising that questions of succession and stewardship are either avoided by policy or used as a means of pitting one generation against another. It may be arguably a more sustainable solution, in terms of being able to gain a lasting negotiated arrangement, to recognise difference in order to return to the issues with some degree of realism. In order to re-discover a more authentic purpose for a long life it is necessary to create critical distance from these assumptive realities, and it is here that generational intelligence might be used. Hopefully it provides a contribution to a deeper understanding of intergenerational relations, a task that can only become more pressing as demographic change gathers pace.

References

[1]   Aboderin, I., Modernisation and ageing theory revisited: current explanations of recent developing world and historical Western shifts in material family support for older people, *Ageing and Society* **24:1** (2004), 29-50.

[2]   Aboderin, I., Modernisation and ageing theory revisited: current explanations of recent developing world and historical Western shifts in material family support for older people, *Ageing and Society* **24:1** (2004), 29-50.

[3]   Antonucci, T. C., Jackson, J. S., & Biggs, S., Intergenerational relations: theory, research and policy *Journal of Social Issues,* **63:4** (2007), 679-694.

[4]   Bengtson, V. L., & Lowenstein, A., *Global aging and challenges to families*, NY: Aldine de Gruyter, New York, 2003.

[5]   Biggs, S., *The mature imagination,* Open University Press, Buckingham, 1999.

[6]   Biggs, S., Narratives, masquerades, feminism & gerontology, *Journal of Ageing Studies* **18:1** (2004), 45-58.

[7]   Biggs, S., Thinking about generations: conceptual positions and policy implications, *Journal of Social Issues* **63:4** (2007), 695-712.

[8]   Biggs, S., Phillipson, C, Money, A. M., & Leach, R., The age-shift: observations on social policy, ageism and the dynamics of the adult lifecourse, *Journal of Social Work Practice* **20:3** (2006), 239-250.

[9]   Biggs, S., Phillipson, C., Money, A-M., & Leach, R., The mature imagination and consumption strategies; age and generation in the development of baby boomer identity, *International Journal of Ageing & Later Life* **2:2** (2007), 31-59.

[10]   Biggs, S., & Lowenstein, A., Toward generational intelligence; linking cohorts, families and experience, in: M. Silverstein, *Families & Solidarity*, NY: Aldine de Gryter, New York, 2009.

[11]   Bloom, D. E., & Canning, D., The health and wealth of nations, *Science* **287** (2000), 1207-1209.

[12]   Bollas, C., *The shadow of the object*, Free Associations Press, London, 1987.

[13]   Bollas, C., *Being a character: Psychoanalysis and self-experience*, Free Association Press, London, 1992.

[14]   Butler, R. N., *Longevity, health and wealth*, Keynote at the 19th World Congress of Gerontology and Geriatrics, July 6, Paris, 2009.

[15]   Butler, R. N., Miller, R. A., Perry, D., Carnes, B. A., Williams, F. T., Cassel, C., Brody, J., Bernard, M. A., Partridge, L., Kirkwood, T., Martin, G. M., & Olshansky, S. J., New model of health promotion and disease prevention for the 21st century, *British Medical Journal* **337** (2008), 149-150.

[16]   Caro, F., Bass, S., & Chen, Y., *Achieving a productive aging society*, Auburn House, Westport, CT, 1993.

[17]   Chauvel, L., Social generations, life chances and welfare regime sustainability, in: D. Pepper (Ed.), *Changing France: The Politics That Markets Make*, New York, NY: Palgrave MacMillan, 2007.

[18]   Cole, T. R., *The journey of life: A cultural history of aging in America*, Cambridge University Press, Cambridge, 1992.

[19]   Daatland, S-O., Herlofson, K., & Lima, I. A., Balancing generations: On the strength and character of family norms in the West and East of Europe, *Ageing in Society* (2010), manuscript submitted for publication.

[20]   De Gry, A. D. N. J., The foreseeability of real anti-ageing medicine, *Experimental Gerontology* **38:9** (2003), 927-934.

[21]   Dittman-Kholi, F., The construction of meaning in old age, *Ageing & Society* **10** (1991), 279-294.

[22]   Dittman-Kohli, F., Self & identity, in: M. Johnson (Ed.), *The Cambridge handbook of age & ageing*, 275-291, Cambridge University Press, Cambridge, NY, 2005.

[23]   Edmunds. J., & Turner, B. S., Global generations: social change in the twentieth century, *British Journal of Sociology* **56:4** (2005), 559-557.

[24]   Estes, C. L. (Ed.), *Social policy and aging: A critical perspective*, Sage, Thousand Oaks, CA, 2001.

[25]   Estes, C. L., Biggs, S., & Phillipson, C., *Social theory, social policy & ageing*, Open University Press, Buckingham, 2003.

[26]   Gilleard, C., & Higgs, P., Class, power and inequality in later life, in: S-O. Daatland, & S. Biggs (Eds.), *Ageing and Diversity*, 207-222, Policy Press, Bristol, 2004.

[27]   Gilleard, C., & Higgs, P., *Cultures of ageing: self, citizen and the body*, Pearson Education, Malaysia, 2000.

[28]   Gilleard, C., & Higgs, P., The third age; class cohort or generation? *Ageing & Society* **22** (2002), 369-82.

[29]   Giuliano, P., & Spilimbergo, A., The long lasting effects of the economic crisis, *Vox*, [Abgerufen am 25.9.2009], Online im Internet: URL: www.voxeu.org.

[30]   Hepworth, M., Images of old age, in: J. F. Nussbaum, & J. Coupland (Eds.), *Handbook of communication & aging research*, 5-37, Lawrence Earlbaum Associates, Hove, 1995.

[31]   Hepworth, M., Embodied agency, decline and masks of ageing, in: E. Tulle (Ed.), *Old age & agency*, 125-136, Nova, New York, NY, 2004.

[32]   Irwin, S., Age, generation and inequality, *British Journal of Sociology* **49** (1998), 305-310.

[33]   Kohli, M., Generational changes and generational equity, in: M. L. Johnson (Ed.), *The Cambridge handbook of age and ageing*, 518-526, Cambridge University Press, Cambridge, 2005.

[34]   Lorenz-Meyer, D., The politics of ambivalence: Towards a conceptualisation of structural ambivalence in intergenerational relations, *London School of Economics, Gender Institute New Working Paper Series* **2** (2001), 1-46.

[35]   McAdams, D., *The Stories We Live By*, Morrow, New York, NY, 1989.

[36]   Moody, H. R., Aging America and the boomer wars, *The Gerontologist* **48** (2008), 839-844.

[37]   Nordhaus, W. D., *The health of nations: The contribution of improved health to living standards. NBER Working Paper Series 8818*, National Bureau of Economic Research, Cambridge, MA, 2002.

[38]   Olazabal, I., Interview with Francois Ricard: the Lyric generation, *Vital Aging* **11:2** (2005), 3.

[39]   Olshansky, S. J., Perry, D., Miller, R, A., & Butler, R. N., In pursuit of the longevity dividend, *The Scientist* (2006), 27-36.

[40]   Phillipson, C., Leach R., Money A., & Biggs S., Social and cultural constructions of ageing: The case of the baby boomers, *Sociological Research Online* **13:3** (2008), 23-34.

[41]   Turner, B. S., Ageing and generational conflicts, *British Journal of Sociology* **49:2** (1998), 299-304.

[42] Walker, A., Active ageing in employment: its meaning and potential, *Asia-Pacific review* **13:1** (2006), 78-93.
[43] Walker, A., The emergence and application of active aging in Europe, *Journal of Aging & Social Policy* **21** (2009), 75-93.
[44] Westerhoff, G., & Tulle, E., Meanings of age and old age, in: J. Bond, S. Peace, F. Dittman-Kohli, & G. Westerhof (Eds.), *Ageing in Society,* 235-254, Sage, London, 2007
[45] Willetts, D., The pinch: how the baby boomers took their children's future and why they should give it back, Atlantic Books, London, 2010.
[46] World Health Organisation, *Active Ageing*, WHO, Geneva, 2000.

Altersbilder und Identität als Grundlage für die Förderung zwischenmenschlicher Akzeptanz und Solidarität

Eric SCHMITT und Jörg HINNER

Institut für Gerontologie, Universität Heidelberg, Deutschland

Abstract. Der Beitrag diskutiert Altersbilder und Identitätsprozesse in ihrer Bedeutung für Erfahrungen zwischenmenschlicher Akzeptanz und Solidarität. Es werden vier Meinungen und Überzeugungen – als Aspekte von Altersbildern – expliziert, denen besondere Bedeutung für diese Erfahrungen zukommt: (a) auf die Gestaltbarkeit von Alternsprozessen bezogene, (b) auf den eigenen Alternsprozess bezogene, (c) auf vermeintlich charakteristische Attribute älterer Menschen gerichtete und (d) auf vermeintlich alterstypische Ansprüche, Bedürfnisse und Bedarfe älterer Menschen gerichtete Meinungen und Überzeugungen. In diesem thematischen Kontext wird die Bedeutung der Altersbilder für das mitverantwortliche Leben im Alter dargelegt. In einem weiteren Schritt werden psychologische und soziologische Definitionen von Identität angeführt; die aus den verschiedenen Identitätstheorien abgeleiteten Folgerungen für die Erfahrung von zwischenmenschlicher Solidarität und Akzeptanz werden in sieben Punkten zusammengefasst. Die Erinnerung als kreative Rekonstruktion wird als Ressource im eigenen Lebensrückblick wie auch in der Kommunikation mit anderen Menschen gewertet. Der Nutzen autobiografischer Erzählungen für nachfolgende Generationen wird dargelegt. In diesem Nutzen liegt ein besonderes Potenzial für die Erfahrung zwischenmenschlicher Akzeptanz und Solidarität.

1. Altersbilder

Im Umgang mit anderen Menschen orientieren wir uns nicht nur an unserer Kenntnis von deren individuellen Eigenschaften, Stärken und Schwächen; aus der (mutmaßlichen) Zugehörigkeit eines Menschen zu spezifischen sozialen Kategorien oder Gruppen schließen wir auch auf das Vorhandensein spezifischer, charakteristischer Attribute, welche unsere weitere Wahrnehmung, Deutung und Beurteilung dieses Menschen ebenso beeinflussen wie unsere Auswahl von Interaktionszielen und unsere Planung und Gestaltung sozialer Interaktionen. Diese Erkenntnis bildet den Ausgangspunkt klassischer wie moderner sozialpsychologischer, soziologischer und gerontologischer Stereotypforschung (vgl. Kruse & Schmitt, 2006). Ähnlich wie für den Stereotypbegriff im Allgemeinen, so gilt auch für den Begriff Altersbild im Besonderen, dass dieser je nach Verwendung sehr verschiedene Aspekte umfassen und implizieren kann – Meinungen, Überzeugungen und Einstellungen (zur Problematik vgl. insbesondere Schonfield, 1982), kulturelle, gruppenspezifische oder individuelle/idiosynkratische Konzepte (Miller, 1982), animistische wie kognitiv-umweltbezogene Zugänge (Fiedler & Walter, 2004). Unter der Zielsetzung einer Förderung zwischenmenschlicher Akzeptanz und Solidarität erscheinen Altersbilder in mindestens vierfacher Weise bedeutsam:

1. als auf den Verlauf und die Gestaltbarkeit von Alternsprozessen gerichtete allgemeine Meinungen und Überzeugungen

2. als auf den eigenen Alternsprozess bezogene Selbsteinschätzungen

3. als auf vermeintlich charakteristische Attribute älterer Menschen gerichtete Meinungen und Überzeugungen

4. als auf vermeintlich alterstypische Ansprüche, Bedürfnisse und Bedarfe gerichtete Meinungen und Überzeugungen

Als auf den Verlauf und die Gestaltbarkeit von Alternsprozessen gerichtete allgemeine Meinungen und Überzeugungen – „age stereotypes" – haben Altersbilder Bedeutung für die Antizipation, Wahrnehmung, Deutung und Bewältigung von Entwicklungsaufgaben (Freund & Baltes, 2005), für die individuelle Dynamik von Zielbindung, Zielverfolgung und Zielablösung (Brandtstädter, 2007a) sowie für das Aufsuchen und Gestalten oder Vermeiden spezifischer Entwicklungskontexte und die Nutzung bestehender Entwicklungsoptionen (Brandtstädter, 2007b; Kruse & Schmitt, 2004). Dabei kommt Altersbildern als „normativem Entwicklungswissen" (Heckhausen, Dixon & Baltes, 1989) Bedeutung zu, also im Sinne von vermeintlich gesichertem Wissen (a) um das Auftreten und die Sequenzierung charakteristischer Veränderungen in sozialen Rollen, biologisch-physiologischen und psychologischen Merkmalen, (b) um mit diesen Veränderungen einhergehende gesellschaftliche Erwartungen und Entwicklungsaufgaben sowie (c) um auf diese Erwartungen und Aufgaben bezogene Opportunitätsstrukturen (Kruse & Schmitt, 2010a). Ergebnisse empirischer Untersuchungen sprechen dafür, dass derartige kognitive Repräsentationen von Alter und Altern zu spezifischen Resilienzkonstellationen beitragen (Schmitt, 2004) und die gesundheitliche Entwicklung beeinflussen (Levy et al., 2009). Analysen im Kontext der ILSE-Studie zeigen, dass die Wahrnehmung von Potenzialen und Barrieren einer mitverantwortlichen Lebensführung ebenso wie die Bereitschaft zu einem bürgerschaftlichen Engagement systematisch mit der Ausprägung verschiedener Dimensionen kognitiver Repräsentationen von Alter und Altern zusammenhängt (Kruse & Schmitt, 2008).

Als auf den eigenen Alternsprozess bezogene Selbsteinschätzungen – „aging self-stereotypes" (Levy, 2003) – haben Altersbilder Bedeutung für das subjektive Wohlbefinden, individuelle Kontrollüberzeugungen, die Entwicklung der körperlichen und geistigen Leistungsfähigkeit und die soziale Teilhabe (Kruse & Schmitt, 2008; Levy et al., 2002a,b). In der *Ohio Longitudinal Study of Aging and Retirement* wiesen jene Personen, die im Jahre 1975 ihren eigenen Alternsprozess positiver beurteilt hatten, im Jahre 1995 eine deutlich bessere funktionale Gesundheit auf als in Alter, objektivem Gesundheitszustand, Geschlecht, Einkommen, sozialer Integration, eth-nischer Gruppenzugehörigkeit, subjektivem Gesundheitszustand und sozio-ökonomischem Status im Jahre 1975 vergleichbare Personen, bei denen eine weniger günstige Selbstwahrnehmung eigenen Alterns dominiert hatte (Levy et al., 2002a). Dieser Effekt konnte zum Teil dadurch erklärt werden, dass eine positivere Selbstwahrnehmung eigenen Alterns mit internalen Kontrollüberzeugungen einhergeht und gesundheitsförderliche Verhaltensweisen begünstigt. Des Weiteren ging eine positivere Selbstwahrnehmung des eigenen Alterns 23 Jahre nach Untersuchungsbeginn mit einer um 7.5 Jahre erhöhten Lebenserwartung einher. Hier erwiesen sich die Beurteilung des eigenen Lebens und der damit verbundene Lebenswille als bedeutsame Mediatorvariablen.

Als auf vermeintlich charakteristische Attribute älterer Menschen gerichtete Meinungen und Überzeugungen haben Altersbilder Bedeutung dafür, inwieweit Menschen in alltäglichen Interaktionen ihr Verhalten am (vermeintlichen) Alter ihrer Interaktionspartner orientieren, welche Einstellungen und Kompetenzen sie bei diesen vermuten und inwieweit konkretes Verhalten älterer Menschen als Hinweis auf spezifische Einstellungen und Kompetenzen oder Defizite gedeutet wird. Altersbilder gehen einher mit spezifischen Rollenerwartungen, die in spezifischen Situationen erhebliche Barrieren für die Ausbildung und Nutzung von individuellen Fähigkeiten und Fertigkeiten im Dienste der Verwirklichung eigener Bedürfnisse, Ansprüche und Präferenzen darstellen können. Aus der Perspektive des CPA-Modells (Ryan et al., (1986) wird argumentiert, dass die Chronifizierung einer sprachlichen Überanpassung Coupland et al., 1988) in intergenerationellen Interaktionen fatale Konsequenzen für ältere Menschen haben kann; ein auf vermeintliche Defizite Rücksicht nehmender Interaktionsstil trage auf Dauer zu einem erlebten Kontrollverlust auf der Seite der älteren Menschen bei, welcher wiederum soziale, körperliche und emotionale Abbauprozesse zur Folge habe (Harwood et al., 1995, 1997). Hummert (1994) hat das CPA-Modell weiter spezifiziert, indem sie in ihrem Aktivationsmodell Ergebnisse des Prototypenansatzes der Erforschung von Altersstereotypen integrierte. Diesem Modell zufolge sollte eine Überanpassung des Sprachverhaltens nur zu beobachten sein, wenn spezifische Prototypen älterer Menschen aktiviert werden. In einer Studie von Harwood & Williams (1998) konnte zunächst gezeigt werden, dass die Erwartungen an Kommunikationen mit älteren Menschen in Abhängigkeit vom jeweils aktualisierten Prototyp erheblich variieren. Dabei erwiesen sich allerdings allgemeine Einstellungen gegenüber dem Alter(n) für die Vorhersage der Antizipation intergenerationeller Kommunikation im Vergleich zur Art des Prototyps als deutlich besserer Prädiktor. Eine Kategorisierung von älteren Menschen auf der Ebene spezifischer Prototypen ist also allein für die Gestaltung des Sprachverhaltens in intergenerationellen Gesprächssituationen offenbar nicht hinreichend.

Als auf vermeintlich alterstypische Ansprüche, Bedürfnisse und Bedarfe gerichtete Meinungen und Überzeugungen haben Altersbilder Einfluss auf die Ausgestaltung sozialer Institutionen und institutioneller Praktiken. Altersbilder tragen so zur gesellschaftlichen Definition von Verhaltensspielräumen und zur Ressourcenallokation ebenso bei wie zur Entwicklung und Nutzung von Potenzialen und zu Vorstellungen von intergenerationeller Solidarität und Generationengerechtigkeit.

Bei der Diskussion von Altersbildern gewinnt die Frage an Bedeutung, inwieweit sich allgemeine auf Alter und Altern bezogene Meinungen und Überzeugungen ebenso wie Erwartungen an den eigenen Alternsprozess und für den öffentlichen Diskurs gegenwärtig mehr oder weniger charakteristische Positionen prinzipiell *verändern* lassen. Denn Altersbilder sind nicht als ein Abbild von Realität, sondern lediglich als eine unter verschiedenen möglichen Konstruktionen von Realität anzusehen, die etwa unter der Zielsetzung einer besseren gesellschaftlichen Nutzung von Potenzialen im Vergleich zu Alternativen weniger angemessen erscheinen (vgl. hierzu Dannefer, 1999; Gergen & Gergen, 1999; Gubrium et al., 1994).

„ ... the extensive research demonstrating deterioration of physical and psychological functioning during the latter span of life is not a simple reflection of what is there. Rather, that a given configuration constitutes 'decline' – or indeed, is worth mentioning at all – derives from a particular domain of values (such as productivity and individualism), sets of assumptions, ways of talking and measuring, and so on" (Gergen & Gergen, p. 285).

2. Identität

Die Verwendungen des Begriffs „Identität" in den Sozialwissenschaften sind vielfältig und teilweise widersprüchlich. Die Theorie der Sozialen Identität gehört in der Sozialpsychologie nach wie vor – inzwischen seit über 30 Jahren – zu den zentralen Erklärungsansätzen für die Entstehung von Intergruppenkonflikten und Ingroup-Outgroup-Differenzierungen, die sich als Bevorzugung von Eigen- und Benachteiligung von Außengruppen beschreiben lassen. Soziale Identität wird von Tajfel (1978) definiert als „der Teil des Selbstkonzeptes eines Individuums, der aus dessen Wissen über seine Zugehörigkeit zu einer sozialen Gruppe (oder Gruppen), verbunden mit dem Wert und der emotionalen Bedeutung, die dieser Gruppenmitgliedschaft beigemessen werden, erwächst" . Im Verständnis dieser Theorie umfasst das Selbstkonzept über die soziale Identität hinaus weitere Aspekte, die man „persönliche Identität" nennen könnte. Diese erscheinen aber als für die Analyse sozialer Phänomene von untergeordnetem Interesse. Während Identität im Verständnis der Theorie der sozialen Identität vor allem soziale Realität – nämlich Prozesse sozialer Kategorisierung – widerspiegelt, wird in entwicklungspsychologischen Theorien mit dem Identitätsbegriff stärker auf die individuelle Biographie Bezug genommen. In der Theorie von Erikson (1963) bezieht sich Ich-Identität – als „unmittelbare Wahrnehmung der eigenen Gleichheit und Kontinuität in der Zeit, und die damit verbundene Wahrnehmung, dass auch andere diese Gleichheit und Kontinuität erkennen" – auf das vom Individuum allmählich als ein Resultat seiner verschiedenen sozialen Erfahrungen erworbene subjektive Empfinden seiner eigenen Situation und seiner eigenen Kontinuität und Eigenart bzw. in stärker psychoanalytischer Terminologie auf die übergeordnete Integration von Identifizierungen in eine dynamische, einheitliche Struktur. Zentral für das von Erikson vertretene Verständnis von Ich-Identität ist, dass diese 1. weniger im Sinne einer Errungenschaft, denn im Sinne einer immer wieder neu zu erbringenden und deshalb prinzipiell lediglich vorläufigen Integrationsleistung zu verstehen ist, 2. wesentlich von den vermeintlichen oder tatsächlichen Sichtweisen und Bewertungen anderer Menschen geprägt ist, 3. nicht allein privaten, sondern immer auch gemeinschaftsbezogenen Charakter hat. Dabei stellt sich die Frage nach der Ich-Identität lebensaltersspezifisch im Kontext charakteristischer Krisenkonstellationen. Nach Marcia (1980) lässt sich Identität dagegen als „eine innere, selbstkonstruierte, dynamische Organisation von Trieben, Fähigkeiten, Überzeugungen und individueller Geschichte" beschreiben, womit der Prozess der Identitätsentwicklung bzw. die im Verlauf dieses Prozesses zu erbringende Leistung stärker betont wird als das Ergebnis der Entwicklung, welches in der genannten Definition von Erikson im Vordergrund steht.

In soziologischen Identitätsdefinitionen stehen naturgemäß die soziale Umwelt und die Internalisierung gesellschaftlicher Normen und Erwartungen – der soziale Charakter von Identität – stärker im Vordergrund. Am deutlichsten wird dies vielleicht in der Metapher des „Looking-glass-self", die auf Cooley (1902) zurückgeht und mit der ausgedrückt werden soll, dass es individuelle Identität ohne den „sozialen Spiegel" nicht gibt. Cooley unterscheidet drei Aspekte von Identität: 1. die mutmaßliche Vorstellung des (der) anderen von meiner Erscheinung; 2. die mutmaßliche Bewertung dieser Erscheinung; 3. die emotionale Reaktion auf diese Erscheinung (z.B. in Form von Stolz oder Kränkung). In der Tradition des symbolischen Interaktionismus wird hervorgehoben, dass Identität ohne Interaktion zwischen Menschen und ohne gemeinsame Symbole, die dieser Interaktion zugrunde liegen, nicht denkbar ist. So findet sich bei George Herbert Mead (1934) die Aussage, dass Identität „innerhalb des gesellschaftlichen Erfahrungs- und Tätigkeitsprozesses, das heißt im jeweiligen Individuum als Ergebnis seiner Beziehungen zu diesem Prozess als Ganzem und zu anderen Individuen innerhalb dieses Prozesses" entsteht. Dabei differenziert Mead in Anlehnung an die auf William James zurückgehende Unterscheidung zwischen einer Außen- und einer Innenperspektive des Selbst – „self as known" und „self as knower" – zwischen zwei Komponenten: dem „I", das Individualität, Selbstanspruch und auch biographische Unverwechselbarkeit garantiert, und dem „Me", das für gesellschaftliche Erwartungen und Konventionen steht. Bei Erving Goffman (1963) werden drei Aspekte von Identität differenziert: (a.) soziale Identität als „die Typisierung und Klassifizierung eines Menschen durch andere"; (b.) persönliche Identität als „die Identifikationsmerkmale eines Menschen und seine einzigartigen biographischen Daten und Kennzeichen"; (c.) Ich-Identität als „das subjektive Empfinden seiner eigenen Situation und seiner eigenen Kontinuität und Eigenart, das ein Individuum allmählich als ein Resultat seiner verschiedenen sozialen Erfahrungen erwirbt". Während Mead noch die Spontaneität des „I" herausstellt, handelt es sich bei der Ich-Identität sensu Goffman um ein im Allgemeinen deutlich stabileres Konzept. Eine ähnliche Sichtweise vertreten hier auch Berger & Luckman (1966): Diesen Autoren zufolge ist Identität zu besitzen gleichbedeutend damit, einen bestimmten Platz in einer Welt von Bedeutungen einzunehmen, die bei der Aneignung von Identität im primären Sozialisationsprozess übernommen wird und – dies sei hier hinzugefügt – entsprechend stabil ist. Krappmann (1973) betont in seiner Definition von Identität als „einer immer wieder neuen Verknüpfung früherer und anderer Interaktionsbeteiligungen des Individuums mit den Erwartungen und Bedürfnissen, die in der Situation auftreten" dagegen den dynamischen Charakter von Identität.

Unser Verständnis von Identität sei im Folgenden in sieben Punkten zusammengefasst:

1. Im Alter ist nicht nur die Wahrscheinlichkeit sozialer, körperlicher und geistiger Verluste deutlich erhöht, auch die noch verbleibende Lebenszeit wird zunehmend als begrenzt erfahren, was charakteristische Veränderungen in kognitiven, emotionalen und motivationalen Prozessen zur Folge hat. Zielhierarchien und -präferenzen verändern sich ebenso wie die mit der Verfolgung bzw. Aufgabe von Zielen verbundenen Kosten. Innerhalb dieser generellen Entwicklung ist insbesondere hervorzuheben, dass sich Menschen (wieder) stärker mit Fragen persönlicher und sozialer Identität beschäftigen (Bluck & Levine, 1998; Cully et al., 2001; Kruse & Schmitt, 2000). Das Bemühen um die Herstellung von Ich-Identität zeigt sich im Alter in einem verstärkten Bemühen, das eigene Leben zu ordnen (Erikson et al., 1986).

2. Der Begriff Identität umfasst sowohl individuelle Deutungsmuster der eigenen Person und ihrer Entwicklung im Sinne einer Antwort auf die Frage „Wer bin ich und was unterscheidet mich von anderen?" als auch die Bewertung persönlicher Attribute und Entwicklungen. Identität im Alter ist damit auch im Zusammenhang mit Lebenszufriedenheit, Wohlbefinden und subjektiver Gesundheit zu sehen.

3. Die Identität einer Person ist nicht nur im Zusammenhang mit der Verarbeitung von Ereignissen und Entwicklungen bedeutsam, insofern einerseits Sichtweisen der eigenen Person kontinuierlich an neue Erfahrungen angepasst und andererseits neue Erfahrungen auf dem Hintergrund bestehender Sichtweisen der eigenen Person interpretiert werden. Identität ist vielmehr auch im Zusammenhang mit individuellen Kontrollüberzeugungen und der Motivation,

persönlich bedeutsame Zielzustände zu verfolgen, zu sehen. Inwieweit etwa Potenziale des Alters gesehen und realisiert werden, ist nicht zuletzt eine Frage der Identität. Fragen der Aktivität, der Kreativität, des Engagements und der sozialen Partizipation im Alter verweisen damit auch auf die Identität (vgl. McAdams et al., 1997).

4. Wenn man Identität nicht lediglich als etwas, was eine Person einfach hat (oder ihr von anderen zugeschrieben wird), sondern auch im Sinne einer individuellen Leistung auffasst, die darin zum Ausdruck kommt, dass die eigene Entwicklung als kontinuierlich und in sich stimmig erfahren wird, dann liegt es nahe, anzunehmen, dass Menschen grundsätzlich eine Vielzahl von Optionen der Realitätskonstruktion zur Verfügung steht. Zum einen besteht die Möglichkeit, unterschiedliche Ereignisse und Entwicklungen als „identitäts-relevant" oder „unbedeutend" zu interpretieren, zum anderen können Ereignisse und Entwicklungen im Kontext von „Identitätsregulation" entweder an bestehende Sichtweisen der eigenen Person angepasst werden oder zum Anlass für eine Veränderung der Identität genommen werden. Susan Whitbourne (1986) spricht in diesem Zusammenhang von Identitäts-assimilation bzw. Identitätsakkomodation. Daraus ergibt sich im Übrigen auch, dass Grenzsituationen nicht lediglich Identität gefährden, sondern auch substantielle Wachstumsprozesse auslösen können (Kruse & Schmitt, 2010b).

5. Identität entsteht in sozialen Interaktionen und wird in sozialen Interaktionen thematisch. Indem Identität immer auch sozial bestimmt und in sozialen Interaktionen ausgehandelt wird (und sei es nur durch die Vorstellung eines verallgemeinerten anderen bzw. durch den Einfluss eines „Me", das gesellschaftliche Erwartungen und Bewertungen repräsentiert), verweist die Frage nach der Identität im Alter immer auch auf gesellschaftliche Repräsentationen des Alters und im Alter verfügbare (oder nicht mehr verfügbare) gesellschaftliche Rollen. Entsprechend können Prozesse sozialen Wandels nachhaltige Folgen für individuelle Identität haben.

6. Identität – im Sinne eines Selbstverständnisses der Person von sich und ihrer Entwicklung – konstituiert sich im Wesentlichen narrativ, also in Form von Erzählungen (McAdams et al., 2006). Ereignisse und Entwicklungen haben nicht als solche Auswirkungen auf die Entwicklung von Identität, sie werden vielmehr – aus einer Vielfalt in Frage kommender Ereignisse und Entwicklungen, die zudem auch in sehr unterschiedlicher Weise interpretiert und bewertet werden können – ausgewählt und in eine in sich stimmige (konsistente) Geschichte integriert, die ab dem Jugendalter zunehmend „definitive" Geschichte wird, insofern sie als gültig vorausgesetzt wird und eine Grundlage für die Interpretation und Bewertung neuer Ereignisse und Entwicklungen darstellt.

7. Die von einer Person im Laufe ihres Lebens konstituierte/gefundene narrative Identität kann im Alter aus unterschiedlichen Gründen zur Disposition stehen. Aus psychoanalytischer Perspektive wurde etwa angenommen, dass Abwehrmechanismen im Alter an Effektivität verlieren. Des Weiteren können Erkrankungen und Verluste dazu beitragen, dass „protektive Illusionen" revidiert werden müssen (Butler, 1963; Coleman, 1986).

3.   Förderung zwischenmenschlicher Akzeptanz und Solidarität

Intergenerationelle Dialoge über Selbst- und Weltsicht, Vergangenheit, Gegenwart und mögliche Zukunft können dazu beitragen, dass Menschen eine zum Teil neue Perspektive auf ihre eigene Entwicklung, andere Generationen und die Gesellschaft, in der sie leben, einnehmen und auf diesem Wege die Erfahrung von Kontinuität, Selbstwertschätzung, Selbstakzeptanz, Solidarität und Toleranz gefördert werden kann. Diese Idee sei im Folgenden in zweierlei Hinsicht illustriert: Zunächst soll am Beispiel des Freiheitsbegriffs von Sartre (1993) die grundsätzliche Optionalität unserer Selbst- und Weltsicht – und damit auch die Gestaltbarkeit von Vergangenheit – verdeutlicht werden; es sei an dieser Stelle darauf hingewiesen, dass die in den Schriften von Ursula Lehr und Hans Thomae hervorgehobene Bedeutung der kognitiven Repräsentanz für die daseinsthematische Struktur, für das jeweils aktuelle menschliche Erleben und Verhalten wie auch für die Auseinandersetzung mit Aufgaben und Belastungen sowie für Veränderungen im Erleben und Verhalten eine deutliche Verwandtschaft mit dieser Argumentation aufweist. Des Weiteren soll auf Effekte der *guided autobiography* hingewiesen werden, die nahelegen, dass der Diskurs über individuelle Entwicklung nicht nur unter dem Gesichtspunkt einer Stützung von Identität, sondern auch unter der Zielsetzung einer Förderung von zwischenmenschlicher Akzeptanz und Solidarität als vielversprechend erscheint.

Zunächst zu Jean-Paul Sartre:

> „… der Widrigkeitskoeffizient der Dinge kann kein Argument gegen unsere Freiheit sein, denn durch uns, das heißt, durch die vorherige Setzung eines Zwecks taucht dieser Widrigkeitskoeffizient auf. Ein Felsblock, der einen erheblichen Widerstand darstellt, wenn ich ihn wegrücken will, ist dagegen eine wertvolle Hilfe, wenn ich ihn besteigen will, um die Landschaft zu betrachten. An ihm selbst – falls es überhaupt möglich ist, zu sehen, was er an ihm selbst sein kann – ist er neutral, das heißt, er erwartet, durch einen Zweck erhellt zu werden, um sich als widrig oder als hilfreich zu erweisen … Obwohl die rohen Dinge (was Heidegger die ‚Naturprodukte' nennt) von Anfang an unsere Handlungsfreiheit begrenzen können, muss doch unsere Freiheit selbst vorher den Rahmen, die Technik und die Zwecke konstituieren, für die sie sich als Grenzen erweisen werden. Wenn der Fels selbst sich als ‚zu schwierig zu besteigen' enthüllt und wenn wir auf die Besteigung verzichten müssen, so hat er sich ja nur deshalb als ein solcher enthüllt, weil er ursprünglich als ‚besteigbar' aufgefasst worden war; es ist also unsere Freiheit, die die Grenzen konstituiert, denen sie in der Folge begegnen wird." (S. 834)

Vor dem Hintergrund dieses Freiheitsbegriffs ist Erinnerung nicht einfach die detailgetreue Reproduktion früheren Geschehens, sondern kreative Rekonstruktion (Ross & Bühler, 1994):

> „Die Bedeutung der Vergangenheit ist also streng abhängig von meinem gegenwärtigen Entwurf. Das bedeutet keineswegs, dass ich den Sinn meiner früheren Handlungen beliebig variieren kann, sondern im Gegenteil, dass der grundlegende Entwurf, der ich bin, absolut über die Bedeutung entscheidet, die für mich und für die anderen die Vergangenheit haben kann, die ich zu sein habe. Ich allein nämlich kann in jedem Moment über die Tragweite der Vergangenheit entscheiden: nicht indem ich in jedem Fall die Wichtigkeit dieses oder jenes früheren Ereignisses erwäge und einschätze, sondern indem ich mich auf meine Ziele hin entwerfe, rette ich die Vergangenheit mit mir und entscheide durch das Handeln über ihre Bedeutung. Wer entscheidet, ob die mystische Krise in meinem fünfzehnten Lebensjahr bloßes Pubertätsereignis ‚gewesen' ist oder im Gegenteil erstes Anzeichen einer künftigen Konversion? Ich, je nachdem, ob ich – mit zwanzig, dreißig Jahren – beschließe zu konvertieren. Der Konversionsentwurf verleiht einer Adoleszenzkrise schlagartig den Wert einer Ankündigung,

die ich nicht ernst genommen hatte. Wer entscheidet, ob der Aufenthalt im Gefängnis nach einem Diebstahl fruchtbar oder beklagenswert war? Ich, je nachdem ob ich auf Stehlen verzichte oder verstockt werde. Wer kann über den Bildungswert einer Reise entscheiden, über die Ehrlichkeit eines Liebesschwurs, über die Reinheit einer vergangenen Intention usw.? Ich, immer ich, je nach den Zwecken, durch die ich sie beleuchte." (S. 860/61)

In ähnlicher Weise beschreibt Mead (1932) in seiner *Philosophy of the Present* die Vergangenheit als Ressource, die Menschen für gegenwärtige Zwecke verwenden und anpassen:

> „We speak of the past as final and irrevocable. There is nothing that is less so ... the past (or some meaningful structure of the past) is as hypothetical as the future. One of the surprising findings was that some of the largest changes subjects made was in their view of other people. These results suggest that if you participate in a group that shares life stories, your concept of other people becomes more like your view of yourself. When you change your views of others to become more like your view of yourself, you find other people more acceptable and more comfortable to be with. Guided autobiography also fosters change within the self. The distances between the ideal self, the actual self, and the social-image self diminish" (S. 12).

Ideales Selbst, aktuelles Selbst und soziales Selbst werden hierbei als Aspekte eines umfassenderen narrativen Selbst konzeptualisiert, "the self we tell ourselves we are". In ähnlicher Weise betrachten Windle & Woods (2004) das narrative Selbst als eine psychologische Ressource, die ältere Menschen im Prozess der Anpassung an sich verändernde Lebensumstände nutzen können.

Die Beschäftigung mit der eigenen Biografie kann sowohl regressive Prozesse (etwa im Sinne gescheiterter Sinnsuche) als auch Wachstumsprozesse (zum Beispiel in Form von Ich-Integrität) zur Folge haben (Birren & Deutchmann, 1991; Bluck & Levine, 1998; Butler, 1963). Des Weiteren kann mit Reminiszenzgruppen, also Angeboten, mit anderen über persönliche Entwicklung zu sprechen, zum einen die Zielsetzung einer Stützung von Identität, im Sinne von Selbstakzeptanz, zum anderen eine Veränderung von Identität, im Sinne von Wachstumsprozessen/Veränderung des Selbst, angestrebt werden. Für eine Stützung von Identität reicht es häufig aus, wenn Menschen in (wohlwollenden) Gruppenkontexten ohne weitere Instruktion über ihre persönliche Entwicklung berichten, da Menschen allgemein bevorzugt positive Ereignisse erinnern, die Effektivität ihres Handelns überschätzen, Erfolge eher auf ihre eigene Person, Misserfolge eher auf ungünstige Umstände zurückführen. Wenn es dagegen um eine Veränderung von Identität geht, wie dies häufig in therapeutischen Kontexten der Fall ist, wie dies aber auch im Falle einer ausgeprägten Diskrepanz zwischen individuellen und gesellschaftlichen Perspektiven notwendig werden kann, sollten Reminiszenzgruppen so angelegt sein, dass mit höherer Wahrscheinlichkeit untypische, in bisherigen Erzählungen ausgelassene, auf den ersten Blick vielleicht auch widersprüchliche Erinnerungen berichtet werden. Da eine Veränderung von Identität im Vergleich zu einer Stützung von Identität eine deutlich anspruchsvollere (zum Teil auch riskantere) Nutzung von Reminiszenz impliziert, sollten derartige Gruppen nur unter Anleitung oder Supervision hinreichend kompetenter Personen angeboten werden.

Zahlreiche Befunde zum autobiografischen Gedächtnis zeigen, dass Ereignissen in der Jugend und im frühen Erwachsenenalter besondere Bedeutung für narrative Identität zukommt (Berntsen & Rubin, 2002; Birren & Schroots, 2006). Die Kommunikation mit jüngeren Generationen über diese Ereignisse ist aus der Perspektive der älteren Menschen besonders wichtig, sie ist aber erschwert, wenn gesellschaftliche und politische Entwicklungen zu veränderten kollektiven Orientierungen und damit auch veränderten Deutungen jener gesellschaftlichen Entwicklungen und historischen Ereignisse geführt haben, die konstitutiv für weite Abschnitte der biografischen Entwicklung der älteren Generation gewesen sind.

Autobiografische Erzählungen sind in vielen Fällen geeignet, historisches Wissen zu komplementieren, zum Teil auch zu vermitteln. Der Nutzen für nachfolgende Generationen besteht dabei weniger im Vermitteln von historischen Fakten, sondern vor allem in der Vermittlung einer umfassenderen Perspektive, indem die Bedeutung zeitgeschichtlicher Ereignisse für den Alltag und die weitere Entwicklung der betroffenen Menschen verdeutlicht wird, Geschichte also um erlebte Geschichte ergänzt wird (vgl. v. Plato, 1998). Gerade in diesem Prozess der Verständigung können sich zwischenmenschliche Akzeptanz und Solidarität ausbilden – vor allem dann, wenn die Mitglieder der verschiedenen Generationen in gleicher Weise offen sind für neue Deutungen, neue Verständnis- und damit neue Verständigungswege.

Das Institut für Gerontologie ist derzeit damit befasst, in einem mit der *Stiftung Erinnerung, Verantwortung, Zukunft (EVZ)* konzipierten und umgesetzten Projekt in Russland, in Belarus und in der Ukraine Gesprächsgruppen zwischen Jung und Alt zu evaluieren, in denen auch die Verständigung über gesellschaftliche und politische Entwicklungen sowie über unterschiedliche Deutungsformen im Vordergrund steht. Dabei gewinnen in der theoretischen Fundierung dieses Projekts – und zwar ganz in Übereinstimmung mit den in diesem Beitrag dargelegten Positionen – Altersbilder und Identitätsprozesse besonderes Gewicht. Es wird nämlich untersucht, inwieweit die Altersbilder und Identitätsprozesse Verständigungsprozesse fördern (oder erschweren), zugleich aber im Prozess der Verständigungsversuche Veränderungen unterliegen.

Literaturangaben

[1]   Berger, P. & Luckmann, T., *The social construction of reality*, Doubleday, New York, 1966.
[2]   Berntsen, D., Rubin, D. C., Emotionally charged autobiographical memories across the life span: The recall of happy, sad, traumatic, and involuntary memories, *Psychology and Aging* 17 (2002), 636-652.
[3]   Birren, J. E., *Benefits of memory priming. Effects of guided autobiography and reminiscence,* Special lecture presented in March 2006 at the Joint Conference of the American Society on Aging and the National Council on Aging as part of the MindAlert program, 2006.
[4]   Birren, J. E., & Deutchman, D. E., *Guiding autobiography groups for older adults: exploring the fabric of life*, Johns Hopkins University Press, Baltimore, 1991.
[5]   Birren, J. E., & Schroots, J. J. F., Autobiographical Memory and the Narrative Self Over the Life Span, in: J. E. Birren, K. W. Schaie (Eds.), *Handbook of thePsychology of Aging*, 477-498, Elsevier, San Diego, Calif., 2006.
[6]   Bluck, S., & Levine, L. J., Reminiscence as autobiographical memory: a catalyst for reminiscence theory development, *Ageing and Society* 18 (1998), 185-208.
[7]   Brandtstädter, J., Hartnäckige Zielverfolgung und flexible Zielanpassung als Entwicklungsressourcen: Das Modell assimilativer und akkommodativer Prozesse, in: J. Brandtstädter & U. Lindenberger (Hrsg.), *Entwicklungspsychologie der Lebensspanne. Ein Lehrbuch*, 413-445, Kohlhammer, Stuttgart, 2007a.
[8]   Brandtstädter, J., Entwicklungspsychologie der Lebensspanne: Leitvorstellungen und paradigmatische Orientierungen, in: J. Brandtstädter und U. Lindenberger (Hrsg.), *Entwicklungspsychologie der Lebensspanne. Ein Lehrbuch*, 34-66, Kohlhammer, Stuttgart, 2007b.
[9]   Butler, R. N., The life review: an interpretation of reminiscence in old age, *Psychiatry, Journal for the Study of Inter-personal Processes* 26 (1963), 65-76.
[10] Coleman, P. G., *Aging and reminiscence processes: Social and clinical implications*, Wiley, New York, 1986.
[11] Cooley, C. H., *Human nature and the social order,* Charles Scribner's Sons, New York, 1902.
[12] Coupland, N., Coupland, J., Giles, H., & Henwood, K., Accomodating the elderly: Invoking and extending a theory, *Language and Society* 17 (1988), 1-41

[13] Cully, J. A., LaVoie, D., Gfeller, J. D., Reminiscence, personality, and psychological functioning in older adults, *The Geronologist* **41** (2001), 89-95.

[14] Dannefer, D., Neoteny, naturalization and other constituents of human development, in: C. Ryff, B. Marshall (Eds.), *Self and society of aging processes,* 67-93, Springer Publishing, New York, 1999.

[15] Erikson, E. H., *Childhood and society,* Norton, New York, 1963.

[16] Erikson, E. H., Erikson, J. M., & Kivnick, H. Q., *Vital involvement in old age,* Norton, New York, 1986.

[17] Fiedler, K., & Walter, E., *Stereotyping as inductive hypothesis testing,* Psychology Press, New York, 2004.

[18] Freund, A., & Baltes, P. B., Entwicklungsaufgaben als Orientierungsstrukturen von Entwicklung und Entwicklungsoptimierung, in: S.-H. Filipp, & U. M. Staudinger (Eds.), *Entwicklungspsychologie des mittleren und höheren Erwachsenenalters,* 37-79, Hogrefe, Göttingen, 2005.

[19] Gergen, K. J., & Gergen, M. M., The new aging: Self construction and social values, in: K. W. Schaie & J. Hendricks (Eds.), *The evolution of the aging self. The societal impact on the aging process,* 281-306, Springer Publishing, New York, 1999.

[20] Goffman, I., *Stigma: Notes in the management of spoiled identity,* Prentice Hall, Englewood Cliffs, 1963.

[21] Gubrium, J. F., Holstein, J. A., & Budkholdt, D. R., Constructing the life course. General Hall, Dix Hills. NY, 1994.

[22] Harwood, J., Giles, H., & Ryan, E. B., Aging, communication, and intergroup theory: Social identity and intergenerational communication, in: J. F. Nussbaum, & J. Coupland (Eds.), *Handbook of communication and aging research,* 133-160, Erlbaum, Hillsdale, NJ, 1995.

[23] Harwood J., Ryan, E. B., Giles, H., & Tysoski, S., Evaluations of patronizing speech and three response styles in a non-service-providing context, *Journal of Applied Communication Research* **25** (1997), 170-195.

[24] Harwood, J., & Williams, A., Expectations for communication with positive and negative subtypes of older adults, *International Journal of Aging and Human Development* **47** (1998), 11-33.

[25] Heckhausen, J., Dixon, R. A., & Baltes, P. B., Gains and losses in development throughout adulthood as perceived by different adult age groups, *Developmental Psychology* **25** (1989) 109-121.

[26] Hummert, M. L., Stereotypes of the elderly and patronizing speech, in: M. L. Hummert, J. M. Wiemann, & J. F. Nussbaum (Eds.), *Interpersonal communication in older adulthood: Interdisciplinary research,* 162-184, Sage, Newbury Park, CA, 1994.

[27] Krappmann, L., *Soziologische Dimensionen der Identität,* Klett, Stuttgart, 1973.

[28] Kruse, A., & Schmitt, E., Lebensläufe und soziale Lebenslaufpolitik in psychologischer Perspektive, in: G. Naegele (Hrsg.), *Soziale Lebenslaufpolitik,* 138-173, Wiesbaden VS Verlag für Sozialwissenschaften, 2010a.

[29] Kruse, A, & Schmitt, E., A multidimensional scale for the measurement of agreement with age stereotypes and the salience of age in social interaction, *Ageing & Society* **26** (2006), 393-411.

[30] Kruse, A.. & Schmitt, E., Differenzielle Psychologie des Alterns, in: K. Pawlik (Hrsg.), *Enzyklopädie der Psychologie – Angewandte Differenzielle Psychologie,* 533-571, Hogrefe, Göttingen, 2004.

[31] Kruse, A., & Schmitt, E., *Wir haben uns als Deutsche gefühlt. Lebensrückblick und Lebenssituation jüdischer Emigranten und Lagerhäftlinge,* Steinkopff, Darmstadt, 2000.

[32] Kruse, A., & Schmitt, E., Reminiscence of traumatic experiences in (former) Jewish emigrants and extermination camp survivors, in: A. Maercker, M. Schützwohl, Z. Solomon (Eds.), *Post-traumatic stress disorder. A lifespan developmental perspective,* 155-176, Hogrefe & Huber, Seattle, 1999.

[33] Levy, B. R., Zonderman, A. B., Slade, M. D., & Ferrucci, L., Age stereotypes held earlier in life predict cardiovascular events in later life, *Psychological Science* **20** (2009), 296-298

[34] Levy, B. R., Slade, M. D., & Kasl, S. V., Increased longevity by positive self-perceptions of aging, *Journal of Personality and Social Psychology* **83** (2002a), 261–270.

[35] Levy, B., Slade, M., Kunkel, S., & Kasl, S., Longitudinal benefit of positive self-perceptions of aging on functioning health, *Journal of Gerontology: Psychological Sciences* **57B** (2002b), 409–417.

[36] Marcia, J. E., Identity in adolescence, in: J. Adelson (Ed.), *Handbook of Psychology,* 159-187, Wilkey & Sons, New York, 1980.

[37] McAdams, D. P., Diamond, A., de St.Aubin, E., & Mansfield, E. D., Stories of commitment: The psychosocial construction of generative lives, *Journal of Personality and Social Psychology* **72** (1997), 678–694.

[38] McAdams, D. P., Josselson, R., & Lieblich, A., *Identity and story: Creating self in narrative,* APA Books, Washington, 2006.

[39] Mead, G. H., *Philosophy of the Present,* The Open Court Publishing Company, Chicago, 1932.

[40] Mead, G. H., *Mind, Self, and Society,* C. W. Morris (Ed.), University of Chicago Press, Chicago, 1934.

[41] Miller, A. G., Historical and contemporary perspectives on stereotyping, in: A. G. Miller (Ed.), *In the eye of the beholder: Contemporary issues in Stereotyping,* 1-39, Sage, New York, 1982.

[42] Ross, M., & Buehler, R., Creative Remembering, in: U. Neisser, R. Fivush (Eds.), *The remembering self,* 205-235, Cambridge University Press, New York, 1994.

[43] Ryan, E. B., Giles, H., Bartolucci, G., & Henwood, K., Psycholinguistic and social psychological components of communication by and with the elderly, *Language and Communication* **6** (1986), 1-24.

[44] Sartre, J.-P., *Das Sein und das Nichts. Versuch einer phänomenologischen Ontologie,* 11. Aufl., Rowohlt, Reinbek, 1993.

[45] Schmitt, E., Altersbilder und die Verwirklichung von Potenzialen des Alters, in: Kruse, A. (Hrsg.), *Weiterbildung in der zweiten Lebenshälfte,* 49-66, Bertelsmann Verlag, Bielefeld, 2008.

[46] Schmitt, E., Altersbild - Begriff, Befunde und politische Implikationen, in: A. Kruse & M. Martin (Hrsg.), *Enzyklopädie der Gerontologie,* 135-148, Huber, Bern, Göttingen, Toronto, Seattle, 2004.

[47] Schmitt, E., Aktives Altern, Leistungseinbußen, soziale Ungleichheit und Altersbilder: Ein Beitrag zum Verständnis von Resilienz und Vulnerabilität im höheren Erwachsenenalter, *Zeitschrift für Gerontologie und Geriatrie* **37** (2004), 280-292.

[48] Schmitt, E., & Kruse, A., Die Gegenwart des Holocaust im Erleben zurückgekehrter jüdischer Emigranten, in: A. Kruse (Hrsg.), *Psychosoziale Gerontologie* (Jahrbuch der Medizinischen Psychologie, Band 16), Band I: Grundlagen, 276-298, Steinkopff, Darmstadt, 1998.

[49] Schmitt, E., & Kruse, A., Soziale Identität und Lebensrückblick jüdischer Emigranten in Deutschland und Argentinien, in: G. Heuft, A. Kruse, H. G. Nehen, H. Radebold (Hrsg.), *Interdisziplinäre Gerontopsychosomatik,* 31-42, MMV Medizin Verlag, München, 1995.

[50] Schmitt, E., Kruse, A., & Re, S., Auseinandersetzung mit belastenden Erinnerungen bei Überlebenden des Holocaust, *Zeitschrift für Psychosomatische Medizin und Psychotherapie* **45** (1999), 279-297.

[51] Tajfel, H. (Ed.), *Differentiation between social groups: Studies in the social psychology of intergroup behavior,* Academic Press, London, 1978

[52] v. Plato, A., Erfahrungsgeschichte – von der Etablierung der Oral History, in: G. Jüttemann, H. Thomae (Hrsg.), *Biographische Methoden in den Humanwissenschaften,* 60-74, Beltz, Weinheim, 1998.

[53] Whitbourne, S., *The Me I know: The study of adult identity,* Springer, Berlin, 1986.

[54] Windle, G., & Woods, R. T., "Variations in Subjective Well-Being: The Mediating Role of a Psychological Resource." *Ageing and Society* **24** (2004), 583-602.

Leben im Alter
A. Kruse (Hrsg.)
© *2010, AKA Verlag Heidelberg*

Generativity and Reconciliation in the
Second Half of Life

Peter G. COLEMAN

Department of Psychogerontology, University of Southampton, United Kingdom

Abstract. Psychologisches Wachstum und Entwicklung sind nicht auf die früheren Lebensjahre begrenzt. Jeder Lebensabschnitt bietet seine eigenen Möglichkeiten und Potenziale. Dabei berühren die Herausforderungen in der zweiten Lebenshälfte vor allem sowohl das innerliche Gleichgewicht als auch die Beiträge der Älteren für die Gesellschaft. Ein Großteil der Arbeit Carl Jungs beschäftigt sich mit der Frage der Individualisierung im fortgeschrittenen Erwachsenenalter. Nach ihm birgt das Alter die Chance zur Entwicklung einer authentischeren, harmonischeren und kreativeren Persönlichkeit, frei von den Zwängen vorhergehender umweltbedingter Einschränkungen. Im Rahmen des Entwicklungspotenzials des höheren Erwachsenenalters ist allerdings auch eine wichtige soziale Dimension zu berücksichtigen. Insofern diskutiert dieser Beitrag die Wechselbeziehung zwischen den Anforderungen der Generativität und dem typischerweise mit dem mittleren und höheren Alter einhergehenden Prozess der Aus- und Versöhnung. Diese beiden sehr umfangreichen Konzepte sind erst seit kurzer Zeit Objekte empirischer Forschung. Genauere Untersuchungen der Faktoren, die das Potenzial dieser Konzepte entweder erweitern oder aber behindern, bieten nicht nur große Chancen für verbesserte individuelle Interventionsansätze hinsichtlich der mentalen Gesundheit und des Wohlbefindens Älterer, sondern sind auch von erheblichem gesamtgesellschaftlichem Interesse.

Abstract. Psychological growth and development are not restricted to the earlier years of life. Each period of life offers its own opportunities. The challenges of the second half of life concern both internal balance and contribution to society. Much of the work of Carl Jung was focused on issues of individualisation in mature adulthood, becoming a more genuine, harmonious and creative person, free from the pressures of earlier environmental constraints. However there is also an important social dimension to the opportunities offered by greater maturity. In this essay I should like to consider the interrelated issues of the tasks of generativity and reconciliation typically associated with the middle and later stages of life. These are rich concepts, but only recently the subject of much empirical research. Greater investigation into the factors promoting and hindering their development offers potentially huge benefits not only to the mental health and well-being of the individuals concerned, but also to the well-being of society as a whole.

1.   Generativity

Generativity versus stagnation is the seventh of eight successive stages in Erikson's theory of human development (Erikson, 1963). It refers to the vital role adults can play in teaching, guiding and supporting the next generation. Through many decades of life, adults accumulate experience and expertise that can be used to help and guide younger generations. The prototypic generative behaviour is parenting, but generativity can also manifest itself in a wide range of ways often involving activities such as teaching, mentoring, and supporting younger generations. Generative adults can also be engaged in practical activities such as building or creating things that will benefit others. Depending on the inclinations and strengths of older adults, generativity can manifest itself socially or politically as well, in activities aimed at maintaining and improving experiences and well-being for larger groups of people. Such activities can include passing on social values and ideals to upcoming generations.

Research on this topic is important for a wide range of reasons. Generativity challenges negative images and stereotypes of ageing, because it highlights the important and vital role that adults in mid- and later life have in supporting and caring for others. Generative activities are believed vital for the well-being of individuals and whole communities, as younger generations need the experience, advice and skills that older people only accumulate with time. This is especially the case given that other sources of information often available to younger generations, such as books or the Internet, do not usually offer advice tailored to particular situations and people. Furthermore, the listening and experiential skills that older adults typically have cannot easily be replicated for younger people through other avenues.

Just as younger generations need older adults, so too do older adults need to be generative to younger generations. Each of Erikson's stages involves a conflict between two opposing factors. The favourable resolution of the conflict between generativity and stagnation is believed to be crucial for healthy adaptation. For some people the resolution may not be toward generativity, but towards a persistent sense of stagnation and personal impoverishment. Within this model, such adults have little sense of purpose in their lives, and this in turn increases the probability of poor mental and physical heath as well as reducing the quality of interpersonal relationships.

> Erikson placed generativity in mid-life for several reasons. Erikson hypothesised that it was only when the individual had negotiated issues of identity in adolescence, and had established bonds of intimacy as a young adult, that he or she ready psychosocially to take some responsibility for the survival and improvement of the larger community through the next generation. He also recognised the cultural demands and expectations that he believed society does and should impose upon adults at this time. He argues that it is the "responsibility of each generation of (mid-life) adults to bear, nurture and guide those people who will succeed them" (Erikson, Erikson & Kivnick, 1986: 73).

Perhaps the most substantial empirical research to investigate the role of generativity in midlife has been conducted in the US by Alison Stewart and colleagues (Stewart, Ostrove & Helson, 2001). They explored the prevalence and nature of generativity in mid-life longitudinally and retrospectively from three sample groups. The first sample group, the Michigan sample, involved a 102 random sample of women graduating from the University of Michigan in 1967. The data analysed and reported by Stewart et al was gathered in 1993, when this sample was around 47 years of age. The second sample group, the Mills sample, were representative graduates from Mills college in 1958 and 1960 who were followed up in 1964 and in 1989 when participants were around the ages of 27, 43 and 52 years respectively. Stewart et al. report on data from the age 43 and 53 follow-ups. Their third sample is from the Smith college class of 1964. At a 30th reunion gathering, questionnaires were distributed to participants, and followed up again in 1995 to gain more systematic data. Data from this last sample group then is both longitudinal and retrospective.

Consistent with Erikson's theory, results indicated that scores on generativity increased in mid-life (when participants were in their forties) by comparison with early adulthood when participants were still in their thirties. When data was examined retrospectively in one sample, and followed up longitudinally in another, there was consistency in that generativity typically increased over time. However, generativity scores were also found to increase further from early to later middle age, i.e. when participants moved from their forties into their fifties except for the Mills sample, where generativity was lower in their early 50s by comparison with the early 40s. The authors suggest that a possible explanation for this finding may be because two items asked at age 43 ('having a wider perspective' and 'interest in things beyond my family') were not asked at age 52.

Of particular significance in the Stewart et al. study is that the authors examined the potential confounds of decade and historical time. This confound can be problematic because adults in particular age groups can have certain experiences (e.g. the second world war for current generations of older people) with impact on their lives, irrespective of their current age. This would mean that what is true for one generation is not necessarily true for another generation. In the study by Stewart and colleagues there was a ten year age difference between participants in the Michigan and Mills samples, yet both were assessed when they were in their forties which was in the 1990s for the Michigan sample and the 1980s for the Mills sample. A MANOVA was used to investigate differences between the two samples at the same age but at different historical time. No significant effect was found, i.e. both samples reported the same feelings at the same ages although they were rating their experiences at different time points in different decades. These results provide evidence that findings were a consequence of development rather than cohort or particular generational social experiences.

2.   Life Review and Reconciliation

Reminiscence work also owes a debt to Erikson's theory of development and his definition of the final task of life, 'integrity', as "the acceptance of one's one and only life cycle as something that had to be and that, by necessity, permitted of no substitutions" (Erikson, 1963: 260). More influential still has been Robert Butler's concept of "life review" (Butler 1963). Writing from his experience as a practising therapist in a psychiatric journal, Butler put forward the view that life review is a normative process which all people undergo as they realise that their life is coming to an end. This article had a considerable impact, containing many literary references to illustrate its points.

Both Butler in his original article and Erikson in later writings (Erikson, 1978) refer with approval to Ingmar Bergmann's film "Wild Strawberries" as depicting well the late life processes they refer to. This film depicts an egocentric professor who through a process of disturbing dreams and later more conscious recollections comes to appreciate his personal shortcomings and to show greater sensitivity to his family. Its positive ending indicates the healing value of the life review. However, despite the attention given to Butler's concept in the literature on reminiscence, relatively few commentators refer to the negative elements of life review that he also highlighted. Where no resolution can be found for troublesome memories, feelings of despair may result. Butler cites Samuel Beckett's "Krapp's Last Tape" to illustrate this point, revealing a man who has kept a fastidious record of his memories but now only feels disgust at their recall.

Life review did not feature strongly in the practical applications of reminiscence theory that initially became popular in practical work with older people in the 1970s and

1980s, which focused on the identity maintenance function of reminiscence in promoting stability of the self. By contrast the life review function pointed to possibilities for change and development. These differences in function were minimised in subsequent studies of the frequency and benefits of reminiscence, and it is likely that the full implications of the concept of life review were not properly considered by most of those who promoted reminiscence in care settings. Its full significance was not appreciated until it was linked with the social aspect of reminiscence was also present in the earlier sociological as well as social anthropological literature. It existed in two completely different forms, both in the disengagement theory of ageing and the contrasting theory of social and cultural re-engagement which developed partly in response to reflection on older people's disengagement in western societies. In disengagement theory terms reminiscence was seen as part of natural withdrawal from social responsibilities with age. It was a way of obtaining solace for the self while ceasing to have an impact on society. But at the same time anthropologists were noting the ways in which older people in traditional societies invested themselves with authority in drawing out teaching from their life's experience. Gutmann's comparative and longitudinal studies illustrated how older people in these societies did disengage from daily practical concerns but only in order to engage more fully at the social and spiritual level, in acting as the spokespersons for the cultural, religious and moral traditions of their society (Gutmann, 1987).

Although subsequence research has identified a range of different reminiscence functions operating throughout life, "life review" remains the foremost developmental concept in the literature and one particularly pertinent to old age. It suggests a distinct task for later life in achieving a rounded evaluation of the life that has been lived. However, life review's universal character as originally proposed by Butler has been questioned by interview studies which suggest that well-being in later life is not dependent on reminiscence, also by evidence that life review demands high levels of inner skills and is therefore not necessarily characteristic of most older people, and even by theoretical considerations of the self's bias towards continuity. Reminiscence, in adulthood, appears to be more often used to re-assert previous patterns of self-understanding, for example in response to threat or challenge, than to create the new understanding arising from life review.

Nevertheless life review in the radical sense enunciated by Butler remains a fasci-nating concept, perhaps even more so because of its special emergent character. Moody has pointed out that its real origins and appeal are spiritual (Moody & Carroll, 1997). Butler had been influenced by conversations with the Jewish philosopher Martin Buber. His concept of life review thus reflects a Judaeo-Christian concern with repentance and release from guilt. But it also implies a search for meaning through reflection on one's life's experience (Randall & Kenyon, 2001). This cannot be achieved without effort. It may lead to transformation of goals and changed values, although there may also be perils involved in looking backwards (Freeman, 2010). The past as now remembered may no longer be able to be lived with.

Susan Bluck, in arguing for greater interaction between the study of reminiscence and of autobiographical memory Susan Bluck (Bluck & Levine, 1998), has pointed to the reconstructive role of memory throughout life in addition to its stabilising role. The self is largely constant over time and reminiscence certainly often serves this function, but it is also being constantly revised through the selective accession and modification of memories. It is important to recognise and respect both functions, especially in intervening in people's lives. There are times for re-assuring those we seek to help but times also for helping them to move on in their level of self understanding.

The study of life review like other emergent features of ageing should be placed in a life span perspective. We need to systematically identify the developmental precursors and antecedent conditions which foster its expression. Placing it in this context also encourages attention to the different facets of reminiscence. A very interesting example of such a study of the life review has been published by Wink and Schiff (2002). It is based on the Berkeley (California) longitudinal study whose original sample of new-born babies and pre-adolescents was collected in 1928-29 and 1931 respectively. Having been studied intensively in childhood and adolescence they have been interviewed in depth on four occasions in adulthood. The life-span character of this study gives it special significance.

Wink and Schiff were able to base their analysis on 172 participants of the Berkeley study while they were in their late 60s and mid 70s. Two independent judges rated the material for signs of life review. Only 22 Prozent of the sample showed clear evidence of striving for a new level of self-understanding. Although life review was not associated with self ratings of life satisfaction, it was positively rated to ratings of other characteristics, notably creativity, spirituality and generativity. It is to the great credit of this study that it included such characteristics. Considered in terms of its social relevance, creativity, spirituality and generativity are much more important outcomes than well-being. Gerontological research has perhaps been impoverished by an over focus on individual subjective well-being as the primary outcome variable.

Life review was also related to a global measure of past negative life events, such as a major off-time bereavement, other personal crisis or illness. Wink and Schiff's thesis, consistent with that of previous commentators (Coleman, 1986; Parker, 1995), is that life review is an adaptive response to ageing in those who have encountered marked difficulties in life, but that for the majority of ageing individuals it is not a necessary adaptation. They take their analysis further by describing in detail and contrasting two individuals from their sample, both with high acceptance of their lives, but the one high and the other low in life review.

"Melissa", aged 69 years at the time of the last interview, was a productive artist, with many other interests, including counselling for which she had recently undergone training. She had been through many difficulties, including divorcing her husband in mid-life. Nevertheless she rated her current life satisfaction as very high, and was hoping that she would be able to find another partner. When interviewed forty years earlier at 29 years of age, Melissa was estranged from her parents and her marriage was disintegrating. The year earlier she had begun psychotherapy in response to her distress. She described in detail the difficulties she had growing up with a controlling mother and hostile father, and an abiding sense of betrayal and feeling barely alive. Despite her insecurities about sexuality and about men, she had left home, got pregnant by and married the man who had come close to her in her difficulties. But he turned out also to be as emotionally needy as she was, and became more and more controlling and abusive of her. Only after many years trying to improve the situation and finally realising that he would not change did she separate from him.

Melissa's development as an adult has involved a lot of hard work and painful adjustments in order to become financially and emotionally independent. It has continued right up to the last interview at 69 years, when for the first time she was able to pinpoint her basic sense of betrayal at being sexually abused by her father at the age of 3 or 4, a fact that she believes was subsequently covered up by her mother. She never confronted her father with this accusation, but described a cathartic scene shortly before he died when she had shaken him with rage and yelled at him to behave. Back in her car afterwards she had suffered a panic attack. She can now understand better her father's behaviour towards her, also why her mother's reactions were ambivalent, and has also begun to understand her own problems in relationships with men. Most remarkably she has, in Erikson's terms, accepted the "inevitability" of her life, and created from it a cohesive life story. She also scores high on the measure of spirituality employed in the study.

"Frank" by contrast is not interested in introspection or self-reflection. Aged 76 years at the time of the last interview, he has been retired for nearly 20 years from a career in banking. He retired early to concentrate on his passion for writing literary criticism that he had left behind at college. He has only been moderately successful at this task but he still enjoys it immensely. He does reminisce, for example to relive experiences with his wife or tell stories to the grandchildren. However he accepts his life story without feeling the need for further analysis. He had wanted to pursue literature and writing, but his parents counselled him to find a stable occupation. He accepted their advice and has not regretted it. His career in banking was hugely successful, thanks to a combination of making right decisions, and having good colleagues and clients. He astonished his friends and colleagues by his decision to retire early. But there was no financial or other need for him to work further and he and his wife had other outdoor as well as indoor interests which they wanted to develop.

His personality - he is an introvert and a loner - and his literary interests might lead one to expect a measure of self reflection. But Frank has never felt the need to fuse his interests into a cohesive whole. He exemplifies, as Wink and Schiff conclude, a counter-example to the adage that an unexamined life is not worth living. If one compares the two cases, it is apparent that the focus of Frank's reflections has remained firmly on things outside of himself, whereas Melissa's focus has been on her own life experience. Frank's rich and interesting life has been virtually conflict free. Melissa has experienced abuse, betrayal and rejection in great measure and has had to learn to cope with a range of conflicting feelings as a consequence. She has experienced pain to the degree that is perhaps necessary for life review to occur.

These are good case studies on a number of criteria, including the clarity of the theme they investigate, the unbiased collection of material on that topic, and the convincing narrative accounts they provide of the persons themselves. They illustrate well the general finding from Wink and Schiff's researches with the Berkeley sample, that life review as well as other spiritual developments in later life are the product of life's difficulties more than its successes.

3.   Practical Implications

From its beginning the study of reminiscence has been closely tied to practice. There has been much debate about the strengths and limitations of both group reminiscence and one-to-one interaction. The former, if used sensitively with due regard for individual differences in needs including vulnerabilities, remains the most popular and most effective practice. Its aims are different from dyadic reminiscence, and reflect the support and camaraderie that can develop especially in reminiscence group practice.

Unfortunately most of the early evaluative studies of reminiscence practice had serious methodological flaws. Aside from the issue of inadequate definition and absence of differentiation of distinct types of definition, studies suffered from the lack of adequate controls, limited samples, and poor measurement. Indices of reminiscence activity were often subjective ratings of limited validity. However, there have been noticeable improvements in methods employed in recent years, particularly in the development of standardised instruments and provision of comparative control samples undertaking alternative activities to reminiscence. More attention has also been given to consolidating findings by providing systematic reviews.

Barbara Haight has been a pioneer researcher-practitioner in this field in the US, including rigorous evaluations of the time limited life review interventions she has developed for use by nurse practitioners both in the community and in nursing homes. She also helped launch the International Institute for Reminiscence and Life Review as a centre for communicating ideas, practice and research findings. The method of life review advocated by Haight (Haight, Coleman & Lord, 1995), for example, is a one to one approach, but also a time limited series of six sessions covering the whole life course, including a final integrative session. Both positive and negative themes are addressed. The design of this programme explicitly takes into account the time constraints operating on health and social welfare workers as well as the needs of their clients.

By contrast the `guided autobiography' groups, pioneered by Birren and colleagues (Birren & Deutchman, 1991; Randall & Kenyon, 2001) are much more extensive in the time and social skills (such as written composition and creative listening) required. Participants are typically made up of people who are from the outset well motivated to explore the major themes of their lives in company with others. The therapeutic benefit of writing is now a well established theme in health and clinical psychology.

Thanks to recent advances in research we can now see more clearly how the specific outcomes of reminiscence will depend on the type of memories recalled (Bluck and Levine, 1998). Accessing some memories will encourage self-acceptance, accessing others will actually stimulate self-change. Much then depends on the aims of the intervention and the techniques used. Life review in the sense in which Butler originally described it is more concerned with the possibility of self-change than with maintaining present self conception. It would be possible to change one's sense of self by drawing on a different, often forgotten, set of memories to the ones on which the present self is based. But this is a difficult and anxiety raising task as Butler realised, also by means of the literary illustrations with which he accompanied his original description (Butler, 1963). It is more possible when someone is already dissatisfied with life or is already seeking self-growth, but for most people it is hard to give up a theory of the self in which they have long been invested.

In considering ideal models of ageing it is necessary to identify developments bene-ficial not only to the individual but also to the society around and to future generations, i.e. are generative. Therefore it is appropriate to close with a focus on witness to past truths and future values that older people provide in their reminiscing. Objective truth is an important element in establishing the story of one's life, and the encouragement to consider life from new less self-centred perspectives would be important additions to methods of reminiscence work. Persons are potentially much more than the current stories they tell of themselves.

What for example makes a good life story? It is important to devise criteria for judging the quality of reminiscence in its own terms, and not only through the consequences for the individual's subjective sense of well-being. Coleman (1999) has emphasised the importance of coherence as an essential characteristic of an integrated and satisfying life story. Habermas and Bluck proposed four types of global coherence: temporal, cultural, causal and thematic.

Temporal coherence describes the manner in which remembered experiences are temporally related to one another and to external historical events. Cultural coherence refers to the normative cultural facts and events that define conventional life phases (e.g.

births, marriages and deaths). Causal and thematic coherence on the other hand refer to the evaluative and meaning-making components of the life story. For example, when causal links are not established, life appears to have been determined by chance and will be experienced as meaningless, often consisting of a series of events rather than constituting a story, not seeming to flow and being outside the person's control.

However it is possible to work with people on 'restorying' their lives so that negative experiences become opportunities for development and acquisition of wisdom (Randall & Kenyon, 2001). Even emotionally disturbing events can become an occasion for transformation. Recent studies on lives disrupted by the historical events of the Second World War and the recent collapse of the Soviet empire, itself a product of that war (Keller, 2002; Coleman, Hautamaki & Podolskij, 2002), illustrate both how such historical events interfere with normal identity processes, but also the potential resulting from such experience for appreciating and communicating new insights and values.

Literaturangaben

[1] Birren, J.E. and Deutchman, D.E., *Guiding Autobiography Groups for Older Adults: Exploring the Fabric of Life*. Baltimore, MD: Johns Hopkins University Press, 1991.
[2] Bluck, S. and Levine, L. , Reminiscence as autobiographical memory: a catalyst for reminiscence theory development. *Ageing and Society*, 18, 185-208, 1998.
[3] Butler, R.N., The Life Review: an interpretation of reminiscence in the aged. *Psychiatry*, 26, 65-76, 1963.
[4] Coleman, P.G., *Ageing and reminiscence processes: social and clinical implications*. Wiley, Chichester, 1986.
[5] Coleman, P.G., Creating a life story: the task of reconciliation. *The Gerontologist*, **39**, 133-139, 1999.
[6] Coleman, P.G. & Podolskij, A. (2007) Identity loss and recovery in the life stories of Soviet World War II Veterans. *The Gerontologist*, **47**: 52-60.
[7] Erikson, E.H., *Childhood and Society*. Harmondsworth: Penguin (original edition 1950, New York: Norton), 1963.
[8] Erikson, E.H., Reflections on Dr. Borg's life cycle. In Erikson, E.H. (Ed.) *Adulthood*. New York: Norton, 1978.
[9] Erikson, E.H., Erikson, J.M. and Kivnick, H.Q., *Vital Involvement in Old Age. The Experience of Old Age in Our Time*. Norton, New York, 1986.
[10] Freeman, M. (2010) Hindsight. The Promise and Peril of Looking Backward. New York: Oxford University Press.
[11] Gutmann, D. (1987) Reclaimed Powers: Towards a New Psychology of Men and Women in Later Life. Basic Books, New York. (Second Edition 1994).
[12] Habermas, T. and Bluck, S. (2000) Getting a life: the emergence of the life story in adolescence. Psychological Bulletin, 126, 748-769.
[13] Haight, B.K. and Webster, J.D. (Eds.) (1995) The Art and Science of Reminiscing. Theory, Research, Methods, and Applications. Washington, DC: Taylor & Francis.
[14] Keller, B. (2002) Personal identity and social discontinuity: on memories of the "war generation" in former West Germany. In Webster, J.D. and Haight, B.K. (Eds.) Critical Advances in Reminiscence Work: From Theory to Application. New York: Springer, 165-179.
[15] Kenyon, G., Bohlmeijer, E. & Randall, W. (eds.) (2010) Storying Later Life. Issues, Investigations and Interventions in Narrative Gerontology. New York: Oxford University Press.
[16] Moody, H.R. and Carroll, D. (1997) The Five Stages of the Soul: Charting the Spiritual Passages that Shape Our Lives. New York: Anchor Books.
[17] Parker, R.G. (1995) Reminiscence: a continuity theory framework. The Gerontologist, 35, 515-525.
[18] Randall, W.L. and Kenyon, G.M. (2001) Ordinary Wisdom. Biographical Aging and the Journey of Life. Westport, CT: Praeger.
[19] Stewart, A.J., Franz, C. and Layton, L. (1988) The changing self: using personal documents to study lives. Journal of Personality, 56, 41-74.
[20] Wink, P. and Schiff, B. (2002) To review or not to review? The role of personality and life events in life review and adaptation to older age. In Webster, J.D. and Haight, B.K. (Eds.) Critical Advances in Reminiscence Work: From Theory to Applications. New York: Springer, 44-60.

IV. Altersfreundliche Umweltgestaltung

Leben im Alter
A. Kruse (Hrsg.)
© 2010, AKA Verlag Heidelberg

Subjektiv erlebte Umwelt und ihre Bedeutung für Selbständigkeit, Identität und Wohlbefinden im Alter

Frank OSWALD

Stiftungsprofessur für Interdisziplinäre Alternswissenschaft am
Fachbereich Erziehungswissenschaften,
Goethe-Universität Frankfurt am Main, Deutschland

Abstract. Aus der Perspektive einer ökologischen Gerontologie wird zunächst ein konzeptuelles Modell zu Person-Umwelt-Austauschprozessen und damit verbundener Folgen vorgestellt, auf das sich beide umweltbezogenen Kapitel dieses Bandes beziehen. Die darin beschriebenen Prozesse des Umwelterlebens bilden den Schwerpunkt dieses Kapitels. Zunächst werden einige der zugrunde liegenden Prozesse des Umwelterlebens, wie beispielsweise Umweltzufriedenheit, Umweltbedeutung, oder Umweltidentität eingeführt. Aus den empirischen Befunden einer Reihe von Studien der letzten Jahre werden dann zunächst exemplarische Befunde zur inhaltlichen Vielfalt und zu methodischen Fragen der Erfassung von Aspekten des Wohnerlebens vorgestellt. Schließlich werden empirische Belege zu Zusammenhängen des Umwelterlebens mit Aspekten des Umwelthandelns, sowie mit Zielvariablen wie Selbständigkeit, Wohlbefinden, Lebenszufriedenheit und Identität berichtet und hinsichtlich ihres Beitrags zu einer differentiellen Gerontologie diskutiert.

1. Zur Bedeutung einer ökogerontologischen Perspektive auf das Altern

Auf die grundsätzliche Bedeutung einer ökogerontologischen Sichtweise des Alterns wird bereits an anderer Stelle und im Kapitel von Wahl in diesem Band eingegangen (z.B. Oswald & Wahl, 2004; Wahl & Gitlin, 2007; Wahl & Oswald, in Druck a). Dabei fokussiert die ökologische Gerontologie häufig räumlich-soziale Aspekte des Wohnens, adressiert aber immer auch das weitere Umfeld (z.b. Wahl, Oswald, & Lehr, 1996), die Rolle der Technik (z.B. Oswald et al., 2009), sowie Fragen des sozialen Austausches und der zwischenmenschlichen Beziehung (Wahl, Schmitt, & Oswald, 2009).

2. Umwelterleben als Teil eines integrativen Verständnisses von Person-Umwelt Prozessen

Entwicklung im Lebenslauf ist charakterisiert durch Person-Umwelt-Austausch-prozesse, die objektives Handeln und subjektives Erleben einschließen. Im höheren Alter wird dabei der Umweltausschnitt der unmittelbaren räumlich-sozialen Umwelt sowohl aufgrund langen Aufenthalts als auch aufgrund zahlreicher wohnbezogener Alltagsaktivitäten immer bedeutsamer. Häufig richtet sich dabei der Blick ausschließlich auf die objektiv sichtbare Umwelt, auf die Auseinandersetzung der Person mit dieser auf der Handlungsebene, sowie auf daraus resultierende Folgen für das Altern,

für die mittlerweile zahlreiche Belege vorliegen (z.B. Wahl et al., 2009). Handlungs-
und Erlebensebene sind im Alltag aber eng miteinander verwoben. Dennoch gibt es nur
wenige Konzepte und Studien, die sowohl objektive als auch subjektive Aspekte des
Person-Umwelt-Austausches adressieren. Um die Vielfalt umweltbezogener Erlebens-
und Handlungsbezüge abzubilden, wurde ein konzeptuelles Rahmenmodell vorgeschlagen, das sowohl Prozesse und zugrundeliegende theoretische Ansätze des
Erlebens unter dem Oberbegriff „Belonging" als auch des Handelns und zugehöriger
Steuerungsprozesse unter dem Oberbegriff „Agency" zusammenführt (Oswald et al.,
2006a; Wahl & Lang, 2003; Wahl & Oswald, in Druck a,b) (siehe Abb. 1).

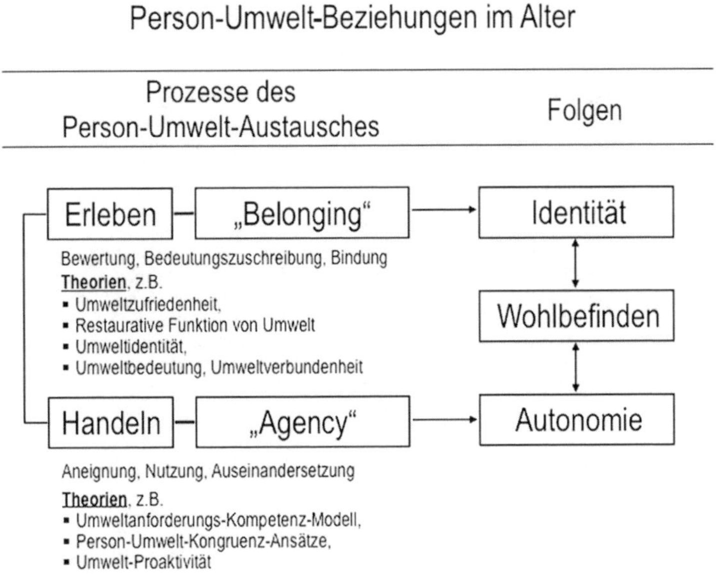

Person-Umwelt-Beziehungen im Alter

Prozesse des Person-Umwelt-Austausches	Folgen

| Erleben — „Belonging" | Identität |

Bewertung, Bedeutungszuschreibung, Bindung
Theorien, z.B.
• Umweltzufriedenheit,
• Restaurative Funktion von Umwelt
• Umweltidentität,
• Umweltbedeutung, Umweltverbundenheit

Wohlbefinden

| Handeln — „Agency" | Autonomie |

Aneignung, Nutzung, Auseinandersetzung
Theorien, z.B.
• Umweltanforderungs-Kompetenz-Modell,
• Person-Umwelt-Kongruenz-Ansätze,
• Umwelt-Proaktivität

Abbildung 1. Ein Rahmenmodell zur Ordnung theoretischer Konzepte der ökologischen Gerontologie.

Quelle: Wahl, H.-W., & Oswald, F. (in Druck b). Umwelten für ältere Menschen. In E.-D. Lantermann & V.
Linneweber (Hrsg.), *Enzyklopädie Umweltpsychologie. Band 2: Spezifische Umwelten und umweltbezogenes
Handeln.* Göttingen: Hogrefe.

Die beiden Kapitel zum Person-Umwelt-Austausch in diesem Band stellen schwer-
punktartig jeweils die Handlungs- und Erlebensperspektive in den Mittelpunkt. In
diesem Kapitel werden vor allem Facetten des Umwelterlebens und ihre möglichen
Folgen für das Altern, mit besonderer Berücksichtigung der Wohnumwelt, betont.
Beide Kapitel beziehen sich dabei auf dasselbe zugrundeliegende konzeptuelle Modell
(siehe Abb. 1), das bereits an anderer Stelle eingeführt wurde (Wahl & Oswald, in
Druck b). Erwähnt sei zudem, dass nahezu alle hier berichteten Befunde aus Arbeiten
der Abteilung für Psychologische Alternsforschung des Psychologischen Instituts der
Universität Heidelberg und davor der Abteilung für Soziale und Ökologische Gerontologie des Deutschen Zentrums für Alternsforschung, in beiden Fällen unter der Leitung
und Beteiligung von Prof. Dr. Hans-Werner Wahl und vieler Kolleginnen und Kollegen
aus dem In- und Ausland, stammen. Initial für die Beschäftigung mit dem Thema des

Umwelterlebens waren aber auch bereits frühere Auswertungen der Bonner Gerontologischen Längsschnittstudie (BOLSA), z.b. zusammen mit Prof. Dr. Dr. h.c. mult.
Ursula Lehr und Prof. Dr. Dr. h.c. mult. Hans Thomae (z.b. Oswald & Thomae, 1989).

3.   Facetten des Umwelterlebens

Erlebensbezogene Prozesse beschreiben die Bewertung, Bedeutung von und Bindung
an bzw. Verbundenheit mit dem jeweiligen Umweltausschnitt. Diesen Prozessen lassen
sich u. a. Konzepte wie Umweltzufriedenheit, Umweltverbundenheit, Umweltbedeutung, oder Umweltidentität zuordnen, auf die hier nur knapp eingegangen werden kann.
Umweltzufriedenheit wird verstanden als momentane oder zeitstabile Einschätzung der
objektiven Umweltbedingungen, z.b. als Zufriedenheit mit der Wohnung oder der
Nachbarschaft, und wird primär als Kriterium objektiver Umweltqualität, bisweilen
aber auch als Prädiktor umweltbezogenen Handelns betrachtet (z.b. Weideman &
Anderson, 1985). Das sogenannte „Zufriedenheits-Paradoxon" macht dabei als ein
typisches Phänomen zur Erklärung von Handlungen insbesondere im hohen Alter
verständlich, warum schlechte objektive Umweltbedingungen nicht zwangsläufig zu
schlechten subjektiven Bewertungen derselben führen müssen (Staudinger, 2000).
Verzerrte Zufriedenheitseinschätzungen können nämlich Gefühle der Zugehörigkeit zu
bestimmten Orten schützen und Bedrohungen der Ortskontinuität, etwa auf Grund
offensichtlich ungünstiger Wohngegebenheiten, minimieren. Zudem wird Umweltzufriedenheit häufig im Zusammenhang mit anderen gerontologischen Bedingungs-
oder Zielvariablen betrachtet, wie Lebenszufriedenheit oder Wohlbefinden (Pinquart &
Burmedi, 2004). *Umweltverbundenheit* und *Umweltbedeutung* fokussieren auf die
Bedeutung von gerade im höheren Lebensalter bestehenden langjährigen Person-
Umwelt-Beziehungen für den Alltag. Es wird vermutet, dass in diesen oft jahrelangen
Austauschprozessen objektive Umweltaspekte so stark verinnerlicht werden, dass die
alternde Person gewissermaßen mit diesen untrennbar „verwächst", d.h. dass
Handlungs- und Erlebensroutinen und Automatismen auftreten und dass Umwelt zur
Materie gewordene Biografie werden kann (Oswald & Wahl, 2005; Rowles, Oswald &
Hunter, 2004; Rubinstein & De Medeiores, 2004; Smith, 2009). Ein solcher Zugang
erlaubt eine Sichtweise der Person-Umwelt-Relation im Alter, die nicht nur Anpassung
fordert und Anreize bietet, sondern auch lebenslang erworbene Bedeutungen
repräsentiert und Identität stiftet. Dies kann auch verdeutlichen, warum ein
notwendiger Umzug oder auch nur die Vorstellung davon im Einzelfall als Bedrohung
des Selbst mit allen damit verbundenen negativen emotionalen Folgen empfunden
werden kann (Oswald & Rowles, 2006). Konzepte wie *Umweltidentität* oder
Ortsidentität gehen schließlich von einer untrennbaren Einheit von Person und Umwelt
aus. Prozesse der Emotions- und Selbst-Regulation sollen nicht als internale
homöostatische Abläufe verstanden werden, sondern in Auseinandersetzung mit der
alltäglichen Umwelt erfolgen. „Place Identity" wird verstanden als „substructure of
self-identity which consists of (...) cognitions about the physical world in which the
individual lives" (Proshansky, Fabian & Kaminoff, 1983, S. 59). Diese Kognitionen
umfassen Erinnerungen, Ideen, Einstellungen, Werte, Vorlieben, Bedeutungen und
Konzepte von Verhalten und Erleben, die direkt auf die jeweilige Alltagsumwelt
bezogen sind. Die Identität einer Person wird aber auch durch konkrete Orte und Dinge
bestimmt. Dies ist gerade im hohen Alter von Bedeutung, weil Umweltidentität ganz
wesentlich angereichert wird durch lebenslang erfahrene und mit dem Alter sich

mehrende Umwelterlebnisse. Sie ist geprägt durch die Gegenwart, aber auch durch die eigene Umweltvergangenheit, die biographisch zurückliegenden Räume und Plätze in ihrer Beziehung zu erfüllten oder unerfüllten Bedürfnissen der Person.

So ist es naheliegend, dass im Hinblick auf diese nicht zielgerichteten Prozesse des „Belonging" vermutet wird, dass sie in der Folge zur Aufrechterhaltung von Identität bzw. identitätsrelevanter Persönlichkeitsaspekte im höheren Lebensalter beitragen. Die Frage „Wer bin ich?" wird im höheren Alter nicht zuletzt auch aus Beschreibungen der Person im Verhältnis zu ihrer Umwelt gespeist und bildet damit einen Teil des „ökologischen Selbst" (z.B. Born, 2002; Neisser, 1988). Oder, in den Worten des Geographen Graham Rowles, Bedeutungszuschreibung und Umweltverbundenheit spiegeln nach langer Wohndauer Muster räumlicher, sozialer und autobiographischer Verinnerlichung („insideness") wider, die helfen können, die eigene Identität zu erhalten (Rowles, 1983, 2008): „Place becomes a landscape of memories, providing a sense of identity (...)" (Rowles, 1983, p. 114; Rowles & Watkins, 2003; vgl. dazu auch Smith, 2009). Dies könnte auch ein Erklärungsansatz dafür sein, warum ältere Menschen häufig hohe Risiken eingehen, ihre Selbständigkeit zu verlieren, wenn sie dabei nur an gewohnten Umweltbedingungen festhalten können, eben weil sich darin auch die eigene Identität widerspiegelt. Ein unpraktisches Möbelstück, ein potentiell sturzauslösender Gegenstand (z.B. ein Teppich) kann biographisch bedeutsam sein und identitätsrelevante „Geschichten" erzählen, weswegen man vielleicht nicht bereit ist, ihn einzutauschen oder aufzugeben. Allerdings können Prozesse des „Belonging" auch ganz alltagspraktische Folgen haben. Bestimmte Handlungen nicht nur nach ihrer Funktion, sondern auch nach ihrer Bedeutung zu beurteilen (z.B. ein Marktbesuch oder ein Friedhofsbesuch), kann zum Verständnis des Wohnalltags beitragen und helfen, die Organisation und Aufrechterhaltung der eigenen Selbständigkeit zu optimieren. Zudem wirken beide Prozesse und Folgen auf der Ebene von Identität und Autonomie auch auf das subjektive Wohlbefinden, einer klassischen gerontologischen Zielvariable.

Im Sinne dieses Modells können nun empirische Befunde aus verschiedenen Studien der letzten Jahre (aus den in chronologischer Reihenfolge aufgeführten Projekten ILSE, PASA, Heidelberg-2002, ENABLE-AGE, Älterwerden in Darmstadt-Arheilgen) entlang von zwei Zielsetzungen betrachtet werden. (1) Zunächst soll Fragen der inhaltlichen Vielfalt und der methodischen Erfassung von Aspekten des Wohnerlebens Raum gegeben werden. Dabei wird Umweltzufriedenheit in Abhängigkeit von Alter und geographischen Bedingungen im Zeitverlauf betrachtet, ebenso wie die Verbundenheit mit der Umwelt in Abhängigkeit von Alter und Stadtteil. Schließlich wird die Identifizierung vielfältiger Bedeutungszuschreibungen der unmittelbaren Wohnumwelt in Abhängigkeit von individuellen Kompetenzeinbußen adressiert, sowie über den Versuch einer bereichsübergreifenden umfassenden quantifizierten Messung all dieser Aspekte berichtet. (2) In einem zweiten Schritt werden Zusammenhänge des Umwelterlebens mit Aspekten des Umwelthandelns, sowie mit Zielvariablen wie Selbständigkeit, Wohlbefinden, Lebenszufriedenheit und Identität beschrieben.

4.   Ausgewählte Befunde zum Umwelterleben im höheren Alter

4.1.   Empirisch belegte Aspekte des Umwelterlebens

Im Rahmen der Interdisziplinären Längsschnittstudie des Erwachsenenalters (ILSE) wurde Umweltzufriedenheit als Interviewer-Rating in ausführlichen teilstandardisierten

Explorationen erfasst. Insgesamt wurden zum zweiten Messzeitpunkt 898 Personen der Geburtskohorten 1950-52 und 1930-32 aus Ost- und Westdeutschland untersucht (T1-T2: 4,1 Jahre). Ziel war die Untersuchung von Unterschieden im der Umweltzufriedenheit nach Kohorte und Untersuchungsregion (Ost- vs. Westdeutschland nach der Wiedervereinigung) sowie von Zusammenhängen zwischen Umweltbewertungen und Wohlbefinden und deren Veränderung im Zeitverlauf. Dabei zeigten sich in Übereinstimmung mit der Literatur höhere Zufriedenheitswerte bei der älteren Geburtskohorte in beiden Untersuchungsregionen und unabhängig von anderen Variablen (z.b. Geschlecht), ein Befund, der später in anderen Studien mehrfach repliziert werden konnte (Oswald et al., 2006a).

　　In einer Heidelberger Studie (Heidelberg 2002) wurden globale Selbsteinschätzungen zur innerhäuslichen und außerhäuslichen Umweltverbundenheit telefonisch erfragt. Insgesamt nahmen 365 Personen im Alter von 51-80 Jahren aus drei verschiedenen Stadtteilen an der Studie teil. Beide Verbundenheitskonzepte wurden im Gespräch ausführlich eingeführt und anhand alltagssprachlicher Beispiele zum (z.b. emotionalen und kognitiven) Erleben von Umweltverbundenheit erläutert (Oswald et al., 2005). Während sich die innerhäusliche Umweltverbundenheit nicht nach Alter und Wohnort unterschied, konnten Unterschiede in der außerhäuslichen Verbundenheit festgestellt werden. Bei älteren Befragten war die außerhäusliche Verbundenheit deutlich stärker ausgeprägt, ein Befund, der sich in einer späteren Studie in Darmstadt-Arheilgen eindeutig replizieren ließ. Allerdings fanden sich in Heidelberg auch Unterschiede zwischen den Stadtteilen dergestalt, dass Bewohner aus dem als attraktiv geltenden Bezirk höhere Verbundenheitswerte berichteten, als jene aus dem weniger attraktiven und schlecht ausgestatteten Stadtteil. Umwelterleben variiert also sowohl zwischen Personen, als auch zwischen Umwelten.

　　Eines der im Rahmen ergänzender Analysen der multi-methodalen Studie zur psychologischen Analyse von Sehbeeinträchtigung im Alter (PASA) (Wahl, 1997) adressierten Ziele war die Identifizierung individueller Bedeutungsstrukturen des Umwelterlebens im Wohnbereich und die Suche nach differenzierenden Bedeutungsmustern bei älteren privat wohnenden Personen mit und ohne Seh- bzw. Gehbeeinträchtigungen. Dazu wurden 126 privat wohnende gesunde (n=42), stark gehbeeinträchtigte (n=42) und blinde (n=42) Personen im Alter von 61-92 Jahren zu Hause besucht und hinsichtlich ihrer Wohnbedeutung befragt. Die teilstandardisierten Interviews wurden aufgezeichnet und inhaltsanalytisch ausgewertet. Die erlebte Vielfalt drückte sich in der Zahl und Verteilung von Bedeutungen aus. Diese bezogen sich auf das Erleben der räumlich-dinglichen Verortung (z.B. Erreichbarkeit, Ausstattung), des konkreten oder potentiellen Handelns (z.B. Gestaltung, Anpassung), von Prozessen der kognitiven Repräsentation (z.B. Gewöhnung, Verinnerlichung), emotionaler Aspekte (z.B. Geborgenheit, Anregung), oder des sozialen Umfelds (z.B. Austausch, Hilfe). Zudem wurde gezeigt, dass gesunde im Vergleich zu beeinträchtigten Älteren häufiger räumlich-dingliche und handlungsbezogene Inhalte betonten, während Prozesse der kognitiven Repräsentation häufiger von Personen mit Einbußen und emotionale Aspekte vergleichbar häufig genannt wurden. Die Gruppenunterschiede legten eine Interpretation der Betonung auf das – vor dem Hintergrund eigener Einbußen – noch als möglich Erlebte nahe (Oswald, 1996; Oswald & Wahl, 2005).

　　Die hier aufgeführten exemplarischen Befunde zum Umwelterleben bestätigen insgesamt die Annahme, dass Prozesse des „Belonging" im Alter in vielen Erlebensfacetten sichtbar gemacht werden können und dass diese im Hinblick auf eine notwendige differenzielle Sicht des Alterns (z.B. Lehr, 2007) jeweils nach Person- und Umweltvariablen variieren können, wobei die zugrundeliegende Erfassungs- und Auswertungsmethodik unterschiedlich war. Daher werfen die Befunde auch die Frage nach einer methodisch einheitlicheren und psychometrisch abgesicherten Erfassung von Erlebensfacetten auf. Ein wichtiger Schritt in diese Richtung wurde im Rahmen der europäischen Studie zum Zusammenhang von Wohnen und Gesundheit im sehr hohen Alter (ENABLE-AGE) gegangen. Hier wurde erstmals eine konzeptuell begründete Auswahl aus teilweise bereits existierenden und teilweise (im Nachgang zu den o.g. explorativen Befunden) neu entwickelten Fragebögen eingesetzt und anhand von Auswertungen zu einer Teilstichprobe von 1.223 hochaltrigen (80-90 Jahre alt), alleinlebenden, privat wohnenden Personen in drei der insgesamt fünf verschiedenen urbanen Regionen Europas (Schweden, UK, Deutschland) psychometrisch getestet und empirisch bestätigt. Die erfassten Bereiche des Umwelterlebens beinhalteten insgesamt 50 Items zur Zufriedenheit, erlebten Nützlichkeit (UIMH, Fänge & Iwarsson, 2003), zu räumlich-dinglichen, behavioralen, kognitiv-emotionalen Wohnbedeutungen und zu domainspezifischen (insbesondere externalen) Kontrollüberzeugungen, die nach dem zugrunde liegenden Modell (Abb. 1) streng genommen den handlungssteuernden Prozessen und damit dem Bereich des „Agency" zugeordnet werden müssen. Um Unterschiede in den Strukturbeziehungen zwischen den Untersuchungsregionen zu berücksichtigen, wurde eine Mehrgruppenanalyse (multi-sample SEM) durchgeführt, die eine simultane subgruppenspezifische Parameterschätzung beinhaltete. Es konnte für alle Regionen eine vergleichbare Struktur des Umwelterlebens bestätigt werden, bei der sich vier konzeptuell vermutete Dimensionen eindeutig bestätigten, nämlich Wohnbedeutungen, erlebte Nützlichkeit, wohnbezogene Kontrollüberzeugungen und Zufriedenheit. Interessanterweise zeigten sich trotz großer Vielfalt objektiver Wohnbedingungen der beteiligten Personen in den verschiedenen Regionen Europas vergleichbare Muster (Oswald et al., 2006b). Damit wurde erstmals ein umfassendes, konzeptuell begründetes und empirisch belegtes Instrumentarium zur Erfassung multipler Facetten des Umwelterlebens im Alter vorgelegt, das in der Folge weiterer Überarbeitung und Optimierung bedarf.

4.2. *Empirische Belege zu Zusammenhängen von Aspekten des Umwelterlebens mit anderen Variablen*

Hier vorgestellte Befunde zum Zusammenhang der Prozesse „Belonging" und „Agency", ebenso wie teilweise auch zum Zusammenhang mit allgemeinen Zielvariablen (wie z.B. Selbständigkeit und Wohlbefinden) basieren ebenfalls auf Daten des Europäischen Projektes ENABLE-AGE (Nygren et al., 2007; Oswald et al., 2007). Darin wurden insgesamt 1.918 hochbetagte, alleinlebende, privat wohnende Männer und Frauen in urbanen Regionen in Schweden, UK, Lettland, Ungarn und Deutschland mehrfach zu Hause besucht und befragt. Die Messung handlungs-bezogener Person-Umwelt-Bezüge erfolgte – neben der Messung von 188 objektiven Umweltbarrieren –, basierend auf Konzepten zur Person-Umwelt-Passung, als individuelle Messung der Umweltzugänglichkeit mit Hilfe des Housing Enabler Instruments (Iwarsson & Slaug, 2001; Iwarsson, Slaug, Oswald, & Wahl, 2008); Erlebenskomponenten waren dieselben wie weiter oben beschrieben. Zusammenhangsanalysen zwischen objektiven Umweltaspekten sowie Erlebens- und Handlungskomponenten des Person-Umwelt-Austausches auf der Basis kanonischer Korrelationen zeigten, dass jeweils die ersten kanonischen Korrelationen über alle

Länder hinweg ein nahezu identisches Zusammenhangsmuster repräsentierten. Hervorzuheben ist dabei, dass nicht die Anzahl vorhandener Barrieren, sondern die auf Umweltbarrieren und den individuellen Funktionseinbußen basierende Zugänglichkeit als Indikator für die Person-Umwelt-Passung mit dem Kontrollerleben, sowie mit den Erlebensaspekten der Nützlichkeit, der Bedeutungszuschreibung, nicht aber mit der Umweltzufriedenheit zusammenhingen. Mit anderen Worten, Personen, die trotz Einbußen und unabhängig von der Anzahl an Barrieren im Wohnbereich eine gute Zugänglichkeit erreichten, erlebten ihre Umwelt als nützlich und bedeutsam und machten nicht andere verantwortlich für das eigene Leben. Was die Vergleichbarkeit der Befunde in den verschiedenen Untersuchungsregionen betraf, so zeigte sich das Zusammenhangsmuster weitgehend unabhängig vom spezifischen kulturellen und gesellschaftlichen Länderhintergrund in ähnlicher Weise in den untersuchten Regionen in Schweden, Deutschland, England, Ungarn und Lettland, was als Hinweis auf die Existenz grundsätzlicher Beziehungen zwischen Umwelterleben und Umwelthandeln im höheren Alter gelten kann.

Im nächsten Schritt wird auf Zusammenhänge zwischen Umwelterleben und den Zielvariablen Identität, Selbständigkeit und Wohlbefinden eingegangen, wobei die zugrundeliegenden Analysen immer auch Prozesse des Umwelthandelns einschlossen. Generell konnte gezeigt werden, dass beide Person-Umwelt-Austauschprozesse mit Alltagsselbständigkeit (ADL/IADL) und Wohlbefinden (z.B. „Environmental Mastery", Ryff, 1989; Affekt, PANAS, Watson, Clark & Tellegen, 1988; Depressivität, GDS, Yesavage et al., 1983) zusammenhingen. Hinsichtlich des „Belonging" traten insbesondere die erlebte Nützlichkeit, handlungsbezogene Wohnbedeutungen, sowie seitens der „Agency" eine geringe externale Kontrollüberzeugung als bedeutsame Indikatoren von Selbständigkeit hervor. Die häufig in Studien als einzige Facette subjektiven Umwelterlebens berücksichtigte Zufriedenheit war hingegen erneut im „Konzert" der vielfältigen Erlebensvariablen nicht bedeutsam, obwohl sie, wie bereits erwähnt, eine der empirisch belegten Dimensionen von Umwelterleben war (Oswald et al., 2006b). So erbrachten Befunde der (weiter oben ebenfalls bereits erwähnten) ILSE-Studie, dass sowohl das Ausmaß (level) der Umweltzufriedenheit zu T1, als auch die (häufig positiven) Veränderungen der Umweltzufriedenheit über vier Jahre hinweg (slope T1-T2) zur Lebenszufriedenheit (zu T2) beitrugen, im Gegensatz übrigens zu den (teils insbesondere im Osten massiven) objektiven Veränderungen der Umwelt (wie z.B. Umbau oder Umzug).

Seitens der potentiellen Folgen des Person-Umwelt-Austausches stellten sich in den Zusammenhangsanalysen des ENABLE-AGE Projektes Alltagsselbständigkeit, psychisches Wohlbefinden und Depressivität als relevant heraus. Mit anderen Worten, Personen, die trotz Einbußen und unabhängig von der Anzahl an Barrieren im Wohnbereich eine gute Zugänglichkeit erreichten, die ihre Wohnumwelt als nützlich und bedeutsam erlebten und die nicht andere verantwortlich für das eigene Leben machten, waren selbständiger im Alltag, fühlten sich wohler und waren besser gestimmt (weniger depressiv). Zudem konnte wieder gezeigt werden, dass diese Zusammenhangsmuster in allen fünf europäischen urbanen Regionen nahezu identisch waren.

Grundsätzlich kann angemerkt werden, dass die genannten Befunde alle bei privat wohnenden Personen gewonnen wurden und dass stabile Person-Umwelt Bezüge, also das Wohnen-bleiben-Können im Angesicht einer fragileren Gesamtsituation des sehr hohen Alters (Projekt ENABLE-AGE), gesellschaftlicher Veränderungen wie der Wiedervereinigung (Projekt ILSE) oder beim Eintreten massiver Kompetenzeinbußen (Projekt PASA) helfen können, die eigene Identität zu erhalten. Qualitative Analysen des Projektes ENABLE-AGE weisen ebenfalls in diese Richtung (Naumann, 2005). Allerdings adressierten die erwähnten Befunde nicht den Zusammenhang zwischen Wohnerleben und Identität im quantitativen Sinne, indem sie beispielsweise Identität als Zielvariable einbezogen. Im Rahmen der Studie Heidelberg 2002 wurde diesbezüglich versucht, den empirischen Beleg für Zusammenhänge zwischen Umwelterleben und umweltbezogener, hier urbaner Identität (Urban Identity Scale; Lalli, 1992) als Zielvariable herzustellen. Es konnte gezeigt werden, dass insbesondere die innerhäusliche Umweltverbundenheit, unabhängig von Alter, Geschlecht, Finanzen und objektiver Wohnausstattung mit regionaler Identität korreliert (Oswald et al., 2005). Gleichwohl sind für eine empirisch fundierte Bestätigung der in der Literatur postulierten und häufig durch qualitative Befunde schon belegten Verknüpfung von Umwelterleben und Identität (z.B. Rowles & Watkins, 2003; Smith, 2009) auch noch weitere quantitative Nachweise zu erbringen.

Diskussion

Ziel des Kapitels war es, konzeptuell als bedeutsam erachtete Aspekte des Umwelterlebens im Alter in ihrer Vielfalt herauszustellen und in ihrer Bedeutung für allgemeine Aspekte der Selbständigkeit, des Wohlbefindens und der Identität mit empirischen Befunden zu unterfüttern.

Hinsichtlich der Vielfältigkeit des Umwelterlebens unterscheiden sich ältere Menschen auf der Ebene globaler Zufriedenheitseinschätzungen und Ratings zur Umweltverbundenheit ebenso wie auf der Ebene differentieller (quantitativer) Messungen von Erlebensfacetten im Wohnbereich je nach ihrem Alter, Gesundheitszustand oder Lebensort. Wie gezeigt werden konnte, treten z.B. bei massiven Einbußen insbesondere emotionale und kognitive Aspekte des Umwelterlebens in den Vordergrund. Was Zusammenhänge von Umwelterleben und anderer Variablen (Umwelthandeln, Ausstattung, oder Person-Umwelt Austauschfolgen der Selbständigkeit, des Wohlbefinden, oder der Identität) betrifft, so liefern die Befunde zunächst deutliche Hinweise auf enge Beziehungen zwischen Umwelterleben einerseits und Umwelthandeln andererseits, verweisen aber auch auf enge Bezüge zwischen Erleben und allgemeiner Alternsaspekten der Alltagsselbständigkeit, des Wohlbefindens und auch der (zumindest urbanen) Identität. Allerdings ist zu berücksichtigen, dass sich die berichteten Befunde auf privat wohnende Ältere beziehen. Ihre Gültigkeit für den institutionellen Kontext kann vermutet, muss aber noch besser empirisch belegt werden.

Was die Messung von Aspekten des Umwelterlebens betrifft, so verweisen die bisher vorgelegten Instrumente auf die Möglichkeiten zur komplexen und robusten Erfassung von differenzierten Erlebensinhalten weit über die globale erlebte Umweltzufriedenheit hinaus. Dabei können die Befunde auch im Hinblick auf ihre handlungssteuernde Wirkung und ihren Bezug zu Zielvariablen als bedeutsam interpretiert werden. Gleichwohl bleibt es eine noch zu lösende Aufgabe, Umwelterleben in der ganzen Breite der auch negativen Erlebensinhalte (z.B. Angst vor Stürzen, Unsicherheit, Vereinsamung) abzubilden. Zudem müssen noch mehr empirische Belege zum Zusammenhang von Umwelterleben und Identitätsaspekten, über die qualitative Befundlage hinaus, vorgelegt werden.

Mit Blick auf die Alternsforschung verweisen die Befunde insgesamt jedenfalls auf eine eigenständige Rolle subjektiven Umwelterlebens für den Erhalt von Alltagsselbständigkeit und Wohlbefinden und Identität im hohen Alter. Dies steht im

Einklang mit qualitativ angelegten Studien zum Umwelterleben (Oswald & Wahl, 2005). Zudem können die Befunde im Sinne einer noch weiter zu schärfenden differentiellen ökogerontologischen Perspektive interpretiert werden. Altern kann demnach als Aufgabe des Balance-Haltens zwischen notwendiger Veränderung zur Erhaltung von Selbständigkeit und dem erwünschten Beibehalten gewohnter Handlungs- und Erlebensvollzüge zur Stabilisierung von Identität und zur Erhaltung des eigenen Wohlbefindens angesehen werden (Wahl & Oswald, in Druck a). Damit könnte die Frage nach dem Altern als auch „ökologischem Schicksal" (Lehr, 1976) neu und aus ökogerontologischer Perspektive differenziert gestellt werden.

Im Hinblick auf die Praxis könnten die Befunde für eine optimierte Wohnberatung oder zukunftsweisende Wohnpolitik genutzt werden. Neben der Optimierung der Zugänglichkeit von Wohnumwelt wäre es ein weiteres Ziel guter Beratung, die Rolle der ratsuchenden älteren Person im Beratungsprozess stärker in den Mittelpunkt zu rücken. So würde die Frage der Erhaltung von Selbständigkeit und Wohlbefinden auch davon abhängig gemacht, wie die/der Einzelne hinsichtlich des Wohnens denkt, fühlt und zu handeln gewohnt ist und nicht allein von der Optimierung der Ausstattung. Dies würde auch der Palette präventiver Maßnahmen einen kreativen Aspekt hinzufügen, der z.B. im Rahmen zukünftiger Aufgaben der kommunalen Altenplanung oder der Gesundheitsvorsorge aufgegriffen und umgesetzt werden könnte.

Literaturangaben

[1]   Born, A., Regulation persönlicher Identität im Rahmen gesellschaftlicher Transformationsbewältigung, Wasmann, Münster, 2002.
[2]   Fänge, A., & Iwarsson, S., Accessibility and usability in housing. Construct validity and implications for research and practice, Disability and Rehabilitation **25** (2003), 316-325.
[3]   Iwarsson, S., Slaug, B., Oswald, F., & Wahl, H-W., Housing Enabler – Deutsche Fassung. Lund, Schweden und Heidelberg, Deutschland: unveröffentlichtes Manuskript, 2008.
[4]   Iwarsson, S., & Slaug, B., Housing Enabler. An instrument for assessing and analyzing accessibility problems in housing, Studentlitteratur, Lund, Sweden, 2001.
[5]   Lalli, M., Urban-related identity: Theory, measurement, and empirical findings, Journal of Environmental Psychology **12** (1992), 285-303.
[6]   Lehr, U., Psychologie des Alterns, 11. Aufl., Quelle & Meyer, Wiebelsheim, 2007.
[7]   Lehr, U., Altern als soziales und ökologisches Schicksal, in: M. Blohmke & U. Keil (Hrsg.), Sozialpathologie. Epidemiologie in der Forschung, 63-70, A. W. Gentner, Stuttgart, 1976.
[8]   Naumann, D., Gesellschaftliche Integration und Mitwirkung im Kontext des hohen Alters, University Heidelberg, Unpublished dissertation, Online im Internet: URL: http://www.ub.uni-heidelberg.de/archiv/6573, 2005.
[9]   Neisser, U., Five kinds of self-knowledge, Philosophical Psychology **1** (1988), 35-59.
[10] Nygren, C., Oswald, F., Iwarsson, S., Fänge, A., Sixsmith, J., Schilling, O., Sixsmith, A., Széman, S., Tomsone, S., & Wahl, H.-W., Relationships between objective and perceived housing in very old age, The Gerontologist **47**:1 (2007), 85-95.
[11] Oswald, F., Claßen, K., & Wahl, H.-W., Die Rolle von Technik bei kognitiven Einbußen im Alter, in: Landesstiftung Baden-Württemberg gGmbH (Hrsg.), Training bei Demenz, Schriftenreihe der Landesstiftung Baden-Württemberg 42, 104-143, Landesstiftung Baden-Württemberg, Stuttgart, 2009.
[12] Oswald, F., Wahl, H.-W., Schilling, O., Nygren, C., Fänge, A., Sixsmith, A., Sixsmith, J., Széman, S., Tomsone, S., & Iwarsson, S., Relationships between housing and healthy aging in very old age, The Gerontologist **47**:1 (2007), 96-107.
[13] Oswald, F., Wahl, H.-W., Naumann, D., Mollenkopf, H., & Hieber, A., The Role of the home environment in middle and late adulthood, in: H-W. Wahl, H. Brenner, H. Mollenkopf, D. Rothenbacher, & C. Rott (Eds.), The many faces of health, competence and well-being in old age: Integrating epidemiological, psychological and social perspectives, 7-24, Springer, Heidelberg, 2006a.

[14] Oswald, F., Schilling, O., Wahl, H.-W., Fänge, A., Sixsmith, J., & Iwarsson, S., Homeward bound: Introducing a four domain model of perceived housing in very old age, Journal of Environmental Psychology **26**:3 (2006b), 187-201.

[15] Oswald, F., & Rowles, G. D., Beyond the relocation trauma in old age: New trends in today's elders' residential decisions, in: H-W. Wahl, C. Tesch-Römer, & A. Hoff (Eds.), New Dynamics in Old Age: Environmental and Societal Perspectives, 127-152, Baywood Publ, Amityville, New York, 2006.

[16] Oswald, F., Hieber, A., Wahl, H.-W., & Mollenkopf, H., Ageing and person-environment fit in different urban neighbourhoods, European Journal of Ageing **2**:2 (2005), 88-97.

[17] Oswald, F., & Wahl, H.-W., Dimensions of the meaning of home, in: G. D. Rowles & H. Chaudhury (Eds.), Home and Identity in Late Life: International Perspectives, 21-45, Springer, New York, 2005.

[18] Oswald, F., & Wahl, H-W., Housing and health in later life. Reviews of Environmental Health, **19**:3-4 (2004), 223-252.

[19] Oswald, F., Hier bin ich zu Hause. Zur Bedeutung des Wohnens: Eine empirische Studie mit gesunden und gehbeeinträchtigten Älteren, S. Roderer Verlag, Regensburg, 1996.

[20] Oswald, F., & Thomae, H., Reaktionsformen auf erlebte Belastung durch die Wohnsituation, in: C. Rott & F. Oswald (Hrsg.), Kompetenz im Alter, 316-330, Liechtenstein Verlag, Vaduz, 1989.

[21] Pinquart, M., & Burmedi, D., Correlates of residential satisfaction in adulthood and old age: A meta-analysis, in: H-W. Wahl, R. Scheidt & P. G. Windley (Eds.), Aging in context: Socio-physical environments (Annual Review of Gerontology and Geriatrics, 2003), 195-222, Springer, New York, 2004.

[22] Prohansky, H. M., Fabian, A. K. & Kaminoff, R., Place-identity, Journal of Environmental Psychology **3** (1983), 57-83.

[23] Rowles, G. D., Place in Occupational Science: A life course perspective on the role of environmental context in the quest of meaning, Journal of Occupational Science **15**:3 (2008), 127-135.

[24] Rowles, G. D., Geographical Dimensions of Social Support in Rural Appalachia, in: G. D.Rowles & R. J. Ohta (Eds.), Aging and Milieu. Environmental Perspectives on Growing Old, 111-129, Academic Press, New York, 1983.

[25] Rowles, G. D., Oswald, F. & Hunter, E. G., Interior living environments in old age, in: H.-W. Wahl, R. Scheidt & P. G. Windley (Eds.), Aging in context: Socio-physical environments (Annual Review of Gerontology and Geriatrics, 2003), 167-193, Springer, New York, 2004.

[26] Rowles, G. D., & Watkins, J. F., History, habit, heart and hearth: On making spaces into places, in: K. W. Schaie, H.-W. Wahl, H. Mollenkopf, & F. Oswald (Eds.), Aging independently: Living arrangements and mobility, 77-96, Springer, New York, 2003.

[27] Rubinstein, R. L. & De Medeiores, K., Ecology and the aging self, in: H.-W. Wahl, R. J. Scheidt & P. G. Windley (Eds.), Annual Review of Gerontology and Geriatrics, 23 (Aging in context: Socio-physical environments), 59-84, Springer Publishing Company, New York, 2004.

[28] Ryff, C. D., Beyond Ponce de Leon and Life Satisfaction: New Directions in Quest of Successful Ageing, International Journal of Behavioral Development **12**:1 (1989), 35-55.

[29] Smith, A. E., Ageing in urban neighbourhoods. Place attachment and social exclusion, The Policy Press, Bristol, UK, 2009.

[30] Staudinger, U. M., Viele Gründe sprechen dagegen, und trotzdem geht es vielen Menschen gut: Das Paradox des subjektiven Wohlbefindens, Psychologische Rundschau **51**:4 (2000), 185-197.

[31] Wahl, H.-W., Ältere Menschen mit Sehbeeinträchtigung: Eine empirische Untersuchung zur Person-Umwelt-Transaktion, Peter Lang, Frankfurt, 1997.

[32] Wahl, H.-W., & Oswald, F., Environmental perspectives on aging, in: D. Dannefer & C. Phillipson (Eds.), International Handbook of Social Gerontology, Sage, London, im Druck a.

[33] Wahl, H.-W., & Oswald, F., Umwelten für ältere Menschen, in: E.-D. Lantermann & V. Linneweber (Hrsg.), Enzyklopädie Umweltpsychologie. Band 2: Spezifische Umwelten und umweltbezogenes Handeln, Hogrefe, Göttingen, im Druck b.

[34] Wahl, H.-W., Fänge, A., Oswald, F., Gitlin, L. N., & Iwarsson, S., The home environment and disability-related outcomes in aging individuals: What is the empirical evidence? The Gerontologist **49**:3 (2009), 355-367.

[35] Wahl, H.-W., Oswald, F., & Schmitt, M., Wohnumwelt als „Hülle" von Beziehungswelten: Ökogerontologische Zugänge, Psychotherapie im Alter 6:2 (2009), 137-149.

[36] Wahl, H.-W., & Gitlin, L. N., Environmental gerontology, in: J. E. Birren (Ed.). Encyclopedia of Gerontology: Age, aging and the aged, 2nd edition, 494-501, Elsevier, Oxford, 2007.

[37] Wahl, H.-W. & Lang, F. R., Aging in context across the adult life: Integrating physical and social research perspectives, in: H.-W. Wahl, R. Scheidt & P. G. Windley (Eds.), Aging in context: Socio-physical environments (Annual Review of Gerontology and Geriatrics, 2003), 1-35, Springer, New York, 2003.

[38] Wahl, H.-W., Oswald, F., & Lehr, U., Ältere Menschen auf dem Lande - Herausforderungen für die Forschung und Praxis, Der Landkreis **66** (1996), 392-394.

[39] Watson, D., Clark, L. A., & Tellegen, A., Development and Validation of Brief Measures of Positive and Negative Affect: The PANAS Scales, Journal of Personality and Social Psychology **54**:6 (1988), 1063-1070.

[40] Weideman, S. & Anderson, J. R., A conceptual framework for residential satisfaction, in: I. Altman & C. M. Werner (Eds.), Human behavior and environment. Vol. 8: Home environments, 153-182, Plenum Press, New York, 1985.
[41] Yesavage, J. A., Brink, T. L., Rose, T. L., Lum, O., Huang, V., Adey, M., Leirer, V. O., Development and validation of a geriatric depression screening scale: A preliminary report, Journal of Psychiatric Research **17:1** (1983), 37-49.

Umweltbezogener Aspekt des Alterns

Hans-Werner WAHL

Psychologisches Institut der Universität Heidelberg, Deutschland

Abstract. Einleitend wird die soziale Umwelt älterer Menschen unter dem
Gesichtspunkt der proaktiven Gestaltung sozialer Beziehungen betrachtet. In den
nachfolgenden Abschnitten wird der Akzent auf die räumliche Umwelt gelegt. Die
Person-Umwelt-Kultur gilt dem Verfasser dabei als bedeutender Teil einer
allgemeinen Kultur des Alterns. Besondere Aufmerksamkeit wird dabei den
„verletzlichen Person-Umwelt-Konstellationen" im hohen Alter beigemessen; in
deren Kontext stehen auch die „schwierigen umweltbezogenen Entscheidungen"
im hohen Alter und in der Nähe des Lebensendes. Es wird aufgezeigt, dass die
lebenslange Entwicklung auch im Sinne der Entwicklung und ständigen
Differenzierung von Umweltkompetenz verstanden werden muss. Dabei werden
acht Kriterien für Umweltkompetenz unterschieden, wie zum Beispiel lebensplanerische Fähigkeiten und antizipationsbezogenes Wissen oder die Fähigkeit und
Bereitschaft, sich auf neue Umwelten einzulassen. Schließlich werden drei
Kriterien expliziert, die dem Verfasser zufolge hilfreich für eine Qualifizierung des
Konstrukts der Person-Umwelt-Passung sind: (1) Sicherheit und Vertrautheit; (2)
Anregung und Aktivierung sowie (3) Kontinuität und Sinnerhaltung.

Einleitung

Entwicklung im Sinne der Entfaltung und Ausführung eines Lebensplans einschließlich
einer die Grenzen des Lebens annehmenden Gestaltung und Bewältigung der letzten
Lebensphase geschieht heute nahezu normativ über eine Zeitspanne von acht bis neun
Jahrzehnten hinweg. Entwicklungsgelegenheiten treten uns dabei nicht zuletzt auch in
vielfachen „Umweltgewändern" gegenüber. In der verhaltens- und sozialwissen-
schaftlichen Alternsforschung steht dabei traditionell die soziale Umwelt im
Mittelpunkt, und die Befunde zur Rolle der unterschiedlichsten Facetten der sozialen
Umwelt für lebenslange Entwicklung und gutes Altern haben bereits seit einiger Zeit
einen beeindruckenden Grad an Reichhaltigkeit und Differenziertheit erreicht (Kruse &
Wahl, 1999; Lehr, 2007). Insbesondere sehen wir vor dem Hintergrund dieser
Forschungsergebnisse heute so deutlich wie nie zuvor, dass ältere Menschen ihre
sozialen Beziehungen, familiär und außerfamiliär, proaktiv gestalten und nicht nur
Spielball sozialer Einflüsse sind, und dass sie zunehmend neue Rollen, z.B. im Bereich
des ehrenamtlichen Engagements, übernehmen und sich damit zielgerichtet neue
Sinnquellen erschließen. Allerdings sind diese Proaktivität sowie die mit ihr
einhergehenden Ausdehnungen des sozialen Erfahrungs- und Erlebenshorizonts
bedeutsame, wenn nicht gar definierende Charakteristika vor allem des dritten, jungen
Alters. Soziale Beziehungen stehen demgegenüber im hohen und sehr hohen Alter trotz
ihrer hohen emotionalen Bedeutung auf Grund der deutlich ansteigenden psycho-
physischen Vulnerabiltität vor besonderen Herausforderungen. So enthalten beispielsweise „Verhandlungen" zwischen pflegebedürftigen älteren Menschen und ihren
Kindern hinsichtlich der Möglichkeiten, weiterhin in einem Privathaushalt wohnen und

leben zu können, häufig konflikthafte Elemente, welche die Qualität familiärer Beziehungen in der letzten Phase des Lebens einem „Härtetest" aussetzen.

Aber nicht nur die Regulation der sozialen Beziehungen, auch die Gestaltung und Nutzung räumlicher Umweltgegebenheiten, etwa der eigenen Wohnung, aber auch des Wohnumfelds, stellen mit zunehmendem Älterwerden besondere Anforderungen. Wohnumwelten etwa sind für viele ältere Menschen gleichzeitig unterstützend, sind sichere Bereiche von hoher Vertrautheit und gleichzeitig beschwerliche Aktionsorte mit risikoreichen Handlungselementen. Wohnungen sind häufig auf der einen Seite Orte von hoher emotionaler Bindung, deren Aufgabe man sich kaum vorstellen kann; weisen Wohnungen auf der anderen Seite allerdings keine Fahrstuhlanbindung auf, stellen sie hohe Anforderungen im Hinblick auf Reinigung, die Durchführung der täglichen Selbstpflegeaktivitäten oder die Instandhaltung eines Gartens, so schwebt trotz kognitiv-emotionaler Ortsbindung das „Damoklesschwert" im Sinne der Frage „Wie lange wird dies gut gehen?" über dieser, technisch gesprochen, verletzlichen und gefährdeten Person-Umwelt-Konstellation. Die Folgen können sein: Verunsicherung, Zukunftsängste, Ängste, die Wohnung aufgeben zu müssen, zunehmende Unzufriedenheit, aber auch das Gefühl von Alternativlosigkeit („bloß nicht ins Heim"), gepaart mit ungenügender Information, etwa über sogenannte neue, z.B. gemeinschaftliche, Wohnformen oder die vielfältigen Möglichkeiten von Wohnraumanpassung. Kommt es in der Folge tatsächlich zum Sturz und / oder zu ernsthaften Fehlbedienungen mit Selbst- und Fremdgefährdung (z.B. Gasherd), ist die weitere Lebenskontinuität bisweilen endgültig in Frage gestellt: Wohnalternativen sind nicht selten unzureichend vorbereitet, und es wird mehr oder weniger „frei improvisiert", um zu einer Veränderung der nicht mehr haltbaren Situation zu kommen. Es sei an dieser Stelle nur angedeutet, dass die zu Grunde liegenden Person-Umwelt-Konstellationen, die es zu gestalten und zu unterstützen gilt, höchst unterschiedlich sein können. Bedeutsam sind, vor allem im sehr hohen Alter, kognitive Verluste, aber auch sensorische und motorische Verluste, Konstellationen der „Frailty" und Multimorbidität und psychosoziale Instabilitäten etwa nach Verwitwung oder einer überstandenen, schweren Erkrankung wie einem Schlaganfall oder einer schweren Herzerkrankung.

Wie steht es vor diesem Hintergrund, so die Leitfrage dieses Beitrags, mit den Errungenschaften unserer alternden Gesellschaft, wenn es immer noch massenhaft, nach einem langen Leben in Kompetenz, mit vielfältigen Leistungen und profunden Lebenserfahrungen, in späten Phasen des Lebens zu solchen „Wohnkrisen", wenn nicht Lebenskrisen mit offenen und bisweilen unerwünschten bzw. zufallsgesteuerten Ausgängen kommt? Und was ist zu tun? Es ist offensichtlich, dass an dieser Stelle räumliche und soziale Umweltgegebenheiten (wie eingangs beschrieben) untrennbar zusammen wirken. Wenn im Rahmen dieses Beitrags dennoch die räumlich-dinglich-technische Umwelt stärker beachtet wird, so ist dies eine Akzentsetzung, die immer vor dem Hintergrund des Person-Umwelt-Gesamtgefüges alternder Menschen gesehen werden muss.

1.   Ziele des Beitrags

Die Ausgangsthese des Beitrags geht dahin, dass eine Kultur des Alterns in unserer Gesellschaft sich letztendlich auch darin bewähren muss, schwierige Lebensentscheidungen in späten Lebensphasen bzw. nahe am Ende des Lebens, die viel mit der räumlichen bzw. gebauten Umwelt zu tun haben, zu unterstützen und zu befördern, d.h. älteren Menschen, ihren Familienangehörigen und Professionellen Möglichkeits-, Reflexionsräume und Handlungsmaximen anzubieten, die in schwierigen Person-Umwelt-Konstellationen hilfreich sind, zu den notwendigen Differenzierungen in der Bewertung der Situation anregen und letztlich zu befriedigenden und tragfähigen Ausgängen führen. Meine These ist weiter, dass dies heute von einer erst im Entstehen begriffenen Kultur des Alterns noch längst nicht geleistet wird.

Ziel des Beitrags ist es deshalb, einige primär konzeptuelle Überlegungen vorzutragen, die zu einer solchen *Person-Umwelt-Kultur* als Teil einer Gesamtkultur des Alterns beitragen können. Diese Überlegungen konzentrieren sich vor allem auf zwei Konzepte: das Konzept der ressourcenförderlichen Umwelten und das Konzept der Umweltkompetenz. Mit dem Konzept der *ressourcenförderlichen Umwelten* sollen die ermöglichenden oder begrenzenden Eigenschaften von physischen Umwelten sowie ihre Wirkungen auf die Entwicklungsfähigkeit und Entwicklungsverläufe von Individuen sichtbar werden. Mit dem Konzept der *Umweltkompetenz* geht es, komplementär zu dem Konzept der ressourcenförderlichen Umwelten, darum, zu untersuchen, welche vielfältigen „Skills" notwendig sind, um gegebene Potenziale und vorhandene Risiken der physischen Umwelt vor dem Hintergrund der eigenen Biographie, der eigenen Umweltbedürfnisse und des eigenen gegebenen / verbliebenen Fähigkeitsprofils zu erkennen, daraus die „richtigen" Entscheidungen abzuleiten und, häufig in enger Abstimmung mit Familienangehörigen und Professionellen, diese schließlich in der eigenen Lebensgestalt in angemessene Handlungsstränge zu überführen. Bezogen auf ein von Frank Oswald und mir entwickeltes allgemeines Modell der Person-Umwelt-Relationen alternder Menschen (z.B. Wahl & Oswald, 2005) hebe ich damit in erster Linie auf Prozesse der „Agency" ab, während Oswald in seinem Beitrag in diesem Band Prozesse des „Belonging" in den Mittelpunkt stellt.

2. Konzeptionelle Annäherungen an Person-Umwelt-Dynamiken des Lebenslaufs und Alterns: Ressourcen-förderliche Umwelten und Umweltkompetenz

2.1. *Auseinandersetzung mit physischen Umwelten als bedeutsamer Aspekt lebenslanger Entwicklung*

Auch wenn die Fokussierung der Rolle von physischen Umwelten für gutes Altern die verhaltens- und sozialwissenschaftliche Alternsforschung bereits seit geraumer Zeit, spätestens seit den 1950er Jahren, beschäftigt (Wahl, 1992), so ist doch auch die Einbettung entsprechender Theorien und Befunde in ein umfassendes Verständnis menschlicher Entwicklung vernachlässigt worden (Scheidt & Norris-Baker, 2004). Es sei an dieser Stelle darauf hingewiesen, dass es demgegenüber für entwicklungs- und persönlichkeitspsychologisch denkende Alternsforscher und -forscherinnen wie Ursula Lehr und Hans Thomae immer selbstverständlich war, dass sozial-räumliche Kontexte menschliche Entwicklung befördern oder begrenzen, aber eben handelnde Individuen auch auf die Gestaltung von Kontexten einwirken. Sehr deutlich wird dies beispielsweise im Editorial zu einem Themenheft der *Zeitschrift für Gerontologie* mit dem Titel „Altern als sozialpsychologisches und ökologisches Problem: der Prozess der aktiven Auseinandersetzung mit der Lebenssituation" (Lehr, 1975), in dem insbesondere die Arbeiten von Robert Havighurst und das auf ihn zurück gehende Konzept der *Entwicklungsaufgabe* gewürdigt werden. Der thematische Bereich der Auseinandersetzung mit Ökologien, speziell der eigenen Wohnsituation, war insofern immer ein essentielles Element der „Bonner Schule", aber eben auch stets in Konzepte einer lebenslangen und biographisch vielfach geprägten Entwicklungsdynamik eingebunden. So ist es theoretisch bis heute höchst reizvoll, auch die Auseinandersetzung mit der physischen Umwelt als eine bedeutsame Entwicklungsaufgabe zu begreifen, die Menschen vor allem im hohen Alter gegenüber tritt und ihre *Daseinstechniken* nicht selten in erheblichem Maße fordert (Thomae, 1983; Wahl & Lang, 2004).

Auch Urie Bronfenbrenner (1981) versteht Entwicklung ganz dezidiert als lebenslang andauernde Veränderung der Person-Umwelt-Auseinandersetzung. Entwicklung wird in seinem „Bioecological Model" als ein über die Lebensspanne zunehmend komplexer werdender Austauschprozess zwischen der aktiv handelnden Person und ihrer unmittelbaren räumlich-sozialen und symbolischen Umwelt betrachtet. Damit tritt die Zweigesichtigkeit räumlich-sozialer Umwelten für menschliche Entwicklung in späten Lebensphasen deutlich in den Vordergrund: Umwelten können auf der einen Seite die Entwicklung alternder Personen positiv beeinflussen. Dies geschieht häufig auf Grund langjähriger Gewohnheiten und damit einhergehender Automatismen und Handlungsroutinen, die sich potenziell positiv auf den Erhalt der Selbständigkeit oder im Falle von milden kognitiven Störungen auf die Bewahrung von Orientierung und Alltagsvollzügen auswirken können. Auf der anderen Seite werden Umwelten allerdings häufig auch als unveränderliche Gegebenheiten wahr- und hingenommen, im schlimmsten Falle solange, bis die tatsächlichen Verhältnisse (z.B. Feuchtigkeit, Schimmel, unzureichende Heizung, Schwellen, fehlende Sicherheitsvorkehrungen) aufgrund zunehmender körperlicher Einbußen zu tatsächlichen Gesundheitsrisiken mit gravierenden Folgen geworden sind (Wahl & Oswald, 2008).

Insgesamt scheint damit klar zu sein, dass die Sichtweise einer lebensumspannenden Entwicklungsperspektive stets der Verankerung in der zeitlichen, aber eben auch in der räumlichen Dimension bedarf (Settersten, 1999).

2.2.   Lebenslange Entwicklung braucht ressourcenförderliche Umwelten

Mit Wacker und Wahl (2007) sei hier zwischen eher grundlegenden und stärker angewandten und lebensweltnahen Aspekten von ressourcenförderlichen Umwelten unterschieden. Wichtig erscheint in einer grundlegenden Sichtweise von Umwelt zum ersten der bereits zu Beginn des 20. Jahrhunderts gegebene Hinweis des Biologen Jacob von Uexküll, dass der Begriff der *Umwelt* stets eine einheitliche Sicht von Subjekt und Außenwelt beinhaltet. Leben ist – aus der individuellen und gesellschaftlichen Perspektive gesehen – stets Leben in einer spezifischen Umwelt. Zum Zweiten sei auf den Begriff der *Ökologie* verwiesen, der bereits 1866 durch Ernst Haeckel zur Kennzeichnung der Gesamtheit der Beziehungen von Organismen zu den sie umgebenden Bedingungen eingeführt wurde. Beide Konzepte beinhalten – wenn auch nicht explizit der Begriff der Ressource genutzt wird – die Vorstellung, dass die Entwicklung von Organismen bzw. Individuen und damit die Entfaltung ihrer Potenziale ohne die fördernde und stützende Rolle des auch räumlichen Kontextes nicht denkbar ist.

Nach modernen Entwicklungstheoretikern wie Bronfenbrenner (1981) sind dabei ferner folgende Differenzierungen hilfreich: Entwicklung ist stets eingebettet in unmittelbare räumlich-soziale Systeme (Mikrosystem), aber auch getrieben von der Interaktion und Verbindung solcher Mikrosysteme (Mesosystem) sowie von Systemen, die nur mittelbar auf die eigene Entwicklung einwirken (Exosystem, Makrosystem). Damit berücksichtigt Bronfenbrenner physische, soziale und symbolische Umweltaspekte auf der Ebene einzelner Alltagsaktivitäten, sozialer Beziehungen, Rollen und Lebensbereiche, in die eine Person unmittelbar eingebunden ist (Mikro-, Mesosystem). Ebenso berücksichtigt er die mittelbar auf Entwicklung einwirkenden Lebensbereiche anderer Personen / Personengruppen, aber auch von Normen, Gesetzen und kulturellen Standards (Exo-/Makrosystem). Bedeutsam ist bei Bronfenbrenner schließlich auch der Gedanke *ökologischer Übergänge*. Gemeint sind hier vom Individuum und / oder von der Gesellschaft gestaltete neue Arrangements von Person-Umwelt-Konstellationen, die durchaus auch so verstanden werden, dass sie zu neuartigen Entfaltungen von (bislang nicht oder noch nicht genutzten) Entwicklungspotenzialen und damit auch zu einer – in einem umfassenden Sinne gemeinten – Veränderung von Lebensformen führen können. Übertragen auf das hier primär auf alternde Menschen hin ausgerichtete Konzept der ressourcenförderlichen Umwelt wird damit vor allem deutlich, dass stets eine Betrachtung auf unterschiedlichen Ebenen notwendig ist. So ist die konkrete Ausgestaltung einer Anlage des Betreuten Wohnens immer auch getrieben von übergreifenden Vorstellungen und Ambitionen eines guten Wohnens einer Kommune für alle ihre Bürger, von allgemein geltenden gesetzlichen Grundlagen barrierefreien Bauens, aber auch von kulturellen Prioritäten einer alternden Gesellschaft hinsichtlich innovativer Wohnformen, welche neuentstehenden (Wohn-)Bedürfnissen älterer Menschen am besten gerecht zu werden versprechen.

Ferner kann man mit Lawton (1989) argumentieren, dass der ressourcenförderliche Charakter von Umwelten sich in mehrdimensionaler Weise ausdrückt. Zum Ersten können Umwelten *Unterstützung* (environmental support) bieten, indem sie ausgefallene Funktionen kompensieren. Diese prothetische Funktion von Umwelten entfaltet sich vor allem in der ganzen Bandbreite des barrierefreien / barrierearmen Bauens, der entsprechenden Wohnraumanpassungen bzw. der Gestaltung von außerhäuslicher Umwelt, aber auch Benutzeroberflächen oder Produkten einschließlich Verpackungen. Umwelten bieten zum Zweiten auch eine Vielzahl an *Anregungen* (environmental stimulation). Umwelten können zu Handlungen anregen oder demotivierend wirken, können Sozialkontakte und Teilhabe erleichtern oder erschweren, können „Möglichkeitsräume" zur Entfaltung von Eigeninitiativen bereitstellen oder eher Unselbstständigkeit und Angewiesen-Sein auf Hilfe befördern. Zum Dritten liegt der Ressourcencharakter von Umwelten darin, den äußeren Rahmen von Lebenskontinuität und der eigenen Entwicklung in einem breit verstandenen, existenziellen Sinne bereitzustellen. Lawton hat in diesem Zusammenhang von *Aufrechterhaltung* (environmental maintenance) gesprochen.

Die Perspektive des ressourcenförderlichen Charakters von Umwelten gewinnt mit solchen Überlegungen eine stark angewandte Dimension und besitzt aus meiner Sicht fundamentale Bedeutung in der Gestaltung des demografischen Wandels. Es geht insbesondere darum, stets den Blick auf das „Interaktionale" und die möglichen Synergien des Denkens in Person-Umwelt-Konstellationen (statt in Termini von „Personen" oder „Betroffenen") zu richten. Diese kontextuelle Sicht auf Altern, so deutlich sie auch heute in theoretisch-empirischen Erörterungen der ökologischen Gerontologie und der Entwicklungspsychologie ihren Stellenwert gefunden hat, bestimmt noch längst nicht die Alltagswelt des Alters und auch nicht die Logik von Versorgungsmodellen, die immer noch sehr stark an einem von seiner Umwelt weitgehend losgelösten älteren Menschen orientiert sind. Der ressourcenförderliche Charakter auch der physischen Umwelt wird damit wohl immer noch deutlich unterschätzt bzw. die hier liegenden Potenziale der Entwicklungsförderung bleiben zumindest in Teilen ungenutzt.

2.3. Lebenslange Entwicklung braucht Umweltkompetenz

Im Bereich der ökogerontologischen Theorien zeichneten sich frühe Ansätze, vor allem das Umweltanforderungs-Kompetenz-Modell und die diesem zugehörige „Umwelt-fügsamkeits-Hypothese", durch ein eher verlustorientiertes Bild des Alterns aus; herausgestellt wurden die mit dem Alter zunehmend schwerer zu bewältigenden Anforderungen gebauter Umwelten (Lawton & Nahemow, 1973). Zentral für diesen Ansatz ist ein Begriff von Kompetenz, der vor allem auf mit dem Alter zurückgehende Fähigkeiten wie kognitive und sensorisch-motorische Leistungen abzielt. Die grundlegende Hypothese ist deshalb auch die folgende: Je geringer die Kompetenz, desto größer der negative Einfluss von ungünstigen und den alten Menschen überfordernden Umweltfaktoren. Zwar stellt Lawton später seinem zentralen Konzept eines „Umweltdrucks" die „Umweltreichhaltigkeit" (ein der ressourcenförderlichen Umwelt sehr ähnliches Konzept) und seitens der personalen „Umweltfügsamkeit" die „Umweltproaktivität" gegenüber (Lawton, 1989). Damit ist Umwelt im Alter nicht mehr nur eine mehr oder weniger barrierehafte Entität, der sich die älter werdende Person anzupassen hat bzw. welche den älteren Menschen überfordert, sondern Umwelt bietet auch Entwicklungsanreize. Der ältere Mensch wird damit auch als aktiv gestaltende, den eigenen Bedürfnissen, Wünschen und Zielen entsprechend agierende Person gesehen. Jedoch .hat Lawton einen solch erweiterten Begriff von Umweltkompetenz nur in Ansätzen weiter entwickelt.

Nun scheint mir ein umfassendes, weit über grundlegende biologische Leistungen hinaus gehendes Verständnis von Umweltkompetenz heute bedeutsamer denn je zu sein, um die entwicklungstreibende, aber bisweilen auch entwicklungsbegrenzende Rolle der physischen Umwelt im höheren und sehr hohen Alter besser verstehen zu können. In diesem Zusammenhang ist der von Ursula Lehr bereits in den 1980er Jahren thematisierte umfassende Kompetenzbegriff wertvoll, der Aspekte einer umfassenden und differenzierten Einschätzung von Situationen und die Nutzung eines ganzen Bündels von Fähigkeiten beinhaltet (z.B. Lehr, 1994). Lantermann (1975) hat in seinem Beitrag „Eine Theorie der Umweltkompetenz: Architektonische und soziale Implikationen für eine Altenheim-Planung" den Begriff der Umweltkompetenz ganz explizit fokussiert, jedoch danach nicht mehr weiter verfolgt. So seien, im Lichte dieser Arbeiten, im Folgenden einige zentrale Elemente eines modernen, der heutigen und zukünftigen Generation von älteren Menschen angemessenen Konzepts von Umweltkompetenz entfaltet.

Mit Lantermann (1975) kann Umweltkompetenz allgemein verstanden werden als „Fähigkeit eines Individuums, die für seine Handlungsintentionen relevanten Komponenten einer objektiven Situation angemessen wahrzunehmen und auf dieser Grundlage eigeninitiiertes Handeln zu planen und zu realisieren unter Einschluss der Möglichkeit, auf Elemente der Situation in Relation zu den Handlungszielen einzuwirken." (S. 436). Umweltkompetenz ist damit wesentliche Voraussetzung dafür, den ressourcenförderlichen Charakter von Umwelten zu erkennen und im Sinne der eigenen Entwicklungsziele nutzbar zu machen. Umweltkompetenz ist ferner zwangs-läufig mehrdimensional zu betrachten, wobei die folgenden acht Aspekte im Sinne von *Idealkriterien* besonders bedeutsam erscheinen.

1. Umweltkompetenz beinhaltet differenziertes Wissen über die Bedeutung von physischen Umwelten für gutes Altern einschließlich der Fähigkeit, sich dieses Wissen in hochwertiger Weise zu beschaffen und anzueignen. Es geht

hier insbesondere um allgemeines Wissen dahingehend, welche Rolle physische Umwelten für den Erhalt von Selbstständigkeit, Gesundheit und bedeutsame Lebensziele (z.b. die Pflege des eigenen sozialen Kreises, von eigenen Interessen und Hobbys) zu spielen vermögen. Besonders zentral sind hier im Sinne einer Unterfütterung dieses Aspekts von Umweltkompetenz mit wissenschaftlicher Evidenz Befunde, die unterstützen, dass Alltagsselbständigkeit auch bei Kontrolle anderer Variablen tatsächlich mit der gebauten Umwelt, speziell der Wohnumwelt, in signifikanter Weise zusammen hängt (Wahl, Fänge, Oswald, Gitlin & Iwarsson, 2009; Wahl, Oswald & Zimprich, 1999).

2. Umweltkompetenz beinhaltet differenziertes Wissen und differenzierte Einschätzungen im Hinblick auf eigene, aktuell gegebene physische Umwelten, so wie diese sich im Laufe der eigenen biographischen Entwicklung entfaltet haben. Hier geht es darum, den eigenen physischen Umweltgegebenheiten nicht gleichgültig gegenüberzustehen, sondern diese in ihren Einzelheiten und Eigenheiten kritisch zu beleuchten und dabei Schwachstellen, aber auch Stärken des eigenen Umfelds detailliert zu dokumentieren. Ein solches Gesamtbild kann sich etwa an der Lawton'schen Trias der in der physischen Umwelt enthaltenen Ressourcen in Richtung Unterstützung, Anregung und Aufrechterhaltung orientieren (Lawton, 1989).

3. Umweltkompetenz beinhaltet differenziertes Wissen über eigene Fähigkeiten, die für die Erschließung und Nutzung von physischen Umwelten bedeutsam sind. Hierzu gehört die Bereitschaft, die eigenen Fähigkeiten hinsichtlich eingetretener Verluste, stabiler Kompensationen (etwa durch Nutzung von Hilfsmitteln) und weiterhin gegebener Leistungsmöglichkeiten einzuschätzen sowie die Implikationen einer solchen „Leistungsbilanz" im Hinblick auf die gegebene physische Umwelt umfassend zu beurteilen. Dieser Aspekt ist keineswegs trivial, denn Befunde zeigen, dass Ältere, vor allem solche mit kognitiven Verlusten, zu einer gewissen Überschätzung der ihnen verbliebenen Fähigkeiten neigen (Diehl & Marsiske, 2005). Hier gesellschaftlich und individuell die richtige Mitte zwischen selbstbewusster Anerkennung der Kompetenzen und Potenziale alter Menschen und der gleichzeitigen Anerkennung der gegebenen Grenzen ihrer Leistungsfähigkeit im Hinblick auf tragfähige Person-Umwelt-Konstellationen gerade im sehr hohen Alter zu finden, gehört für mich essentiell auch zu einer Kultur alternder Gesellschaften.

4. Umweltkompetenz beinhaltet lebensplanerische Fähigkeiten und antizipationsbezogenes Wissen darüber, mit welchen Konsequenzen bestimmte Entscheidungen für bestimmte physische Umwelten kurz-, mittel- und längerfristig verbunden sind bzw. sein könnten. Hierzu gehört ferner auch Wissen darüber, zu welchen risikoreichen Person-Umwelt-Konstellationen eigene Fähigkeitsverluste möglicherweise führen können. Dieser Aspekt setzt auch die Bereitschaft voraus, sich mit Szenarien des eigenen, zukünftigen Lebens, speziell mit möglichen physisch-räumlichen Gegebenheiten, auseinander zu setzen bzw. diese in ihren unterschiedlichen Facetten durchzuspielen. Eventuell kommt es gar zu „vorausschauenden Besuchen" von alternativ der aktuellen Wohnsituation gegenüberstehenden Wohnorten und -formen oder zu „Probewohnen".

5. Umweltkompetenz beinhaltet die Bereitschaft und Fähigkeit, sich mit anderen, dem eigenen Partner, Familienangehörigen, Professionellen, über Fragen und Herausforderungen im Sinne von bestehenden bzw. gefährdeten Person-Umwelt-Konstellationen differenziert auszutauschen. Denn die Auseinandersetzung mit Wohn- und Umzugsfragen, aber auch mit den Möglichkeiten und Grenzen der Nutzung außerhäuslicher Aktionsräume (Stichwort Automobilität) beinhaltet häufig Dilemmata und Zielkonflikte („Ich möchte eigentlich hier wohnen bleiben, aber meine Fähigkeiten stellen dies nun in Frage"; „Ich möchte eigentlich weiterhin meine Tochter in der Nachbargemeinde mit dem eigenen Auto besuchen, aber es ist mir zunehmend unwohl dabei, und ich mache immer häufiger Fahrfehler"), die am ehesten im Austausch mit anderen Personen Lösungen zugeführt werden können.

6. Umweltkompetenz beinhaltet differenziertes Veränderungswissen zur Umgestaltung und Anpassung der aktuell gegebenen Umwelten gemäß den eigenen, sich im Zuge des Alterns verändernden Wohn- und Lebensbedürfnissen. Hier geht es um die ganze Palette möglicher und bewährter Wohnanpassungsmaßnahmen einschließlich der Frage, wer hier für welchen Aspekt zuständig ist bzw. wie sich die Finanzierung darstellt. Bedeutsam im Sinne der evidenzbezogenen Stützung dieses Umweltkompetenzelements ist, dass die heute international gegebene Befundlage die selbständigkeitsfördernden Effekte von Wohnraum- und Wohnumfeldanpassungen deutlich unterstützt (Wahl et al., 2009).

7. Umweltkompetenz beinhaltet differenziertes Wissen über Alternativen zu den aktuell gegebenen physischen Umwelten. Hier geht es vor allem um Wissen über die heute gegebene, sehr weite Bandbreite von Wohnformen jenseits des traditionellen Wohnens im Privathaushalt. Im Mittelpunkt stehen Abwägungen der Vor- und Nachteile einzelner Wohnformen vor dem Hintergrund der eigenen Fähigkeiten und der eigenen Bedürfnisse vor dem Hintergrund des eigenen biographischen Geworden-Seins.

8. Umweltkompetenz beinhaltet schließlich auch die Bereitschaft, sich auf neue physische Umwelten einzulassen, um aktuell bestehende Gefährdungen in Person-Umwelt-Konstellationen abzuwenden und neuen Umwelten eine Erfahrungschance zu geben. An dieser Stelle geht es nicht zuletzt auch um technische Neuerungen, etwa Notrufsysteme, Elemente von *Smart Homes* (z.B. automatische Abschaltsicherungen, automatisierte Kontrolle von Haushaltsgeräten) oder von „Tracking"-Systemen, welche bei sensorischen und kognitiven Beeinträchtigungen die Orientierung unterstützen können (Oswald, Claßen & Wahl, 2009). Entsprechende Studien zum Themenbereich Technik und Alter zeigen bereits seit Ende der 1980er Jahre, dass Ältere technischen Neuerungen grundsätzlich positiv aufgeschlossen gegenüber stehen (dazu bereits Rott, 1988). Sicherlich spielen hier auch Kohorteneffekte eine Rolle, d.h. zukünftige Kohorten von Älteren zeigen voraussichtlich eine höhere Nutzungsbereitschaft und -fähigkeit. Auch die Art und Weise der Heranführung von Älteren an neuere Technologien bedarf ihrem Lerntempo angepasster Strategien, die nach den einschlägigen Befunden zu einem deutlichen Anstieg der Technikkompetenz als einem, aus meiner Sicht, zunehmend zentraleren Element von Umweltkompetenz älterer Menschen, führen (Mollenkopf & Fozard, 2004; Oswald et al., 2009).

Nun habe ich weiter oben von Idealkriterien für Umweltkompetenz (im Alter) gesprochen, d.h. es darf wohl keineswegs erwartet werden, dass die Mehrheit älterer Menschen derzeit bereits über eine hohe Umweltkompetenz verfügt und alle beschriebenen Anforderungen gleichermaßen erfüllt. Vielleicht könnte man hier Ähnlichkeiten zur Thematik der Gesundheit, speziell zu Kompetenz im Bereich Gesundheit, sehen. Kompetenz im Sinne von Handlungswissen im Hinblick auf die unterschiedlichsten Aspekte von Gesundheit, sicherlich auch mit Grenzen und mit deutlichen Lücken und Falschinformationen, kann heute bei vielen älteren Menschen als gegeben vorausgesetzt werden, ja, derartige Kompetenz bildet ein wesentliches Element von Lebenserfahrung und leistet erhebliche Beiträge zur Prävention. In diese Richtung, so meine ich, müsste sich auch Umweltkompetenz entwickeln, und es gibt hier sogar direkte Affinitäten zur Gesundheitsthematik, denn es geht ja auch um die Vermeidung von gesundheitlichen Risiken (z.B. Stürzen oder sonstigen Unfällen) und damit auch um stark präventiv angelegte Verhaltensweisen. Dass auch Umwelt-kompetenz, ähnlich wie gesundheitliche Kompetenz, der Förderung und Unterstützung durch Professionelle bedarf (z.B. Ergotherapie, Architektur), ist selbstverständlich. Ferner kommen, ähnlich wie im Bereich Gesundheit, Elemente des Verbraucher-schutzes ins Spiel, denn ausgewogene Entscheidungen, etwa im Bereich des Wohnens, setzen geprüfte Umweltqualität und hochwertige Formen der Information und Beratung voraus, wie sie etwa von der Bundesarbeitsgemeinschaft der Senioren-Organisationen (BAGSO) in Zusammenarbeit mit Verbraucherzentralen bzw. der Stiftung Warentest systematisch gefördert werden. Besondere Aufmerksamkeit bedarf Umweltkompetenz sicherlich auch im Kontext von kognitiven Verlusten bzw. dementiellen Erkrankungen. Das Beispiel Demenz zeigt dabei vor allem, dass Umweltkompetenz eine stark interaktionale Dimension besitzen muss: Wenn ältere Menschen selbst ihre Person-Umwelt-Konstellationen nicht länger in ausreichender Weise proaktiv gestalten können, ist die Umweltkompetenz von Familienangehörigen und Professionellen (etwa auch dem Hausarzt) in starkem Maße gefragt. An dieser Stelle fällt auf, dass bislang relativ wenig Forschungsarbeiten zur Rolle der demenzgerechten Umgestaltung von Privatwohnungen, sei es mit traditionellen Maßnahmen der Wohnanpassung oder mit Hilfe von neuen Technologien, existieren (Wahl et al., 2009), während die Rolle institutioneller Umwelten für die Lebensqualität von Demenzkranken bereits seit einiger Zeit relativ gut untersucht worden ist (z.B. Day, Carreon, D. & Stump, 2000). Hier klafft demnach eine Forschungslücke, die möglichst bald geschlossen werden muss, um Umweltkompetenz auch in dieser Hinsicht evidenzbasiert zu fördern.

3. Person-Umwelt-Passung als Synergiereichtum zwischen einer ressourcenförderlichen Umwelt und Umweltkompetenz

Das Konzept der Person-Umwelt-Passung (person-envrionment fit) ist vor allem in der zurückliegenden Ökologischen Gerontologie vielfach diskutiert worden. Für Lawton und Nahemow (1973) besteht Person-Umwelt-Passung insbesondere darin, dass grundlegende Kompetenzen älterer Menschen, vor allem im Bereich der Sensorik, Kognition und der Handlungen des täglichen Lebens, möglichst gut mit gegebenen Anforderungen der physischen Umwelt harmonieren. Das „Complementary / Congruence Model" (Carp, 1987) unterscheidet basale, am Selbständigkeitserhalt orientierte persönliche Bedürfnisse (Basic Needs) und Wachstumsbedürfnisse (Higher-order Needs), die sich beispielsweise auf erwünschte Privatheit oder Anregung beziehen. Diesen Bedürfnissen ist seitens der Umwelt auf unterschiedliche Art und Weise zu entsprechen, damit es zu einer optimalen Passung von Umweltbedingungen und Bedürfnissen kommt bzw. eine Fehlpassung (Lack of Fit) vermieden wird. Während basale Umweltbedürfnisse eine komplementäre, den Bedürfnissen entgegenkommende prothetische Umwelt fordern (z.b. vorhandene Haltegriffe im Bad bei Gehbeeinträchtigung), dient der Erfüllung von Wachstumsbedürfnissen am besten eine kongruente, den spezifischen Bedürfnissen entsprechende Umwelt (z.B. Wohnung liegt so, dass Grünflächen oder kulturelle Einrichtungen gut erreichbar sind).

Wahl und Lang (2004) argumentieren, auch informiert durch Lawton (1989), dass es insbesondere drei Kriterien sind, die hilfreich für eine Qualifizierung des Konstrukts der Person-Umwelt-Passungen sind: (1) Sicherheit und Vertrautheit, (2) Anregung und Aktivierung und (3) Kontinuität und Sinnerhaltung. Unter Rückgriff auf die oben eingeführten Konzepte der ressourcenförderlichen Umwelt und der Umweltkompetenz kann erwartet werden, dass ein synergiereiches Wechselspiel zwischen beiden Elementen in der Lage sein sollte, zu jedem der drei Kriterien von Person-Umwelt-Passung einen bedeutsamen Beitrag zu leisten: Umweltkompetenz und ressourcen-förderliche Umwelten sollten so miteinander in Wechselwirkung treten, dass zum Ersten Aspekte der Sicherheit, der Vermeidung von gesundheitlichen Risiken und der grundlegenden emotionalen Bindung an die physische Umwelt gewährleistet sind. Sie sollten zum Zweiten so miteinander interagieren bzw. zu solchen Ausgängen führen, dass Entwicklungsprozesse, etwa im Bereich sozialer und kultureller Bedürfnisse einschließlich von Bildungsaktivitäten und von präventionsrelevanten Handlungen, angeregt werden. Sie sollten zum Dritten in ihrer Wechselhaftigkeit auch dafür Sorge tragen, dass Sinngestalten auch räumlich-dinglich gestützt werden, ein Aspekt, dem nicht zuletzt auch in Phasen hoher gesundheitlicher Verletzlichkeit und Pflege-bedürftigkeit und damit häufig in der letzten Phase des Lebens eine besondere Bedeu-tung zukommt.

Freilich setzt ein solch umfassendes Verständnis der Rolle und Bedeutung von Person-Umwelt-Passung auch zweierlei voraus: Auf der einen Seite gilt es, im Sinne einer umfassenden und lebenslangen Bildungsaufgabe, Umweltkompetenzen von alternden Menschen, ihren Angehörigen und von Professionellen zu fördern. Auf der anderen Seite gilt es allerdings gleichermaßen, den ressourcenförderlichen Charakter von räumlich-dinglich-technischen Umwelten sehr gut im Auge zu behalten und im Sinne einer gesellschaftlichen Aufgabe andauernd zu optimieren. Eine solche *Person-Umwelt-Kultur* bildet aus meiner Sicht ein bedeutsames Element einer noch deutlich weiter auszubauenden Kultur des guten Alterns in unserer Gesellschaft ganz allgemein (dazu auch Kruse & Wahl, 2010; Wacker & Wahl, 2007).

Literaturangaben

[1]   Bronfenbrenner, U., *Die Ökologie der menschlichen Entwicklung. Natürliche und geplante Experimente*, Klett-Cotta, Stuttgart, 1981.
[2]   Carp, F. M., Environment and aging, in: D. Stokols & I. Altman (Hrsg.), Handbook of environmental psychology, Vol. 1, 330-360, Wiley, New York, 1987.
[3]   Day, K., Carreon, D. & Stump, C., The therapeutic design of environments for people with dementia: A review of the empirical research, The Gerontologist **40** (2000), 397-416.
[4]   Diehl, M. K., & Marsiske, M., Alltagskompetenz und Alltagsproblemlösen im mittleren und höheren Erwachsenenalter, in: S.-H. Fillip & U. M. Staudinger (Hrsg.), Entwicklungspsychologie des mittleren und höheren Erwachsenenalters, 655-682, Hogrefe, Goettingen, 2005.

[5]   Kruse, A. & Wahl, H.-W., III. Soziale Beziehungen, Zeitschrift für Gerontologie und Geriatrie **32** (1999), 333-347.

[6]   Kruse, A., & Wahl, H.-W., Zukunft Altern. Individuelle und gesellschaftliche Weichenstellungen, Spektrum Akademischer Verlag, Heidelberg, 2010.

[7]   Lantermann, E.-D., Eine Theorie der Umwelt-Kompetenz: Architektonische und soziale Implikationen für eine Altenheim-Planung, Zeitschrift für Gerontologie **8** (1975), 433-443.

[8]   Lawton, M. P., Behavior-relevant ecological factors, in: K. W. Schaie & C. Schooler (Hrsg.), Social structure and aging: Psychological processes, 57-78, NJ: Erlbaum, Hillsdale, 1989

[9]   Lawton, M. P., & Nahemow, L., Ecology and the aging process, in: C. Eisdorfer & M. P. Lawton (Hrsg.), The psychology of adult development and aging, 619-674, American Psychological Association, Washington, DC, 1973.

[10] Lehr, U., Altern als sozialpsychologisches und ökologisches Problem: der Prozeß der aktiven Auseinandersetzung mit der Lebenssituation im Alter, Zeitschrift für Gerontologie **8** (1975), 75-80.

[11] Lehr, U., Einführung: Kompetenz im Alter. In U. Lehr & Repgen (Hrsg.), Älterwerden: Chance für Mensch und Gesellschaft, 9-28, Olzog, München, 1994.

[12] Lehr, U.,, Psychologie des Alterns, 11. Aufl., Quelle & Meyer, Wiebelsheim, 2007.

[13] Mollenkopf, H., & Fozard, J. L., Technology and the good life: Challenges for current and future generations of aging people, in: H.-W. Wahl, R. Scheidt & P. G. Windley (Eds.), Environments, gerontology, and old age (Annual Review of Gerontology and Geriatrics, 2003), Springer, New York, 2004.

[14] Oswald, F., Claßen, K. & Wahl, H.-W., Die Rolle von Technik bei kognitiven Einbußen im Alter. In Landesstiftung Baden-Württemberg (Hrsg.), Training bei Demenz, 104-143, Burger Druck, Stuttgart, 2009.

[15] Rott, C., Einstellungsmuster älterer Menschen zu technischen Innovationen, Zeitschrift für Gerontologie **21** (1988), 225-231.

[16] Scheidt, R. J., & Norris-Baker, C., The general ecological model revisted: Evolution, current status, and continuing challenges, in: H.-W. Wahl, R. J. Scheidt & P. G. Windley (Hrsg.), Annual Review of Gerontology and Geriatrics, 2003, Vol. 23: Aging in context: Socio-physical environments, 34-58, Springer, New York, 2004.

[17] Settersten, R. A., Lives in time and place. The problems and promises of developmental science, Baywood, Amityville, 1999.

[18] Thomae, H., Alternsstile und Altersschicksale. Ein Beitrag zur Differentiellen Gerontologie, Huber, Bern, 1983.

[19] Wacker, E. & Wahl, H.-W., Altersfreundliche und ressourcenförderliche Umwelten, in: Bertelsmann Stiftung (Hrsg.), Altern neu denken, 217-247, Bertelsmann, Gütersloh, 2007.

[20] Wahl, H.-W., Ökologische Perspektiven in der Gerontopsychologie: ein Blick in die vergangenen drei Jahrzehnte und in die Zukunft, Psychologische Rundschau **43** (1992), 232-248.

[21] Wahl, H.-W., Fänge, A., Oswald, F., Gitlin, L. N., & Iwarsson, S., The home environment and disability-related outcomes in aging individuals: What is the empirical evidence? The Gerontologist **49** (2009), 355-367.

[22] Wahl, H.-W. & Lang, F., Aging in context across the adult life course: Integrating physical and social environmental research perspectives. In H.-W. Wahl, R. Scheidt & P. Windley (Hrsg.). Annual Review of Gerontology and Geriatrics, 23, "Aging in context: Socio-physical environments", 1-33, Springer, New York, 2004.

[23] Wahl, H.-W. & Oswald, F., Sozialökologische Aspekte des Alterns, in: S.-H. Filipp & U. M. Staudinger (Hrsg.), Entwicklungspsychologie des mittleren und höheren Erwachsenenalters. Enzyklopädie der Psychologie, Band 6, 209-250, Hogrefe, Göttingen, 2005.

[24] Wahl, H.-W. & Oswald, F., Ökologische Bedingungen der Gesundheitserhaltung älterer Menschen, in: A. Kuhlmey & D. Schaeffer (Hrsg.), Alter, Gesundheit und Krankheit, 207-224, Huber, Bern, 2008.

[25] Wahl, H.-W., Oswald, F. & Zimprich, D., Everyday competence in visually impaired older adults: A case for person-environment perspectives, The Gerontologist **39** (1999), 140-149.

Leben im Alter
A. Kruse (Hrsg.)
© *2010, AKA Verlag Heidelberg*

Einsatz von Informations- und Kommunikationstechnologien in der geriatrischen Versorgung

Rahel ECKARDT, Susanne SEGEBRECHT und Elisabeth STEINHAGEN-THIESSEN
Forschungsgruppe Geriatrie der Charité, Charité - Universitätsmedizin Berlin,
Deutschland

Abstract. Vor dem Hintergrund des demographischen Wandels sowie knapper werdender Ressourcen im materiellen und personellen Sektor wird es zu einem steigenden Bedarf an Hilfs-, Orientierungs- und Unterstützungsangeboten für ältere Menschen kommen. Hier können Informations- und Kommunikationstechnologien hilfreich sein: Sie können bei älteren Menschen gezielt dazu eingesetzt werden, Fähigkeiten und Fertigkeiten zu trainieren, die Alltagskompetenz zu unterstützen und Vitalfunktionen zu überwachen. Erfahrungsgemäß unterscheiden sich ältere Menschen mit zunehmendem Lebensalter immer stärker, sowohl in ihren Persönlichkeitsmerkmalen als auch in ihrer Krankheitsgeschichte. Die eingesetzten Informations- und Kommunikationstechnologien sollten daher individuell an den Nutzer bzw. seine motorischen, sensorischen und kognitiven Fähigkeiten angepasst werden. Trotz einer Vielzahl von Untersuchungen und Aktivitäten im Bereich Telemedizin und Telerehabilitation gibt es bisher nur wenige Studien speziell zu geriatrischen Patienten. Die Forschungsgruppe Geriatrie der Charité Universitätsmedizin Berlin führt seit mehreren Jahren Studien zum Einsatz von Informations- und Kommunikationstechnologien bzw. Technik im Alter durch. Exemplarisch werden zwei Forschungsprojekte in der geriatrischen Versorgung von Schlaganfallpatienten vorgestellt. Bei der „TeleReha-Studie" erfolgte zur Verbesserung der Lebensqualität und Autonomie der Betroffenen aus der Häuslichkeit heraus die Anbindung an ein professionell betreutes Informations- und Kommunikationsnetzwerk. Mit Hilfe eines ISDN-basierten Netzwerks von Bildtelefonen und PCs mit Bildkommunikationsmöglichkeit konnten die Patienten sowohl untereinander als auch mit einer geriatrisch-professionell besetzten Servicezentrale insbesondere zu alters- und rehabilitationsbezogenen Themen wie Gesundheit, Pflege, Sozialrecht, Wohnen und Freizeit kommunizieren. In der zweiten Studie wurde untersucht, inwieweit mit Einsatz eines gezielten Vibrationstrainings im Vergleich zum herkömmlichen komplexgeriatrischen Behandlungskonzept eine effizientere und schnellere Verbesserung der Stabilität, Haltungskontrolle und des Tonus im unteren Rumpf, sowie der posturalen Kontrolle und Funktion erreicht werden kann.

1.   Demografischer Wandel

Deutschland wird alt. Menschen in höherem Alter bilden die Bevölkerungsgruppe, die in den nächsten Jahren am stärksten wachsen wird. Das Statistische Bundesamt prognostiziert für die Altersgruppe der über 65-Jährigen bis zum Jahr 2030 einen Anstieg von heute 16 Millionen auf rund 22 Millionen Menschen, das entspricht einem Zuwachs von 37.5 Prozent. Damit wäre etwa jeder Dritte in Deutschland im Jahr 2030

65 Jahre und älter. Zum Vergleich: 1950 waren ca. zehn Prozent, im Jahr 2000 16,7 Prozent der Bevölkerung über 65 Jahre alt (Statistisches Bundesamt, 2006). Charakteristisch für die Alterung der Bevölkerung ist dabei neben einer Zunahme der absoluten Anzahl Älterer auch die Zunahme von Hochbetagten. So werden im Jahr 2050 ca. elf Prozent der deutschen Bevölkerung 80 Jahre und älter sein (Pohlmann, 2001). Als Ursachen für den demographischen Wandel sind die sinkende Geburtenrate, das Älterwerden besonders geburtenstarker Jahrgänge sowie die steigende Lebenserwartung anzusehen. Für die Zunahme der Lebenserwartung sind politische Ereignisse, wirtschaftliche Bedingungen und Fortschritte im medizinischen Bereich verantwortlich zu machen.

Für die Pflege und Versorgung älterer Menschen stehen relativ immer weniger Jüngere zur Verfügung. Unsere gegenwärtige und zukünftige Gesellschaft wird in den nächsten Jahren vor erhebliche Herausforderungen gestellt. Dies beinhaltet insbesondere die Aufrechterhaltung des Lebensstandards aus ökonomischer, gesundheitlicher und sozialer Sicht. Es ist davon auszugehen, dass in naher Zukunft einem quantitativ stark wachsenden Hilfe- und Unterstützungsbedarf älterer Menschen deutlich knapper werdende Ressourcen im materiellen und personellen Sektor gegenüberstehen werden. Durch diese Entwicklung wird es zu einem steigenden Bedarf an Orientierungs-, Unterstützungs- und Hilfsangeboten für ältere Menschen kommen.

2.   Informations- und Kommunikationstechnologien für ältere Menschen

Studien belegen, dass die Lebensqualität im Alter erheblich davon abhängt, wie lange ein Verbleiben zu Hause, in einer gewohnten Lebensumgebung möglich ist oder ob ein Umzug in ein Pflegewohnheim erforderlich wird. Ziel sollte daher sein, so lange wie möglich eine qualitätserhaltende und ökonomisch sinnvolle Versorgung in der eigenen Häuslichkeit zu gewährleisten. Es ist daher erforderlich, Strukturen zu schaffen, welche eine umfassendere Versorgung der alternden Bevölkerung gewährleisten bzw. die Behandlung älterer Menschen sinnvoll ergänzen oder substituieren können. Dadurch ließen sich Selbstbestimmtheit und Lebensqualität verbessern und das Auftreten von Pflegebedürftigkeit in spätere Lebensjahre verschieben. Möglich ist dies durch den gezielten Einsatz moderner und innovativer Informations- und Kommunikationstechnologien, die zur Primär-, Sekundär- und Tertiärprävention von Krankheiten und damit zum Erhalt der Gesundheit beitragen.

Gesundheitsfördernde Aktivitäten sowie die Überwachung gesundheitlicher Risiken werden für ältere Menschen immer wichtiger. Zudem sind im höheren Alter Konzepte zur häuslichen und ambulanten Versorgung chronischer Krankheiten von Nöten. Untersuchungen wie die Berliner Altersstudie belegen, dass es bei älteren Menschen mit einer Zunahme des Lebensalters auch zu einer Zunahme von mehreren, gleichzeitig bestehenden chronischen Krankheiten kommt (Lindenberger et al., 2010). Eine ausreichende Versorgung durch die beteiligten Leistungserbringer wird dadurch schwierig.

Das Leben in einer „unterstützenden Umgebung" durch den Einsatz von technischen Assistenzsystemen wird auch als „Ambient Assisted Living" (AAL) beschrieben. Hierunter werden Konzepte, Produkte und Dienstleistungen verstanden, die neue Technologien und soziales Umfeld miteinander verbinden und verbessern. Dabei gilt es, das Selbstbestimmungsrecht älterer Menschen zu stärken und die Lebensqualität so lange wie möglich zu erhalten. Informations- und Kommunikationstechnologien können in verschiedenen Bereichen der Versorgung Verwendung finden. Sie können bei älteren Menschen gezielt dazu eingesetzt werden, Fähigkeiten und Fertigkeiten zu trainieren[8], die Alltagskompetenz zu unterstützen[9] und Vitalfunktionen zu überwachen[10]. Die Erfassung der erforderlichen Daten (zum Beispiel Umgebungsdaten, Vitalparameter) erfolgt vielfach über Sensoren, die körpernah oder räumlich verteilt angebracht werden. In einem meist selbstlernenden System werden die Sensoren vernetzt sowie deren Daten fusioniert und ausgewertet. Die eingesetzten IT-Technologien können dabei von der intelligenten Datenverarbeitung bis zur automatischen Entscheidungsfindung eingesetzt werden. Ist eine Person z.B. gefährdet oder überfordert, bietet das „mitdenkende System" altersgerechte Hilfestellung an, bindet eine telemedizinische Zentrale mit ein oder löst sogar eine Notfallmeldung aus.

Es ist eine weit verbreitete Meinung, dass ältere Menschen meist nichts mit Technik zu tun haben wollen oder sogar technikfeindlich eingestellt sind. Auch wenn viele ältere Personen nicht mit Technik groß geworden sind und häufig nur über ein geringes technisches Verständnis verfügen, stehen sie neuen Technologien nicht grundsätzlich ablehnend gegenüber (Kaspar, Becker & Mollenkopf, 2002).

Der Besitz innovativer technischer Geräte bei den Älteren hat in den letzten Jahren deutlich zugenommen. Die Erfahrung zeigt, dass hochbetagte Menschen insbesondere nach Krankheitserfahrung bereit sind, Technik einzusetzen, wenn sie praktikabel ist, ihnen den Alltag erleichtert sowie mehr Komfort und Sicherheit bietet. Auch dem Einbau von Überwachungsfunktionen in der eigenen Wohnung stehen viele ältere Menschen inzwischen positiv gegenüber, wenn dadurch ein Mehr an Sicherheit und ein längeres Verbleiben in der Häuslichkeit erreicht werden kann. Dabei können die heutigen älteren Menschen nicht als Indikator für die älteren Menschen von morgen herangezogen werden. Die Senioren der Zukunft werden im Umgang mit neuen Technologien viel vertrauter sein als die heutige Rentnergeneration. Es ist zu erwarten, dass Personen, die bereits in ihrem Beruf technische Systeme einsetzen, auch in höherem Lebensalter den Einsatz neuer Medizintechnologien zu ihrem eigenen Nutzen einfordern werden. Bisher werden Informations- und Kommunikationstechnologien vielfach für die sogenannten „gesunden" älteren Menschen entwickelt, da es hier keiner größeren technischen Anpassung bedarf. Die Entwicklung neuer Technologien für diese Zielgruppe der „jungen Alten" geht aber damit am eigentlichen Bedarf vorbei. Gerade Personen mit Funktionseinschränkungen sollten im Fokus des Interesses stehen. Dabei ist eine Anpassung an den Nutzer bzw. seine motorischen, sensorischen und kognitiven Fähigkeiten von großer Bedeutung. Erfahrungsgemäß unterscheiden sich ältere Menschen mit zunehmendem Lebensalter immer stärker, sowohl in ihren Persönlichkeitsmerkmalen als auch in ihrer Krankheitsgeschichte. Dies bedeutet, dass in Dienstleistungskonzepten und beim eingesetzten technischen Equipment individuelle

---

[8] Hierzu zählt der Einsatz computergestützter Rehabilitation bzw. die computergestützte Anleitung zur Selbsthilfe mit täglichen Bewegungsübungen, mit deren Hilfe auch in der häuslichen Umgebung ein Training erfolgen kann. Durch den Einsatz moderner Sensortechnik lässt sich die Ausführung der Trainingsübungen überwachen und ggf. korrigieren.

[9] Hierzu gehören computergestützte Kommunikationsnetzwerke zum Erhalt der sozialen Einbindung und zur Erweiterung sozialer Kontaktmöglichkeiten wie z.B. die Videotelefonie oder Telefone mit großen Tasten für eine gute Erkennbarkeit von Zahlen.
Dies trägt besonders dem Sicherheitsbedürfnis älterer Menschen Rechnung und bietet auch die Möglichkeit eines besseren und direkteren Informationsaustausches.

[10] Die telemedizinische Überwachung von Vitalparametern wie z.B. Blutdruck, Herzfrequenz und Blutzucker bietet die Möglichkeit der sofortigen Intervention im Notfall durch enge Vernetzung der medizinischen Hilfsmöglichkeiten.

Anforderungen berücksichtigt werden müssen. Eine gute interdisziplinäre Zusammenarbeit von Medizinern, vor allem Geriatern, Technikern, Ingenieuren und Psychologen ist notwendig, das technisch Machbare und das psychologisch Umsetzbare zu vereinen sowie auf die körperlichen und geistigen Ressourcen auszurichten. Einheitliche und massenproduktionsfähige technische Lösungen/Anwendungen für ältere Menschen werden nicht gut zu vermarkten sein.

Trotz einer Vielzahl an Untersuchungen und Aktivitäten im Bereich Telerehabilitation und Telemedizin gibt es bislang nur wenige Interventions-, Case-Control- oder Evaluations-Studien, die eine Eignung für geriatrische Patienten und geriatrisch-rehabilitative Belange untersuchten. Nachfolgend werden zwei Projekte zum Einsatz von Informations- und Kommunikationstechnologien bei geriatrischen Patienten erläutert, die von der Forschungsgruppe Geriatrie der Charité am Evangelischen Geriatriezentrum Berlin durchgeführt wurden.

3. „Telematikeinsatz in der geriatrischen Rehabilitation und Pflege – Die TeleReha-Studie"

In dieser Studie wurde ein Telematik-gestütztes Dienstleistungskonzept entwickelt, welches mobilitätseingeschränkte Patienten, deren Angehörige und Professionelle verschiedener Berufsgruppen (geriatrisch geschulte Fachkräfte der Klinik) integrierte. Ausgangspunkt der Studie bildete die Annahme, dass gerade für geriatrische Patienten infolge ihrer motorischen, sensorischen und kognitiven Einschränkungen die Inanspruchnahme ambulanter geriatrisch-rehabilitativer Angebote sowie sozialer Beratungsdienste erschwert ist. Daher weisen gerade diese Patienten einen Bedarf für ein multimodales geriatrisch-rehabilitatives Dienstleistungskonzept auf, da sie wegen ihrer Einbußen von der Teilhabe an Dienstleistungen moderner Informations- und Kommunikationstechnik ausgeschlossen sind.

In der TeleReha-Studie wurden die betroffen, zuvor überwiegend nach einem Schlaganfall in der Tagesklinik des Evangelischen Geriatriezentrums Berlin behandelten Personen in einem ISDN-basierten Netzwerk von Bildtelefonen und PCs mit Bildkommunikationsmöglichkeit sowohl untereinander als auch mit einer geriatrisch-professionell besetzten Servicezentrale im Evangelischen Geriatriezentrum Berlin verbunden. Dort war auch bei Bedarf die Vermittlung von Kontakten zu Mitarbeitern aller Berufsgruppen der Klinik (Ärzte, Pflegekräfte, Physio- und Ergotherapie, Logopädie, Neuropsychologie, Sozialdienst) oder zur Beratungsstelle „Rund ums Alter" möglich. Studienziele waren die Unterstützung des Erhalts des Rehabilitations-erfolges durch Anbindung an ein professionell betreutes Informations- und Kommunikationsnetzwerk, gleichzeitig die Verbesserung der Lebensqualität und Autonomie der Betroffenen sowie die Entlastung von Angehörigen. Der Schwerpunkt der Studie lag darin, die Praktikabilität angepasster Computeranwendungen zur Nutzung der genannten Dienstleistungen nachzuweisen. Wichtiger Bestandteil war die Bereitstellung eines elektronischen Informationsdienstes insbesondere zu alters- und rehabilitationsbezogenen Themen wie Gesundheit, Pflege, Sozialrecht, Wohnen und Freizeit, wobei zum Teil eine multimediale Aufbereitung durch Audiobeiträge und Videoclips erfolgte.

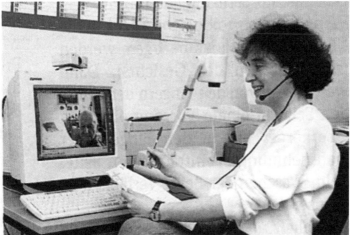

Abbildung 1. Netzwerkverbindung zwischen einem Mitarbeiter der Servicezentrale am Evangelischen Geriatriezentrum Berlin und einem älteren Studienteilnehmer zu Hause bei der „TeleReha-Studie"

In die Studie mit einer Laufzeit von 19 Monaten wurden 13 Betroffene, mittleres Alter 72 Jahre, mittlerer Barthel-Index 71,8 Punkte, mittlerer MMSE-Score 26,7 Punkte, sowie acht Angehörige eingeschlossen. Neun Personen lebten noch zu Hause, vier Personen in einem Pflegeheim. Die Studienteilnehmer erhielten entweder Telefon-gestützte oder bedienungsoptimierte PC-Bildkommunikationsgeräte.

Es konnte gezeigt werden, dass multimorbide und gerade in der außerhäuslichen Mobilität eingeschränkte geriatrische Patienten in ein Telekommunikationsnetzwerk eingebunden werden können, wenn die Bedienbarkeit der Technik an die individuellen Möglichkeiten und Fähigkeiten der älteren Nutzer angepasst wird und eine individuelle Schulung der Betroffenen erfolgt.

Einige Parameter in dieser Machbarkeitsstudie lieferten einen Beleg für einen tatsächlichen Bedarf für ein derartiges Dienstleistungskonzept sowie für die Akzeptanz dieses kommunikationstechnischen Zuganges. Alle Personen beendeten die Studie, kein Teilnehmer brach die Studie vorzeitig ab. Bei der quantitativen Nutzung des Kommunikations- und Informationsdienstes zeigte sich eine hohe Akzeptanz. Die häufigsten Kontakte beim Kommunikationsdienst lagen in den Bereichen Persönliche Belange, Gerätetest und Informationsnachfrage, beim Informationsdienst in den Bereichen Pflege, Gesundheit und Wohnen. Die Nutzungsfrequenz wies im Studienverlauf zum Ende hin einen deutlichen Anstieg auf.

Zur Untersuchung des Zusammenhanges zwischen Mobilitätsstatus und Kontakt- bzw. Kommunikationshäufigkeiten wurden die Betroffenen anhand des Timed Up and Go-Testes (TUG) in fünf Mobilitätskategorien eingeordnet (Kategorie 1: TUG 0-10 sec, Kategorie 5: Patient nicht gehfähig). Als Ergebnis lagen die Nutzungsfrequenzen in den Gruppen mit stark eingeschränkter Mobilität (TUG Kategorie 4-5) höher als in den Kategorien mit geringerer Mobilitätseinschränkung (TUG 2-3). Im Prä-Post-Vergleich wurden die an den Einsatz der neuen Kommunikationstechnologie geknüpften Erwartungen der Betroffenen zu Beginn und nach Ende der Studie abgefragt. Die positiven Einschätzungen und Erwartungen der Teilnehmer gegenüber der Kommunikationstechnologie lagen zu Studienende in allen Bereichen höher als zu Studienbeginn, wobei die Items „Bildkommunikation verbessert die Gesprächsqualität" und „Einsatz von Kommunikationstechnologie verbessert das Wohlbefinden" signifikant ausfielen. Aus den Ergebnissen der Studie lässt sich ableiten, dass Telekommunikation von geriatrischen Patienten positiv bewertet wird, wenn sie dazu beiträgt, die soziale Teilhabe der Betroffenen zu intensivieren und eine gesundheitsbezogene Informationsbeschaffung zu ermöglichen bzw. zu erleichtern.

Trotz der positiven Erfahrungen dieser Studie gelang es bislang nicht, die Projektidee als reguläres Angebot im ambulanten Bereich zu etablieren: Hindernisse für die Umsetzung sind Schnittstellenprobleme im stationär-ambulanten Übergangsbereich, ein hoher finanzieller Aufwand sowie auch fehlende personelle Ressourcen für Schulungsmaßnahmen und einen permanenten Support.

4.   „Der Einsatz des ProMedVi Vibrosphere® zur Verbesserung der Stabilität und des Tonus im unteren Rumpf sowie der Haltungskontrolle bei Schlaganfallpatienten in der Geriatrie"

Schlaganfälle, aber auch Stürze bzw. deren Folgen, sind in besonderem Maße für Funktionseinschränkungen älterer Menschen bis hin zur Immobilität verantwortlich. In Deutschland leben ca. 1 Millionen Menschen mit den Folgen eines Schlaganfalls, jährlich erleiden ca. 200.000 – 250.000 Menschen einen erstmaligen oder wiederholten Schlaganfall (Kolominsky-Rabas & Heuschmann, 2002). Der Schlaganfall ist eine Erkrankung vor allem des höheren Lebensalters. 80 Prozent der Schlaganfälle treten in der Altersgruppe > 60 Jahre auf (Kolominsky-Rabas, 2004). Gerade ein Schlaganfall bedeutet für die Betroffenen und ihre Angehörigen weit reichende Belastungen, denn nur etwa 40 Prozent der Überlebenden weisen ein Jahr nach der Erkrankung keine Einschränkungen in den Aktivitäten des täglichen Lebens auf (Ward et al., 2005).

Auch bei Sturzereignissen findet sich eine Zunahme der Prävalenz mit dem Lebensalter. 30 Prozent aller Personen > 65 Jahre und 40 Prozent der Personen > 80 Jahre stürzen mindestens einmal pro Jahr (Blake et al., 1988). Etwa jeder Fünfte wird nach einem Sturzereignis innerhalb eines Jahres dauerhaft pflegebedürftig (Tinetti & Williams, 1997).

Die Daten machen deutlich, dass Schlaganfalle und Sturzereignisse älterer Menschen nicht nur ein medizinisches Problem, sondern vor allem auch eine soziale Aufgabe und eine gesellschaftliche Herausforderung darstellen.

Zum Entlassungszeitpunkt aus einem Krankenhaus bzw. einer Rehabilitations-klinik haben die meisten Schlaganfallpatienten noch nicht ihr volles Rehabilitations-potential ausgeschöpft (Malouin & Richards, 2005). Daraus resultieren Einschrän-kungen der funktionellen Unabhängigkeit sowie auch eine erhöhte Pflegebedürftigkeit und schlechtere Lebensqualität. Wichtig sind daher ein regelmäßiges Training und eine dauerhafte Erhaltungstherapie, um die Funktionalität zu verbessern bzw. zurückzugewinnen und Pflegebedürftigkeit zu reduzieren. Leider ist die Behandlung von Schlaganfallpatienten vielfach durch eine zu geringe Behandlungsintensität sowie Behandlungsdauer charakterisiert (Legg et al., 2007).

Anknüpfend an diese Problematik wurde zur Optimierung der Behandlung von Schlaganfallpatienten die oben genannte Studie von der *Forschungsgruppe Geriatrie der Charité* durchgeführt.

Die Behandlung des unteren Rumpfes als stabilisierende Basis für die aufrechte Haltung, das Hantieren und die Mobilität nimmt in der physio- und ergothera-peutischen Behandlung viel Zeit in Anspruch. Mit der Studie sollte untersucht werden, inwieweit durch ein gezieltes Vibrationstraining im Vergleich zum üblichen komplexgeriatrischen therapeutischen Behandlungsstandard auf neurophysiologischer Basis effizienter und schneller eine Verbesserung der Stabilität, Haltungskontrolle und des Tonus im unteren Rumpf sowie der posturalen Kontrolle und Funktion erreicht werden kann. Über den Einfluss von Vibrationen auf die Muskulatur wurde schon vor mehreren Jahrzehnten geforscht. In einer Arbeitsgruppe um Whedon konnte bereits 1949 beobachtet werden, dass bei einer liegenden Person in einem Bett, welches einer Vibrationsbelastung ausgesetzt war, ein geringerer Verlust an Muskelmasse und Muskelkraft auftrat als unter Normalbedingungen. Auch der Knochenstoffwechsel war bei der Vibrationsbelastung günstiger als beim Ruhen in einem üblichen Bett (Whedon et al., 1949). Erklärt wird dies heute dadurch, dass Vibrationen Dehnreflexe der Muskulatur auslösen und somit Kontraktionen im vibrierenden Muskel hervorrufen, welche die Leistungsfähigkeit der Muskulatur steigern und dem Knochenabbau entgegenwirken sollen. Aufbauend auf diesen Ergebnissen wird seit einigen Jahren in der Sportmedizin und medizinischen Rehabilitation ein sogenanntes Vibrationstraining, auch Whole Body Vibration (WBV) genannt, zur Leistungssteigerung der Muskulatur und zur Verbesserung von Gleichgewicht und Koordination eingesetzt. Dabei befindet sich die trainierende Person meist stehend auf einer vibrierenden Platte, die in einem Frequenzbereich von etwa 5 bis 60 Hz vibriert. Über die Effektivität von Vibrationstraining gibt es bisher zahlreiche Studien mit allerdings widersprüchlichen Ergebnissen; dabei wurden oft auch nur kleine Patienten- bzw. Personengruppen in die Studien eingeschlossen.

Bogaerts et al. (2007) gingen in einer Studie an 220 gesunden älteren Personen der Frage nach, ob durch ein einjähriges Training mit Ganzkörpervibration und Balance die posturale Kontrolle als Voraussetzung für eine ausreichende Balance positiv beeinflusst und in Verbindung mit einem konsequenten Muskeltraining die Sturzhäufigkeit deutlich reduziert wird. In dieser Studie zeigten sich bei den Teilnehmern, die ein Vibrationstraining erhielten, gegenüber der Kontrollgruppe Verbesserungen der Balance auf beweglichen Untergründen (Bogaerts et al., 2007). In einer anderen Studie wurde an 25 Pflegeheimbewohnern, mittleres Alter 77,5 Jahre, untersucht, inwieweit über einen Zeitraum von sechs Wochen die Behandlung mit einem Ganzkörper-vibrationstraining eine Alternative zu herkömmlichen leichten Beübungen zur Erhaltung der Muskulatur und körperlichen Konstitution darstellt. Im Ergebnis konnten im Vergleich zur herkömmlichen Behandlung leichte Verbesserungen, messbar im Timed Up and Go- und Tinetti-Test, beobachtet werden, andere Parameter und Assessments zeigten keine signifikanten Unterschiede (Bautmans et al., 2005). Eine Studie an 53 Schlaganfallpatienten konnte im sechswöchigen Follow-up durch Vibrationstraining im Vergleich zu einer gewöhnlichen, musikunterstützten Übungs-therapie keine Verbesserung der ADL-Kompetenz (Aktivitäten des täglichen Lebens) und des Gleichgewichtes nachweisen (van Nes et al., 2006).

Unsere Studie wurde mit dem Gerät Vibrosphere® der schwedischen Firma ProMedVi durchgeführt. Beim Vibrosphere® handelt sich um ein CE-geprüftes, transportables Gerät mit einem Durchmesser von 44 cm, einer Höhe von 14 cm und einem Gewicht von ca. 15 kg, das im Wesentlichen zwei grundsätzliche Basisverfahren der therapeutischen Intervention vereint: Zum einen das Vibrationstraining mit einer Frequenz von 20 bis 45 Hz in Abstufungen von 1 Hz, zum Anderen das Gleichge-wichtstraining auf einem Therapiekreisel. Die Trainingsintervalle können in Abstufungen von 15 sec. zwischen 15 und 90 sec. gewählt werden. Die Stabilität des Therapiekreisels kann mit Hilfe von vier verschiedenen Schaumstoffbasisplatten unterschiedlicher Weichheitsgrade variiert werden, sodass ein Einsatz auch für Patienten mit sehr unterschiedlichen Leistungsniveaus und damit eine Anpassung an den jeweiligen Trainingsstatus des Patienten möglich ist.

In unserer Studie wurden 66 Patienten (Durchschnittsalter 74,5 Jahre) untersucht, die sich nach einem Schlaganfall in der geriatrischen, frührehabilitativen, stationären oder teilstationären Behandlung des Evangelischen Geriatriezentrum Berlin befanden.

Bei allen Teilnehmern wurden bei Aufnahme und Entlassung folgende klinische Tests bzw. Assessments durchgeführt:

Geriatrisches Basisassessment nach AGAST (Arbeitsgruppe Geriatrisches Assessment), Berg-Balance-Scale, Functional Reach-Test, Tinetti-Test, Funktionstest unterer Rumpf nach eigenem Schema; zudem erhielten alle Teilnehmer bei Aufnahme einmalig den erweiterten Barthelindex sowie die Mini Mental State Examination (MMSE). Bei der Auswahl der Assessments bestand die Schwierigkeit darin, dass (nach unseren Recherchen) bisher keine ausreichend spezifischen validierten Testinstrumente zur Messung der Stabilität und Funktion des unteren Rumpfes zur Verfügung stehen. Aus diesem Grunde wurde ergänzend zu den verwendeten Testinstrumenten ein eigener spezifischer „Neurologischer Funktionstest unterer Rumpf" entwickelt. Die Studienteilnehmer wurden nach Randomisierung einer Interventions- oder Kontrollgruppe zugeordnet. Die Teilnehmer der Interventions-gruppe erhielten an 15 Terminen unter therapeutischer Anleitung und gegebenenfalls notwendiger therapeutischer Fazilitation ein ihrem Fähigkeitsstand entsprechendes, gezieltes Vibrosphere®-Training. Die Patienten sollten dabei aus drei Aufgabenfeldern je eine Übung jeweils 2x hintereinander durchführen.

Bridging in Rückenlage

Patient in Rückenlage; die angestellten Beine (ca. 45° Flexion in Hüftgelenken und 90° in den Kniegelenken) mittig auf dem Vibrosphere® platziert

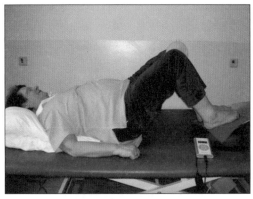

Abbildung 2. Bridging in Rückenlage.

Rumpfflexion/Extension im Sitz auf dem Vibrosphere®

Patient sitzend zentral auf dem Vibrosphere® (wenn notwendig fazilitiert) mit flächig abgestellten Füßen auf dem Boden, Knie im 90° Winkel

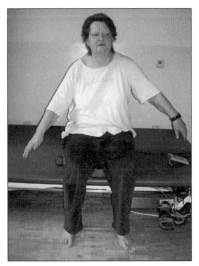

Abbildung 3. Sitz auf dem Vibrosphere®

Stand auf dem Vibrosphere®

Patient im fazilitierten Stand auf dem Vibrosphere® mit Haltemöglichkeit der oberen Extremität auf der nicht betroffenen Seite

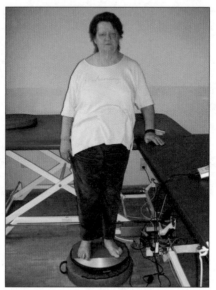

Abbildung 4. Stand auf dem Vibrosphere®

Um eine individuelle Anpassung an den Trainings- bzw. Entwicklungsstand und die Fortschritte des Patienten zu ermöglichen, wurden für jede Aufgabe drei Schwierigkeitsgrade entwickelt. Bewältigte der Patient eine Aufgabe problemlos, wurde vom durchführenden Therapeuten das jeweils nächste Übungsniveau gewählt.

Erste vorläufige Studienergebnisse ergeben folgendes Bild: Die Patienten der Interventionsgruppe zeigten in nahezu allen Tests einen höheren Funktions- und Fähigkeitszuwachs als die Patienten der Kontrollgruppe. Funktionelle Verbesserungen traten insbesondere bei motorisch und kognitiv schwerer betroffenen Patienten ein. Die Patienten gaben insgesamt eine äußerst positive Rückmeldung über das Training mit dem Vibrosphere® an; die Behandlung wurde als angenehm und nachhaltig in der Wirkung beschrieben. Dies gibt Anlass zu der Vermutung, dass auch bei Therapiefortführung im ambulanten Bereich durch die Verbesserung der Stabilität im unteren Rumpf und in der unteren Extremität eine höhere Mobilität und reduzierte Sturzgefahr resultieren könnte.

5.   Ausblick

Die bereits bestehenden demographischen Herausforderungen können mit Hilfe von Informations- und Kommunikationstechnologien angegangen werden. Sie können alterungsbedingte Einbußen bzw. Einschränkungen hinauszögern und abschwächen und damit die Versorgung älterer Menschen qualitativ verbessern.

Das Interesse an der Entwicklung von Gesundheitstechnik für ältere Menschen seitens des öffentlichen Sektors, der Wirtschaft sowie der Forschungsinstitute ist hoch. AAL-Technik könnte dabei helfen, die durch den demographischen Wandel bedingten erheblichen Kostensteigerungen im Gesundheitswesen teilweise zu kompensieren. Auch der Trend zum Alleinleben und steigende Ansprüche an die Lebensqualität könnten die Entwicklung von AAL-Technologien antreiben.

Die positiven Ergebnisse beim Einsatz von Informations- und Kommunikationstechnologien für ältere Menschen geben berechtigte Hoffnung, dass in den nächsten Jahren die zentralen Herausforderungen für eine funktionierende Gesundheitstechnik im Alter bewältigt und Lösungen für die alternde Bevölkerung entwickelt und etabliert werden können. Die potenziellen wirtschaftlichen Chancen sind groß, solange neue Technologien an die Bedürfnisse älterer Menschen angepasst, Markthindernisse beseitigt und auch ethische Fragestellungen berücksichtigt werden.

Literaturangaben

[1]   Bautmans, I., Van Hees, E., Lemper, J. C., Mets, T., The feasibility of Whole Body Vibration in institutionalized eldely persons and its influence on muscle performance, balance and mobility: a randomised controlled trial, *BMC Geriatr* **22:5** (2005), 17.

[2]   Blake et al., Falls by elderly people at home: prevalence and associated factors, *Age Ageing* **17:6** (1988), 365-72.

[3]   Bogaerts, A, Verschueren, S, Delecluse, C, Claessens, A. L., Boonen, S., Effects of whole body vibration training on postural control in older individuals: a 1 year randomized controlled trial, *Gait Posture* **26:2** (2007), 309–316.

[4]   Kaspar, R., Becker, S., Mollenkopf, H., *Technik im Alter von Senioren. Arbeitsbericht zu vertiefenden Auswertungen der Sentha-Repräsentativerhebung*, DZFA, Heidelberg, 2002.

[5]   Kolominsky-Rabas P., *Schlaganfall in Deutschland*, Interdisziplinäres Zentrum für Public Health (IZPH) der Universität Erlangen Nürnberg, 2004, Online im Internet: URL: http://www.dsg-info.de/pdf/anhaltszahlen_zum_Schlaganfall.

[6]   Kolominsky-Rabas, P. L., & Heuschmann, P. U. Incidence, etiology and long-term prognosis of stroke, *Fortschritte der Neurologie & Psychiatrie* **70** (2002), 657-62.

[7]   Legg, et al., Occupational therapy for patients with problems in personal activities of daily living after stroke: systematic review of randomised trials, *BMJ* **335:7626** (2007), 922.

[8]   Lindenberger, U., Smith, J., Mayer, K. U. & Baltes, P. B. (Eds.), *Die Berliner Altersstudie*, 3. Aufl., Akademie Verlag, Berlin, 2010.

[9]   Malouin, F. & Richards, C., Assessment and training of locomotion after stroke: evolving concepts, in: Refshauge, K. et al., (Eds.), *Science-Based Rehabilitation. Theories into Practice*, 185-222, Butterworth Heinemann, Edinburgh, 2005.

[10] Pohlmann, S. *Das Altern der Gesellschaft als globale Herausforderung – Deutsche Impulse*, Kohlhammer, Stuttgart, 2001.

[11] Statistisches Bundesamt, *Bevölkerung Deutschlands bis 2050. 11. koordinierte Bevölkerungs-Vorausberechnung*, Statistisches Bundesamt – Pressestelle, Wiesbaden, 2006.

[12] Tinetti, M. E., & Williams, C. S., Falls, injuries due to falls, and the risk of admission to a nursing home, *N Engl J Med* **337:18** (1997), 1279-84.

[13] van Nes, S. L. et al., Long-term effects of 6-week whole-body vibration on balance recovery and activities of daily living in the postacute phase of stroke: a randomized, controlled trial, *Stroke* **37** (2006), 2331–2335.

[14] Ward, A., Payne, K. A., Caro, J. J., Heuschmann, P. U. & Kolominsky-Rabas, P. L., Care needs and economic consequences after acute ischemic stroke: the Erlangen Stroke Project, *Eur J Neurol* **12:4** (2005), 264-7.

[15] Whedon, G. D., Deitrick, J. E., Shorr, E., Modification of the effects of immobilization upon metabolic and physiological functions of normal men by the use of an oscillating bed, *Am J Med* **6** (1949), 684-710.

V. Politische Gestaltung des Alterns

Die politischen Implikationen des Alter(n)s

Stefan POHLMANN

Professur für Entwicklungspsychologie/Schwerpunkt Gerontologie,
Hochschule München, Deutschland

Abstract. Alt zu werden oder alt zu sein bringt stets eine ganz individuelle Perspektive und subjektive Bewertung mit sich. Eng verwoben mit dieser persönlichen Auseinandersetzung und unmittelbaren Betroffenheit besteht eine gesamtgesellschaftliche Qualität des Alters und Alterns. Die gezielte Auseinandersetzung mit den kollektiven Folgen des demografischen Wandels gehört zu den originären Aufgaben der Altenpolitik. Während man von Wissenschaft und Forschung erwartet, Handlungsanforderungen im Zuge dieser Trends akkurat vorherzusagen und wesentliche Empfehlungen daraus abzuleiten, erhofft man sich von Vertretern der Politik noch weit mehr. Sie sollen aus den vielfältigen gerontologischen Erkenntnissen die richtigen Schlüsse ziehen und ebenso verlässliche wie zukunftsfähige Maßnahmen realisieren. Damit steht die Altenpolitik unter einem außerordentlich hohen Erwartungsdruck. Der nachfolgende Beitrag untersucht anhand von Beispielen, wie sich Altenpolitik auch über Deutschlands Grenzen hinweg formiert und ausgestaltet, welche Akteure und Zielgruppen über staatliche Initiativen hinaus auszumachen sind und welche primären Anforderungen sich für eine alternde Gesellschaft stellen. Anzustreben ist in diesem Kontext, das weit verbreitete Schwarz-Weißdenken bezogen auf altenpolitische Zuständigkeiten und Aufgaben zu überwinden und in Richtung eines ebenso nachhaltigen wie multiprofessionellen und handlungsfeldübergreifenden Ansatzes zu erweitern.

1.   Altenpolitischer Auftrag

Eine klar umrissene oder gar einheitliche Begriffsbestimmung von Altenpolitik ist in der einschlägigen Fachliteratur kaum auszumachen. Vielfach wird Altenpolitik auf die Felder der sozialen Sicherung und gesundheitlichen Versorgung reduziert. Erforderlich ist hingegen eine umfassendere Lesart von Altenpolitik. Letztlich besteht der altenpolitische Auftrag darin, zur positiven Ausgestaltung verschiedenster Lebensbereiche älterer Menschen beizutragen. Dazu zählen Bildung, Freizeit, Wirtschaft, Arbeit und Beschäftigung, Kultur, Familie, Gesundheit, psychosoziale Dienstleistungen, Wohnen, Infrastruktur, Ökologie und andere Politikfelder innerhalb einer alternden Gesellschaft (vgl. Herweck, Kruse, v. Maydell & Pohlmann, 2007). Bei der Durchsetzung von altersrelevanten Zielen und Werten bedarf es eines lebenslauforientierten Ansatzes, der nicht nur die heterogene Gruppe älterer Menschen und ihre aktuellen Befindlichkeiten berücksichtigt, sondern außerdem den Prozess der Veränderung in verschiedenen Ländern einbezieht.

1.1.   Staatliche Altenpolitik

Ungeachtet der begrifflichen Unschärfe wird Altenpolitik gemeinhin als eine zentrale Säule staatlicher Sozialpolitik verstanden. Da mag es zunächst verwundern, dass in den meisten einschlägigen Standardwerken der Sozialpolitik von einer eigenständigen

Alten- oder Seniorenpolitik nicht die Rede ist. Selbst im Glossar oder Sachregister finden sich diese Stichworte in der Regel nicht (vgl. Bäcker et al., 2007). Positiv ließe sich dahinter die Ansicht vermuten, Sozialpolitik dürfe sich nicht als Klientelpolitik präsentieren und die Anliegen junger und älterer Erwachsener voneinander trennen. Diese Position findet sich in der seit den 1990er Jahren geführten Diskussion, ob in Anlehnung an die bestehenden Rechtsgrundlagen des Kinder- und Jugendhilfegesetzes (SGB VIII; KJHG) ein vergleichbares Instrument zur Vorbeugung, zur Hilfestellung und zum Schutz von älteren Menschen notwendig sei. Zwar existieren verschiedene Referentenentwürfe für ein derartiges Altenhilfe- oder Altenhilfestrukturgesetz, mit deren Hilfe die Unterstützung älterer Menschen und ihre dauerhafte Integration in die Gesellschaft durch allgemeine Förderungsangebote und Leistungen in unterschiedlichen Lebenssituationen geregelt werden sollten. Diese Initiativen sind aber stets mit der Begründung gescheitert, dass ältere Menschen keine Sondergruppe unter den Erwachsenen darstellen und die bestehenden gesetzlichen Regelungen bereits greifen, wenn sozialpolitisch bedeutsame Lebenslagen eintreten sollten. Darüber hinaus wurde die Befürchtung laut, durch entsprechende Gesetzestexte eine Stigmatisierung Älterer zu befördern.

Gleichwohl hat ein Sozialstaat die Aufgabe, das soziale Existenzminimum hilfsbedürftiger Menschen unabhängig von ihrem Lebensalter zu sichern, ihnen ein Leben in Würde zu ermöglichen und Hilfen in besonderen Lebenslagen zu gewähren. Dieses Mandat ist im Sozialgesetzbuch XII verankert und weist bezogen auf ältere Menschen eine explizite Altenhilfe aus. Die gesetzlich garantierte Altenhilfe soll dazu beitragen, Schwierigkeiten, die durch das Alter entstehen, zu verhüten, zu überwinden oder zu mildern und alten Menschen die Möglichkeit zu geben, am Leben in der Gemeinschaft teilzunehmen (vgl. §71 Absatz 1 SGB XII). Inwieweit staatliche Leistungen über die gesetzlich verbrieften Ansprüche hinausgehen, wird durch die staatliche Altenpolitik gelenkt. Die Zuständigkeit bei der Entwicklung von konkreten Programmen und Leistungen liegt vornehmlich in der Verantwortung der Kommunen. In enger Zusammenarbeit mit den freigemeinnützigen und privat-gewerblichen Trägern setzen sie als örtliche Instanzen die erforderlichen Angebote für ältere Menschen direkt um. War bis Mitte der 1990er Jahre die kommunale Altenpolitik vornehmlich damit befasst, den Ausbau der pflegerischen Infrastruktur voranzutreiben, hat sich mittlerweile ein umfassenderes Verständnis durchgesetzt, das sich nicht mehr auf den reinen Unterstützungs- und Fürsorgeaspekt gegenüber älteren Personen begrenzen lässt. Ein wesentlicher Akzent wird heute auf die aktive Auseinandersetzung mit der Rolle und Gestaltung des Alters, der Bildungs- und Kulturarbeit, der Unterstützung von Engagement oder auch der Förderung von Solidarität zwischen Alt und Jung gelegt. Der vorgegebene gesetzliche Rahmen lässt den lokalen Gebietskörperschaften in der Ausformung ihrer sozialen Leistungen eine Reihe von Freiheitsgraden. Ob und in welchem Umfang freiwillige Sonderleistungen gewährt werden, entscheiden die Kommunen je nach Haushaltslage und politischer Schwerpunktsetzung. Daneben existiert eine große Zahl privater Leistungsangebote, die vollständig oder in Teilen durch die Verbraucher selbst zu finanzieren sind. Die Palette von Angeboten ist auf kommunaler Ebene sehr unterschiedlich strukturiert, stark fluktuierend und selbst für Fachkräfte schwer zu überschauen.

Als Indikator der Sozialleistungen wird oftmals der Nachweis über die Finanzströme der öffentlichen Haushalte herangezogen. Allerdings ist das Sozialbudget ein unzureichendes Kriterium, um etwa die Gewichtung der Altenpolitik zu bestimmen, weil Höhe und Richtung der staatlichen Ausgaben zu vage und unspezifisch ermittelt werden. Dies erklärt, warum sich in der Literatur durchaus unterschiedliche Beurteilungen finden. So wird gemessen am Bruttoinlandsprodukt vielfach Schweden als das Land ausgewiesen, das weltweit die größten Summen für die öffentlich finanzierte Altenfürsorge bereitstellt (vgl. SCB, 2006). Unter Berücksichtigung des so genannten Nettosozialleistungskonzepts der Organisation für wirtschaftliche Zusammenarbeit und Entwicklung, das die Refinanzierungsoptionen zulasten der Bruttosozialleistungen einbezieht, weist dagegen Frankreich gefolgt von Deutschland die höchsten sozialen Gesamtleistungen aus. Die skandinavischen Wohlfahrtsstaaten fallen bei dieser Nettobetrachtung zurück, da in diese Berechnungen weitere Abgaben der Sozialleistungen mit einberechnet werden (vgl. OECD, 2009). Seit 2003 hat sich allerdings die Sozialleistungsquote in Deutschland ungeachtet eines wachsenden Bedarfs kontinuierlich verringert (vgl. Bundesministerium für Arbeit und Soziales, 2009). Diese Absenkung wird vielfach als Hinweis für einen Abbau staatlicher Leistungen und einen Rückzug aus altenpolitischer Verantwortung angesehen. Bei der Beurteilung der staatlichen Zuwendungen ist eine transparente und sorgsame Aufbereitung notwendig. Erst dann macht ein Vergleich nationaler Altenhilfeplanungen und -programme Sinn und erlaubt einen zuverlässigen Erfahrungsaustausch zwischen verschiedenen Ländern. Bislang kann von einer europäischen Altenpolitik nicht die Rede sein. Zu sehr stehen die zu beobachtenden Bemühungen im Schatten einer unkritischen Wirtschaftspolitik, die sich als Garant einer positiven Sozialwirkung versteht. Wie die Realität zeigt, führen Bemühungen in Richtung eines unendlichen wirtschaftlichen Wachstums keineswegs zwangsläufig zu einer sozialverträglichen Mittelverteilung.

1.2.   Wettbewerb der Politikfelder

Mitunter entsteht der Eindruck, dass die staatliche Altenpolitik Deutschlands auf Bundes- und Länderebene gegenüber anderen Politikfeldern über ein vergleichsweise geringes Ansehen verfügt und insgesamt als ein weniger gewichtiges und einflussreiches Ressort gilt. Wenngleich wesentliche Vorleistungsverpflichtungen auf kommunaler Ebene angesiedelt sind, legen Bundes- und Länderebene dennoch sehr wohl den Handlungsrahmen der Altenpolitik und die damit verknüpften rechtlichen Ansprüche älterer Menschen fest. Zumindest die mediale Berichterstattung legt zuweilen bei der Bewertung von Ministerämtern die Vermutung nahe, dass in den Parlamenten die Altenpolitik eine eher untergeordnete Rolle einnimmt. Dieser Anschein mag trügen. Es stellt sich indessen die Frage, wie viel Macht und Einfluss der Altenpolitik zusteht und wie mit Querschnittaufgaben bei geteilten Zuständigkeiten umzugehen ist. Der demografische Wandel macht eine enge Zusammenarbeit und die Überwindung potenzieller Kompetenzstreitigkeiten unerlässlich. In jedem Fall bedarf es eines politikfeldübergreifenden Vorgehens, das eine starke Vernetzung zwischen Bund, Ländern und Gemeinden nach sich zieht. Ziel muss es sein, den Bürgerinnen und Bürgern politische Beschlüsse auf lokaler Ebene spürbar zugute kommen zu lassen (vgl. Dieck, 1991).

Anders als viele andere Regierungen verfügt die deutsche Bundesregierung über ein Ministerium, das die älteren Menschen in ihrem Titel führt. Die Etablierung einer eigenen Abteilung innerhalb des heutigen Bundesministeriums für Familie, Senioren, Frauen und Jugend geht maßgeblich auf Ursula Lehr zurück. Nachdem sie 1988 als Bundesministerin für Jugend, Familie, Frauen und Gesundheit in die vom damaligen Bundeskanzler Helmut Kohl geführte Bundesregierung berufen worden war, setzte sie sich unermüdlich für den Ausbau der Altenpolitik ein. Lehr war die erste und bislang einzige ausgewiesene Gerontologin auf einem Ministerposten des Bundes. Diese Ernennung kam seinerzeit überraschend, da sie sich nicht an die sonst übliche Besetzungspolitik hielt. Die Wochenzeitung DIE ZEIT vom 30. Dezember 1988 vermeldet dazu in einer provozierenden Mischung aus Respekt und Skepsis:

> „Als Nikolaus-Gabe wurde uns das Gefühl geschenkt, dem Alter getrost entgegenstreben zu können, weil Frau Professor Ursula Lehr ihr geschultes Auge auf unsere grauen Köpfe wirft."

Seit den 1970er Jahren war die oberste Bundesbehörde bei Altersfragen auf ein unscheinbares Fachreferat beschränkt. Erst durch Lehrs Überzeugungsarbeit wurde nach der Bundestagswahl 1990 ein ergänzter Kabinettszuschnitt vorgenommen und die Familienpolitik um eine gänzlich neu ausgestattete Altenpolitik ergänzt. Diese Neukonturierung hatte nicht nur personelle Konsequenzen, sondern insbesondere politische Symbolkraft, die sich auch für andere Nationen als richtungweisend erweisen sollte. Innerhalb der Europäischen Union ist Frankreich diesem Beispiel mit seinem Ministerium für Soziales, Arbeit und ältere Menschen gefolgt. In Australien wurde ein eigenständiges Ministerium für Altersfragen etabliert. Überraschend verfügen Länder wie Mali oder Uganda über Ministerien, die in ihrem Zuschnitt ausdrücklich auf die Belange älterer Menschen verweisen. In den meisten anderen Staaten findet sich keine gesondert propagierte Altenpolitik. Dort werden Altersfragen den Bereichen Gesundheit, Soziales, Arbeit oder Familie untergeordnet.

1.3.   Internationale Anstrengungen

Der demografische Wandel macht bekanntlich nicht an nationalen Grenzen halt. Vielmehr ist er als globales Phänomen von historischer Einmaligkeit zu begreifen. Der Zeitpunkt, an dem mehr ältere als jüngere Menschen auf diesem Globus leben, rückt bereits in greifbare Nähe. Und selbst Schwellen- und Entwicklungsländer sind von der Alterung ihrer Bevölkerung nicht ausgenommen. Auch wenn sich die Zeithorizonte und Intensitäten dieser Veränderungen unterscheiden, haben wir es hier mit einer weltweiten und voraussichtlich unumkehrbaren Bewegung zu tun, die das Bild der Bevölkerungspyramide als bloßes Vergangenheitsbild ausweist (vgl. Pohlmann, 2003). Nur zögerlich werden internationale Lösungen weltweit vergleichbarer Probleme gesucht und nur höchst selten gemeinsam Strategien zur Nutzung bestehender Chancen erarbeitet.

Eine Ausnahme bilden die frühen und couragierten Ansätze der Vereinten Nationen. Bereits 1982 wurde auf der ersten Weltversammlung zu Fragen des Alter(n)s in Wien ein geradezu visionärer Aktionsplan vonseiten der Völkergemeinschaft verabschiedet. Die darin formulierten Positionen und Leitlinien haben auch aus heutiger Sicht nicht an Aktualität eingebüßt. Das in Deutschland unter dem Begriff des Weltaltenplans firmierende Dokument berücksichtigt ein für die frühen 80er Jahre ausgesprochen innovatives Arbeitsprogramm und verweist auf die globalen Folgen des demografischen Wandels:

> "The trend towards the successive ageing of population structures is bound to be one of the main challenges to international und national planning efforts during the last decades of this century and well into the twenty-first. In addition to the general consideration outlined above on the status and predicaments of the elderly sections of societies, and the review of the needs and potentialities of the elderly, attention should be given to the vast and multifaceted impact which the ageing of populations will have on the structure, functioning and further development of all societies of the world. [...]" (United Nations, 1982, § 33)

Zwar hatte zu diesem Zeitpunkt die Gerontologie mit der Erforschung von Alternsvorgängen bereits einen erheblichen Entwicklungsschub vollzogen, doch jenseits der Universitäten wurden die gesellschaftspolitischen Auswirkungen bis dato nur vereinzelt aufgegriffen. Der Weltaltenplan hat damit maßgeblich dazu beigetragen, die Fragen des Alterns als unmittelbares politisches Aufgabenfeld zu begreifen und anzunehmen. In der damaligen deutschen Delegation, die dem Weltaltenplan Pate gestanden hat, war auch Ursula Lehr vertreten. In der Folgezeit ist es zunächst nicht gelungen, die Zielsetzungen und Empfehlungen des Dokuments systematisch weiter zu bearbeiten. Die darin angemahnte Evaluation in einem Vier-Jahres-Rhythmus konnte nicht eingehalten werden. Nur in Form vereinzelter Initiativen taucht das Thema Alter und Altern auf der Agenda der Vereinten Nationen erneut auf.

Erst 2002 – nach 20 Jahren – wurde der Weltaltenplan im Rahmen der zweiten Weltversammlung in seiner Bedeutung gewürdigt und auf die aktuelle Situation hin angepasst. Die auch als Madridplan bezeichnete Übereinkunft zeigt Problemstellungen, Ziele und mögliche sozialpolitische Handlungsfelder auf. Zu den zentralen Themen gehört die Verbesserung der Lebenssituation insbesondere älterer Menschen durch Armutsbekämpfung, gesellschaftspolitische Partizipation, individuelle Selbstverwirklichung, Einhaltung von Menschenrechten und Gleichstellung von Männern und Frauen. Gleichzeitig werden Anpassungen in den Bereichen Beschäftigung, soziale Sicherung sowie Gesundheit und Wohlbefinden gefordert (United Nations, 2002). Allerdings bleibt der Aktionsplan wie sein Vorgänger ohne völkerrechtliche Verbindlichkeit. Die darauf aufbauenden Bemühungen einer regionalen Implementierung ließen zunächst den Eindruck entstehen, dass eine überregionale Altenpolitik gelingen könnte. Allen voran hat die Wirtschaftskommission für Europa (UNECE) wesentliche Impulse und offensive Handlungsanleitungen gegeben. Retrospektiv ist allerdings ernüchternd festzustellen, dass die sich seinerzeit abzeichnende Chance einer internationalen Sicht auf das Alter nicht konsequent weiterverfolgt und mit Leben gefüllt werden konnte. Schon in den unmittelbaren UN-Folgedokumenten zu angrenzenden sozialpolitischen Themenfeldern sucht man vergebens eine Verbindung zum neuen Weltenaltenplan.

Ganz anders verhalten sich demgegenüber die aus der Europäischen Union stammenden Vorgaben, die nach einem festgelegten Zeitraum in nationales Recht zu überführen sind. Beispiel dafür ist ein umfangreiches Maßnahmenbündel aus Brüssel, das die Rechte von Arbeitnehmern, Verbrauchern und Patienten ungeachtet ihres Alters stärken sollte. Nach langer Kontroverse wurde 2006 in Deutschland auf dieser Grundlage das Allgemeine Gleichbehandlungsgesetz (AGG) durchgesetzt. Dieses Bundesgesetz trägt dazu bei, ungerechtfertigte Benachteiligungen aus Altersgründen zu sanktionieren. Zur Verwirklichung dieses Ziels erhalten die durch das Gesetz geschützten Personen Rechtsansprüche gegen Arbeitgeber und Private.

2. Adressaten der Altenpolitik

Altenpolitik allein auf alte Menschen auszurichten, gibt ein verkürztes Verständnis der eigentlichen Kernaufgaben wider. Wenn Entscheidungen für ältere Menschen nicht automatisch zum Nachteil von Jüngeren sein sollen und umgekehrt, braucht es eine übergreifende Perspektive. Zudem verbergen sich hinter dem Etikett Jung oder Alt mitunter sehr unterschiedliche Generationen mit unterschiedlichen Bedürfnissen, Ressourcen und Unterstützungsanliegen (vgl. Pohlmann, 2011). Die Ausblendung bestimmter Altersgruppen kann und darf insofern nicht Folge einer beschränkten Auslegung von Altenpolitik sein. Die nachfolgenden Überlegungen veranschaulichen, warum Altenpolitik prinzipiell auf unterschiedliche Altersgruppen und Lebenslagen ausgerichtet sein muss.

2.1. Generationengerechtigkeit

Neben der oben beschriebenen Sicherstellung einer bedarfsorientierten Unterstützung und Aktivierung von Potenzialen stellt die Wahrung der Generationengerechtigkeit ein weiteres zentrales Anliegen der Altenpolitik dar. In Anlehnung an Immanuel Kants Kritik der reinen Vernunft ist Gerechtigkeit erst dann erreicht, wenn sie für alle gilt. Generationengerechtigkeit umfasst insofern die moralische Verantwortung gegenüber vergangenen und zukünftigen Generationen. Die Bewahrung von Chancen und adäquaten Lebensbedingungen steht stellvertretend für die Verpflichtung einer sozialverträglichen Verteilung von Lasten und Profiten in unserer Gesellschaft. Sie ist der Prüfstein für die Belastbarkeit und Funktionstüchtigkeit einer Gesellschaft. Die mit der Bevölkerungsentwicklung einhergehende Schieflage zwischen Beitragsempfängern und Beitragszahlern innerhalb des sozialen Sicherungssystems sorgt für erheblichen gesellschaftspolitischen Zündstoff. Das Bemühen, Verteilungsunterschiede zwischen und innerhalb von Generationen auszugleichen, setzt als ethisches Grundprinzip ein solidarisches Verständnis aller Beteiligten voraus.

Altenpolitisch geht es um den Aufbau und den Erhalt zukunftsfähiger Modelle, die eine gerechte Verteilung von Verlusten und Gewinnen in einer Gesellschaft erlauben und sich nicht auf monetäre Betrachtungsweisen beschränken lassen. Das Verhältnis von Lebenserleichterungen und Lebensbelastungen zukünftiger Generationen erhält durch aktuelle sozialpolitische Entscheidungen eine besondere Dramatik und rückt den Begriff der Nachhaltigkeit in ein neues Licht. Wenn wir unseren Kindern und Enkelkindern ein intaktes ökologisches, soziales und ökonomisches Gefüge hinterlassen wollen, sind wir auf einen Fortschritt angewiesen, der Umwelt-gesichtspunkte mit sozialen und wirtschaftlichen Gesichtspunkten langfristig in Einklang zu bringen weiß. Eine gerechte Verteilung von Lasten und Profiten sollte lebenslang gegeben sein. Altenpolitiker tun gut daran, diese Dimensionen zu berücksichtigen und Maßnahmen auf ihre Wirkung für nachwachsende Generationen hin überprüfen. Erst dann lässt sich die Breite gesellschaftlicher Stärken nutzbar machen. Auch das Leitmotiv der Vereinten Nationen „Towards a society for all ages" verdeutlicht, dass es gilt, die gesellschaftlichen Herausforderungen zugunsten aller Generationen zu bearbeiten. Aus dieser Position heraus folgen die elementaren Grundsätze der Gleichbehandlung und Gegenseitigkeit in einer Gesellschaft. Dazu zählen Vertrautheit und Wertschätzung, übereinstimmende Werte und Einstellungen sowie ein ausgeglichenes, wechselseitiges Verhältnis von Austauschbeziehungen. Solidarität umfasst nicht nur eine bloße Geisteshaltung, sondern ist zweifellos auch mit aktivem Tun verknüpft.

2.2. Soziale Gleichheit

Sind in einer Gesellschaft die Lebensbedingungen und die damit verbundenen Lasten und Nutzen ausgeglichen verteilt, sprechen wir von sozialer Gleichheit. Lebenschancen werden beschnitten, sobald sich der Zugang zu Kapital, sozialen Gütern oder sozialen Positionen nicht nach der Anstrengung und Leistung einer Person richtet. Das politische Postulat der sozialen Gleichheit geht ganz wesentlich auf die Arbeiten der Internationalen Arbeitsorganisation (ILO) zurück. Diese begann ihre Tätigkeit nach dem Ersten Weltkrieg auf der Friedenskonferenz in Versailles und war ursprünglich eine ständige Einrichtung des Völkerbundes mit dem Ziel der Sicherung des Weltfriedens auf der Grundlage sozialer Gerechtigkeit. In Deutschland ist die Gleichheit vor dem Gesetz verfassungsrechtlich verankert. Bezogen auf die nationale Altenhilfeplanung ist nicht nur zu überprüfen, inwieweit bestehende Mittel bedarfsorientiert in soziale Dienstleistungsangeboten investiert werden, sondern auch, ob sie unter dem Gleichheitsgrundsatz alle Zielgruppen tatsächlich erreichen. Sie hat überdies die Aufgabe, vulnerable Gruppen im Alter zu erkennen und – soweit möglich – Problemlagen und damit verbundene soziale Benachteiligungen zu vermeiden.

Wichtige Bezugsgröße für die Einschätzung sozialer Gleichheit ist die soziale Lage einer Person. Sie umfasst die sehr komplexe und eng miteinander verwobene Konstellation mehrerer, den Status eines Individuums bestimmender Faktoren in einer modernen Gesellschaft. Die Ausprägung von Macht, Einfluss, Wohlstand sowie von allgemeinen Wohn- und Lebensbedingungen spielen für die Kennzeichnung der sozialen Lage eine maßgebliche Rolle. Das Alter allein definiert noch keine soziale Lage. Vielmehr sind andere Merkmale einzubeziehen, die in Verbindung mit dem Alter zu einer Ungleichbehandlung beitragen. Dringender altenpolitischer Handlungsbedarf besteht in den Fällen, in denen sich eine Schlechterstellung durch die im Lebenslauf erfahrene Ausgrenzung aufsummiert. Geringere Bildungs- und Arbeitsmarktchancen, ein schlechterer Zugang zu Kultur- und Freizeitangeboten sowie eine Rationierung von Sozial- und Gesundheitsleistungen sind die Folgen sozialer Ungleichheit. Obwohl persönliche, biografische, kulturelle, gesundheitliche, genetische und epochale Aspekte den Alternsprozess prägen, lassen sich überzufällig häufig Benachteiligungen für bestimmte Gruppen älterer Menschen nachweisen. Vermehrte Gesundheitsrisiken, Verringerung der Lebenserwartung, ökonomische, rechtliche und soziale Benachteiligung finden sich im Alter für Frauen, Behinderte, psychisch Kranke oder Migranten. Ästhetische, kulturelle und soziale Normen tragen dazu bei, dass Menschen mit diesen Merkmalen signifikant weniger Unterstützung und Gleichberechtigung erleben. Das Wissen um diese Systematiken macht ein frühes und wirksames Eingreifen und die Suche nach weiteren Auslösern möglich und nötig. Soziale Ungleichheit ist insbesondere im Vergleich zwischen Industrienationen, Schwellen- und Entwicklungsländern auszumachen. Angesichts der massiven Unterschiede in der sozioökonomischen Ausgangssituation und in den allgemeinen Lebensbedingungen ist eine Entwicklungszusammenarbeit, die auch altenpolitische Aspekte mit einbezieht, zwingend erforderlich.

3. Akteure der Altenpolitik

Während die vorangegangenen Ausführungen in erster Linie staatliche Interventionsmöglichkeiten und -grenzen aufzeigen, widmen sich die folgenden Abschnitte dem zivilgesellschaftlichen und zwischenstaatlichen Anteil der Altenpolitik. Altenpolitisches Handeln geht nicht allein auf gewählte Mandatsvertreter und ihre zugehörigen Verwaltungsbehörden zurück: Altenpolitik betrifft uns alle und erfordert eine demokratische Beteiligung, wie anhand einzelner Beispiele demonstriert werden soll.

3.1. Interessenvertretung

Weltweit existiert eine Vielzahl von Seniorenorganisationen, die sich alle mit dem Ziel formiert haben, die Interessen älterer Menschen in der Öffentlichkeit und in der Politik zu stärken. Auf europäischer Ebene hat sich seit 2001 eine eigenständige Plattform (AGE) herausgebildet, die angetreten war die unterschiedlich agierenden Organisationen (z. B. EURAG, EPSO, EUROLINK-AGE, FERPA und FIAPA) in Brüssel zu vereinen. Seitdem sind in dem europäischen Netzwerk circa 150 verschiedene Organisationen mit ungefähr 28 Millionen älteren Menschen vertreten. AGE ist durch eine Kofinanzierung vonseiten der Mitglieder und der Europäischen Kommission abgesichert. Die weltweit wohl potenteste und mitgliedsstärkste nationale Seniorenorganisation ist in den USA beheimatet. Die gemeinnützige, überparteiliche und regierungsunabhängige American Association of Retired Persons (AARP) gilt als eine der einflussreichsten politischen Lobbyorganisationen in den Vereinigten Staaten. Als Pressure Group der Altersgruppe 50plus gehört ihr jeder fünfte US-Wähler an. Den rund 35 Millionen Mitgliedern bietet AARP zahlreiche Dienstleistungen an und gibt sich selbst einen klaren Gestaltungsauftrag. Unter dem Leitspruch „the power to make it better" setzt sich die Organisation für mehr Lebensqualität und Selbstbestimmung älterer Menschen ein.

Die politische Vertretung älterer Menschen in Deutschland ist nicht wie in den USA durch Mitgliedsbeiträge, sondern in erster Linie durch eine Bundesförderung realisiert. Als größter Dachverband fungiert die Bundesarbeitsgemeinschaft der Senioren-Organisationen (BAGSO), die die Arbeit von insgesamt rund 100 Mitgliedsverbänden bundesweit koordiniert. Entstanden ist die Bundesarbeitsgemeinschaft 1989 aus der Lebensabendbewegung (LAB), die sich bereits seit den 1950er Jahren für die Belange und Rechte älterer Menschen eingesetzt hat. Mit der Etablierung der BAGSO wandelte sich das Motto der LAB entscheidend. Ging es seinerzeit darum, was die Gesellschaft für die Älteren tun kann, hinterfragt die BAGSO heute, was die Älteren für die Gesellschaft tun können. Seit 2009 ist Ursula Lehr die Vorstandsvorsitzende der BAGSO. Schon als erste Lehrstuhlinhaberin für Gerontologie hat sie über Jahrzehnte darauf hingewiesen, dass das Alter nicht nur ein Privileg, sondern gleichermaßen eine Verpflichtung darstellt. Mit dem höheren Lebensalter werden nicht nur Rechte, Ansprüche und Freiheitsgrade erworben. Es besteht gleichsam die Notwendigkeit, die gewonnenen Erfahrungen für sich und andere nutzbar zu machen. Auch andere Verbände nehmen für sich in Anspruch, als bundesweite Interessenvertretung zu agieren. Dennoch hat die BAGSO nahezu eine Monopolstellung in Deutschland inne. Im Gegensatz zu AARP ist die BAGSO nicht kommerziell orientiert – dafür allerdings dem Vorwurf ausgesetzt, durch die finanzielle Abhängigkeit von Bundesmitteln nicht immer autark agieren zu können. In ihrer Erfolgsgeschichte hat die BAGSO derweil unter Beweis gestellt, dass sie durchaus in der Lage ist, die politische Partizipation im Alter zu stärken und gegenüber den Bundesregierungen selbstbewusst aufzutreten.

Seniorenorganisationen sind bestrebt, die Ansprüche, aber auch die Fähigkeiten und Potenziale älterer Menschen stärker in den Fokus der Aufmerksamkeit zu rücken. Dieses Anliegen wird auch von vielen altersübergreifend orientierten Trägern unterstützt. Stellvertretend für viele andere Projekte sei an dieser Stelle eine Kampagne der Caritas genannt, bei der sich die Initiatoren darum bemühen, das fortgeschrittene Alter weniger verkürzt und negativ darzustellen. Auch Ursula Lehr hat sich an dieser Kampagne beteiligt und weist im Januar 2010 in einem Blog (www.experten-fuers-leben.de) darauf hin:

„Wir sollten ja sagen zum Älterwerden, sollten das Alter annehmen, aber für ein möglichst gesundes und kompetentes Älterwerden sorgen. Dabei ist eines wichtig, auch im Alter noch eine Aufgabe zu haben, etwas zu tun – für sich und für andere!"

3.2. Beratung

Vertrat Konrad Adenauer noch die Ansicht, dass sich Politiker nicht durch externe Beratung beeinflussen lassen sollten, weil er darin eine Bedrohung der Entscheidungsfreiheit durch Interessenvertreter ohne demokratisch gewählte Legitimation fürchtete, ist die externe Politikberatung heute längst zum politischen Alltagsgeschäft geworden. Kommissionen und Institutionen verschiedenster Träger und Rechtsformen beraten politische Mandatsträger zu unterschiedlichen Themen und über verschieden lange Zeiträume. In Form von Forschungsprojekten oder durch die Einbeziehung von Sachverständigen bringen sich insbesondere die Hochschulen aktiv ein. Wesentliche Impulse stammen aus der alterswissenschaftlichen Hochburg Heidelberg. Den Grundstein dafür hat wiederum Ursula Lehr mit der Entwicklung eines alterswissenschaftlichen Aufbaustudiengangs und der Gründung des Instituts für Gerontologie gelegt. Daneben haben sich in Deutschland eine Reihe unabhängiger Instanzen konstituiert. Als ältestes und besonders verdienstvolles Beispiel dieser Art gilt das Kuratorium Deutsche Altershilfe (KDA), das 1962 vom ehemaligen Bundespräsidenten Heinrich Lübke und seiner Frau Wilhelmine Lübke ins Leben gerufen wurde. Nach der Satzung hat der in Köln ansässige Verein die Aufgabe, die Lebenssituation betagter älterer Mitbürger zu erforschen und so zu beeinflussen, dass sie eine Lebensführung erlaubt, die der Würde des Menschen entspricht. Dieser Aufgabenstellung ist das KDA in vielfältiger Weise nachgekommen und hat in vielen Handlungsfeldern neue Wege in der Altenpolitik angeregt und verschiedene Gesetzesinitiativen beeinflusst. In den 1970er Jahren hat sich aus dem KDA auch das Deutsche Zentrum für Altersfragen (DZA) in Berlin herausgebildet. Eine wichtige Aufgabe des DZA ist die Aufbereitung von Informationen und die wissenschaftsbasierte Beratung von öffentlichen Verwaltungen auf der Bundes- und Landesebene und von Verbänden der öffentlichen und freien Wohlfahrtspflege. Auch die Geschäftsstelle der Sachverständigenkommissionen für die Erstellung der Altenberichte der Bundesregierung ist dort angesiedelt.

Stellvertretend für eine international orientierte altenpolitische Beratung seien an dieser Stelle zwei Einrichtungen genannt. Das Europäische Zentrum für Wohlfahrtspolitik und Sozialforschung in Wien berät Regierungen, öffentliche Gremien, internationale und nicht staatliche Organisationen sowie Akteure aus dem privaten Sektor. In Bremen ist das Zentrum für Sozialpolitik angesiedelt. Dort wird im engen Austausch mit der europäischen Vereinigung der Sozialpolitikforscher die Bedeutung der EU für die Sozialpolitik untersucht. Die vorgestellten Beispiele stehen vertretungsweise für eine Vielzahl einschlägiger altenpolitischer Beratungsinstanzen und machen deutlich, dass Altenpolitik kein in sich geschlossenes, unnachgiebiges oder unkorrigierbares System darstellt. Neben der engen Kooperation staatlicher und nichtstaatlicher Akteure brauchte es einen breiten gesellschaftlichen Diskurs, in dem sich die verschiedenen Perspektiven, Gruppen, Potenziale und Bedürfnisse unserer Gesellschaft widerspiegeln.

4.   Altenpolitischer Ausblick

Der französische Moralist La Rochefoucauld hat bereits im 17. Jahrhundert gefordert, man solle in der Politik weniger versuchen, neue Gelegenheiten zu schaffen, als vielmehr die sich bietenden zu nutzen. Die Altenpolitik kann auf eine lange Tradition und auf wichtige Meilensteine zurückblicken. Doch auch hier zeigen sich verpasste Gelegenheiten. Für eine nachhaltige und zukunftsfähige Altenpolitik sind aus Sicht des Autors folgende Aspekte in den Vordergrund zu rücken.

4.1.   Age Mainstreaming

Analog zu Gleichstellungsansätzen in Geschlechterfragen beansprucht eine alternde Gesellschaft ein Age Mainstreaming. Politisches Handeln muss entsprechend hinterfragen, wie die Perspektive und das Entscheidungsverhalten von Einzelpersonen, Organisationen und Gesellschaft dem individuellen und kollektiven Altern Rechnung tragen. Primäres Anliegen sollte demnach sein, Altersfragen in allen gesellschaftspolitischen Entscheidungen mit zu berücksichtigen. Neben der Bereitstellung bezahlbarer und qualitativ hochwertiger Infrastrukturen bei Problemlagen im Alter ist eine Unterstützung zugunsten einer stärkeren Einbindung des Erfahrungswissens Älterer unerlässlich. Damit die Vielfalt des Alters und Alterns Eingang in politisches Denken, Entscheiden und Handeln findet, muss sie integrativer Bestandteil unseres Denkens werden. Was der demografische Wandel erfordert, ist eine neue Sichtweise, die Altersbilder, Rollen und Zuschreibungen auf ihre Berechtigung hin prüft und die Belange aller Altersgruppen gleichermaßen berücksichtigt. Es braucht ein differenziertes Verständnis über Stärken und Schwächen in verschiedenen Altersgruppen, das dazu beiträgt, Menschen unabhängig von ihrem Alter als gleichberechtigt anzusehen. Bislang gibt es keine Hinweise darauf, dass sich durch die Zunahme älterer Menschen in der Bevölkerung das Machtgefüge in Richtung einer Gerontokratie verändern würde. Ganz im Gegenteil: Bei der Analyse der politischen Mitwirkung und Vertretung älterer Menschen zeichnet sich ab, dass die Barrieren politischer Partizipation für Ältere relativ groß ausfallen (Lehr & Pohlmann, 2004). Dies zeigt sich u. a. in einer zahlenmäßigen Unterrepräsentanz in Parlamenten und politischen Gremien. Auch die Frage zur Konstituierung und Einflussnahme durch Altenbeiräte ist kommunalrechtlich nicht klar geregelt. Aus diesen Befunden folgt die Zielsetzung, ältere Menschen verstärkt zu politischem Engagement zu ermutigen und bestehende Hürden abzubauen. Keine Gesellschaft kann es sich erlauben, das Wissen und die Erfahrungen der Älteren brachliegen zu lassen. Es geht jedoch nicht darum, in politischen Vertretungen eine bloße Spiegelung demografischer Entwicklungen zu gewährleisten. Gerade altersgemischte politische Vertretungen sollten dazu in der Lage sein, die Interessen unterschiedlicher Generationen und Lebensbedingungen neutral abzuschätzen. Für altenpolitische Themen müssen zudem vermehrt jüngere Mandatsträger gewonnen werden, denn sie gestalten damit nicht zuletzt ihre eigene Zukunft.

4.2.   Age Management

Die Chancen, in einem Land wie Deutschland ein langes und aktives Leben führen zu können, stehen so gut wie nie zuvor. Diese erfreuliche Botschaft ist mit der Verpflichtung verbunden, altenpolitische Maßnahmen für die Senioren von morgen und übermorgen zu berücksichtigen. Durch die Kenntnis typischer Lebensläufe wissen wir um die gesellschaftliche Ordnung und zeitliche Struktur von Lebenszeit. Unter Berücksichtigung einer hohen biografischen Variationsbreite gilt es, sensible Passagen und kritische Ereignisse entlang des Lebenslaufs zu identifizieren. Durch die Kenntnis prototypischer Lebenslaufphasen oder kritischer Einzelereignisse, die auf dramatische Weise in den Verlauf des Lebens eines Menschen einwirken, besteht die Möglichkeit, negative Auswirkungen derartiger Episoden bereits im Vorfeld abzuschwächen. Die gezielte Vorbereitung auf besonders schwerwiegende und bedrohliche Entwicklungen kann oftmals sinnvoll von außen unterstützt werden. Hier sind verschiedene Professionen im Handlungsfeld der Sozialen Arbeit angesprochen. Die Altenpolitik ist ihrerseits dafür zuständig, diese Berufsgruppen in ihrer Arbeit zu stützen und sich für eine stärkere Berücksichtigung der Lebenslauforientierung auch in anderen Politikfeldern einzusetzen. Dies entbindet den Einzelnen freilich nicht von der Verantwortung, auch nach eigenen Kräften zu einem erfolgreichen Altern beizutragen. Nötig sind ebenso individuelle wie gesellschaftliche Anstrengungen, um bestehende Erkenntnisse aus den Wissensbeständen zur Prävention und Gesundheitsförderung sowie zur Aufrechterhaltung von Potenzialen und Kompetenzen bis ins hohe Alter umzusetzen. Gut beraten ist, wem es gelingt, frühzeitig eigene Interessen und Begabungen, aber auch Schwächen und Problembereiche auszuloten. Die eigenen Dispositionen zu erkunden und realistische Zukunftsziele aufzubauen stellt dabei eine lebenslange Aufgabe der Selbstsorge dar.

4.3. Pro-Ageing

Ältere Menschen haben in der Vergangenheit und Gegenwart enorme Beiträge in den Feldern Soziales, Kultur, Gesundheit, Bildung und Politik geleistet. Ohne das private und bürgerschaftliche Engagement der Älteren wäre unsere Gesellschaft weder funktions- noch innovationsfähig. Und doch mehren sich die Anzeichen, dass alt zu sein oder alt zu wirken zumindest in Teilen der Bevölkerung als unerwünscht gilt. Wie anders sollte man sich die ungeheure Konjunktur von Anti-Ageing-Präparaten bis hin zu invasiven Eingriffen im Rahmen der Schönheitschirurgie erklären? Solange mehr Geld für die Vermeidung von Falten als für die Bekämpfung ernstlicher Alterserkrankungen ausgegeben wird, stimmt diese Entwicklung bedenklich. Eine Gesellschaft, die nicht altern will, kann sich auch nicht weiterentwickeln. Die Vermeidung des Alterns und die Leugnung des höheren Alters als lebenswerter und eigenständiger Lebensabschnitt sind gekoppelt an eine undifferenzierte Wahrnehmung des demografischen Wandels. Unterschiedlichste Reaktionen wie Verunsicherungen, Verdrängungen, Hysterie, Gleichgültigkeit, Ablenkung oder Fatalismus erschweren eine aussichtsreiche Altenpolitik. Als gleichfalls hinderlich erweisen sich Gleichgültigkeit oder ein unrealistischer Optimismus. In Fachkreisen wächst die Sorge, dass die äußeren Erwartungen an ältere Menschen, sich freiwillig einzubringen, zu einer chronischen Überforderung führen könnten. Gleichzeitig wird von professionellen Akteuren die Einbindung älterer Ehrenamtlicher als direkte Bedrohung ihrer Arbeitsplätze empfunden. Es genügt nicht, darauf zu verweisen, dass durch die Partizipation von Senioren Arbeitsplätze geschaffen werden oder dass Aktivität im Alter ein wesentlicher Bestandteil für ein gelingendes Altern darstellt. Die Befürchtungen vor Verteilungskämpfen zwischen Jung und Alt und die persönlichen Ängste vor alterskorrelierten Belastungen und der Endlichkeit des Lebens müssen vonseiten der Altenpolitik stärker einbezogen und aufgefangen werden. Dazu sind zum einen realistische Altersbilder und zum anderen sachliche Diskussionen über propagierte Zukunftsszenarien geboten.

Auch jenseits von vereinzelten Kosmetikkampagnen benötigen wir dazu eine Alterskultur, die Mut macht, um Einschränkungen im Alter zu bewältigen, und die Lust weckt, sich einer gemeinsamen Zukunft zu stellen.

Literaturangaben

[1]   Bäcker, G., et al. *Sozialpolitik und soziale Lage,* Band 1+2, VS-Verlag für Sozialwissenschaften, Wiesenbaden, 2007.

[2]   BMAS – Bundesministerium für Arbeit und Soziales, *Sozialbudget 2007,* BMAS, Bonn, 2009.

[3]   Dieck, M., Altenpolitik, in: W. D, Oswald, W. M. Hermann, S. Kanowski, U. Lehr, & H. Thomae. (Hrsg.), *Gerontologie,* 23–37, Kohlhammer, Stuttgart, 1991.

[4]   Herweck, R., Kruse, A., v. Maydell, B., & Pohlmann, S., Nationale und internationale Altenpolitik, in: Bertelsmann Stiftung (Hrsg.), *Alter neu denken. Gesellschaftliches Altern als Chance begreifen,* 248–279, Verlag Bertelsmann Stiftung, Gütersloh, 2007.

[5]   Lehr, U., & Pohlmann, S., Participación de las personas mayores en el mercado de trabajo y en la sociedad, *Revista Española de Geriatría y Gerontología* **39:3** (2004), 180-184.

[6]   OECD – Organisation for Economic Co-operation and Development, *Factbook 2009: Economic, Environmental and Social Statistics,* OECD, Paris, 2009.

[7]   Pohlmann, S., *Sozialgerontologie,* UTB/Reinhardt, München, 2011, im Druck.

[8]   Pohlmann, S. (Hrsg.), *Der demografische Imperativ,* Vincentz Verlag, Hannover, 2003.

[9]   SCB – Statistisches Zentralamt (Statistiska centralbyrån), *Zusammenfassung des Rechenschaftsberichts der Schwedischen Vereinigung von Kommunen und Regionen 2005,* SCB, Stockholm, 2006.

[10] Tesch-Römer, C. (Hrsg.), *Gerontologie und Sozialpolitik,* Kohlhammer, Stuttgart, 2002.

[11] United Nations, *First and second International Plan of Action on Ageing* A/Conf.113/31 & A/CONF.197/9, United Nations, New York, 1982, 2002.

Vertrauen im Wandel und Vertrauen in den Wandel – Die Bedeutung des langen Lebens für den politischen Diskurs

Michael HÜTHER

Institut der Deutschen Wirtschaft, Köln, Deutschland

Abstract. Zunächst wird eine Definition des „öffentlichen Raumes" gegeben; dessen Einfluss auf die Ausbildung und Erhaltung von Vertrauen in die eigenen Kräfte wird dargestellt. Die Bedeutung des Vertrauens in einer Gesellschaft des langen Lebens wird herausgearbeitet; dabei wird deutlich gemacht, dass sich auch das hohe Lebensalter durch eine stark ausgeprägte Differenzierung der Lebenssituation auszeichnet. Es wird dargelegt, dass die Konfrontation mit Grenzsituationen den Potenzialdiskurs des Alters relativiert, wobei aber auch in der individuellen Haltung gegenüber Grenzsituationen Potenziale sichtbar werden können. Das Individuum wird im Spannungsfeld zwischen Privatheit und öffentlichem Raum sowie zwischen Lebenszeit und Weltzeit betrachtet, wobei sich die Weltzeit vor allem in der generationenübergreifenden Perspektive widerspiegelt. Es folgt danach noch einmal eine Bestimmung des „öffentlichen Raumes" – diesmal im Sinne der Koordinierung unterschiedlicher Interessenlagen. In diesem Kontext werden Grundlagen des Vertrauens in Institutionen genannt – wobei hier der „Ordnung der Freiheit" zentrale Bedeutung beigemessen wird. Der mutige, mündige, besonnene, respektvolle und respektheischende Bürger, der im öffentlichen Raum Initiative übernimmt, steht im Zentrum der Argumentation. Es wird abschließend auf die Bedeutung des Verantwortungsdiskurses hingewiesen, der als Orientierung für den einzelnen Menschen wie auch für die Gesellschaft dienen kann. Dieser Verantwortungsdiskurs wird durch die Fairness der Ordnung für Autonomie und Respekt ebenso wie durch die ehrliche Ansprache der Älteren fundiert.

1. Sozialer Wandel als Gefährdung von Vertrauen und Verantwortung?

Herausforderungen und Störungen des Bestehenden, Interessenkonflikte und Meinungsdifferenzen, Unsicherheiten und Zufälle gehören zum privaten Lebensraum. Er würde ansonsten in unerträglichen Stillstand verfallen. Die täglich zu gebenden Antworten und zu leistenden Anpassungen, aber auch unsere eigene Neugierde sowie die schöpferische Versuchung zu Neuem kennzeichnen und treiben den Wandel. Die Bewältigung solchen Wandels bei verlässlicher Kontrolle der eigenen Identität und Privatheit setzt eines zentral voraus: Der öffentliche Raum muss ein Grundvertrauen in seine funktionale Stabilität rechtfertigen, er muss Sicherheit bieten, er muss Erinnerungsorte mit dauerhaftem Erinnerungswert aufweisen. Dann kann Vertrauen im Wandel sich mit Vertrauen in den Wandel verbinden, die erfahrungsgegründete Perspektive des „Und-so-weiter" kann glaubwürdig sein.

Der öffentliche Raum wird im Sinne Hannah Arendts (1967) verstanden. Sie beschreibt damit jene Sphäre des Lebens, die unsere unvermeidbare gegenseitige Abhängigkeit manifestiert und die wir deshalb nur gemeinsam gestalten können. Die

Funktionalität des öffentlichen Raums liegt in einem glaubwürdigen Koordinationsversprechen für alle ihm konstruktiv zugewandten Akteure. Ein Versprechen, das die effiziente Koordination und damit den Ausgleich der in einer Gesellschaft wirksamen unterschiedlichen Interessen, Lebenslagen und Perspektiven offeriert und dadurch (Mit-)Kontrolle über die eigene Lebensgestaltung ermöglicht. Die Gestaltung des öffentlichen Raums erfordert es, die anderen nicht mit den eigenen Augen, sondern mit ihren Augen zu sehen. Die damit angelegte Objektivierung des öffentlichen Raums lässt ihn für viele nur schwer fassbar und auch nur schwer erträglich sein, weil Bedingungen zu akzeptieren sind, die sich der eigenen Kontrolle entziehen. Die Gestaltung des öffentlichen Raums vollzieht sich im politischen Diskurs, sie lebt vom laufenden offenen Gespräch und sie setzt voraus, dass wir – kollektiv wie individuell – handlungsfähig sind. Zwei optimistische Botschaften seien hierfür an den Anfang gestellt.

Zunächst: Die Einschätzung, dass es auf lange Sicht und bereinigt um Verwerfungen, deren Auftreten und Verlauf unterliegenden Gesetzmäßigkeiten – wie vormodern dem jahreszeitlich definierten Erntezyklus und modern dem Konjunkturzyklus – gehorchen, dennoch gelingt, den öffentlichen Raum hinsichtlich seiner basalen Koordinations- und Ausgleichsfunktion leistungsfähig zu halten, kann sich auf die Erfahrungswelt moderner Industriegesellschaften berufen. Denn so richtig es ist, dass wir mit steigender Komplexität sozialer, ökonomischer und politischer Strukturen zugleich das Risiko der Labilität verstärkt verspüren und Gewissheiten schwinden, so richtig ist es ebenso, dass Wissenschaft und technischer Fortschritt, aber auch institutionelle Innovationen für uns viele Probleme früherer Gesellschaften lösbar oder beherrschbar haben werden lassen. Die letzten zwei Jahrhunderte waren für die Wohlstandsmehrung bei individueller und kollektiver Verantwortung vor allem eine Erfolgsgeschichte.

Sodann: Eine vergleichbare Einschätzung lässt sich über die Befähigung des einzelnen formulieren, im Verlauf des längeren Lebens mit den steigenden Anforderungen aus Wissenschaft und Technik sowie der zunehmenden Komplexität moderner und globalisierter Großgesellschaften zu Recht zu kommen. Die Anforderungen der Wissenswelt und der Arbeitswelt steigen beständig. Die Sicherung der Arbeits- und Beschäftigungsfähigkeit ist eine zweifellos große Herausforderung, der sich Arbeitnehmer und Arbeitgeber gleichermaßen stellen müssen. Doch viel spricht dafür, dass dies prinzipiell gelingen kann. Denn neben dem erwähnten kollektiven Fortschritt gilt für den einzelnen: Die über Generationen hinweg steigende Bildungsbeteiligung führt zusammen mit umfassenderen Angeboten der gesundheitlichen Prävention und Kuration zu einer im Grundsatz verbesserten Ausstattung mit Ressourcen in allen Lebenslagen und bietet damit die Chance zum selbstverantwortlichen wie mitverantwortlichen Leben bis ins hohe Alter. Dafür kommt dem „Vertrauen in die eigenen Kräfte" eine besondere Bedeutung zu (Kruse & Schmitt, 2010). Dieses Vertrauen entwickelt sich – durchaus gefährdet – im gesamten Lebensverlauf, mit unterschiedlichen Perspektiven in den verschiedenen Lebensaltern: vom Bindungsvertrauen der Kindheit über das Zukunftsvertrauen der Jugend zum generativen Vertrauen im Erwachsenenalter. Mit der Ausbildung eigener Identität erweitert sich im Laufe des Lebens der Blick auf die Mitverantwortung. So trägt individuelles Vertrauen die Fähigkeit zur Verantwortung im öffentlichen Raum, und zwar gerade auch in der Gesellschaft des langen Lebens. Tatsächlich deuten empirische Studien darauf hin, dass es den Menschen auch im vierten Lebensalter gelingt, das notwendige Vertrauen in ihre Fähigkeit, Aufgaben und Herausforderungen des Alters zu begegnen, aufrechtzuerhalten (Kruse, 2009).

Die Funktionalität des öffentlichen Raums ermöglicht beim Individuum die Bildung von Vertrauen – von Vertrauen in die Koordinationsversprechen unserer kollektiven Systeme einerseits und von Vertrauen in die eigenen Kräfte andererseits. Beide Prozesse der Vertrauensbildung sind nicht unabhängig voneinander. Erst die selbstbewusste Sicht auf eigene Kräfte ermöglicht eine positive Sicht auf den öffentlichen Raum, und erst die Glaubwürdigkeit der Funktionalität des öffentlichen Raums stabilisiert als Vorleistung den Prozess der selbstbezüglichen Vertrauensbildung bis zur Mitverantwortlichkeit. Wo Vertrauen erodiert, da schwinden die Bereitschaft sowie die Fähigkeit zur Selbstverantwortung wie zur Mitverantwortung. Ohne Selbstverantwortung und Haftung aber muss das Koordinationsversprechen der freiheitlichen Ordnung unerfüllt bleiben. Gesellschaftlicher Wandel dieser Qualität programmiert individuelle Krisen, die ihrerseits die Eskalation einer gesellschaftlichen Krise befördern.

In der Gesellschaft des langen Lebens stellen sich dabei zusätzliche Herausforderungen. Vor allem die zunehmende Heterogenität menschlicher Existenz ist dafür bedeutsam. Das längere Leben nivelliert die Lebensperspektiven nicht, sondern führt im Gegenteil dazu, dass früh angelegte Differenzierungen zu beachtlichen Differenzen in der Lebenssituation des Alters werden können. Vor allem die höhere Wahrscheinlichkeit, in Grenzsituationen der Verletzlichkeit zu geraten, begründet diese Einschätzung. Die Heterogenität des Alters verlangt in besonderem Maße Verlässlichkeit nicht nur der Handlungsbedingungen, sondern der Koordinationssysteme, um so das fraglos als unproblematisch Erlebte zu sichern (Kruse, 2009). Diese Hinweise relativieren den Potenzialdiskurs einer alternden Gesellschaft, ohne ihn zu schwächen. Dabei greifen die beiden Aspekte der Vertrauensbildung ineinander, die den verschiedenen Dimensionen des demographischen Wandels zugeordnet werden können. Die individuelle Perspektive des längeren Lebens fragt nach Möglichkeiten, unter diesen Bedingungen Vertrauen in eigene Kräfte zu entwickeln, aufrecht zu erhalten und zu stärken. Alterung und Schrumpfung als kollektive Entwicklungen fordern das institutionelle Vertrauen heraus und fragen nach den notwendigen Vorkehrungen, dieses Vertrauen im politischen Diskurs zu stabilisieren.

2. Privatheit und öffentlicher Raum sowie Lebenszeit und Weltzeit: Das Individuum im doppelten Spannungsfeld

Der Mensch vollzieht im individuellen Lebensverlauf eine Entwicklung, die über die Befähigung zur Selbstsorge die Mitverantwortung im Kollektiv ermöglicht und ihn so als ein soziales und politisches Wesen auszeichnet, das Respekt verdient. Unser Verständnis von der Selbstverantwortung und der Mitverantwortung des einzelnen ist an die Genese der modernen Gesellschaft gebunden, erst sie hat den öffentlichen Raum geschaffen und dadurch die Privatheit neu justiert. Die moderne Gesellschaft, die sich aus Aufklärung, industrieller Revolution, Arbeitsteilung und der Suche nach liberalen Ordnungen speist, markiert den historisch bedeutsamen Übergang von einer dominant privaten Lebenssituation im Bezirk des Hauses *(oikos)* und der Familie in die Gesellschaft. Die durch die Konfrontation mit den anderen begründete Objektivität des öffentlichen Raums bedingt dabei zugleich „Subjektivität als einer sich selbst behaupteten Rationalität" (Goldstein, 1999, S. 213). Vernunft dient der Herstellung erträglicher Identitäten und bedeutet, „mit etwas – im Grundsatz mit der Welt – fertig werden zu können" (ebd., S. 211). Insofern ist der öffentliche Raum auch Ausdruck einer neuzeitlichen Rationalisierung des Lebens.

Hannah Arendt setzt mit ihrer Beschreibung des öffentlichen Raums an der Schwelle hin zur Moderne an. Die Welt der Arbeitsteilung, die immer auch eine Welt der Verantwortungsteilung und der Risikoteilung ist, habe sich „nur unter den Bedingungen des Öffentlichen" entwickeln können.

> „Arbeitsteilung und die ihr folgende Steigerung der Arbeitsproduktivität ist eine Entwicklung, …
> zu der sie es niemals im privaten Haushaltsbereich gebracht haben würde" (Arendt 1967, S. 60).

Der öffentliche Raum erfasse zum einen „alles, was vor der Allgemeinheit erscheint, für jedermann sichtbar und hörbar ist", zum anderen das allen Gemeinsame, das auch nur von allen gemeinsam gestaltet werden kann und das die Generationen miteinander in Beziehung bringt. So gesellt sich zu dem Koordinationsversprechen die Perspektive einer Wohlstandsmehrung, die dem einzelnen verschlossen bliebe. Arendt erkennt damit einerseits die strukturierende Wirkung des öffentlichen Raums für die Gegenwart und andererseits seine verknüpfende, prosperierende Wirkung über die Generationen hinweg. Denn: „Eine Welt, die Platz für Öffentlichkeit haben soll, kann nicht nur für eine Generation errichtet oder nur für die Lebenden geplant sein; sie muss die Lebensspanne sterblicher Menschen übersteigen" (Arendt, 1967, S. 68). Der öffentliche Raum „übersteigt unsere Lebensspanne in die Vergangenheit wie in die Zukunft; er war da, bevor wir waren, und er wird unseren kurzen Aufenthalt in ihm überdauern" (Arendt, 1967, S. 69).

Als Aufgabe des öffentlichen Raums hat Arendt die Koordinierung unterschiedlicher Interessenlagen benannt. Es erwachse

> „die Wirklichkeit des öffentlichen Raums aus der gleichzeitigen Anwesenheit zahlloser
> Aspekte und Perspektiven, in denen ein Gemeinsames sich präsentiert und für die es keinen
> gemeinsamen Maßstab und keinen Generalnenner je geben kann" (Arendt, 1967, S. 71).

Vielfalt – getragen von der souveränen Individualität und Heterogenität des privaten Lebensraums – kennzeichnet die Öffentlichkeit. Die Individualität definiert mit ihrer Abgrenzung zum mittelalterlichen Bild des Menschen den öffentlichen Raum in der Moderne. So gehe es im öffentlichen Raum nicht darum, die Menschen durch eine „gemeinsame Natur" konformistisch zu machen, sondern vielmehr darum, das Gemeinsame jenseits aller Interessen und Meinungen zu erkennen und zu entwickeln. Vielfalt als institutionelles Prinzip fordert Respekt, so dass jeder als ein Mensch angesehen wird, dessen Anwesenheit etwas zählt (Sennett, 2007, S. 15).

Die in der Gesellschaft der Freiheit unvermeidliche Ungleichheit darf nicht zu Positionen des Zurückgelassenseins führen, weil dann Respekt nicht durch Selbstachtung getragen werden kann. Insofern verweist der Aspekt der Vielfalt, der Vielfältigkeit des öffentlichen Raums auch darauf, dass eine faire Chance zur Partizipation für jeden besteht – eine Chance zum Einstieg und ebenso eine Chance zum Aufstieg. Letztlich verbindet sich damit – im Sinne des Subsidiaritätsprinzips – die Perspektive auf Autonomie des Individuums, gerade auch in Situationen der Not und der Bedürftigkeit. Das Konzept der Vielfältigkeit fügt sich gut in das Bild einer Gesellschaft des langen Lebens, weil es gerade die damit hervortretende Heterogenität des Alters konzeptionell aufzunehmen vermag. Zugleich erfordert es in Lebenslagen der Verletzlichkeit, wie sie besonders im Alter auftreten können, Respekt und Autonomie (Kruse, 2007).

Der öffentliche Raum ist ohne die Privatheit so wenig zu denken wie die Privatheit ohne diesen. Beide Lebenssphären grenzen unterschiedliche Räume des Vertrauens und der Verantwortung voneinander ab. Das setzt Klarheit und Bewusstsein über die Grenze zwischen Privatheit und Öffentlichkeit voraus. Grenzverletzungen und Grenzüberschreitungen haben für beide Lebensbereiche gravierende Folgen. Die radikale Privatisierung des Öffentlichen trägt den Keim in sich, das Gemeinsame zu verlieren und als nicht mehr gestaltbar zu erfahren. Die radikale Veröffentlichung des Privaten gefährdet die Autonomie des Menschen, zerstört Respekt, untergräbt die Vielfältigkeit und ignoriert die Heterogenität der Lebenssituation. Wir benötigen eine fundamentale Einsicht darin, dass solche Grenzverletzungen, die zugleich die bestehende Verantwortungsteilung ignorieren, immer auch den Haftungsausschluss nach sich ziehen und damit ein Organisationsprinzip der freien Gesellschaft gefährden. Die Haftung stellt für den einzelnen neben der Mitwirkung an der Gestaltung des öffentlichen Raums das Scharnier zwischen seiner souveränen Privatheit und der Funktionsfähigkeit des Öffentlichen dar. Nur dann kann Vertrauen gebildet werden, und zwar sowohl in Institutionen wie in eigene Kräfte.

Indem Hannah Arendt den öffentlichen Raum in den Generationenverbund stellt, gelangt jeder einzelne, aber auch jede Gesellschaft in ein Spannungsfeld konfligierender Ansprüche. Damit wird eine Perspektive auf das Miteinander vom Leben des Einzelnen und der ihn überspannenden Generationenkette eröffnet, die Hans Blumenberg (1986) für das Individuum mit dem Hinweis auf die prekäre Zeitlage des Menschen erfasst und mit dem Begriffspaar „Lebenszeit und Weltzeit" belegt hat. Hier treffen wir wiederum auf eine Bedingungskonstellation menschlichen Handelns, die in der Neuzeit entsteht, als das jenseitige Leben abhanden kam, seine erwartungsprägende Wirkung verlor und sich seitdem alle Hoffnungen, alle Zweifel, alle Wünsche und alle Ängste auf das diesseitige, das irdische Leben – „als letzte Gelegenheit" – konzentrieren (Gronemeyer, 1993, S. 100 ff.). Dabei gilt: Die Welten unserer Vorfahren „waren physisch zwar kleiner als die unseren, aber ihre Weltanschauung reichte unendlich viel weiter als unsere" (Imhof, 1985, S. 25). Die größere Bedeutung des jenseitigen Lebens relativierte die Last des diesseitigen (Imhof, 1985, S. 213). In dem Maße, in dem diese „fernen Welten" in der Neuzeit verloren gingen, verschob sich der Bewältigungsanspruch auf die Lebenszeit auf Erden. Der Wunsch nach Sicherheit und Stabilität im öffentlichen Raum wurde bedeutsam (Gronemeyer, 1993, S. 48).

Diese historische Konstellation erzwang die

> „schlichte und unselbstverständliche Wahrnehmung, dass die Welt so wenig mit dem eigenen Leben endet, wie sie mit ihm begonnen hat. ... Ebenso erkennbar ist, dass der elementare Konflikt nach vorne offener Verschärfungen fähig ist, die sich auf die Formel bringen lassen: Immer weniger Zeit für immer mehr Möglichkeiten und Wünsche" (Blumenberg, 1986, S. 73).

Man kann in dem Spannungsverhältnis von Lebenszeit und Weltzeit zugleich das Spannungsverhältnis von Privatheit und öffentlichem Raum erkennen. Für das Individuum ermittelt Blumenberg aus der „Öffnung der Schere zwischen Lebenszeit und Weltzeit" sowie der dadurch implizierten „Differenz von Wirklichkeit und Möglichkeit" ein existentielles Problem (Blumenberg, 1986, S. 87). Damit kann – so Blumenberg – empfunden werden,

„dass es Geschichte gibt – nämlich in der Zeit etwas geschieht, was nicht bloße Folge meiner oder der anderen Handlungen ist. ... Das Bewusstsein von solchem Rückstand versäumter Lebensmöglichkeit ist nicht an eine bestimmte Lebensphase gebunden. Es kann Jugend wie Alter wie Midlife infizieren" (Blumenberg, 1986, S. 77).

Die Spannung von Lebenszeit und Weltzeit – kurz die Widersprüchlichkeit der Zeit, die sich in dem bunten Strauß an Zeitweisheiten einen Ausdruck verschafft (Gronemeyer, 1993, S. 96 f.) – erfordert vom einzelnen Antworten. Die in unseren Zeiten zu erlebende Öffnung und Ausdehnung der Privatheit in den öffentlichen Raum mag man auch als Flucht aus der prekären Zeitlage verstehen. Die Welt wird quasi privatisiert, die Diskrepanz zwischen Weltzeit und Lebenszeit scheint zu schwinden. Eine nachhaltige Lösung ist dies nicht, auch nicht in einer Welt des immer längeren Lebens. Denn es wird implizit dem öffentlichen Raum auf naiv-idealistische Weise eine Stabilität unterstellt, die er nicht erfüllen kann. Solche Stabilität wirkt für das Individuum wie eine – unvermeidbar zweifelhafte – Elementarentlastung. Denn es wird ignoriert, was auf Dauer nicht verdrängt werden kann: Die Notwendigkeit des persönlichen Engagements und die Mitverantwortung eines jeden für den öffentlichen Raum, der aufgrund erlebter und gelebter Vielfalt einem ständigen Wandel unterzogen ist.

Bei solcher Prägung der Lebenszeit schwindet für das Individuum nur scheinbar die Herausforderung der Weltzeit. Und der öffentliche Raum wird leer. Der Schein muss trügen, denn die damit angelegte Wahrnehmung einer Kongruenz von Lebenszeit und Weltzeit erweist sich als Wahn (Blumenberg 1986, S. 80 ff.). Konstruktiv und angemessen wäre es hingegen, den öffentlichen Raum als Ergebnis anderer Zeitläufe zu sehen und den eigenen Beitrag für diese generationenübergreifende Gestaltungsaufgabe zu erkennen. Die Zugewandtheit zum öffentlichen Raum mag man so als eine Antwort auf die Zeitschere verstehen, die dem einzelnen Entlastung vom „Absolutismus der Wirklichkeit" durch eine Leistung der Distanz verschafft (Wetz, 1999, S. 33 ff.).

Das verlangt vom Individuum die Gelassenheit, den Spannungsbogen aus Lebenszeit und Weltzeit zu akzeptieren, in dem bewusst Zeitverschwendung gegen den Beschleunigungswahn akzeptiert wird. Die Hinwendung zum anderen im öffentlichen Raum entzieht sich der Beschleunigung, denn sie erfordert vor allem Denken, Empfinden, Betrachten, Erfahren und Vertrauen (Gronemeyer 1993, 172). Verlässliche Institutionen als extreme Entschleunigung schaffen dafür die Voraussetzungen. Nur die Entschleunigung gibt Raum für eine angemessene Würdigung der zunehmenden Heterogenität des Alter(n)s und schafft damit die Voraussetzung für Vertrauen sowie Verantwortung. So sehr uns das längere Leben mehr Zeit lässt, eigenen Wünschen und Vorstellungen zu folgen, so bedarf es doch für die Nutzung dieser individuellen Zeitpotentiale geradezu kompensatorisch der Zeitverschwendung.

3.   Ordnung der Freiheit als Basis institutionellen Vertrauens

Die Perspektive des langen Lebens ruft nach Verlässlichkeit der im politischen Diskurs definierten institutionellen Bedingungen. Es kann Vertrauen im Wandel bestehen, wenn Vertrauen in die Beherrschbarkeit des Wandels als berechtigt erlebt und erfahren wird. Dafür muss die Gestaltung des öffentlichen Raums auf eine Stabilisierung seines Koordinationsversprechens zielen. Nur daraus können Vertrauen und Verantwortungs-fähigkeit sowie Verantwortungsbereitschaft resultieren. Denn – so Anthony Giddens (1990, S. 48) –

„Vertrauen hat stets auch die Bedeutung von Zuverlässigkeit angesichts kontingenter Ergebnisse, einerlei, ob es dabei um die Handlungen von Einzelpersonen geht oder um das Funktionieren von Systemen".

Diese Gestaltungsaufgabe verweist auf zwei eingangs angesprochene große Handlungsstränge: Zum einen geht es um die Definition von Ordnungen, von Regelwerken, um institutionelles Vertrauen zu begründen; zum anderen um die individualethische Dimension unter dem Regime der Freiheit, um Vertrauen in die eigenen Kräfte zu stärken.

Stabilität und Verlässlichkeit im notwendigen wie möglichen Sinne sind auf den ordnungspolitischen Rahmen zu beziehen, auf den der Staat sein Handeln zu konzentrieren hat. Es geht um eindeutige, sanktionsbewehrte und in ihrer Anwendung auf die Menschen symmetrische Regeln. Dafür ist sehr grundsätzlich daran zu erinnern, warum ein Staat errichtet wird. Denn allzu leicht geht das Verständnis für Selbstverständlichkeiten verloren. Das Selbstverständliche abstrahiert von konkreten Umständen in Raum und Zeit, es begründet als das unbefragt und unproblematisch Erlebte Zuverlässigkeit und Vertrauen. Grundsätzlich wird der Staat zur Erfüllung der folgenden vier Aufgaben gegründet, es wären jene Handlungsbereiche, die wir versetzt in den Urzustand des öffentlichen Raums nennen würden (North, 1988, S. 17 f.):

- die Errichtung und Sanktionierung einer Rechtsordnung, um Eigentums- und Verfügungsrechte sowie die Wettbewerbsordnung durchsetzen zu können;

- die Anregung und Formulierung moralischer und ethischer Verhaltensnormen zur Verminderung der Durchsetzungskosten der Regelwerke und Ordnungen;

- die Sicherstellung des Angebots öffentlicher Güter, für die der einzelne keine angemessene Kompensation über Märkte erwarten kann (Infrastruktur, Bildung, Einkommensmindestsicherung);

- die Absicherung gegen systemische, d.h. vom einzelnen oder Gruppen über Märkte nicht versicherbare Risiken.

Die vier Handlungsfelder des Staates sind nicht unabhängig voneinander, sie bedingen sich gegenseitig. Während die ersten drei Felder staatliche Daueraufgaben beschreiben, erfasst das vierte die Notstandsfähigkeit des Staates als potentielle, aber nicht minder zuverlässige Leistung. Alle Handlungsfelder implizieren eine konsistente Grenzziehung zwischen Privatheit und öffentlichem Raum: durch Eigentums- und Verfügungsrechte, durch Haftungsregeln, durch definierte Zuständigkeiten und auch durch handlungsleitende ethische Normen. Die konkrete Ausgestaltung der Ordnung muss darauf zielen, die Koordinationsfunktion des öffentlichen Raums durch angemessene staatliche Interventionen zu sichern. Darin muss sich die Reziprozität der Perspektiven und Motive der Gesellschaftsmitglieder abbilden (Schütz, 1979, Bd. I, S. 96). Zugleich führt die Ordnung der Freiheit aufgrund ihrer historischen Genese zu einer Konfrontation mit den Motiven und Perspektiven früherer Generationen. Ihre Weiterentwicklung begründet den Diskurs mit künftigen Generationen.

Gerade in der Gesellschaft des immer längeren Lebens kann Vertrauen nur realistisch entstehen, wenn die staatliche Ordnung sich gerade nicht auf die zunehmende Differenziertheit der Lebenssituationen im Sinne einer fürsorglichen Vorwegnahme einlässt und diese durch gezielte, passgenaue Interventionen detailliert zu begleiten versucht. Diese Art der Überforderung staatlicher Institutionen muss Zweifel an der grundsätzlichen Wirksamkeit der Regelwerke aufkommen lassen, zumal sie dem Grundsatz der Subsidiarität schnell zuwider zu laufen droht. Wichtig ist gerade auch im Sinne dieses Prinzips etwas anderes: Die zunehmende Heterogenität des längeren Lebens im Alter muss biographisch früh bedacht werden. Deshalb erhält die Bildungspolitik eine herausragende Bedeutung, sie legt zusammen mit dem familiären Umfeld den Grund für eine stabile Bildung von Vertrauen in die eigenen Kräfte und damit für die Entwicklung von generativem Vertrauen als Basis der Mitverantwortlichkeit. Bildungspolitik muss dafür ebenso wie Sozialpolitik in die Perspektive des Lebensverlaufs gestellt werden. Nur so kann bis in das hohe Alter dem einzelnen die Autonomie seiner Wünsche, seiner Entscheidungen und seiner Handlungen soweit wie möglich gesichert werden. Erst die Autonomie ermöglicht Respekt: Respekt, den man anderen zubilligt, und Respekt, den man selbst beanspruchen kann. Das Vertrauen Älterer im Wandel und in die Beherrschbarkeit des Wandels ist davon nicht zu trennen.

Die Glaubwürdigkeit kollektiver Systeme speist sich gerade aus der Rückbesinnung und aus der Konzentration auf die elementaren Staatsaufgaben. Ihre Lösung hat sich daran zu orientieren, dass Autonomie, Respekt, Vertrauen und Verantwortung allesamt die Kompetenz des einzelnen in den Mittelpunkt stellen. Das fragt nach einer Ordnungen der Freiheit, die nachhaltig ist. Der Ökonom Walter Eucken (1950) hat Mitte des vergangenen Jahrhunderts Grundzüge einer Ordnungsökonomik formuliert, die genau darauf zielen: Die notwendige Kooperation im öffentlichen Raum der Vielfältigkeit zu sichern, die Chancen der Freiheit nicht zu beschränken und die Gefahren der Macht zu bändigen. Es sind Ordnungsprinzipien für die wirtschaftliche Welt, doch sie sind letztlich unverzichtbar für die Gestaltung des öffentlichen Raums.

Im Kern der Ordnungstheorie von Eucken stehen die Unverletzlichkeit der Eigentumsrechte, die Vertragsfreiheit und die Haftung. Alle drei Kategorien greifen ineinander und zähmen sich so auf notwendige Weise gegenseitig. Die Vertragsfreiheit ist konstitutiv, weil sie den Wettbewerb ermöglicht; sie ist zugleich gefährlich, wenn sie zur Behinderung des Wettbewerbs durch den Ausschluss anderer (Ausübung von Macht), zur Negierung von Haftung (Machtmissbrauch) oder zur Bildung von Machtkörpern genutzt wird. Privateigentum und unbeschränkte Vertragsfreiheit wären dann unproduktiv und unsozial. Eine wichtige Einhegung erfahren beide Kategorien durch den Grundsatz der Haftung. Als sichere Erwartungsgröße wirkt Haftung prophylaktisch im Sinne einer vorsichtigen Kapitaldisposition, und es dämpft den Prozess der wirtschaftlichen Konzentration, wenn nicht Möglichkeiten der Haftungsbeschränkungen oder gar das Haftungsausschlusses eröffnet werden.

Indes: „Jede Beschränkung der Haftung", so Eucken, „löst eine Tendenz zur Zentralverwaltungswirtschaft aus". Im Sinne von Hannah Arendt: Jeder Beschränkung der Haftung hebt die Grenze zwischen Privatheit und öffentlichem Raum auf, sie muss letztlich zu einer Aufgabe des Privaten führen und damit die Heterogenität der Lebenssituationen negieren. Nur wenn dies bedacht wird und die unabdingbare Verpflichtung des Staates zur Freiheitsgewährung damit dauerhaft glaubwürdig wird, können Alterung und Schrumpfung der Gesellschaft trotzdem mit einer Stärkung des institutionellen Vertrauens einhergehen. Und dennoch ist es damit nicht getan.

4.   Die Zukunft der individuellen Verantwortung

Die Ordnung der Freiheit ist fast unvermeidbar mit einen Dilemma verbunden. Denn die Gestaltung guter Regelwerke beruht auf dem Grundsatz, dass nach den Motiven der Menschen bei ihrem Tun und ihrem Unterlassen nicht gefragt werden muss. Das obliegt totalitären Regimen. Es liegt die starke Annahme zugrunde, dass der einzelne als mündiges, kompetentes Wesen zugleich freiheitsfähig und verantwortungsfähig ist. Individuelle Moral wird so gespart, was klug ist, weil sie in jedem Fall knapp ist. Doch das nährt zugleich den Eindruck, man könne Individualmoral vollständig sparen. Dann würde das Vertrauen in die eigenen Kräfte nicht die Perspektive der Selbstsorge und der Mitsorge eröffnen, sondern zu Ausbeutungsstrategien drängen. Auf treffende Weise hat Helmut Plessner (1924) dieses Dilemma benannt: „Aber man gibt den Menschen kein gutes Gewissen, wenn man ihnen sagt, dass sie überhaupt keins zu haben brauchen."

Dabei argumentiert Plessner in einem scheinbar anderen Kontext, indem er sich damit gegen das Idol der Gemeinschaft in den frühen zwanziger Jahren des vergangenen Jahrhunderts wendet, das sich als Reflex der kalten Großstadt, des Maschinentums und der sozialen Entwurzelung gebildet habe. Darin – in der Gemeinschaft – entfalte sich eine Anziehungskraft auf die Schwachen der Welt und mache ein individuelles Gewissen explizit überflüssig (Plessner, 1924, S. 29 f.). Doch: „stark ist, wer den ganzen Wesenskomplex der Gesellschaft um der Würde des einzelnen Menschen und der Gesamtheit bejaht; schwach ist, wer die Würde um der Brüderlichkeit in der Gemeinschaft willen preisgibt" (Plessner, 1924, S. 31 f.).

Auch wenn Plessner von den Debatten jener Zeit geprägt ist und versucht, darauf – durchaus in vergleichbarer Weise wie gut vier Jahrzehnte später Hannah Arendt – Antworten zu finden, so bleibt bis heute aktuell, was im Kern als Gesinnungskampf vom ihm verstanden wird (Plessner, 1924, S. 32). „Die gesellschaftliche Lebens-ordnung sucht … ihre Beziehungen unpersönlich zu gestalten. Sie pflegt alles, was aus der Intimität zur Distanz, aus der Rückhaltlosigkeit zur Verhaltenheit, aus der individuellen Konkretheit zur allgemeinen Abstraktheit führt" (Plessner, 1924, S. 41). Plessner geht es um „eine Mitte geistig-sittlicher Art … aus der heraus … die Grundmomente aller Gesellschaftlichkeit als Sicherungsfaktoren menschlicher Würde verständlich und notwendig erscheinen" (Plessner, 1924, S. 41). In Abgrenzung zur Gemeinschaft verweist Plessner auf die Öffentlichkeit – auf den öffentlichen Raum, der in Blumenbergs Sinne Distanz verschaffe und da beginne, „wo Liebe und blutsmäßige Verbundenheit aufhören." (Plessner, 1924, S. 55).

Der Gemeinschaftsradikalismus hingegen begründe eine Entblößung aller Intimität, er verwische damit die Grenze zwischen Privatheit und Öffentlichkeit, er ersticke die Individualität in einer organisch verschmolzenen Gemeinschaft (Kuhlmann 2002, S. 16). Hier verliert das Individuum Recht und Stimme, indem auf ein vermeintlich moralisch höheres Ziel mit totalitärem Anspruch verwiesen wird. Dagegen formuliert Plessner „ein liberales Gesellschaftscredo", indem er „die Gesellschaft als Arena des gezügelten Austauschs von Einzelinteressen" begreift (Kuhlmann, 2002, S. 17 f.). Neben die Rechtsnormen mit ihrer Ordnungsfunktion für das Wirtschaftsleben setzt Plessner „die Umgangsformen des geselligen Verkehrs, dass jeder seinem Verlangen nach Selbstverwirklichung und Selbstdarstellung folgen kann, ohne den anderen damit zu verletzten und zu verdrängen" (Kuhlmann, 2002, S. 18).

Was aber können wir vom Individuum unter einem „liberalen Gesellschaftscredo" erwarten? Welche Kraft zur Freiheit ist ihm zuzutrauen? Plessner (1924) ist da nicht allzu optimistisch: „Das Leben ist kurz, schnell, beengt, und für die Wurfbahn, in der es sich von Geburt an findet, sind wir nicht verantwortlich. Von Anfang an ist unserer Freiheit vom Schicksal ein höchst begrenzter Freiraum gelassen" (S. 55). In den Worten des Münchener Philosophen Vossenkuhl (2006):

> „Wir sind als Einzelne weder die Quellen unseres eigenen Daseins noch die Bedingungen unserer Freiheit. … Wir können uns … weder für unsere Freiheit noch für unsere Verantwortung entscheiden, gegen beides aber schon."

Tatsächlich gibt die Geschichte der Freiheit in den letzten einhundert Jahren durchaus Anlass zur Skepsis, ob diese Entscheidungen angemessen getroffen werden. Diese historische Erfahrung stellt Fragen.

Erich Fromm hatte sich 1941 mit der „Furcht vor der Freiheit" befasst. Ausgehend von der Frage, was Freiheit als menschliche Erfahrung bedeute und ob das Verlangen nach Freiheit der menschlichen Natur innewohne, beleuchtet er die Ungleichzeitigkeit von Individuation und Freiheit einerseits sowie vom Wachstum des Selbst andererseits, so dass „die Kluft zwischen der ‚Freiheit von' und der ‚Freiheit zu' noch größer geworden" sei (Fromm, 1941, S. 29). Dieses „Doppelgesicht der Freiheit" manifestiert sich beim einzelnen so, dass die Befreiung von Zwang und gestrenger Ordnung zugleich „ein tiefes Gefühl der Unsicherheit und Ohnmacht, des Zweifels, der Verlassenheit und Angst" weckte (Fromm, 1941, S. 51). So habe der Kapitalismus dem einzelnen zwar neue Freiheit gebracht, doch er wurde auch „zu einem verwirrten und unsicheren Individuum" (Fromm, 1941, S. 92).

Die Überwindung von Ohnmacht und Einsamkeit weise in zwei Richtungen (Fromm, 1941, S. 106): „Der eine Weg führt in die positive Freiheit." Der Mensch betritt konstruktiv den öffentlichen Raum, indem er Selbstverantwortung trägt und Mitverantwortung akzeptiert. „Der andere Weg, der ihm offen steht, ist zu regredieren, seine Freiheit aufzugeben", und letztlich „das individuelle Selbst loszuwerden, sich selbst zu verlieren" (Fromm, 1941, S. 114). Dies kann durch Unterjochung zu einer Flucht ins Autoritäre, durch Zerrstörung der einen umgebenden Welt zu einer Flucht ins Destruktive oder durch Angleichung an die empfundene Mehrheit zu einer Flucht ins Konformistische führen.

Die Entwicklung zur positiven Freiheit setzt einen öffentlichen Raum voraus, der seine Koordinationsleistung zuverlässig zu erfüllen vermag.

> „Das einzige Kriterium für die Verwirklichung der Freiheit ist, ob der einzelne Mensch aktiv sein Leben und das der Gesellschaft mitbestimmt oder nicht, und das nicht nur durch den formalen Akt der Wahl, sondern bei seiner täglichen Arbeit und in seinen Beziehungen zu den anderen" (Fromm, 1941, S. 197).

Das stärkt die zuvor eingeführten ordnungspolitischen Prinzipien der Symmetrie, der Reziprozität und der Privilegienfreiheit bei der Ressourcenzuweisung. Es verweist aber auch darauf, dass das Vertrauen auf eigene Kräfte auch den Mut zum eigenen Gedanken einschließt; hier ist ein weit verstandener Bildungsbegriff im gesellschaftlichen Auftrag von höchster Bedeutung. Vielfalt und Respekt müssen die bildungspolitischen und die sozialpolitischen Anstrengungen prägen.

Ralf Dahrendorf (2006) hat sich aus ähnlichem Grund wie Fromm der Frage gewidmet, warum gerade Intellektuelle im zwanzigsten Jahrhundert so anfällig für die Versuchungen der Unfreiheit waren. In Deutschland war es das Angebot des Nationalsozialismus an Bindung, an Führung und an nationalistischer Verklärung in Zeiten, die erstmals das Erlebnis der Zerrüttung in der Massengesellschaft boten und allgegenwärtig vom Zweifel an der Leistungsfähigkeit der parlamentarischen Demokratie gezeichnet waren (Dahrendorf, 2006, S. 26 ff). Demgegenüber verlange das Bekenntnis zur Freiheit in Politik, Gesellschaft und Wirtschaft stets besondere Fähigkeiten: Vor allem die „Bereitschaft, mit den Widersprüchen und Konflikten der menschlichen Welt zu leben" und die „leidenschaftliche Hingabe an die Vernunft als Instrument der Erkenntnis und des Handelns" (Dahrendorf, 2006, S. 79). Dies falle schon deshalb nicht leicht, weil die im Namen der Vernunft geschaffenen Institutionen – Wissenschaft, Demokratie und Marktwirtschaft – als kalt erscheinen. Jedenfalls sei es leichter, „Empörung gegen ihre Exzesse und Ungleichheiten zu mobilisieren als Begeisterung für ihre Stärken" (Dahrendorf, 2006, S. 76). Die Lösung liegt für Dahrendorf in einer Tugendlehre der Freiheit (Dahrendorf, 2006, S. 57 ff.). Dazu gehöre erstens der Mut des einzelnen im Kampf um die Wahrheit, zweitens eine gerechte Ordnung für das „krumme Holz der menschlichen Natur" und die Widersprüche des Lebens, drittens die Besonnenheit für das Verhalten der Menschen im öffentlichen Raum und viertens die Weisheit der leidenschaftlichen Vernunft als Mittel gegen irrationale Leidenschaft.

Fromm und Dahrendorf verweisen in letzter Konsequenz auf den mutigen, den mündigen, den besonnenen und den respektvollen wie respektheischenden Bürger, der um die Verantwortung eines jeden im öffentlichen Raum weiß und der sich nicht duckt, nicht ducken muss, weil er über die notwendigen intellektuellen und materiellen Ressourcen verfügt. Wir können versuchen, durch gute Regeln solche Einstellung und solches Verhalten zu fördern. Ebenso sind wir gut beraten, Bildung als öffentlichen Auftrag nicht auf die Vermittlung von Kompetenzen zu verengen, sondern die Befähigung zur Selbstsorge, zur Selbstregulierung, zum verantwortlichen Agieren im öffentlichen Raum genauso zu betonen. Und schließlich muss die Gesellschaft über Verteilungsmechanismen Beteiligungsgerechtigkeit sichern, die den Respekt nicht gefährdet, indem sie – wo immer möglich – Autonomie gewährt.

Doch es gilt auch: Ohne einen auf die individualethische Dimension zielenden Diskurs im öffentlichen Raum wird es nicht gelingen. Wir benötigen einen Verantwortungsdiskurs als Orientierung für den einzelnen wie die Gesellschaft, und dies besonders in der Gesellschaft des langen Lebens. Vertrauen wird man im Alter nur stärken, wenn die Fairness der Ordnung für Autonomie und Respekt ergänzt wird durch die ehrliche Ansprache der Älteren nach dem Grundsatz: Niemand ist aus der Verantwortung für sich und für uns, nur weil er älter ist. Nur wenn darüber ein gesellschaftliches Verständnis entsteht, wird es gelingen den demographischen Wandel als Gestaltungsaufgabe im positiven Sinne zu begreifen. Die vorherrschende Betrachtung von Makroaspekten – wie der Veränderung der Altersstruktur und deren Bedeutung für Arbeitsmarkt und Sozialversicherung – greiften zu kurz.

Literaturangaben

[1]   Arendt, H., *Vita activa oder Vom tätigen Leben*, 6. Aufl., Piper, München Zürich, 2007/1967.
[2]   Blumenberg, H., *Lebenszeit und Weltzeit,* Suhrkamp, Frankfurt a. M. 2001/1986.
[3]   Dahrendorf, R., *Versuchungen der Unfreiheit. Die Intellektuellen in Zeiten der Prüfung,* Verlag C. H. Beck, München, 2006.
[4]   Eucken, W., *Das Problem der wirtschaftlichen Macht,* 1950.
[5]   Fromm, E. *Die Furcht vor der Freiheit,* Europäische Verlagsanstalt, München, 2008/1941.
[6]   Giddens, A., *Konsequenzen der Moderne,* Suhrkamp, Frankfurt a. M., 1996/1990.
[7]   Gronemeyer, M., Das *Leben als letzte Gelegenheit. Sicherheitsbedürfnisse und Zeitknappheit, Buchges.,* Darmstadt, 1993.
[8]   Imhof, A. E., *Die verlorenen Welten. Alltagsbewältigung durch unsere Vorfahren und weshalb wir uns so schwer damit tun...,* Beck, München, 1985.

[9]   Kruse, A., Ältere Menschen im „öffentlichen" Raum: Perspektiven altersfreundlicher Kultur, in: H. W. Wahl & H. Mollenkopf (Hrsg.), *Alternsforschung am Beginn des 21. Jahrhunderts*, 320-339, Akademische Verlagsanstalt, Berlin, 2007.

[10]   Kruse, A., Kulturelle Gerontologie: Gesellschaftliche und individuelle Antworten auf Entwicklungs-potenziale und Grenzsituationen im Alter, in: Th. Klie, M. Kumlehn, R. Kunz (Hrsg.), *Praktische Theologie des Alterns*, 77-105, De Gruyter, Berlin, 2009.

[11]   Kruse, A., Schmitt, E. (2010). Lebensläufe und soziale Lebenslaufpolitik in psychologischer Perspektive, in: G. Naegele (Hrsg.), *Soziale Lebenslaufpolitik*, 138-173, VS-Verlag, Wiesbaden, 2010.

[12]   Kuhlmann, A., Deutscher Geist und liberales Ethos. Die frühe Sozialphilosophie Helmuth Plessners, in: W. Eßbach, J. Fischer, & H. Lethen (Hrsg.), *Plessners 'Grenzen der Gemeinschaft'. Eine Debatte*, 15-20, Suhrkamp, Frankfurt a. M., 2002.

[13]   North, D. C., *Theorie des institutionellen Wandels. Eine neue Sicht der Wirtschaftsgeschichte*, Mohr, Tübingen, 1988.

[14]   Plessner, H., *Die Grenzen der Gemeinschaft. Eine Kritik des sozialen Radikalismus*, Suhrkamp Verlag, Frankfurt a. M. 2002/1924.

[15]   Schütz, A., & Luckmann, T., *Strukturen der Lebenswelt*, 2. Band, UVK, Konstanz, 1979.

[16]   Sennett, R., *Respekt im Zeitalter der Ungleichheit*, 2. Aufl., Berliner Taschenbuch Verlag, Berlin, 2007.

[17]   Vossenkuh, W., *Die Möglichkeit des Guten. Ethik im 21. Jahrhundert*, München, 2006.

[18]   Wetz, F. J., Abschied ohne Wiedersehen. Die Endgültigkeit des Verschwindens, in: F. J. Wetz, & H. Timm (Hrsg.), *Die Kunst des Überlebens. Nachdenken über Hans Blumenberg*, 28-54, Suhrkamp, Frankfurt a. M., 1999.

Leben im Alter
A. Kruse (Hrsg.)
© *2010, AKA Verlag Heidelberg*

Sozialpolitik in einem alternden Deutschland – Bestandsaufnahme und Perspektiven

Gerhard NAEGELE

Institut für Gerontologie, Universität Dortmund, Deutschland

Abstract. Es werden sechs grundlegende demografische Entwicklungen in ihrer Bedeutung für die Sozialpolitik in alternden Gesellschaften beschrieben. Es erfolgt eine grundlegende Auseinandersetzung mit den Aufgaben der Sozialpolitik: Diese zielt in ihrer traditionellen Schutzfunktion auf die Vermeidung und Linderung sozialer Risiken und Probleme; soziale Ungleichheiten sollen überwunden werden. Zudem werden die Gestaltungsfunktion der Sozialpolitik sowie die Leistungsbereiche der Sozialpolitik dargestellt, wobei das Alter nicht als eine Lebensphase anzusehen ist, die per se haupt-sächlich oder primär durch soziale Risiken und soziale Probleme gekennzeichnet wäre. Es werden sieben gesellschaftliche Trends mit problematischen Rückwirkungen auf Lebenslagen und Lebensqualität künftiger Kohorten älterer Menschen skizziert. Schließlich werden künftige Schwerpunkte sozialpolitischer Handlungserfordernisse in alternden Gesellschaften expliziert: (a) Förderung der Beschäftigungsfähigkeit eines insgesamt alternden Erwerbspersonenpotenzials. (b) Förderung des lebenslangen Lernens. Anpassung der Alterssicherungssysteme an sich verändernde und flexi-blere Lebensläufe. (c) Schaffung neuer Wohn- und Lebensformen sowie Förde-rung der selbständigen Lebensführung bei funktionalen Einbußen. (d) Paradigmen-wechsel in der Gesundheitspolitik. (e) Weiterentwicklung der Pflegeversicherungs-politik. (f) Beachtung gruppentypischer sozialpolitischer Bedarfslagen. (g) Erkennen und Nutzen der gewachsenen Potenziale älterer Menschen. (g) Entwicklung von einem Versorgungs- zum Aufforderungs- und Verpflichtungsparadigma. (h) Stärkung und Förderung von intergenerationeller Solidarität.

1.   Demografische Megatrends mit Relevanz für eine Sozialpolitik in alternden Gesellschaften

Schon seit mehreren Jahrzehnten wird die Bevölkerung Deutschlands kontinuierlich älter, und dieser Trend wird auch künftig dauerhaft anhalten. Für diese Entwicklung sind insbesondere zwei als irreversibel geltende Megatrends verantwortlich: Konstant niedrige Geburtenraten und eine weiter steigende mittlere und ferne Lebenserwartung (zum Folgenden Statistisches Bundesamt, 2009; Naegele, 2010a):

- Seit langem schon schwankt die „zusammengefasste Geburtenziffer" zwischen 1,3 und 1,4 und damit um etwa ein Drittel unterhalb der für die natürliche Repro-duktion der einheimischen Bevölkerung erforderlichen Geburtenrate. Hierfür sind im Wesentlichen drei Trends bedeutsam: (1) Frauen werden immer später Mutter. (2) Die Zahl der lebenslang kinderlos bleibenden Frauen steigt. (3) Zwar bleibt die durchschnittliche Kinderzahl je Mutter relativ stabil, aber vor dem Hintergrund der ersten beiden Megatrends nimmt die durchschnittliche Zahl der Kinder, die die Frauen eines Jahrgangs zur Welt bringen, im Zeitablauf ab.

- Sowohl die mittlere Lebenserwartung einer Neugeborenen wie die fernere Lebenserwartung (gemessen ab einem Alter von 65 Jahren) sind in der Vergangenheit stark gestiegen. Ein weiterer Anstieg wird erwartet. Die 12. Koordinierte Bevölkerungsvorausberechnung des Statistischen Bundesamtes vom November 2009 kommt in ihrer Basisannahme für 2060 zu einer durchschnittlichen Lebenserwartung neugeborener Jungen von 85,0 Jahren und neugeborener Mädchen von 89,2 Jahren (zum Vergleich: Sterbetafel 2006/2008: 77,2 bzw. 82,4 Jahre). Für 65-jährige Männer wird für 2060 eine fernere Lebenserwartung von 87,3 Jahren und für 65-jährige Frauen von 90,5 Jahren angenommen (jeweils etwa fünf Jahre mehr gegenüber 2006/2008).

- Zwar sind auch künftig moderat ausfallende Außenwanderungsgewinne zu erwarten – bedingt insbesondere durch das Schrumpfen des einheimischen Erwerbspersonenpotenzials und dadurch induzierte Arbeitsmigration sowie weltweite, durch den Klimawandel verstärkte Wanderungsbewegungen. Allerdings wird dadurch der Trend zum kollektiven Altern der Bevölkerung nicht aufgehalten, allenfalls im Anstieg abgebremst bzw. kann das aufgrund des Sterbeüberschusses bedingte Schrumpfen der Gesamtbevölkerung nicht kompensiert werden. Andererseits nehmen die Zahlen älterer Migranten/innen außerordentlich stark zu und stellen die sozialen Dienste örtlich bereits jetzt vor ganz erhebliche neue Herausforderungen.

- Vor diesen Hintergründen errechnet – je nach Annahmen – das Statistische Bundesamt für Deutschland im Jahre 2060 eine Gesamtbevölkerungszahl von zwischen 65 Millionen (Minimumvariante) und 77 Millionen (Maximumvariante) und damit jeweils einen zum Teil erheblichen Rückgang gegenüber der jetzigen Bevölkerungszahl von rd. 82 Millionen

- Mit Blick auf das Altern der Bevölkerung setzt sich in der Konsequenz das „dreifache Altern" der Bevölkerung (Tews & Naegele, 1993) fort: 1. Zunahme des Anteils der Älteren an der Gesamtbevölkerung, 2. Zunahme der absoluten Zahl der Älteren sowie 3. Zunahme insbesondere von Anteilen und Zahlen sehr alter Menschen (80+). War im Jahre 2008 mit rund 20 Prozent etwa jeder fünfte Einwohner Deutschlands älter als 65 Jahre, so werden es im Jahr 2030 schon 29 Prozent der Bevölkerung sein. 2060 wird dann mehr als jeder dritte Einwohner Deutschlands das 65. Lebensjahr erreicht bzw. durchlaufen haben. Schon jetzt leben mit einem Anteil von etwa fünf Prozent an der Gesamtbevölkerung in Deutschland etwa 4 Millionen Personen im Alter von 80 und mehr. Ihre Zahl wird bis 2060 auf etwa 9 Millionen steigen, d.h. dann auf einen Anteil von rund 14 Prozent an der Gesamtbevölkerung. Zu diesem Zeitpunkt wird dann jeder siebte Einwohner Deutschlands zur Gruppe der so genannten „Hochaltrigen" zählen. Obwohl die Lebenserwartung der Männer insgesamt stärker als die der Frauen ansteigt, wird sich an der „Feminisierung des Alters" insbesondere in den obersten Altersgruppen nichts ändern.

- Auf der anderen Seite sinkt die Zahl jüngerer Menschen weiter. Im Jahr 2060 wird es nach der 12. Bevölkerungsvorausberechnung des Statistischen Bundesamtes nur noch etwa 10 Mio. junge Menschen im Alter von unter 20 Jahren geben – gegenüber noch 16 Millionen in 2008. Ihr Anteil an der Gesamtbevölkerung wird somit von heute 19 Prozent auf dann nur noch 16 Prozent weiter abgenommen haben. Es wird dann fast so viele über 80-Jährige geben wie unter 20-Jährige. Entsprechend sinken auch Zahlen und Anteile der Menschen im so genannten erwerbsfähigen Alter von heute etwa 50 Millionen auf – je nach Annahme – zwischen 33 und 36 Millionen im Jahre 2060. Schon im Jahre 2035 wird etwa die Hälfte der Bevölkerung 50 Jahre und älter ein – für viele bereits ein wichtiges Indiz für künftige ökonomische Risiken und Engpässe auf den bundesdeutschen Arbeitsmärkten („Alterndes Erwerbspersonenpotenzial" und „Alternde Belegschaften").

2.   Sozialpolitik in alternden Gesellschaften

Sozialpolitik reagiert im Rahmen ihrer traditionellen *Schutzfunktion* auf *soziale Risiken* und *Probleme* und zielt dabei auf die Vermeidung und Überwindung von *sozialen Ungleichheiten*. In der Praxis erfolgt dies zumeist in kompensatorischer Weise, dagegen sehr viel seltener mit präventiver Zielrichtung (Bäcker et al., 2007; Naegele & Gerling, 2007).

In einer weitergehenden normativen Zielperspektive, der hier gefolgt wird, sollte sozialpolitisches Handeln stets der *Gesellschaftsgestaltungsfunktion* von Sozialpolitik folgen, d.h. mit ihren Maßnahmen immer auch auf die gewollte und gezielte *Gestaltung* und *Verteilung* der Lebenslagen einwirken (Preller, 1962). Damit würde Sozialpolitik im Zuge des allgemeinen politischen, sozialen und demografischen Wandels selbst zu einem eigenständigen Gestaltungs- und Steuerungsinstrument der Wandlungsprozesse werden und damit ganz entscheidend zur Weiterentwicklung und Modernisierung der Gesellschaft beitragen, u. a. auch die Herausbildung neuer Lebensformen oder sich wandelnder Geschlechter- und Generationenverhältnisse unterstützen und somit insgesamt an der sozialen Ausgestaltung der Gesellschaft beteiligt sein (Bäcker et al., 2007).

Das traditionelle Handlungsinstrumentarium der Sozialkpolitik lässt sich im Regelfall mit den folgenden drei Leistungsbereichen beschreiben: 1. Geldleistungen, 2. Sachleistungen und 3. personenbezogene soziale Dienste (Bäcker et al., 2007).

- Mit Blick auf ältere Menschen sind dabei die wichtigsten *Geldleistungen* Arbeitslosengeld und Hartz IV für die Fälle der immer noch weit verbreiteten Langfristarbeitslosigkeit unter älteren Arbeitnehmern, sowie für die weitaus meisten der heute Älteren Renten aus den verschiedenen Alterssicherungssystemen, darunter insbesondere aus der GRV, Pensionen, Pflegegeld, Leistungen der sozialen Grundsicherung oder Leistungen nach dem Wohngeldgesetz.

- Sozialpolitische *Sachleistungen* konzentrieren sich bei älteren Menschen vor allem auf Angebote des Gesundheits- und Pflegewesens und unterscheiden sich dabei im Grundsatz nicht von den gesundheits- und pflegebezogenen Leistungen für die übrigen Bevölkerungsgruppen, wenn auch mit deutlichen Altersdifferenzierungen, was die jeweilige Inanspruchnahme betrifft. So sind z.B. ältere Menschen stark überdurchschnittlich Nutzer von Sachleistungen aus den gesundheitlichen Versorgungssystemen einschließlich der pflegerischen Dienste und Einrichtungen.

- Für ältere Menschen zunehmend bedeutsam geworden sind die *personenbezogenen sozialen Dienstleistungen*. Sie konzentrieren sich insbesondere auf die drei großen Dienstegruppen 1. Maßnahmen zur Integrationssicherung, 2.

Maßnahmen zur Förderung der selbständigen Lebensführung sowie 3. Maßnahmen bei eingetretener Hilfe- und Pflegebedürftigkeit. Vor dem Hintergrund des kollektiven Alterns der Gesellschaft sind insbesondere hier die größten Steigerungsraten in der Inanspruchnahme zu erwarten. Darüber hinaus werden soziale Dienste in einer alternden Gesellschaft auch mit Blick auf die Lebensqualität im Alter zunehmend bedeutsamer (Naegele, 2010c).

Soziale Risiken und Probleme überfordern – im Gegensatz zu den „privaten" – den einzelnen und/oder seine Familie/privates Netzwerk in seiner/ihrer Problemlösungsfähigkeit und erfordern i.d.R. sozialpolitische Einrichtungen und Maßnahmen. Ihr Auftreten erfolgt zumeist keineswegs zufällig, sondern – wie die Empirie zeigt – häufig nach bestimmten sozial-strukturellen Mechanismen und Strukturmerkmalen (insbesondere sozio-ökonomischer Status, Alter, Geschlecht, ethnisch-kultureller Hintergrund, Unterschiede in Lebensläufen und -stilen) („Soziale Ungleichheiten als Ausgangspunkte für Sozialpolitik") (Bäcker et al., 2007).

Mit Blick auf das Alter lassen sich gewichtige sozialpolitisch relevante soziale Risiken wie folgt systematisieren (Clemens & Naegele, 2004; Naegele & Gerling, 2007):

- Probleme einer dauerhaften Integration im Erwerbsleben

- Einkommensrisiken beim Ausscheiden aus dem Erwerbsleben

- Verlust von Möglichkeiten der sozialen Integration

- Besondere Morbiditätsrisiken und höheres Pflegebedürftigkeitsrisiko

- Probleme in der Aufrechterhaltung der selbständigen Lebensführung

Nun ist Alter selbst keine Lebensphase, die per se hauptsächlich oder gar primär durch soziale Risiken und soziale Probleme gekennzeichnet wäre. Im Gegenteil: Die weit überwiegende Mehrheit der Älteren in Deutschland lebt vergleichsweise frei von sozialen Risiken und Problemen. Vorsichtige Schätzungen kommen auf ein tatsächliches Risiko- und Problempotenzial von zwischen 15 und 20 Prozent in der Gruppe 65 +, das sich allerdings auf bestimmte Teilgruppen konzentriert: Insbesondere sehr alte Menschen, darunter viele alleinlebende ältere Frauen, ältere Menschen aus den unteren Sozialschichten und/oder ältere Menschen mit Migrationsgeschichte weisen derzeit die höchsten Risikoquoten auf (Bäcker et al., 2007).

3. Bestimmungsfaktoren aktuell sozialpolitisch relevanter sozialer Risiken und Probleme des Alters und Aspekte ihrer Relativierung

Neben den erwähnten demografischen Megatrends werden heutige und künftige alterstypische soziale Risiken und Probleme auch durch den allgemeinen politischen, ökonomischen und sozialen Wandel bestimmt. Ohne hier ins Detail gehen zu können, kann aus sozialpolitischer Sicht auf folgende Trends mit problematischen Rückwirkungen auf Lebenslagen und Lebensqualität vor allem künftiger Kohorten älterer Menschen hingewiesen werden:

- Die finanziellen und ökonomischen Folgen der Nicht-Erreichbarkeit der Rente mit 67 für viele, vor allem „marktschwache" ältere Arbeitnehmer/innen und damit über versicherungsmathematische Abschläge bedingte Rentenkürzungen. Schon heute scheiden fast 50 Prozent aller Neurentner mit Abschlägen aus, darunter jeder Dritte mit dem vollen 18-prozentigen Abschlag (Naegele et al., 2008).

- Negative Auswirkungen von wachsender Niedrigentlohnung und zunehmender Entnormalisierung von Beschäftigungsverhältnissen, von denen zunehmend mehr ältere Arbeitnehmer/innen betroffen sind (Langzeitarbeitslosigkeit, Teilzeit, befristete Beschäftigungsverhältnisse, 400 Euro Jobs und andere Formen prekärer Beschäftigung), auf die eigenen Rentenerwartungen (Naegele & Schmähl, 2008).

- Die sicherungsmäßigen Konsequenzen des mit der „neuen Alterssicherungspolitik" der letzten Jahre eingeleiteten Paradigmenwechsels in der Rentenpolitik. Dieser zielt insgesamt auf eine Reduzierung der Bedeutung der umlagefinanzierten sozialen Sicherung, in der Konsequenz auf eine Absenkung des Leistungsniveaus in der GRV und auf deren teilweisen Ersatz durch kapitalfundierte private Alterssicherungsprodukte. Dabei ist vor allem auf den häufigen de facto Ausschluss von der Riester- bzw. Eichel-Förderung hinzuweisen, der vor allem jene trifft, die ohnehin nur vergleichsweise geringe Rentenerwartungen aufweisen (Schmähl, 2006). In der Konsequenz droht eine weitere Spreizung der Alterseinkommen (Bundesministerium für Familie, Senioren, Frauen und Jugend, 2006).

- Zu den wichtigsten Dimensionen des allgemeinen sozialen Wandels mit Folgen für alterstypische soziale Risiken und Probleme und darauf bezogene sozialpolitische Handlungsbedarfe zählen darüber hinaus gewichtige Veränderungen in den Lebensläufen, Lebensformen und Familienstrukturen der älteren Menschen. Auf drei Dimensionen soll kurz hingewiesen werden (Naegele, 2010; Heinze, Naegele & Schneiders, 2010).

- Künftig wird es bei der schon jetzt sehr hohen Zahl an Ein-Personenhaushalten älterer Menschen bleiben – ihre Zahl liegt jetzt bei etwa 15 Mio. und hat sich gegenüber Anfang der 1990er Jahre um fast ein Viertel erhöht. Hier sind insbesondere personenbezogene Dienste gefragt.

- In wachsendem Maße bestimmen auch solche durch strukturelle Veränderungen in den Familien bedingte neue und dann auch sozialpolitisch relevante Versorgungsbedarfe die Schwerpunkte die Lebenslagen der heute und morgen älteren Menschen, die insbesondere die Aufrechterhaltung der selbständigen Lebensführung und die Versorgung bei Krankheit und Pflegebedürftigkeit betreffen. Sie stehen unter anderem im Zusammenhang mit sinkenden Geburtenraten, verkleinerten Haushaltsgrößen, rückläufiger Heirats- bei steigender Scheidungs- und sinkender Wiederverheiratungsbereitschaft sowie zusätzlich noch mit weiter wachsender und überdies arbeitsmarktpolitisch erforderlicher Ausweitung von Frauenerwerbsarbeit.

- Vor allem die demografisch bedingte Zunahme von Hochaltrigkeit kann als wichtigste driving force künftiger sozialpolitischer Handlungserfordernisse in einer Gesellschaft des langen Lebens gelten. Chronische Erkrankungen und Multimorbidität einerseits sowie steigende Pflegebedürftigkeit, vor allem in Form demenzieller Erkrankungen andererseits, gelten als unmittelbar an hohes Alter gebunden. Vor diesem Hintergrund kommen ernst zu nehmende Vorausberechnungen unter Zugrundelegung von status-quo-Annahmen zu einem Anstieg von bis zu 3,6 Millionen hauptsächlich sehr alter

Pflegebedürftiger und weit über 2 Millionen ebenfalls hauptsächlich sehr alter demenziell erkrankter Menschen bis 2040 (Naegele, 2010c).

Auch wenn die bisher aufgezeigten Trends vielen als gleichsam unausweichliche Indikatoren eines *demografischen Determinismus* und in der Konsequenz als Begründungen und Verstärker für derzeit noch immer dominante *demografische Krisenszenarien* gelten, so ist andererseits relativierend zu bedenken, dass die damit möglichen alten wie neuen sozialpolitischen Handlungserfordernisse und/oder Versorgungsbedarfe nicht zwangsläufig eintreten müssen. Mindestens drei relativierende Argumente sind in Erwägung zu ziehen:

- Förderliche Kohorteneffekte bleiben in der Regel unbeachtet. Die künftigen Kohorten älterer Menschen sind mit deutlich günstigeren Ressourcen und Potenzialen ausgestattet, deren systematische Anwendung und Nutzung einen Beitrag sowohl zur individuellen wie zur gesellschaftlichen Risiko- und Problemreduzierung leisten können – vorausgesetzt, sie werden erkannt und individuell wie gesellschaftlich abgerufen. Solche förderlichen Kohorten-effekte betreffen insbesondere die Bereiche Einkommen, Gesundheit, Bildung, soziale Integration sowie allgemeine Verhaltenspotenziale und Problemlösungskompetenzen. Allerdings gilt dies nicht für alle Gruppen Älterer gleichermaßen, es sind vielmehr soziale Ungleichheiten im Zugang und zur Nutzung von Kohorteneffekten zu beobachten, die zugleich das Risiko einer künftig noch stärkeren Differenzierung von sozialer *Ungleichheit im Alter* anzeigen. Dies gilt erneut in besonderer Weise für die bereits erwähnten Problemgruppen der sehr Alten, der sozio-ökonomisch benachteiligten Alten sowie für Ältere mit Migrationsgeschichte (Bundesministerium für Familie, Senioren, Frauen und Jugend, 2006).

- Dem entspricht eine in der Gerontologie schon seit langem beobachtete und künftig noch weiter zunehmende soziale Heterogenisierung des Alters. Auch für das Alter gilt, dass Lebensläufe und Lebensphasen immer unter-schiedlicher gestaltet und gelebt werden, dass Alter und Altern zunehmend durch plurale Verlaufs- und Existenzformen gekennzeichnet ist, und dass chronologisches Alter sich allenfalls noch für eine grobe Abgrenzung des risikobehafteten hohen Alters (80-85 Jahre) eignet, nicht aber mehr als Distinktionsmerkmal für Menschen innerhalb der gesamten Lebensphase „Alter", die heute nicht selten 40 und mehr Lebensjahre umfasst. Unter-schiedliche Kohortenerfahrungen und biografische Bedingungen, unterschied-liche Lebensformen, Lebensstile sowie Selbst- und Fremdbilder werden auch im Alter wirksam. Gleiches gilt für lebensgeschichtliche Erfahrungen von sozialer Ungleichheit. Der sozial-strukturellen Differenzierung des Alters entspricht darüber hinaus die Zunahme der intraindividuellen Variabilität älterer Menschen, d.h. eine wachsende Differenzierung von individuellem Altern und Alter(n)serleben. So zeigen z.B. empirische Befunde, dass Flexibilität, Mobilität und Selbständigkeit in sämtlichen Altersgruppen über 50 Jahre deutlich zugenommen haben und dass sich Menschen zwischen 40 und 85 Jahren heute im Schnitt etwa zehn Jahre jünger fühlen, als es ihrem kalendarischen Alter entspricht (Heinze, Naegele & Schneiders, 2010).

- Dies zu erwähnen ist vor allem aus zwei Gründen wichtig: Zum einen ist auf solche, bei den nachrückenden Kohorten im Grundsatz stark gewachsenen

Eigenhilferessourcen und -potenziale hinzuweisen, deren Einsatz und sozialpolitische Wirkmächtigkeit aber nicht gleichsam im Selbstlauf zu erwarten sind, sondern – wie im Fünften Altenbericht der Bundesregierung formuliert – an zum Teil erhebliche Vorleistungsverpflichtungen der jeweils zuständigen gesellschaftlichen wie Vorleistungen insbesondere wirtschaftlicher und staatlicher Akteure geknüpft sind (Bundesministerium für Familie, Senioren, Frauen und Jugend, 2006). Zum anderen lässt sich damit auch verdeutlichen, dass vor dem Hintergrund der gewachsenen Heterogenisierung des Alters sozial- und altenpolitische *Standard*lösungen wenig geeignet sind, um auf die gewachsene Vielfalt sozialpolitischer Bedarfslagen im Alter angemessen zu reagieren.

- Hinzu kommt, dass sich demografische ebenso wie viele sozial-strukturelle Prozesse, die mit aus sozial- und altenpolitischer Sicht negativen Implikationen für eine Gesellschaft des langen Lebens verbunden sind, langsam, ja gleichsam schleichend entwickeln, von daher langfristig vorhersehbar und somit im Grundsatz auch in einem präventiven Sinne – ganz im Sinne eines präventiven und Sozialpolitikverständnisses – gestaltbar sind. Speziell an dieser Einschätzung hat es in der Bundesrepublik in der Vergangenheit lange Zeit gefehlt, obwohl z.B. der Deutschen Bundestag bereits 2002 in seinem Abschlussbericht zur Arbeit der Enquete-Kommission Demografischer Wandel (an dem auch Ursula Lehr maßgeblich mit gearbeitet hat) (Deutscher Bundestag, 2002) explizit darauf hingewiesen hat. Man kann eigentlich nur hoffen, dass wenigstens jetzt dazu die Kraft und der politische Wille vorhanden sind.

4. Zu einigen künftigen Schwerpunkten sozialpolitischer Handlungserfordernisse in alternden Gesellschaften

Ausgangspunkt für die nachstehenden Ausführungen ist die These, dass in den erwähnten demografischen, ökonomischen sowie übrigen sozial-strukturellen Herausforderungen auch Chancen dafür liegen, nicht nur zu aus sozialpolitischer Sicht angemessenen und zugleich innovativen Bearbeitungsstrategien für die bereits jetzt evidenten alten und neuen sozialen Altersrisiken und -probleme zu kommen. Darüber hinaus können aus ihrer erfolgreichen Bewältigung auch vielfältige positive Abstrahleffekte auf die Lösung anderer struktureller Reformerfordernisse in wichtigen übrigen Feldern der Sozial- und Gesellschaftspolitik liegen – entsprechend dem Motto: Die demografischen als Chance zur Lösung auch nicht primär demografischer Herausforderungen zu nutzen (Naegele, 2010).

4.1. Förderung der Beschäftigungsfähigkeit eines insgesamt alternden Erwerbspersonenpotenzials

Insbesondere auch um die sozialen Alterssicherungssysteme nachhaltig zu sichern sowie dem vorausberechneten Altern der Belegschaften und demografischen Engpässen auf dem Arbeitsmarkt zu begegnen, bedarf es einer zeitlichen Andersverteilung von Arbeit über den Lebenslauf i.S. einer Neuorganisation von Lebensarbeitszeit, die eine längere Lebensarbeitszeit zwingend einschließen sollte. Damit könnte zugleich angemessen auf einen zunehmenden, übergeordneten Bedarf an einer besseren

Synchronisierung von Arbeitszeit und lebensphasenspezifischen Bedürfnissen einerseits sowie auf eine parallel dazu empirisch nachweisbare wachsende Kritik an der herrschenden Lebensarbeitszeitorganisation andererseits reagiert werden, die Menschen in der Mitte und in der Spätphase des Erwerbslebens in ganz besonderer Weise betrifft („neue Vereinbarkeitsproblematik") (Naegele, 2010c). Die bisher in diesem Zusammenhang von der Politik gegebenen Antworten zur Neuverteilung von Lebensarbeitszeit sind unzureichend. Einerseits sind sie lediglich rentenrechtsintern („Rente mit 67"), andererseits schaffen sie insbesondere in der Form sich ausweitender prekärer Beschäftigungsverhältnisse neue soziale und damit übrigens auch neue ökonomische Risiken bei den künftig Älteren.

Um die politisch gewollte Verlängerung der Lebensarbeitszeit und damit längere Versicherungsverläufe für mehr Beschäftigte auch real zu ermöglichen, ist parallel eine flankierende Politik und Praxis der *Beschäftigungsförderung* einschließlich einer entsprechenden Anpassung von Arbeitsbedingungen und -belastungen notwendig, damit Menschen auch in den Betrieben und auf ihren angestammten Arbeitsplätzen älter werden können. Gefordert ist eine „lebenszyklusorientierte Personal- und Beschäftigungsförderungspolitik", die vor allem in den Betrieben und dort auf den unterschiedlichen Stufen der Erwerbsbiografie ansetzen muss, die es bislang aber in Deutschland nur ganz selten gibt. Allerdings ist durchaus etwas „Licht am Ende des Tunnels" erkennbar, denn die ersten Demografietarifverträge mit Zielen wie Qualifikationsförderung, Gesundheitsschutz und Motivationserhalt über den gesamten Arbeitnehmerlebenslauf hinweg sind bereits in Kraft getreten, so z.B. in der Eisen- und Stahl oder in der chemischen Industrie. Es ist zu hoffen, dass bald weitere und vor allem auch einzelbetriebliche Vereinbarungen folgen (Bundesministerium für Familie, Senioren, Frauen und Jugend, 2010).

4.2. Förderung des lebenslangen Lernens

Die Forderung nach Institutionalisierung von lebenslangem Lernen und von Erwachsenenbildung hat zunächst ebenfalls beschäftigungspolitische Hintergründe und gilt insbesondere für ältere Arbeitnehmer/innen, deren Weiterbildungsbeteiligung aus vielen Gründen vergleichsweise gering ist. Die berufliche Bildung in Deutschland ist einseitig „frontlastig" (Bosch, 2008). Einbezogen sind Forderungen, fehlende Schul- und Bildungsabschlüsse später nachzuholen, nach Überwindung des „Matthäus-Prinzips" in der betrieblich verantworteten beruflichen Fort- und Weiterbildung sowie danach, in den Universitäten und Hochschulen mehr (möglichst berufsbegleitende) Weiterbildungsangebote zu schaffen. Insgesamt werden individuelle Ansprüche auf Weiterbildungsmaßnahmen benötigt, deren Absicherung und Finanzierung per Gesetz oder Tarifvertrag erfolgen könnte. Der Fünfte Altenbericht plädiert für eine staatliche Erwachsenbildungsförderung sowie für den Ausbau der betrieblichen Weiterbildung. In der Diskussion sind Modelle des Bildungssparens, Bildungsschecks, Lernzeitkonten, Fondmodelle oder öffentliche Förderungen durch die Bundesagentur für Arbeit (BA) (Bundesministerium für Familie, Senioren, Frauen und Jugend, 2006; Naegele, 2010c).

Unter sozialpolitischen Aspekten hat lebenslanges Lernen aber auch einen unmittelbaren Altersbezug. Dies gilt vor allem in einer Gesellschaft des langen Lebens. Sowohl aus individueller wie aus gesellschaftlicher Sicht spricht vieles für eine eigenständige Bildung für das Alter, die es z.B. älteren Menschen erleichtert, mehr für die eigene Gesundheitsprävention zu tun, Rehabilitationsbemühungen selbst zu flankieren oder intelligente Techniken, welche die selbständige Lebensführung fördern, besser zu beherrschen (Bundesministerium für Familie, Senioren, Frauen und Jugend, 2006). Insgesamt ist Lernen im Alter auch hilfreich, wenn es darum geht, ganz persönlich mit alterstypischen Einschränkungen und Verlusten besser umzugehen. Hierin liegen u.a. wichtige Zukunftsaufgaben speziell für die Erwachsenen-bildungsträger wie Volkshochschulen und selbst für Universitäten (Ehlers, 2010).

4.3. Anpassung der Alterssicherungssysteme an sich verändernde und flexiblere Lebensläufe

Im Bereich der der *Alterssicherung* gilt es künftig vor allem jene Einkommensrisiken abzusichern, die mit zunehmenden freiwilligen oder erzwungenen Unterbrechungen und/oder Flexibilisierungen von Erwerbsbiografien zusammenhängen und die wegen der vorherrschenden Strukturprinzipien in der GRV (Versicherungs- und Äqui-valenzprinzip) bis in das Alter hineinreichen. Deren Bedeutung hat in den letzten Jahren massiv zugenommen (Ausweitung von Teilzeitbeschäftigung, 400 Euro-Jobs, befristete Beschäftigungsverhältnisse, Leiharbeit und Phasen von oftmals Lang-fristarbeitslosigkeit), es sind zunehmend auch ältere Beschäftige betroffen (Bäcker et al., 2007). Entsprechende Lösungswege markieren die 2007 von der EU-Kommission vorgelegten allgemeinen „gemeinsamen Grundsätze" für ein *Flexicurity-Konzept*, das im Kern auf eine bessere Absicherung von erwerbsbiografischer Diskontinuität zielt, dessen Weiterentwicklung und Umsetzung für Deutschland (zum Beispiel im Rahmen der Offenen Methode der Koordinierung (OMK)) noch aussteht (Klammer, 2010). Innovative Perspektiven eröffnet auch die die Idee der Weiterentwicklung der Arbeitslosenversicherung hin zu einer *Beschäftigungsversicherung*, die auf die soziale Sicherung von typischen erwerbsbiografischen Risiken im Kontext von Arbeitslosigkeit und riskanten Übergängen und damit zugleich auf die Eröffnung von Gelegenheitsstrukturen für neue berufliche Entwicklungsperspektiven einerseits sowie auf die Verbesserung von individuellen work-life-balances andererseits abzielt (Schmid, 2010).

4.4. Schaffung neuer Wohn- und Lebensformen und Förderung der selbständigen Lebensführung selbst bei ernsthaften funktionalen Einschränkungen

Wohnen ist bekanntlich mehr als nur „das Leben in den eigenen vier Wänden", was in ganz besonderer Weise auf ältere Menschen zutrifft. Insofern ist die sachgerechte Ausgestaltung der Wohnbedingungen bei Älteren von erheblicher Bedeutung nicht nur für Lebensqualität und gesellschaftliche Teilhabe, sondern zunehmend mehr auch für die Möglichkeit, die selbständige Lebensführung selbst bei Hilfe- und Pflege-bedürftigkeit aufrecht zu halten. Auch weil schon jetzt sehr viele ältere Menschen allein leben, ist der wohnungspolitische Handlungsbedarf – schon allein aus Gründen der Versorgung im Bedarfsfall – hoch. Allerdings gilt gerade für Wohnen im Alter die Heterogenisierungsthese: Wohnwünsche und Wohninteressen älterer Menschen sind sehr viel variabler geworden und unterscheiden sich zudem deutlich je nach der Position in den Lebensphasen im Alter. Insofern gilt gerade auch für die Wohnpolitik für Ältere, dass es keine Standardlösungen geben kann. Zwar haben die großen Mietwohnungsbaugesellschaften vor allem in den Ballungszentren die damit für sie verbundenen neuen Herausforderungen in der Zwischenzeit längst erkannt. Aus sozialpolitischer Sicht bestehen jedoch erhebliche Versorgungslücken im Bereich des Wohneigentums, das in vielen Regionen Deutschlands, vor allem in den ländlichen, sehr viel mehr verbreitet ist als das Mietwohnen. Hier sind neben zumeist umfassenderen Wohnraumanpassungsmaßnahmen insbesondere auch Vernetzungen zu haushaltsbezogenen und/oder sozialen und/oder Haustechnik-Dienstleistungsanbietern erforderlich sowie nicht zuletzt neue Finanzierungsmodelle für größere Umrüstungsvorhaben. Insgesamt eröffnen sich hier auch neue Aufgaben für die kommunale Sozial- und Altenpolitik (Heinze, Naegele & Schneiders, 2010).

Zwar lässt sich die selbständige Lebensführung stark über wohnungspolitische Maßnahmen fördern, diese reichen aber allein nicht aus. Besondere Bedeutung dürfte künftig der Technikunterstützung durch intelligente IT-Systeme zukommen. Ein entscheidendes Stichwort dafür ist das des Ambient Assisted Living (AAL). Im Falle von chronischen Erkrankungen oder im Falle der Rehabilitation verweisen darüber hinaus insbesondere skandinavische Modelle auf sinnvolle Unterstützungs-möglichkeiten durch Maßnahmen der Telemedizin, die speziell den privaten Haushalt Älterer als neuen eigenständigen *Gesundheitsstandort* ausweisen. Für Deutschland gilt, dass derartige Innovationen im Bereich der Selbständigkeitsförderung kaum verbreitet sind und ihnen zudem eine sichere Refinanzierungsgrundlage, insbesondere im Rahmen von SGB V und SGB XI, fehlt (Heinze & Naegele, 2010).

4.5. Paradigmenwechsel in der Gesundheitspolitik

In der *Gesundheitspolitik* muss es künftig vor allem darum gehen, die bestehenden ambulanten und stationären Versorgungssysteme sehr viel zielgenauer auf eine insgesamt alternde Patientenschaft mit ihrer durch chronische Erkrankungen und Multimorbidität gekennzeichneten besonderen Morbiditätsstruktur auszurichten. Die in Deutschland bislang stark auf Diagnose, Kuration und Medikalisierung fokussierte Gesundheitspolitik stellt sich vor diesem Hintergrund als wenig gewappnet dar für die neuen Herausforderungen, die ein demografisch bedingt verändertes Krankheits-panorama zwangsläufig nach sich zieht. Veränderte Ziele sind insbesondere die Weiterentwicklung und Umsetzung von geriatrischer Prävention und Rehabilitation, die Stärkung der Chronikermedizin, Ausweitung integrierter Versorgungsmodelle unter Einbezug der Pflege, vernetztes Handeln der Professionen sowie Schaffung neuer Altersbilder in der Medizin, Kranken- und Altenpflege (Naegele, 2009). Das kürzlich dazu vorgelegte Sondergutachten des Sachverständigenrates zur Begutachtung der Entwicklung im Gesundheitswesen zum Thema „Koordination und Integration – Gesundheitsversorgung in einer Gesellschaft des längeren Lebens" verweist insbesondere auf fehlende Leitlinien und Standards zum Umgang mit Multimorbidität sowie auf die bislang nicht gelösten Herausforderungen für eine bedarfsgerechte Arzneimittelversorgung im Alter (SVR, 2009).

4.6. Weiterentwicklung der Pflege(versicherungs)politik

Zweifellos ist die Mitte der 1990er Jahre erfolgte Einführung der Pflegeversicherung ein sozialpolitisches „Erfolgsmodell" (Igl, Naegele & Hamdorf, 2007). Allerdings gilt gerade hier der Satz: „Nach der Reform ist vor der Reform". So sind dringend mehr Anreize zur Vermeidung von Pflegebedürftigkeit erforderlich, gilt es das bestehende Leistungs- und Finanzierungsspektrum stärker auf differenzierter gewordene Bedarfs-situationen auszurichten und den money-led-approach durch einen need-led-approach zu ersetzen sowie das enge verrichtungsbezogene Konzept der Pflegersicherung durch ein erweitertes Pflegeverständnis und ein darauf ausgerichtetes Begutachtungsverfahren abzulösen. Erst dadurch wird eine angemessene Versorgung demenziell erkrankter älterer Menschen möglich. Weitgehend ungelöst ist zudem das Pflegepersonalproblem. Allerdings setzt dies alles die Bereitschaft in der gesamten Gesellschaft voraus, mehr Finanzmittel für die Pflege bereit zu stellen (Naegele 2009).

4.7. Beachtung besonderer gruppentypischer sozialpolitischer Bedarfslagen

Aus Sicht der Sozial- und Altenpolitik ist insbesondere zu beachten, dass die Heterogenisierung des Alters auch die sozialpolitischen Bedarfslagen Älterer betrifft. Besondere Handlungserfordernisse bestehen dabei mit Blick auf folgende Gruppen: Ältere Langfristarbeitslose, unfreiwillig Frühverrentete, ältere Menschen mit Migrationsgeschichte, sehr alte Menschen, ob alleinstehend oder im Paarhaushalt lebend, ältere bzw. älter gewordene Behinderte sowie demenziell Erkrankte. Einzubeziehen sind die unterstützenden Angehörigen und übrigen informellen Helfer gleichsam als „zweite Zielgruppe" (Bäcker et al,. 2007; Gerling & Naegele, 2007).

4.8. Erkennen und Nutzen der gewachsenen Potenziale älterer Menschen – Vom Versorgungs- zum Aufforderungs- und Verpflichtungsparadigma – das Konzept des „active ageing"

Auch in der Altenpolitik und -arbeit im engeren Sinne bedarf es eines Paradigmenwechsels mit dem Ziel: weg von der traditionellen „Ruhestandsorientierung" hin zur individuell wie gesellschaftlich nützlichen „Potenzialentfaltung und -nutzung". Ziel ist die Steigerung der Bereitschaft der Älteren, selbst zur Sicherung des kleinen wie des großen Generationenvertrages beizutragen. Letztlich gilt es, das überkommene Versorgungsparadigma zugunsten eines Aufforderungs-, ja sogar Verpflichtungsparadigmas zu überwinden. Das dazu derzeit fortgeschrittenste Konzept ist das des „active ageing", das aber oft einseitig auf den Bereich des Arbeitsmarktes verkürzt wird. Seine herausragenden Merkmale sind neben einer integrierten und lebenslaufbezogenen Konzeptualisierung insbesondere die Betonung von inter- und intragenerationeller Solidarität und gesellschaftlichem Nützlichkeitsbezug bei gleichzeitig bevorzugter Beachtung von Problemen sozial benachteiligter älterer Bevölkerungsgruppen. Speziell in der Verbindung des „Für-sich-etwas-Tun" und des „Für-andere-etwas-Tun" liegt die Kernidee des „active ageing" (Naegele, 2010b).

4.9. Stärkung und Förderung von intergenerationeller Solidarität

Letzteres verweist zugleich auf die Notwendigkeit einer Neujustierung beider Generationenverträge, des großen gesellschaftlichen Generationenvertrags im System der umlagefinanzierten Sozialversicherung ebenso wie des so genannten kleinen Generationenvertrags im familialen Umfeld. Es geht letztlich um eine neue *Generationensolidarität* vor dem Hintergrund des kollektiven Alterns der Bevölkerung. Dabei ist darauf zu achten, die jeweiligen Generationen entsprechend ihrer je spezifischen Leistungsfähigkeit möglichst gleichmäßig zu belasten. In diesem Zusammenhang stehen Junge wie Alte gleichermaßen in der Verantwortung. Für beide gibt es nicht nur Rechte, sondern auch Pflichten. Die junge Generation sollte vor allem mehr Bildung und mehr Zukunftsinvestitionen erwarten können, muss sich aber im Gegenzug selbst auf mehr Lernen, neue Erwerbsmuster und mehr berufliche Mobilität und Flexibilität einstellen und nicht zuletzt auch mehr Bereitschaft für ein Leben mit

Kindern aufbringen. Die älteren Generationen wiederum dürfen sich nicht primär in tradierten Rollen als Rentenempfänger und „Ruheständler" definieren, sondern müssen sehr viel stärker bereit sein, mehr Verantwortung für das eigene Leben („Selbstverantwortung") wie für das anderer sowie insbesondere der nachrückenden Generationen („Mitverantwortung") zu übernehmen. Dazu gehört auch die Bereitschaft, bei gegebenen Voraussetzungen länger im Erwerbsleben zu bleiben (Naegele 2010a).

5.   Ausblick

Zweifellos steht die Sozialpolitik vor dem Hintergrund des kollektiven Alterns der Bevölkerung vor neuen Herausforderungen. Diese sollen weder geleugnet noch verniedlicht werden. Allerdings sind weder „demografische Krisenszenarien" noch „Schönfärberei" durch Überbetonung von Potenzialen und dgl. die angemessenen Antworten. Im Sinne ihrer Gestaltungsfunktion (Preller, 1962) gilt es für die Sozialpolitik, das kollektive Altern der Gesellschaft als *gesellschaftspolitische Gestaltungsaufgabe* zu begreifen und anzugehen. Damit können nicht nur aktuelle, sozialpolitisch relevante Problemlagen in einer Gesellschaft des langen Lebens angemessen gelöst werden, sondern auch Weichen gestellt werden für eine zukunftsorientierte Sozialpolitik, von der alle Generationen gleichermaßen profitieren können. Insofern versteht sich das hier vorgestellte Konzept insgesamt auch als ein Beitrag zur Stärkung von Generationensolidarität in einer alternden Gesellschaft durch Sozialpolitik.

Literaturangaben

[1]   Bäcker, G., Naegele, G., Bispinck, R., Hofemann, K., & Neubauer, J. *Sozialpolitik und Soziale Lage*, 2. Bände. 4. aktualisierte und vollständig überarbeitete Auflage, VS Verlag für Sozialwissenschaften, Wiesbaden, 2007.

[2]   BMFSFJ, *Bundesministerium für Familie, Senioren, Frauen und Jugend: Fünfter Bericht zur Lage der älteren Generation in der Bundesrepublik Deutschland: Potenziale des Alters in Wirtschaft und Gesellschaft. Der Beitrag älterer Menschen zum Zusammenhalt der Generationen*, Bundestags-Drucksache 16/2190 vom 6.7.2006, Berlin, 2006.

[3]   BMFSFJ, *Bundesministerium für Familie, Senioren, Frauen und Jugend: Fünfter Bericht zur Lage der älteren Generation in der Bundesrepublik Deutschland: Altersbilder. G. Bundesaltenbericht*, Berlin, 2010, im Druck.

[4]   Bosch, G., Lernen im Erwerbsverlauf – Von der klassischen Jugendorientierung zu lebenslangem Lernen, in: G. Naegele (Hrsg.), *Soziale Lebenslaufpolitik*, 352-370, VS-Verlag für Sozialwissen-schaften, Wiesbaden, 2010.

[5]   Clemens, W., & Naegele, G., Lebenslagen im Alter, in: A. Kruse, & M. Martin (Hrsg.), *Enzyklopädie der Gerontologie. Alternsprozesse in multidisziplinärer Sicht*, 387-402, Verlag Hans Huber, Bern, 2004.

[6]   Deutscher Bundestag (Hrsg.), *Abschlussbericht der Enquete-Kommission Demografischer Wandel - Herausforderungen unserer älter werdenden Gesellschaft an den Einzelnen und die Politik. Zur Sache. Themen parlamentarischer Beratung*, 3/2002, Bundestagsdruckerei, Bonn, 2002.

[7]   Ehlers, A., Bildung im Alter – (k)ein politisches Thema, in: G. Naegele, (Hrsg.), *Soziale Lebenslaufpolitik*, 602-618, VS-Verlag für Sozialwissenschaften, Wiesbaden, 2010.

[8]   Heinze, R. G., & Naegele, G., Intelligente Technik und „personal health" als Wachstumsfaktoren für die Seniorenwirtschaft, in: U. Fachinger, & K-U. Henke (Hrsg.), *Der private Haushalt als dritter Gesundheitsstandort – Empirische Bund theoretische Analysen aus interdisziplinärer Sicht*, Nomos-Verlag, Baden-Baden, 2010, im Druck.

[9]   Heinze, R. G., Naegele, G., & Schneiders, K., *Die wirtschaftlichen Potenziale des Alter(n)s. Grundriss Gerontologie. Stuttgart*, Kohlhammer-Verlag, 2010, im Druck.

[10] Igl, G., Naegele, G., & Hamdorf, S. (Hrsg.), *Reform der Pflegeversicherung – Auswirkungen auf die Pflegebedürftigen und die Pflegepersonen,* LIT-Verlag, Müntrer/ Hamburg/ London, 2007.

[11] Klammer, U., Flexibilität und Sicherheit im individuellen (Erwerbs-)Lebensverlauf, in: G. Naegele (Hrsg.), *Soziale Lebenslaufpolitik,* 675-710, VS-Verlag für Sozialwissenschaften, Wiesbaden, 2010.

[12] Naegele, G., Perspektiven einer fachlich angemessenen, bedarfs- und bedürfnisgerechten gesundheitlichen Versorgung für ältere Menschen, *Zeitschrift für Gerontologie und Geriatrie* **42:6** (2009), 432-440.

[13] Naegele, G., Kollektives demografisches Altern und demografischer Wandel – Auswirkungen auf den „großen" und „kleinen" Generationenvertrag, in: R. Heinze, & G. Naegele (Hrsg.), *EinBlick in die Zukunft. Gesellschaftlicher Wandel und Zukunft des Alterns,* 384-405, LIT-Verlag, Münster, 2010a.

[14] Naegele, G., Soziale Dienste für ältere Menschen, in: A. Evers, R. G. Heinze, & T. Olk, (Hrsg.), *Handbuch Soziale Dienste,* VS-Verlag für Sozialwissenschaften, Wiesbaden, 2010b, im Druck.

[15] Naegele, G., Soziale Lebenslaufpolitik – Grundlagen, Analysen und Konzepte, in: G. Naegele, (Hrsg.), *Soziale Lebenslaufpolitik,* 27-85, VS-Verlag für Sozialwissenschaften, Wiesbaden, 2010c.

[16] Naegele, G., & Gerling. V., Sozialpolitik für ältere Menschen in Deutschland. – Grundlagen, Strukturen, Entwicklungstrends und neue fachliche Herausforderungen, in: G. Igl, & T. Klie (Hrsg.), *Das Recht der älteren Menschen,* 49-74, Baden-Baden. Nomos, 2007.

[17] Naegele, G., & Schmähl, W., Einkommen und Einkommenssicherheit im Alter, in: Bertelsmann Stiftung (Hrsg.), *Alter neu denken. Gesellschaftliches Altern als Chance begreifen,* 190-216, Verlag Bertelsmann-Stiftung, Gütersloh, 2007.

[18] Naegele, G., Heien, I., Kowalski, I., Leve, V., Rockhoff, M., & Sporket, M. unter Mitarbeit von Barkholdt, C., *Rente mit 67? Voraussetzung für die Weiterarbeitsfähigkeit älterer Arbeitnehmerinnen. FfG-Forschungsbericht,* Dortmund, 2008.

[19] Preller, L., *Sozialpolitik, Theoretische Ortung,* J. C. B. Mohr (Paul Siebeck), Tübingen, 1962.

[20] Schmähl, W., Die neue deutsche Alterssicherungspolitik und die Gefahr steigender Altersarmut, *Soziale Sicherheit* 12 (2006), 397-402.

[21] Schmid, J., Von der aktiven zur lebenslauforientierten Arbeitsmarktpolitik, in: G. Naegele (Hrsg.), *Soziale Lebenslaufpolitik,* 333-351, VS-Verlag für Sozialwissenschaften, Wiesbaden, 2010.

[22] Statistisches Bundesamt (Hrsg.), *Bevölkerung Deutschlands bis 2060: 12. Koordinierte Bevölkerungsvorausberechnung,* Eigenverlag, Wiesbaden, 2009.

[23] SVR, Sachverständigenrat zur Begutachtung der Entwicklung im Gesundheitswesen (Hrsg.), *Koordination und Integration – Gesundheitsversorgung in einer Gesellschaft des längeren Lebens. Sondergutachten,* Berlin, 2009.

[24] Tews, H. P., & Naegele, G., Theorieansätze und –kritik zur Altersentwicklung – Neue und alte sozialpolitische Orientierungen, in: Naegele, G., & Tews, H. P. (Hrsg.) *Lebenslagen im Strukturwandel des Alters. Alternde Gesellschaft – Folgen für die Politik,* 329-367, Westdeutscher-Verlag, Opladen, 1993.

Leben im Alter
A. Kruse (Hrsg.)
© 2010, AKA Verlag Heidelberg

Reflexionen zur zivilgesellschaftlichen Dimension des Alterns

Thomas KLIE
Professor für öffentliches Recht und Verwaltungswissenschaft, Evangelische Hochschule Freiburg, Deutschland

Abstract. Zunächst wird der Begriff des „bürgerschaftliches Engagements" definiert; dabei geht das Verständnis von bürgerschaftlichem Engagement über die Mitwirkung an bestehenden gesellschaftlichen Aufgaben hinaus und betont dabei auch die politisch einfordernde Gestalt bei der Thematisierung eigener Interessen. Bürgerschaftliches Engagement wird als eine bedeutende Form des produktiven und aktiven Alters interpretiert. Dieses Engagement spielt eine tragende Rolle bei der sozialen, kulturellen und ökologischen Alltagsgestaltung und Daseinsvorsorge in nahezu allen gesellschaftlichen Lebensbereichen. Aktives Altern wird auch in der reflektierten Auseinandersetzung mit Sterben und Tod gesehen. Entsprechend öffnet sich das bürgerschaftliche Engagement auch Anforderungen, die der Alltag in stationären Einrichtungen der Altenhilfe bietet. Die zivilgesellschaftliche Dimension des Alterns ist darin zu sehen, eine Deutung aktiven und produktiven Alters vorzunehmen, die ausdrücklich den gesellschaftlichen und kulturellen Wert von hohem Alter betont. Es werden vier Dimensionen von Zivilgesellschaft unterschieden und expliziert: (a) „Dritter Sektor", (b) Zivilgesellschaft als Gestaltungsprinzip der Gesellschaft, (c) auf Koproduktion ausgerichtete Gestaltungs- und Aushandlungsprozesse zwischen einzelnen Sektoren und ihren Akteursgruppen, (d) Zivilgesellschaft im Kontext normativer Orientierungen. Abschließend werden Beziehungen zwischen Kunst, Altern und Zivilgesellschaft aufgezeigt.

1. Vom „Umgang mit dem Altern"

Die Eigenverantwortung älterer Menschen, ihre gesellschaftliche Mitgestaltungsfähigkeit und -bereitschaft werden von Ursula Lehr ebenso angesprochen wie ihre „Mitverantwortlichkeit", für die Gestaltung des historisch betrachtet einmaligen, als Weltereignis (Hoch, 2009) zu qualifizierenden, demographischen Wandels. Nicht (nur) als berechtigte Rentenempfänger, als potentiell vulnerable Personen, für die im Falle der Unterstützungsbedürftigkeit gesorgt sein muss (u.a. durch die Pflegeversicherung), auch nicht allein als Kunden altersgerechter Produkte und Dienstleitungen, vielmehr auch und gerade als Engagierte, wie es heute heißt: als bürgerschaftlich Engagierte spricht Ursula Lehr die ältere Generation an – und das in ihrem eigenen Interesse: es nützt, es hält gesund, schafft soziales Kapital und generiert Antworten auf die Herausforderungen des demographischen und – wie zu ergänzen wäre – sozialen Wandels (Blinkert & Klie, 2004). Damit sind Ressourcen einer sich als Zivilgesellschaft verstehenden Gesellschaft angesprochen, werden Hoffnungen auf das „Projekt der Zivilgesellschaft" (Kocka, 2009) gerichtet, die über das hinaus gehen und mehr implizieren, als „mehr Ehrenamtlichkeit" und die „Stärkung des bürgerschaftlichen Engagements", auf das allenthalben – auch als Altersaktivität – gesetzt wird. Über die Bedeutung der zivilgesellschaftlichen Dimension des Alterns gilt es in diesem Beitrag zu reflektieren.

Sie wird nicht abgeleitet von einem Zivilgesellschaftskonzept – das steht am Ende –, sondern von den Formen bürgerschaftlichen Engagements als Altersaktivität und den Themen Vulnerabilität und Generationengerechtigkeit aus versucht zu entfalten.

2.   Bürgerschaftliches Engagement als Altersaktivität

Die Erwartungen an das Bürgerschaftliche Engagement sind gerade in der Arbeit von und mit älteren Menschen und in der „Sorge" um hochbetagte Menschen groß. Ob es sich um „Großelterndienste" handelt, um Lesepaten, ehrenamtliche Handwerkerdienste, Pflegebegleiter, Hospizhelfer, die Pflege der Ortgeschichte, ehrenamtliche Stadtführungen, freiwillige Dienste in der Stadtbibliothek, den Betrieb eines Bürgerbusses oder im Ausland tätige Senior Experten: Das Spektrum „bürgerschaftlichen Engagements im Alter" ist weit. Für wie bedeutsam es von der Politik betrachtet wird, das dokumentieren nicht zuletzt die vielfältigen und groß angelegten Bundesmodellprogramme, die kommunal- und landespolitische Rhetorik in der Seniorenpolitik (DStGB [Hrsg.], 2009), aber auch die Gesetzgebung, wenn etwa im Pflegeweiterentwicklungsgesetz sog. „geschützte Budgets" für die Förderung bürgerschaftlichen Engagements in Pflegekontexten im Rahmen der Sozialversicherung geschaffen wurden. Die Förderung bürgerschaftlichen Engagements gehört zum festen Bestandteil politischer Programmatik und dies generationsübergreifend.

Dabei lassen sich unterschiedliche Formen bürgerschaftlichen Engagements unterscheiden und „ordnen".

Unter dem Begriff des bürgerschaftlichen Engagements werden einerseits alle traditionellen und modernen Formen des Engagements von Bürgerinnen und Bürgern mit Gemeinwohlbezug subsumiert (Deutscher Bundestag, 2002). Insofern ist er Sammelbegriff für die Vielfalt von Engagementformen. In einer zivilgesellschaftlichen Rückbindung wird als bürgerschaftliches Engagement eine besondere Qualität zivilgesellschaftlicher Art hinsichtlich der Handlungsstile, der normativen Grundlagen sowie altes (impliziten) Verständnisses von Zivilgesellschaft angesprochen (Klie & Ross, 2005). Der Begriff des bürgerschaftlichen Engagements sammelt und verbindet. Er wird eingesetzt, um Brücken zu schlagen zwischen alten und neuen Formen, zwischen klassischer Gemeinderatstätigkeit und moderner Protestpolitik in Bürgerinitiativen, von religiös motiviertem lebenslangen Engagement in Kirchengemeinden bis hin zu projektorientierten Formen neuer Ehrenamtlichkeit (Embacher & Lang, 2008). Der Extrakt des auf Freiwilligkeit beruhenden Engagements verbindet unterschiedliche Kulturen des Engagements. Dabei lässt sich im Sinne einer Formenlehre bürgerschaftlichen Engagements typisieren:

- das politische Engagement, zu dem klassische Formen des Engagements als von Gemeinderäten und Stadtverordneten in der Kommunalpolitik, in Mitarbeiterverbänden und Gewerkschaften, in der Themenanwaltschaft in Bürgerinitiativen und sozialen Bewegungen sowie das Engagement in Seniorenbeiräten, in der BAGSO oder die Mitarbeit in Lokale Agenda 21-Gruppen gehören.

- Als soziales Engagement lassen sich die vielfältigen Tätigkeiten in Jugend- und Wohlfahrtsverbänden, in Kirchengemeinden, in der Hospizbewegung, in Pflege- und Betreuungskontexten oder in Aktivitäten für Kinder und Jugendliche oder eben auch „Senioren" bezeichnen.

- Das Engagement in Vereinen, Verbänden und Kirchen beinhaltet Vorstands-
  tätigkeiten, Geschäftsführungs- und Leitungsaufgaben in allen verfassten
  Bereichen bürgerschaftlichen Engagements.

- Zum Engagement in öffentlichen Funktionen gehören klassische Ehrenämter
  wie Schöffen, ehrenamtliche Richter und Wahlhelfer, die durchaus einen
  verpflichtenden Charakter tragen können. Die Übernahme von Aufgaben im
  Rahmen des Betreuungsrechts gehört ebenso dazu wie Aufgaben in der
  Freiwilligen Feuerwehr und solchen Funktionen, die zur Aufrechterhaltung von
  öffentlichen Einrichtungen wie Museen und Bibliotheken unerlässlich sind.

- Zu Formen der Gegenseitigkeit lassen sich Genossenschaften und Tauschringe
  rechnen: hier stützt das Engagement Vorstellungen einer Ökonomie, die auf
  gegenseitige Hilfe ebenso ruht wie auf geteilten gemeinsamen Werthaltungen.

- Die Selbsthilfe als Form des Engagements findet sich vor allem in den
  Bereichen von Familie und Gesundheit, etwa in Alzheimergesellschaften, in
  einer der zahlreichen Gesundheitsselbsthilfegruppen. Kennzeichnend für sie
  ist der fließende Übergang zwischen Selbsthilfe und einem darüber
  hinausgehenden Engagement zur Unterstützung anderer Menschen.

- Das bürgerschaftliche Engagement in und von Unternehmen kennt nicht nur
  die klassische Form der Interessensvertretung in Kammern und Verbänden
  sondern vor allem die Übernahme von bürgerschaftlichen Rollen im Rahmen
  der Corporate Citizenship: die Unternehmen in ihrer Bürgerrolle im
  Gemeinwesen und der Gesellschaft. (vgl. Embacher & Lang, 2008)

Bürgerschaftliches Engagement ist nicht nur co-produktive Mitwirkung an gesellschaftlichen Aufgaben, wie es häufig in Modellprogrammen etwa im Zusammenhang
mit der Pflegesicherung proklamiert wird, sondern kennt immer auch eine politisch
einfordernde Gestalt, sei es bei der Thematisierung eigener, gegebenenfalls auch
partikularer Interessen oder in einer Art Themenanwaltschaft für politisch nicht-
artikulationsfähige gesellschaftliche Fragen und Anliegen von Bevölkerungsgruppen.

Diese Formenlehre und Entfaltung der Dimensionen und der Bedeutung
bürgerschaftlichen Engagements macht deutlich, welche Entfaltungs- und Gestaltungs-
optionen es für das Altern eröffnen kann: es gilt, in einer zivilgesellschaftlichen
Reflexion des Alterns nicht nur den individuellen Herausforderungen, die mit dem
Alter und Altern verbunden sind, zu begegnen, sondern auch denen, die sich für die
Gesellschaft stellen. Wir altern als verantwortliche Zeitgenossen.

Bürgerschaftliches Engagement in seinen vielfältigen Variationen ist eine
zeitgemäße Form der Alktersaktivität im Kontext der Bilder eines produktiven und
aktiven Alters (Kolland, 2004). Es avanciert gleichzeitig zu einem Kernelement eines
neuen Vergesellschaftungsmodells, das mit der Betonung der Ressourcen und der
Handlungspotentiale älterer Menschen das Leitbild des verdienten Ruhestandes
ergänzt. Dabei ist das soziale, sinnvolle und zielbewusste Tätigsein im Alter innerhalb
zivilgesellschaftlicher Strukturen ambivalent: es enthält Befreiungsmöglichkeiten und
Autonomiespielräume zur Entfaltung einer allseitig entwickelten Persönlichkeit und
zur Förderung gesellschaftlicher Partizipationsprozesse. Es werden Chancen eröffnet,
im Rahmen intergenerativ angelegter Ermöglichungsstrukturen Formen der aktiven
Mitgestaltung von Gesellschaft zu fördern. Gleichzeitig besteht die Gefahr, dass das
bürgerschaftliche Engagement von älteren Menschen im Kontext für notwendig

erachteter Umbaumaßnahmen des Sozialstaates eingesetzt wird, deren Folgen es kompensieren soll (Kricheldorff et al., 2002). Die sozialen und gesellschaftspolitischen Potentiale des Alters werden hier keineswegs unschuldig postuliert, sondern sind eng mit dem Diskurs um die notwendige Weiterentwicklung des Sozialstaates verwoben. Die Erhaltung von Kompetenzen und die persönliche Erfüllung treten dann gegenüber dem gesellschaftlichen Interesse einer Nutzung des Humankapitals zurück. Gefragt ist in diesem Zusammenhang vor allem das aktive Engagement älterer Menschen, das das Gemeinwesen mitgestaltet. Auf den engagierten Alten ruhen angesichts der Engpässe in der Finanzierung sozialer Leistungen große Hoffnungen von Sozialpolitikern (Aner, 2008). Eine solche Nutzenorientierung in der Diskussion um bürgerschaftliches Engagement steht im Widerspruch zu einem differenzierten Altersbild und dem zunehmenden Selbstbewusstsein älterer Menschen, ihr Leben selbstbestimmt zu gestalten, das auch in der Dialektik einer vita activa und einer vita contemplativa Beiträge zum Zusammenhalt der Gesellschaft leistet. Jenseits des gesellschaftlichen Nutzens des bürgerschaftlichen Engagements wird es in seinen Potentialen der Vergemeinschaftung und individueller sozialer Gestaltungsmöglichkeiten gesehen. Es vermittelt Kontakte zu außerfamiliären Gruppen, die und deren Qualität zu den wichtigsten Prädiktoren erfolgreichen Alters zählen.

Die empirischen Studien zum freiwilligen Engagement verdeutlichen, dass das bürgerschaftliche und ehrenamtliche Engagement traditionell eine tragende Rolle bei der sozialen, kulturellen und ökologischen Alltagsgestaltung und Daseinsvorsorge in nahezu allen gesellschaftlichen Lebensbereichen spielt. Bürgerschaftliches Engagement ist Bestandteil der Alltagskultur vieler Bürgerinnen und Bürger, die mit ihrem Willen und ihren Kompetenzen zur Mitgestaltung der Gesellschaft und zur Verbesserung der Lebensbedingungen der Menschen beitragen.

Die Engagierten schaffen Sozialkapital in Form von sozialen Netzwerken, die den gesellschaftlichen Zusammenhalt fördern und soziale sowie kulturelle Teilhabe ermöglichen. Damit gewinnt das bürgerschaftliche Engagement zunehmend an Bedeutung in der gegenwärtigen Gestaltung von Wohlfahrt. Diese Entwicklungen verweisen auf einen neuen Welfare-Mix (Wohlfahrtspluralismus), der aus dem co-produktiven Zusammenwirken von Staat (Kommune), Wirtschaft, Dritter Sektor (Verbände, Kirchen etc.) und den Bürgerinnen und Bürgern entsteht und ein Zukunftsmodell für die moderne Gesellschaft darstellt.

Zum Umfang, zur Verankerung und zu Erscheinungsformen freiwilligen Engagements liegen unterschiedliche Untersuchungen vor bzw. kann auf verschiedene Datensätze zurückgegriffen werden, die allerdings ein teilweise sehr divergentes Bild entstehen lassen

Die Ergebnisse des Freiwilligensurvey zeigen, dass im Bundesdurchschnitt die Engagementquote im Zeitraum von 1999 bis 2004 von 34 Prozent auf 36 Prozent angestiegen ist (vgl. Hoch et al., 2008; Gensicke, 2006).

Das Wachstum des freiwilligen Engagements zwischen 1999 und 2004 wird entscheidend getragen durch die Altersgruppen ab 55 Jahren. Die fortgeschrittenen Jahrgänge erweisen sich damit als ein wichtiger Motor des bürgerschaftlichen Engagements. So stieg die Engagementquote der ab 55jährigen in Baden-Württemberg von 1999 bis 2004 von 33 Prozent um 5 Prozentpunkte auf 38 Prozent und in Hessen von 33 Prozent auf 37 Prozent. Aber auch in den meisten anderen Bundesländern zeigen sich Zuwächse beim bürgerschaftlichen Engagement der älteren Generation. Die Engagementquoten der ab 55jährigen stiegen in Bayern von 1999 auf 2004 von 29 Prozent auf 33 Prozent, in Rheinland-Pfalz von 31 auf 33 Prozent und in Nordrhein-

Westfalen und Niedersachen beträchtlich von 26 Prozent auf 32 Prozent bzw. 24 Prozent auf 32 Prozent. Für die neuen Bundesländer liegt die Engagementquote der Menschen ab 55 Jahre zwischen 24 Prozent und 27 Prozent im Jahr 2004. Die Verantwortungsübernahme für die Gesellschaft und das Bestreben, diese im Kleinen mitzugestalten, sind folglich auch und gerade bei den Menschen ab 55 Jahren nachhaltig ausgeprägt und sind bspw. in Baden-Württemberg in Organisationsstrukturen der Vereine, Kirchen und religiösen Einrichtungen eingebunden sowie zunehmend denen von Seniorenselbstorganisationen. Bei den älteren Alten ist das Engagement wesentlich geringer ausgeprägt. Engagiert waren 1999 31 Prozent und 2004 37 Prozent der 60-70jährigen, 20 Prozent resp. 22 Prozent der über 70jährigen. Der Anteil der Männer unter älteren Menschen, die sich engagieren, ist deutlich höher als der der Frauen (Freiwilligensurvey 2007 39 Prozent zu 27 Prozent). Die Hauptfelder der Aktivität und des Engagements liegen im Bereich Sport und Bewegung (40 Prozent), Kultur und Musik (18 Prozent), Freizeit und Geselligkeit (25 Prozent), gefolgt vom sozialen Bereich. Die Quoten nehmen im Alter deutlich ab. Bei den über 70jährigen sind noch 8 Prozent der Frauen und 14 Prozent der Männer im Bereich Sport und Bewegung engagiert, 4,5 Prozent bzw. 6,5 Prozent im Bereich Kultur und Musik, 4 Prozent bzw. 6,5 Prozent im Bereich Freizeit und Geselligkeit und 6 Prozent bzw. 4,5 Prozent im sozialen Bereich.

Dabei gibt es wichtige Einflussgrößen für das Engagementniveau. Kirchenbindung hat „positiven" Einfluss auf das Engagement und die Engagementbereitschaft: es engagieren sich besonders die Status-, Gesinnungs- und Demographieeliten in der Bevölkerung. Ältere in den neuen Bundesländern gehören zu den am wenigsten engagierten Gruppen (bei den über 70jährigen 14 Prozent). Alleinlebende, Bürgerinnen und Bürger mit einem geringen politischen Interesse und mit einem einfachen Schulabschluss gehören zu den besonders wenig „engagierten" Gruppen (Gensicke 2006). Von hoher Bedeutung für das Engagementpotential ist die Größe des Freundes- und Bekanntenkreises. Es lässt sich über ältere Menschen letztlich generell sagen, dass bei den Frauen unter den jungen Alten und den Männern unter den älteren Älteren eine steigende Beteiligung an Formen bürgerschaftlichen Engagements festzustellen ist, dass der jeweils eingebrachte Zeitaufwand mit knapp 20 Stunden pro Monat beträchtlich ist und sich ältere Menschen überwiegend traditionell engagieren, wesentlich häufiger als andere in kirchlichen Zusammenhängen.

Die Zahlen des Freiwilligensurveys werden im Wesentlichen gestützt durch den Engagementatlas (Prognos 2008). Hier werden zusätzlich regionalisierte Aussagen zum Engagementniveau getroffen, die allerdings mit einem erheblichen Unsicherheitsfaktor (+/- 9 Prozent) versehen sind. Auch werden die alterstypischen Engagementbereiche deutlich: Das Engagement Älterer bezieht sich stärker auf die Bereiche Kirche und Religion, Soziales und Pflege und das Engagement für ältere Bürgerinnen und Bürger.

Auch die Zahlen aus dem DEAS 2002 und 2008 weisen aus, dass ehrenamtliches Engagement, aber auch Formen außerhäuslicher Bildungsaktivitäten bei Menschen in der zweiten Lebenshälfte weit verbreitet sind. Sie nehmen aber in den höheren Altersgruppen deutlich ab. So waren im Jahr 2008 gut 60 Prozent der 40-54-jährigen und nur noch 30 Prozent der 70-85-jährigen außerberuflich gesellschaftlich engagiert. Die Partizipation der Männer nach dem DEAS ist stärker ausgeprägt als die der Frauen, insbesondere in den älteren Altersgruppen. Formen der gesellschaftlichen Partizipation sind in den alten Bundesländern zwischen 10 Prozent und 20 Prozent höher als in den neuen (Norman et al. 2009). Dabei belegt der DEAS 2008 in aller Deutlichkeit, dass es einen Zusammenhang zwischen den Dimensionen ehrenamtlichen Engagements und außerhäuslichen Bildungsaktivitäten gibt: In allen Altersgruppen ist jeweils etwa ein Drittel der außerhäuslich bildungsaktiven Person zugleich ehrenamtlich engagiert. Umgekehrt widmet sich in allen Altersgruppen nur eine kleine Minderheit von etwa 5 Prozent ausschließlich ehrenamtlichen Engagements, ohne zugleich an Bildungsaktivitäten zu partizipieren.

Aber auch die Zahlen des Freiwilligensurveys 2009 zeigen ein differenziertes Bild: die Engagementzahlen stagnieren insgesamt, steigen jedoch in einigen Bundesländern weiter an, während sie in anderen abnehmen.

Die Zahlen dokumentieren einerseits, dass ältere Menschen in erheblichem Umfang bürgerschaftlich engagiert sind und gerade ihre Zahl steigt. Gleichwohl hat nur eine Minderheit bürgerschaftliches Engagement zu einer Form ihrer Altersaktivität gewählt oder wählen können: Die Welt der „Zivilgesellschaft" steht empirisch betrachtet mitnichten allen älteren Bürgerinnen und Bürgern offen: Lebensstile stehen dem entgegen, Altersbilder, Bildungsbenachteiligungen sind wirksam und auch ökonomische Bedingungen: Altersarmut fördert keine bürgerschaftliche Beteiligung. So sind normative Appelle, so sind politische Programme und „Lehrsätze" stets auch hinsichtlich ihrer sozial- und bildungspolitischen – oder eben: engagementpolitischen Implikationen zu befragen. Das gilt im Übrigen für das bürgerschaftliche Engagement Jugendlicher und vieler Migrantengruppen.

3.   Vulnerabilität und Zivilgesellschaft: eine kulturelle Herausforderung

Alle Postulate in Richtung „active aging" verhindern nicht das Älterwerden des Menschen und können das Alter und die zunehmende Vulnerabilität des Alters nicht abschaffen. Wir können davon ausgehen, dass eine vollständige Inklusion des älteren Menschen in ein aktives Altersbild nicht gelingt. Die besondere Aufgabe der Zivilgesellschaft liegt darin, die Begriffe von Aktivität und Produktivität im Hinblick auf das vierte Lebensalter neu zu konnotieren.

Aus der Lebenslaufforschung und neueren Entwicklungstheorien ergibt sich, dass „Veränderungen im Erleben und Verhalten auch bis ins hohe Alter möglich sind" (Amann, 2007, S. 277). Amann verweist auf die Konzepte von Plastizität, Heterogenität und Resilienz, die von Baltes & Carstensen (1996) im Rahmen ihrer „Überlegungen zu einem prozessorientierten Metamodell erfolgreichen Alterns" entwickelt wurden. Mit der empirischen Tatsache, dass wir länger leben, richten sich Menschen auch „auf ein längeres Leben ein und rechnen nicht mit (dem) Tod als allgegenwärtigem Begleiter" (Klie & Student, 2007, S. 20). „So kommt es, dass die Menschen unserer Tage voller Optimismus auf ihre Lebenschancen sehen, auf ein langes Leben hoffen – und es zugleich vermeiden, Krankheit, Alter und Sterben in den Blick zu bekommen, die Kehrseite derselben Medaille ist" (Klie & Student, 2007, S. 140). Es zeigt sich, „dass die Menschen 50+ mehrheitlich den Tod verdrängen wollen" (Otten, 2008, S. 184).

Die Postulate eines aktiven Alters dürfen diesen Tatbestand nicht ignorieren. Letztlich zeigt sich im reflexiven Bewusstsein des Alters eine Doppelaktivität, die auf das Leben und den Tod ausgerichtet ist. Aktives Altern bedeutet, sich auf einem längeren Weg in aktiver und „sehr eigenständiger Weise mit dem eigenen Sterben und dem Tod auseinander zu setzen und sich als selbstbestimmter und autonomer Mensch bis zum Ende des Lebens zu bewähren" (Klie & Student, 2007, S. 25).

In Konsequenz bedeutet dies, dass Menschen auch am Lebensende als Individuen und Subjekte ernst genommen und nicht auf einen Objektstatus als Hilfsbedürftige reduziert werden („Pflegefall"). Eine Festlegung auf die Rolle des Nehmenden widerspricht dem Bild der Vielfalt menschlichen Lebens ebenso wie den Grundgedanken der Inklusion und Teilhabe. Dazu gehört die Bereitschaft und Fähigkeit, das mögliche Angebot schwer kranker und sterbender Menschen wahr- und anzunehmen. Die Betonung einer palliativen Kultur stellt gerade nicht den Einzelnen und seine Autonomie in Frage und opfert Selbstbestimmung und Autonomie nicht einem neuen Paternalismus. Wir haben uns stets in Beziehung zum Einzelnen zu setzen und mit ihm auszuhandeln, was für ihn der richtige Weg ist. Und das, was er sagt, ist von größter Bedeutung.

Der Begriff der Aktivität muss nicht aufgegeben werden, weil auch hier Aktivitäten subjektiv und objektiv wirksam werden, die von der physischen Natur des Menschen wie auch von seiner psychischen und geistigen Verfassung bestimmt sind. Das Bild der Weltoffenheit des Menschen kann hier kulturell besonders herausfordernd sein. Sind doch Lebensweisen und gesundheitliche Situationen in die Vorstellungen und Möglichkeitsräume des Mensch- und Bürgerseins zu integrieren, die mit konventionellen Bildern aktiven und produktiven Alters kaum und mit den Bildern eines autonomen, Vernunft gesteuerten Menschen gar nicht mehr in Einklang zu bringen sind, wie etwa ein Leben mit schwerer Demenz.

Die Erprobung neuer freiwilliger Verantwortungsrollen lässt sich gerade im Bereich der Teilhabe und Pflege und der wachsenden Pflegebedürftigkeit von Hochbetagten und dementiell Erkrankten (vgl. Klie, 2005; Klie et al., 2005; Weyerer et et al., 2005) beobachten. Hier werden neue Formen der „geteilten Verantwortung" (Klie, 2009) eingeübt, die neue Leitbilder jenseits von Markt, Staat und Familie generieren, jenseits des „Pflegefalls".

Aus zivilgesellschaftlicher Sicht bleibt dabei der rein fachliche und versorgungs-politische Ansatz hinter den neueren Überlegungen zu einem „demenzfreundlichen Gemeinwesen" zurück und steht die Rolle von Menschen mit Demenz als das Gemeinwesen interaktiv mitgestaltende Bürgerinnen und Bürger im Vordergrund (Wißmann & Gronemeyer, 2008). Exklusionsvermeidung setzt ein reflexiveres Demenzverständnis und die Infragestellung bestehender Denkansätze wie Etikettierungen voraus und beginnt bereits im sozialen Netzwerk des Gemeinwesens und nicht erst nach Aufnahme in einer Einrichtung der stationären Pflege. Freiwilliges Engagement in Care Kontexten beugt folglich auf besondere Weise manifesten Exklusionsgefahren (Klie et al. 2005, S. 126) vor und ermöglicht Sozialisationsvorgänge in Richtung auf eine soziale Teilhabe. Alter erscheint unter diesem Gesichtspunkt nicht nur als eine statische Strukturkategorie, sondern als „Prozesskategorie" (Prahl & Schroeter 1996, S.14), die nicht auf eine deprivierte Lebensphase, auf Defizite und „Desozialisation" (vgl. Woll-Schuhmacher, 1980) verweist, sondern auf nicht erschlossene Möglichkeiten, in Pflegeheimen als sozialen Organisationen ebenso wie in familiaren Hilfearrangements. Hier lassen sich etwa anhand der breiten – und kreativen – Aktivitäten der Hospizbewegung und der Alzheimergesellschaften anschaulich zivilgesellschaftliche Formen der produktiven Verarbeitung und Gestaltung der Herausforderungen eines Lebens mit Demenz und des Sterbens als Teil des Lebens beobachten, die sich jenseits von Etikettierungen und Tabuisierungen um neue Leitbilder und ihre Einübung bemühen. In diesen Bemühungen zeigt sich eine besondere zivilgesellschaftliche Qualität bürgerschaftlichen Engagements als Interessen- oder als Solidargemeinschaft – als Gemeinschaft nicht der nur Glücklichen, sondern als Gemeinschaft, die Erschöpfte, schwer Leidende am Ende ihres Lebens mitträgt. Durch freiwilliges und/oder bürgerschaftliches Engagement in Pflegeheimen etwa erweitern sich die Sozialfigurationen der Menschen im Heim, aus denen heraus der ältere Mensch neue Chancen der sozialen Teilhabe realisieren kann. Es erweitert die Verantwortung für Teilhabe und Lebensqualität in Heimen auf die Bürgerschaft, die nicht nur als Verbraucher möglichst gut benoteter Heime und empörter oder verängstigter Zuschauer von Sendungen über Missstände in Heimen gefragt ist, sondern als Koproduzent von Lebensqualität und Teilhabe.

Wichtig ist der Aspekt, die Lebenssituation bei Pflegebedürftigkeit nicht auf Krankheit, Defizite, Beeinträchtigungen und Einschränkungen zu reduzieren, sondern den Blick auf die interpersonalen Beziehungen in diesen systemischen Zusammenhängen zu richten, welche die Lebensqualität durch soziale Zuwendung, soziale Anerkennung und soziale Einbindung in eine zu gestaltende Gemeinschaft mitbestimmen. Die Untersuchungen zum bürgerschaftlichen Engagement in stationären Pflegeeinrichtungen zeigen, dass freiwilliges Engagement einen wichtigen Beitrag zur Sicherung und Entwicklung des Qualitätsniveaus (vgl. Kruse, 2005) der Pflege in subjektiver und objektiver Hinsicht leisten kann. Zentraler Fokus dieser interpersonalen Dimension ist das Hereinholen von Gesellschaftsrepräsentanten und damit die Repräsentanz von Öffentlichkeit in die Institution Heim. Dadurch erfolgt eine Verknüpfung des Mikro-Sozialraumes Pflegeheim mit dem es umgebenden Sozialraum der Kommune und ein erweiterter Lebensweltbezug, in welchem pflegebedürftige Menschen über eine bewusst angenommene Abhängigkeit hinaus Selbständigkeit, Selbstverantwortung und Mitverantwortung wahrnehmen und „Vereinsamung" überwinden können.

Die Förderung der Kompetenz des auf Unterstützung verwiesenen Menschen, die Kruse (1996) als Leitziel formuliert, und mit der die Aufrechterhaltung bzw. Wiedererlangung eines selbstständigen, selbstverantwortlichen und sinnerfüllten Lebens in einer gegebenen sozialen und institutionellen Umwelt gemeint ist, verweist darauf, Pflegebedürftigen eine kompetenzfördernde Umwelt zu bereiten. Durch bürgerschaftliches Engagement im Heim werden die Lebensstrukturen pflegebedürftiger Menschen im Heim mitgestaltet und die Welt des Pflegeheims bewusster in die Umgebungs-Welt eingebettet, und dieses verliert den Charakter einer totalen Institution (vgl. Goffman, 1973) durch kommunikatives soziales Handeln.

Dies wäre ein Ansatz, unter dem Gesichtspunkt der „Teilhabe und Selbstbestimmung" (vgl. Eggert et al., 2005) von Menschen in Pflegeeinrichtungen Aspekten des aktiven und produktiven Alters Geltung zu verschaffen und Menschen über ihre Lebensbedingungen entscheiden zu lassen. Je mehr es Spielräume für Partizipation und Selbstdefinition für Menschen im Heim schafft, desto stärker könnte es zu deren subjektiven Sinnerfüllung beitragen.

Ähnliche Ansätze lassen sich für die häusliche Versorgung von auf Pflege und Unterstützung angewiesene Menschen berichten und begründen. In einem Unterstützungsmix lassen sich im Generationen- und Genderverhältnis auf Fairness angelegte und Teilhabe sichernde Versorgungskonzepte und Arrangements gestalten (Klie & Ross, 2005), die hochbetagte Menschen und ihre Angehörigen und ihre Lebenssituation zu einem auch öffentlich bedeutsamen Thema macht.

Eine zivilgesellschaftliche Dimension des Alterns kann darin gesehen werden, eine Interpretation aktiven und produktiven Alters vorzunehmen, die den gesellschaftlichen und kulturellen Wert von Hochaltrigkeit akzentuiert. Dies schließt den kulturkritischen Blick auf die bisherigen Indikatoren aktiven Alters im Sinne einer Erweiterung in Richtung Anpassung auf Hochaltrigkeit ein. Derzeit generiert möglicherweise das Paradigma aktiven Alters eher Exklusionsprozesse bei den älteren Menschen, die in der Phase von Hochaltrigkeit sind, denen begegnet werden muss. Die Diskussion um

Sterbehilfe und Patientenverfügungen wird flankiert von Bildern unwürdiger Lebenssituation von auf Hilfe verwiesenen Menschen, denen durch Kontexte Würde genommen wird. Kulturell tragfähige Altersbilder müssen auch ein Leben mit schwerer Demenz als würdig kommunizieren und erfahrbar machen. Gelingt dies nicht, kann die „systematische Scholarisierung der Lebensphase Alter" auch die Selbstausgrenzung älterer Menschen befördern: der Lastdiskurs provoziert die Bereitschaft auf Lebensverzicht und „sozialverträgliches Frühableben", die sich dann ironischerweise unter dem Vorzeichen der Autonomie als gesellschaftsdienlich etabliert – auch ein Aspekt gesellschaftlich veranlasster Formung des Menschen, die sich in partieller Revision des Paradigmas der Autonomie und späten Freiheit (Rosenmayr, 1976) über das Alter ausdehnt. „Im Nebenzimmer" des assistierten Alterssuizides – und der „bürgerschaftlichen" Initiativen zu seiner Legalisierung – findet das zivilgesellschaftliche Ringen um Lebensqualität von Sterbenden und Menschen mit Demenz statt.

4.   Alter, Generationengerechtigkeit und Zivilgesellschaft

Die Lebensphase Alter wird in hohem Maße mit Entpflichtungen (von Erwerbsarbeit) und Berechtigungen begleitet und durch das Altersgrenzen benutzende Recht konstituiert (Igl, 2009) – nunmehr, wie gezeigt wurde, verbunden mit Erwartungen in Richtung bürgerschaftlichen Engagements Älterer. In dominanter Weise konstituiert das Renteneintrittsalter eine Altersphase, die des Ruhestandes, in der ältere Menschen mit einer lebensunterhalt- und der lebensstandardsichernden Alterssicherung in monetärer Hinsicht ausgestattet werden, und dies auf der Grundlage des so genannten „Generationenvertrages". Dieser geht davon aus, dass die erwerbstätige Generation die Rentenanwartschaften der älteren Generationen erwirtschaftet, verbunden mit Erwartungen, dass die Kindergeneration das gleiche für die aktuell erwerbstätige Generation tun kann und wird. Dieser Generationenvertrag ist jedoch unvollständig, da die Generation der Kinder ausgeklammert wurde und wird (Zacher, 2007). Die durch das Recht eingeräumten Berechtigungen im Alter sind eingebettet in eine Generationensolidarität, deren Voraussetzung brüchig ist. Der so genannte Generationenvertrag hat nur für „die Alten" das höchste Maß an rechtlicher und politischer Absicherung erlangt, für die mittlere Generation sieht er Anwartschaften durch erworbene Beiträge vor, für die jüngste Generation aber nichts.

Rentenansprüche werden als durch Beiträge erkauft angesehen und unter den Schutz des Eigentumsgrundrechts der Verfassung gestellt (Gurlit, 2005). Angesichts des demografischen Wandels, angesichts transnationaler Wanderungen von Kapital und Arbeit, die mit der Globalisierung zusammenhängen, und in Anbetracht der steigenden Lebenserwartung älterer Menschen implodiert die Illusion, dass mit dem Begriff des Generationenvertrages ein selbsttragender Mechanismus versprochen werden kann (Zacher 2007,). Der Aspekt der intergenerationellen Solidarität bekommt vor diesem Hintergrund einen breiteren Sinn. Entsprechend wurde in das Grundgesetz in Art. 20a GG der Satz aufgenommen, dass der Staat auch „in Verantwortung für die künftigen Generationen die natürlichen Lebensgrundlagen" schützt. Damit lässt das Grundgesetz erkennen, dass die Verantwortung für künftige Generationen in mehr als den natürlichen Lebensgrundlagen zu sehen ist.

Rentenanwartschaften haben die intergenerationale Solidarität monetarisiert und haben die Annahme in der Lebensplanung älterer Menschen stabilisiert, dass der individuelle Wohlstand der mittleren Lebensphase durch die Technik der sozialen

Sicherheit auf die Altersphase erstreckt werden kann. Die Perpetuierung dieses Systems und die Übertragung auf nachfolgende Generationen erscheinen als weithin unrealistisch. Die mit der Regealtersgrenze verbundene Erwartung auf einkommensäquivalente Alterssicherung kann zukünftig nur auf Kosten der zukünftigen Generationen aufrechterhalten werden (Zacher, 2007). Das Konzept der Regelaltersgrenze ist in diesem Zusammenhang unter dem impulsgebenden Aspekt der Nachhaltigkeit zu reflektieren. Dies gilt in besonderem Maße für Altersgrenzen, die Ansprüche auf Alterseinkommen begründen. Dabei ist in Rechnung zu stellen, dass die „natürlichen Strömungen" des politischen Systems (Zacher, 2001) – der Vorzug aller organisierbaren und organisierten Belange vor den nicht organisierten; der Vorzug monetärer Leistungen vor Dienst- und Sachleistungen; der Vorzug der gegenwärtigen Belange vor den zukünftigen Belangen; der Vorzug aller Wählerinteressen vor den Interessen derer, die nicht wählen können – eine Politikerschwere, die die Generationengerechtigkeit nicht nur als Schlagwort kennt, sondern das Verhältnis der Generationen mit ihren Verpflichtungen und Berechtigungen konsequent umsetzt. Die Mitverantwortlichkeit der älteren Generation und Verantwortungsrollen – individuell und kollektiv – sind auch bei der Einräumung von Berechtigungen, geknüpft an das Alter insgesamt, konsequent zu bedenken. Entsprechend forderte Schirrmacher (2004): „Wir müssen unsere Lebensläufe anders konzipieren, sie an die viel längere Lebenserwartung anpassen – und nicht, wie bisher, gleichsam mit der Pferdekutsche des 19. Jahrhunderts im 21. Jahrhundert herumfahren… Wir brauchen eine Kalender-reform unseres Lebens!" Wir müssen das Altern umdefinieren, später beginnen lassen.

Auch hierin, in der kollektiven Reflexion von Berechtigungen, die mit dem Alter verknüpft sind, die „Frucht" einer bestimmten historischen und wirtschaftlich prosperierenden Epoche sind, liegt eine zivilgesellschaftliche Dimension des Alterns. Ihr wird in gewisser Weise durch umfangreiche intergenerative Transferleistungen „privat" Rechnung getragen, kaum aber in einem kollektiven und politischen Sinne. Das Konzept der Generativität setzt ältere Menschen in Beziehung zu nachfolgenden Generationen und ist als Motivhintergrund für Formen bürgerschaftlichen Engage-ments gerade bei älteren Menschen wirksam. Ohne Einbeziehung des anspruchsvollen und vielfach inflationär benutzten Konzeptes der Nachhaltigkeit in seiner normativen Ausrichtung und impulsgebenden Bedeutung – auf kommunaler Ebene in Agenda 21 Prozessen und auf gesamtgesellschaftlicher Ebene in Generationengerechtig-keitsdiskursen – wird das Konzept der Zivilgesellschaft in seiner Tragweite nicht auf-genommen und schon gar nicht zu einem Zukunftskonzept.

5.   Und was heißt nun: Zivilgesellschaft?

Will man „Zivilgesellschaft" als ein Zukunftskonzept für Gesellschaften in sozialen und demographischen Umbruchsprozessen auf seine Tragfähigkeit hin prüfen und es für die Diskussion um Altersbilder nutzbar machen, so ist eine differenzierte Betrachtung und Konzeptualisierung von Zivilgesellschaft vonnöten. Vier Dimen-sionen von „Zivilgesellschaft" sollen im Folgenden unterschieden werden.

1.   Unter Zivilgesellschaft wird zunächst der in sich sehr differenzierte „Dritte Sektor" verstanden, als „plurale Gesamtheit der öffentlichen Assoziationen, Vereinigungen und Zusammenkünfte", … „die auf dem freiwilligen Zusammenhandeln der Bürger und Bürgerinnen beruhen" und „eine

spezifische Verfasstheit von Gesellschaft in ihrem Verhältnis zum Staat" (Adloff, 2005) darstellen, die der Akkumulation von Sozialkapital dienen.

Zivilgesellschaft kann nicht nur gemäß „active citizens" oder „active citizenship" (Evers, 2006, S. 14) im Sinne der Weiterentwicklung politischer Kultur durch politische Aktivitäten und Partizipation verstanden werden, sondern meint darüber hinaus gerade auch mit Bezug auf die Sozial-kapitaldiskussion (Putnam, 2000; Offe, 2001) ein Engagement, das zur sozialen Kohäsion der Gesellschaft beiträgt, wie dies bspw. bei Nachbarschaftshilfe oder sozialen, kulturell oder religiös ausgerichteten Assoziationen der Fall ist, die als lokale Bürgergesellschaft Entwicklungen im sozialen Nahraum fördern.

Neben klassischen und bewährten Engagementformen finden sich neue projekt- und themenbezogene. Organisationsformen der Zivilgesellschaft können sowohl kleine Assoziationen wie Selbsthilfegruppen, Projektgruppen, Nachbarschaftshilfe/-initiativen darstellen oder Vereine bzw. Senioren-genossenschaften, Stiftungen, als auch große Verbände mit professionellem bürokratischen Apparat und Infrastruktur, sowie in internationaler Perspektive NGOs. Diese Organisationen haben je unterschiedliche Reichweiten.

2. Zivilgesellschaft (nicht: i.S.v. „Zivilgesellschaften") erscheint weiterhin als Gestaltungsprinzip der Gesellschaft. In vielen Bereichen unserer Gesellschaft ist eine Verwiesenheit der Sektoren, d.h. der Akteur/innen, aufeinander zu beobachten. Ein auf Subsidiarität gründendes Staatsverständnis baut auf die Selbstorganisations- und Gestaltungsbereitschaft des einzelnen und der kleineren Gemeinschaften ebenso wie auf das Miteinander der Sektoren. Hierin liegt die Grundlage von gesellschaftlicher Stabilität und Wohlfahrt. Am einfachen Beispiel zeigt sich das in jeder Kommune: Eine Standortent-wicklung zum Wohle aller Akteur/innen (Bürger/innen, Verwaltung, Unter-nehmen, Verbände, Vereine etc.) – soziale Infrastruktur, Gewerbeansiedlung, Straßenbau, Kultur – lässt sich nicht von einem Akteur, einer Akteurin allein erreichen. Dazu ist einmal erforderlich, dass alle gesellschaftlichen Akteursgruppen sich einbringen, um die verschiedenen Interessen und Anforderungen berücksichtigen zu können, aber auch die entsprechenden nicht allgemein verfügbaren Kompetenzen und Ressourcen zu nutzen. Die Verwiesenheit der Akteur/innen aufeinander kennt auch Aspekte der heute so wichtigen Ressourcenökonomie: Entscheidungen, die im Nachhinein korri-giert werden müssen, kosten Zeit, verschwenden verfügbare Ressourcen und vertun Chancen und Akzeptanz. Die Voraussetzung, dass sich die Akteure untereinander ihrer Verwiesenheit bewusst werden und in Aushandlungs-prozesse eintreten, kann jedoch nicht vom Staat „verordnet" werden. Es liegt in der Natur „Zivilgesellschaft", dass die Initiative und die Vertretung der Interessen in entscheidender Weise aus der Bürgerschaft kommen. Der Staat kann durch Strukturen und Anreize ermöglichen, dass diese für die Gesellschaft fruchtbaren Aushandlungs- und Gestaltungsprozesse in Gang kommen und verstetigt werden (Klie & Wegner, 2007).

3. Auf Koproduktion angelegte Gestaltungs- und Aushandlungsprozesse zwischen den einzelnen Sektoren und ihren Akteursgruppen erfordern Offenheit und eine auf Vernetzung ausgerichtete Handlungslogik (Klie 2006). Diese Handlungslogik von Zivilgesellschaft kann in anderen Systemlogiken

auftauchen. Jedes Funktionssystem wird dadurch auch zum Träger von Zivilgesellschaft und reflektiert in sich ein zivilgesellschaftliches Verständnis mit. Dies ermöglicht intersystemisches bzw. transsystemisches Inter-Organisationshandeln im Modus von Zivilgesellschaft.

Die Bereitschaft, sich zu informieren und eigene Handlungsoptionen zu überdenken, steht im Mittelpunkt dieser Aushandlungsprozesse. Diese Offenheit muss sich jedoch auch auf neue Beziehungen und Verbindungen erstrecken, da die Vernetzung mit anderen und Offenheit auch in Wechselwirkung zueinander stehen und einander bedingen. Die Offenheit besteht beim Staat zum Beispiel darin, dass er erkennt, wo im Sinne einer positiven zivilgesellschaftlichen Entwicklung regulierendes Handeln erforderlich ist und wo dieses zugunsten eines ermöglichenden Ansatzes aufgegeben werden sollte, etwa bei neuen Wohn- und Versorgungsformen älterer und auf Hilfe angewiesener Menschen. Auf ähnliche Weise stellt sich für Unternehmen die Frage, wo und in wie weit ihre betriebswirtschaftlichen Interessen auch volkswirtschaftliche Aspekte berühren. Das kann sich auf die Immissionsproblematik im Umweltsektor ebenso beziehen wie auf Themen wie ältere Arbeitslose und Korruption: Gerade hier ist für das einzelne Unternehmen jenseits normativer Überlegungen abzuwägen, ob kurzfristige Gewinne oder Vorteile für das Unternehmen einen potenziellen Schaden für den Standort rechtfertigen. Auch bei den Organisationen des Dritten Sektors gibt es zwei Pole, zwischen denen sie sich positionieren müssen: Auf der einen Seite stehen die tradierten Partikularinteressen des jeweiligen Verbands und auf der anderen Seite eine Notwendigkeit zur Umweltoffenheit, um im Sinne der Klienten oder Mitglieder Kooperationen einzugehen oder Angebote abzustimmen. Schlussendlich hat auch der Bürger/ die Bürgerin immer wieder die Entscheidung zu treffen, ob das Privatinteresse im Vordergrund stehen soll oder das Interesse von Gemeinschaften bzw. der Gesamtgesellschaft bedeutsamer ist. Gegen die Wohngruppe für Menschen mit Demenz neben dem eigenen Grundstück zu demonstrieren, aber sich grundsätzlich keine weiteren Fragen zur Versorgung von Menschen mit Demenz zu stellen, ist zwar Ausübung einer legitimen demokratischen Aktionsform, aber noch kein Ausdruck zivilgesellschaftlicher Verantwortung. Eine lebendige Zivilgesellschaft lebt von immer wieder neuen Gestaltungs- und Aushandlungsprozessen, die in der Lage sind, den gesellschaftlichen Wandel aufzunehmen und zu transformieren.

4. Schließlich beinhaltet Zivilgesellschaft normative Orientierungen. Zivilgesellschaft ist das Projekt einer guten Gesellschaftsordnung. In einer pluralistischen Gesellschaft kann die Moral der Zivilgesellschaft, oder besser gesagt die Definition von dem, was nun „gut" ist, was das Gemeinwohl und im Sinne aller ist, nicht mehr allein durch gemeinsam geteilte religiöse Werte beschrieben werden. Sie bilden für viele weiterhin eine zentrale Grundlage unseres Zusammenlebens und prägen unser Menschenbild und Vorstellungen vom Miteinander. Sie haben Eingang gefunden in die normativen Grundlagen unserer Gesellschaft und wurden durch liberale ergänzt. In einer pluralen Gesellschaft sind relevante Werte jedoch Werte, wie sie auch im demokratischen Staatsverständnis verankert sind: Rechtsstaatlichkeit, Partizipation, Gerechtigkeit, Gewaltfreiheit, Toleranz, Nachhaltigkeit etc. Das

Normative der Zivilgesellschaft soll sich darüber hinaus jedoch auch darauf beziehen, wie diese Werte oder normativen Vorstellungen erreicht werden. Dazu gehört grundsätzlich eine Zivilisiertheit im Umgang miteinander, d.h. einander zuzuhören, in konstruktive Dialoge einzutreten, etc.. Diese Interaktionen, die die Grundlage für die Umsetzung eines normativen Konzepts sind, müssen gefördert und eingeübt werden. Ohne sie ist Zivilgesellschaft nicht denkbar.

Die Zivilgesellschaft in dieser differenzierten Sichtweise eröffnet im Sinne der Heteroproduktivität (Ammann, 2007) sowohl

- eine Vielzahl von Handlungsräumen und Rollen im und für das Alter,

- Lern- und Entwicklungsfelder, mit den An- und Herausforderungen im Altern und ihren Risiken und Gefährdungen umzugehen und sie zu gestalten,

als auch neue und andere gesellschaftliche Erwartungen an das Alter jenseits von Privatsphäre und Familienrollen mit Implikationen für die Gestaltung von Rahmenbedingungen für eine auf die aktive Mitgestaltung Älterer gerichtete Gesellschaft. Der Schutzauftrag gegenüber vulnerablen älteren Menschen wird durch das Konzept der Zivilgesellschaft zugleich neu sozialisiert: er ressortiert nicht nur bei staatlichen Instanzen. Bilder vom „Ruhestand", vom „Pflegefall", vom „alten Eisen", vom „unproduktivem Alter" haben in diesem zivilgesellschaftlichen Zusammenhang keinen Bestand.

6.   Kunst, Altern und Zivilgesellschaft

John Kean (2009) stellt die Verbindungslinien zwischen der Thematisierung des Alterns in der Kunst und beginnenden zivilgesellschaftlichen Diskursen über das Alter her. Beides: Die Thematisierung des Alterns und zivilgesellschaftliche Diskurse rücken Ältere vom Rand in den Mittelpunkt gesellschaftlicher Aufmerksamkeit. Die Zivilgesellschaft als „das Etwas" zwischen Markt und Staat, als die Welt selbstorganisierter Initiativen, Bewegungen, Netzwerke und Organisationen fragt nach einem Tätigkeitstypus, der weder den Koordinaten des Marktes noch den Gesetzmäßigkeiten staatlicher Verwaltung folgt, sondern eine eigene Logik besitzt, die der Freiwilligkeit, der Selbstorganisation, der Anerkennung von Vielfalt und Differenz, der Ehrenamtlichkeit, des partikularen, aber gemeinsamen und verantwortlichen Einsatzes für allgemeinere Dinge, für das gemeine Wohl (Kocka & Brauer, 2009). Das zivilgesellschaftliche Projekt wird zu einer großen Hoffnung des 21. Jahrhunderts (Kocka, 2004), wenn der Markt nicht als Lösung aller Probleme, sondern durchaus auch als Produzent neuer gesehen wird und die Grenzen des Staates als nach- und vorsorgender Sozialstaat erkannt werden. Nun verspricht das Konzept der Zivilgesellschaft kein Paradies auf Erden. In jedem Fall aber eröffnet die Zivilgesellschaft verstanden als die Welt der auf Freiwilligkeit beruhenden Selbstorganisation von Bürgerinnen und Bürgern bedeutungsvolle Handlungsspielräume, interessant im Sinne produktiven Alterns, und leistet wichtige Beiträge zur Lösung gesellschaftlicher Probleme. Ohne zivilgesellschaftliche Dynamiken und Aktivitäten lassen sich Zukunftsprobleme und Herausforderungen in einer alternden Gesellschaft nicht bewältigen. Eine solche Einsicht verändert Erwartungen an Markt und Staat und kennt Implikationen für Politikgestaltung ebenso wie für die individuelle Lebensführung. Eine Gesellschaft des langen Lebens ist auf die Aktivitätspotenziale von Älteren angewiesen und hat Rahmenbedingungen dafür zu schaffen, dass zivilgesellschaftliches Engagement für Ältere entstehen kann. Dabei kann und darf in einer differenzierten Betrachtung von Zivilgesellschaft als Zukunftskonzept bürgerschaftliches Engagement nicht als Geldsparprogramm funktionalisiert werden. Demokratisch verfasste Gesellschaften brauchen eine zivilgesellschaftliche Infrastruktur von Vertrauen und bürgerschaftlichem Engagement als nachhaltige Basis für wirtschaftliche und soziale Entwicklung (Anheier, 2009). Bürgerschaftliches Engagement als zivilgesellschaftliche Tätigkeitsform schafft Sozialkapital. Zivilgesellschaft verkörpert ein allgemeines Prinzip gesellschaftlicher Konstitution qua Selbstorganisation (Anheier, 2009). Die Zivilgesellschaft kennt normative Implikationen und auf Beteiligung und Verständigung hin ausgerichtete Kooperationsformen zwischen Staaten, Markt und bürgerschaftlichen Zusammenschlüssen. Wie mit den komplexen und vielfältigen Folgen des demografischen Wandels in der demokratischen Gesellschaft umgegangen wird, wie er gestaltet wird, das ist in einer Zivilgesellschaft eingebunden in einen kritischen Dialog, in dem soziale Rechenschaftslegung von Staat und Marktakteuren ebenso gefragt ist wie Empowermentstrategien für von Ausgrenzung bedrohte Bevölkerungsgruppen, zu denen Gruppen von Älteren (Migranten, Demenzkranke, alte Behinderte) gehören können.

Voraussetzung für die Stärkung einer Zivilgesellschaft in diesem Sinne, die auch und gerade älteren Menschen jenseits marktbezogener Erwerbsarbeit, privaten und familiaren Orientierungen, Konsum und untätigem Ruhestand, Rollenangebote macht, und ihre Aktivitätspotenziale nutzt, ist eine strategisch ausgerichtete Förderung der Zivilgesellschaft, die sich u.a. in einer Engagement eröffnenden und fördernden kommunalen Infrastruktur zeigt, in politischen Leitbildern, in denen die Mitgestaltung und Mitwirkung kulturprägend ist und der ungleichen Verteilung der Beteiligung an Formen bürgerschaftlichen Engagements und der Mitgestaltung von Zivilgesellschaft entgegengewirkt wird. Ein Pflichtjahr für Senioren ist dort kontraproduktiv: Zivilgesellschaft lebt von der Selbstorganisation, von der Selbst- und Mitverantwortlichkeit von Bürgerinnen und Bürgern und von deren Einsicht in die Notwendigkeit und in die Chancen der Mitgestaltung einer Gesellschaft im demografischen Wandel.

Dies kennt allerdings Voraussetzungen. So darf die Verantwortung für die Stabilisierung bürgerschaftlichen Engagements in der älteren Bevölkerung und damit verbunden auch die Stärkung produktiven Alterns nicht allein Bürgerinnen und Bürger übertragen und an sie delegiert werden. Es bedarf vielmehr einer unterstützenden staatlichen und kommunalen Infrastruktur und zielgruppenspezifischer Anspracheformen für die Bevölkerungsgruppen, die bislang kaum Zugang zu Engagementkulturen finden. Die Verbindung von außerhäuslichen Bildungsangeboten und Engagement gilt es ebenso in den Blick zu nehmen wie die Formenvielfalt bürgerschaftlichen Engagements – zu denen sich gänzlich neue wie etwa Internet gestützte gesellen. Auch gilt es, überzogene Erwartungen an die ältere Generation im Zusammenhang mit bürgerschaftlichem Engagement entgegenzutreten. Schließlich ist der Zusammenhang und die Kontinuität demokratischer Strukturen, das Ausmaß individueller Autonomie und das Maß religiöser und politischer Freiheit mit der Bereitschaft zur mitverantwortlichen Gestaltung der Gesellschaft und zum bürgerschaftlichen Engagement in den Blick zu nehmen (Hank & Stuck, 2009). Über das bürgerschaftliche Engagement als wichtige Handlungsdimension von Zivilgesellschaft hinaus gehört das Ringen um Generationengerechtigkeit im kleinen und großen zur Zivilgesellschaft, und dieser Dimension haben sich ältere Menschen zu öffnen und sich Diskurse um die Zivilgesellschaft zu beziehen.

Kunst und Literatur nehmen die vielfältigen Formen, Gesichter und Herausforderungen des Alters und des Alterns und ihre Potentiale und ihre Vulnerabilität in den letzten Jahren auf – zeitgleich zum Aufkommen zivilgesellschaftlicher Diskurse über das Alter und das Altern. Das sind Zeichen zivilisatorischer Anstrengungen, mit dem historisch neuen Faktum einer langen Lebenszeit, mit der wir rechnen können und müssen – individuell und kollektiv – umzugehen, die demographischen Verschiebungen und ihre Konsequenzen für einen fairen Umgang mit Ressourcen zu managen und kulturelle Anstrengungen zu unternehmen, diesen Herausforderungen wertorientiert, unter Beachtung von Menschenrechten, individueller Freiheit und Verantwortung gegenüber nachfolgenden Generationen und demokratisch zu begegnen. Man wird die Dekaden dieses Jahrhunderts im nachhinein hinsichtlich ihrer kulturellen Werthaltigkeit auch danach befragen, wie sie das hinbekommen haben – oder eben auch nicht. Das Konzept der Zivilgesellschaft gibt für dieses Projekt einen strategischen und normativen Rahmen.

Literaturangaben

[1]   Adloff, F., *Zivilgesellschaft. Theorie und politische Praxis,* Campus Studium, Frankfurt, 2005.
[2]   Amann, A., Produktives Arbeiten und flexibles Altern: Forschungsprogrammatische Überlegungen zu einem Sozialprodukt des Alters, in: U. Pasero, G. M. Backes, & K. R. Schroeter, (Hrsg.), *Altern in Gesellschaft. Ageing – Diversty – Inclusion,* 265–288, VS Verlag für Sozialwissenschaften, Wiesbaden, 2007.
[3]   Anheier, H. K., Der Dritte Sektor und die "alternde Gesellschaft". Überlegungen zu institutionellen Strategien und Möglichkeiten, in: J. Kocka, M. Kohli, & W. Streeck (Hrsg.), *Altern in Deutschland; Band. 8: Altern: Familie, Zivilgesellschaft, Politik,* 221-233, Akademiegruppe Altern in Deutschland, Stuttgart, 2009.
[4]   Blinkert, B. & Klie, Th., *Solidariät in Gefahr,* Vincentz- Verlag, Hannover, 2004.
[5]   Eggert, M., Garms-Homolovà, V., & Theiss, K., *Diskussionspapier I: Konzepte der Teilhabe und Selbstbestimmung. Projekt Entwicklung und exemplarische Erprobung eines Qualitätsniveaus zum Thema „Gewährleistung von Aspekten persönlicher Lebensführung und Teilhabe bei Menschen mit Pflege- und Betreuungsbedarf",* Institut für Gesundheitsanalysen und soziale Konzepte e.V., Berlin, 2005.
[6]   Embacher, S., & Lang, S., *Lern- und Arbeitsbuch Bürgergesellschaft: eine Einführung in zentrale bürgergesellschaftliche Gegenwarts- und Zukunftsfragen; bürgerschaftliches Engagement und Ehrenamt, unzivile Zivilgesellschaft, Bürgergesellschaft und Staat, Engagementpolitik, Wirtschaftsunternehmen in der Bürgergesellschaft,* Dietz, Bonn, 2008.
[7]   Gensicke, T., Picot, S. & Geiss, S., *Freiwilliges Engagement in Deutschland 1999-2004: Ergebnisse der repräsentativen Trenderhebung zu Ehrenamt, Freiwilligenarbeit und bürgerschaftlichem Engagement,* in: Bundesministerium für Familie, Senioren, Frauen und Jugend (Hrsg.), 1. Aufl., TNS Infratest Sozialforschung, Wiesbaden, 2006.
[8]   Goffman, E., *Asyle. Über die soziale Situation psychiatrischer Patienten und anderer Insassen,* Suhrkamp, Frankfurt a.M., 1973.
[9]   Gurlit, E., Die Reform der Rentenversicherung im Lichte der Eigentumsgarantie des Artikel 14 Grundgesetz, in: *Vierteljahresschrift für Sozialrecht 2005,* 45-73, 2005.
[10] Igl, G., *Altersgrenzen und gesellschaftliche Teilhabe,* Gutachten erstellt im Auftrag des BMFSJ, S. 1, 2009.
[11] Hank, K., & Stuck, S., Ehrenamt, Netzwerkhilfe und Pflege in Europa. Komplementäre oder konkurrierende Dimensionen produktiven Alterns? in: M. Erlinghagen, & K. Hank (Hrsg.), *Produktives Altern und informelle Arbeit in modernen Gesellschaften. Theoretische Perspektiven und empirische Befunde,* 27–50, VS Verlag für Sozialwissenschaften, Wiesbaden, 2008.
[12] Hoch, H., *Expertise. „Altersbilder und Rollenmodelle des Alters in der Zivilgesellschaft",* im Auftrag der Geschäftsstelle der Sachverständigenkommission für den 6. Altenbericht der Bundesregierung, 2009.
[13] Hoch, H., Klie, T. & Wegner, M., *2. Wissenschaftlicher Landesbericht zu bürgerschaftlichem Engagement und Ehrenamt in Baden-Württemberg in den Jahren 2004/ 2005/06,* Zentrum für zivilgesellschaftliche Entwicklung, Freiburg, [Abgerufen am 18.03.2010], Online im Internet: URL: http://www.sozialministerium-bw.de/fm7/1442/2.%20Wissenschaftlicher%20Landesbericht%20BE%20und%20Ehrenamt.pdf, 2008.

[14] Keane, J., Civil Society and Ageing, in: Kocka, J., Kohli, M., & Streeck, W. (Hrsg.), *Altern: Familie, Zivilgesellschaft, Politik. Altern in Deutschland. Band 8,* 181-190, Akademiegruppe Altern in Deutschland, Stuttgart, 2009.

[15] Klie, T., Laboratorium Freiwilligendienste. Eine Zwischenbilanz aus Baden Württemberg, in: *„Erfahrungen, die's nicht zu kaufen gibt!" Bildungspotentiale im freiwilligen Engagement junger Menschen. Fachtagung 16. und 17. Juni 2005 in der Evangelischen Akademie in Bad Boll. Schriftenreihe der Landesstiftung Baden Württemberg. Band 19,* 18-27, Stuttgart, 2006.

[16] Klie, T., Pfundstein, T., Eitenbichler, L. Szymczak, M., & Strauch, M., Konzeptionelle und rechtliche Varianten der Versorgung von Menschen mit Demenz zwischen ambulant und stationär, *Zeitschrift für Gerontologie und Geriatrie* **38:2** (2005), 122-127.

[17] Klie, T., & Ross, P-S., Wohlfahrtspluralismus – eine Standortbestimmung, *Archiv für Wissenschaft und Praxis der Sozialen Arbeit* **4** 2005.

[18] Klie, T., & Student, J. C., *Sterben in Würde. Auswege aus dem Dilemma Sterbehilfe,* Herder, Freiburg, 2007.

[19] Klie, T., & Schuhmacher, B., *Wohngruppen in geteilter Verantwortung für Menschen mit Demenz. Forschungsbericht „Das Freiburger Modell",* Bundesministerium für Gesundheit, Eigenverlag, Berlin, 2009.

[20] Kocka, J., Zivilgesellschaft in historischer Perspektive, in: R. Jessen, u. a. (Hrsg.), *Zivilgesellschaft als Geschichte. Studien zum 19. und 20. Jahrhundert,* 29-42, VS Verlag, Wiesbaden, 2004.

[21] Kocka, J., & Brauer, K., Einleitung, in: Kocka, J., Kohli, M., & Streeck, W. (Hrsg.), *Altern: Familie, Zivilgesellschaft, Politik. Altern in Deutschland. Band 8,* 175-180, Akademiegruppe Altern in Deutschland, Stuttgart, 2009.

[22] Kricheldorff, C., Köster, D., Kolland, F., *Geragogik und Zivilgesellschaft. Positionen, Paradoxien, Potentiale,* Online im Internet: URL: http://www.forschungsinstitut-geragogik.de/assets/download/Kricheldorff_Koester_Kolland.2002.pdf, 2002.

[23] Kolland, F., & Kahri, S., Kultur und Kreativität im späten Leben: Zur Pluralisierung der Alterskulturen, in: G. Backe, W. Clemens, & H. Künemund (Hrsg.), *Lebensformen und Lebensführung im Alter,* 151-172, VS Verlag für Sozialwissenschaften, Wiesbaden, 2004.

[24] Kruse, A., Alltagspraktische und sozioemotionale Kompetenz, in: M. Baltes (Hrsg.), *Produktives Leben im Alter,* 290-322, Campus, Frankfurt, 1996.

[25] Norman, D., Gordo, L. R., & Huxhold, O., & Motel-Klingebiel, A., *Berufliche und außerberufliche gesellschaftliche Partizipation in der zweiten Lebenshälfte: Erwerbstätigkeit, Ehrenamt und Bildung. Kurzbericht des Deutschen Alterssurveys 2008,* Berlin, 2009.

[26] Offe, K., & Fuchs, S., *Schwund des Sozialkapitals? Der Fall Deutschland. Gesellschaft und Gemeinsinn. Sozialkapital im internationalen Vergleich,* Verlag Stiftung Bertelsmann, Gütersloh, 2001.

[27] Otten, D., *Die 50+ Studie. Wie die jungen Alten die Gesellschaft revolutionieren,* Reinbek, 2008.

[28] Putnam, R. D. (Hrsg.), *Gesellschaft und Gemeinsinn. Sozialkapital im internationalen Vergleich,* Verlag Bertelsmann, Gütersloh, 2001.

[29] Rosenmayr, L., Alter, in: König, R., *Handbuch der empirischen Sozialforschung,* Band 7, Enke, Stuttgart, 1976.

[30] Schirrmacher, F., *Das Methusalem-Komplott: Die Macht des Alterns,* Aufl. 1, Karl Blessing Verlag, München, 2004.

[31] Wißmann, P., & Gronemeyer, R., *Demenz und Zivilgesellschaft – eine Streitschrift. Mit einem Vorwort von Peter J. Whitehouse u. a. und einem Interview mit Thomas Klie,* Mabuse-Verlag, Frankfurt a. M., 2008.

[32] Woll-Schuhmacher, I., *Desozialisation im Alter,* Enke, Stuttgart, 1980.

[33] Zacher, H-F., Grundlagen der Sozialpolitik in der Bundesrepublik Deutschland. In: Bundesministerium für Arbeit und Sozialordnung und Bundesarchiv (Hrsg.), *Geschichte der Sozialpolitik seit 1945, Band 1, Grundlagen der Sozialpolitik,* 335-684, Bundeszentrale für politische Bildung, Nomos Verlagsgesellschaft, Baden-Baden, 2001.

[34] Zacher, H-F., Das Wichtigste: Kinder und ihre Fähigkeit zu leben, Anmerkungen zu intergenerationellen Solidarität, in: G. Igl, & T. Klie (Hrsg.), *Das Recht der älteren Menschen,* 95-130, Nomos, Baden-Baden, 2004.

[35] Weyerer, S., & Schäufele, M., & Hendlmeier, I., Besondere und traditionelle stationäre Betreuung demenzkranker Menschen im Vergleich, *Zeitschrift für Gerontologie und Geriatrie* **38** (2005), 85-94.

VI. Personale Entwicklungsprozesse und ethische Fragen in Versorgungskontexten

Leben im Alter
A. Kruse (Hrsg.)
© 2010, AKA Verlag Heidelberg

Aspekte der psychosomatischen Theoriebildung in der Gerontologie

Gereon HEUFT
Professor, Klinik und Poliklinik für Psychosomatik und Psychotherapie
Universitätsklinikum Münster, Deutschland

Abstract. Ältere Patienten sind hinsichtlich einer psychosomatisch-psychotherapeutischen Behandlung immer noch erheblich unterversorgt. Die Kenntnis entwicklungspsychologischer Aufgaben und Konflikte im Alternsprozess, insbesondere infolge des körperlichen Alterns als Organisator der Entwicklung in dieser Lebensphase, kann bei der differentiellen Psychotherapieindikation helfen. An Hand einer Typologie von erst jenseits des 60. Lebensjahres auftretenden psychischen Störungen werden die adäquaten Behandlungsansätze nach suffizienter Diagnostik dargestellt. Diese haben aufgrund der kurzen Symptomdauer trotz des Alters der Patienten oft eine gute Prognose.

1. Epidemiologie und Versorgungssituation Älterer

Studien zur psychotherapeutischen Versorgung älterer psychisch Kranker sind von hoher Relevanz. Bisher gibt es jedoch nur wenige, methodisch heterogene Studien, die sich vor allem auf das ambulante Versorgungsangebot von Psychotherapie bei Älteren beziehen. Cooper & Sosna (1983) untersuchten in der Stadt Mannheim zwischen 1978-1980 insgesamt 343 Probanden $\geq$65 Jahre aus einer Gemeindestichprobe mittels psychiatrischer Interviews und fanden eine Prävalenz psychischer Erkrankungen von insgesamt 23,3 Prozent; 10,8 Prozent davon waren Neurosen und Persönlichkeitsstörungen.

1984 veröffentlichten Weyerer & Dilling Daten einer Feldstudie in drei Gemeinden Oberbayerns. Die niedrigste Erkrankungsrate fand sich bei den 15-44-Jährigen mit 14,2 Prozent. Bei den 45-64-Jährigen betrug die Prävalenz psychischer Erkrankungen 23,5 Prozent, davon waren 17 Prozent neurotische und psychosomatische Störungen, 0,7 Prozent Persönlichkeitsstörungen. Bei den $\geq$65-Jährigen war die Gesamtprävalenz psychischer Erkrankungen insgesamt etwa gleich hoch wie in der Gruppe der 45-64-Jährigen (23,1 Prozent), die Prävalenz der neurotischen und psychosomatischen Erkrankungen fiel jedoch um die Hälfte niedriger aus (8,8 Prozent) als bei den 45-64-Jährigen. In der Gruppe der $\geq$65-Jährigen wiesen die $\geq$75-jährigen Probanden eine wesentlich höhere Morbiditätsrate (29,9 Prozent) auf als die Gruppe der 65-74-Jährigen (21,5 Prozent). Frauen erkrankten insgesamt häufiger an psychischen Erkrankungen (Oberbayern 21,3 Prozent der $\geq$65-Jährigen; Mannheim 27,3 Prozent der $\geq$65-Jährigen) als Männer (Oberbayern 15,2 Prozent der $\geq$65-Jährigen; Mannheim 16,3 Prozent der $\geq$65-Jährigen).

Schneider et. al. (1997) untersuchten Patienten eines geriatrischen Akutkrankenhauses während des letzten Drittels des stationären Aufenthaltes: in einem zweifachen, konsentierten Expertenrating erfüllten 26,7 Prozent aller Patienten des geriatrischen Akutkrankenhauses kurz vor ihrer Entlassung die ICD-10-Kriterien mindestens einer psychische Erkrankung.

Die Berliner Altersstudie BASE (Helmchen et al. 1996) zeigte, dass 24 Prozent der über 70-jährigen einer repräsentativen Bevölkerungsstichprobe nach DSM-III-R-Kriterien psychisch erkrankt waren, während weitere 17 Prozent der Probanden subdiagnostisch an einer psychischen Erkrankung, z. B einer Depression, litten. Im Rahmen der ELDERMEN-Study wurde die epidemiologische Bedeutung subdiagnostisch depressiver Störungen bestätigt (Schneider et al., 2000). 13,9 Prozent der Patienten der BASE wiesen organisch bedingte psychische Störungen auf.

Von 1.000 Patienten, die wegen des Verdachts auf Gedächtnisstörungen von niedergelassenen Ärzten in der Essener Memory Clinic vorgestellt wurden, wiesen 25 Prozent als primäre Diagnose eine affektive Störung, eine neurotische Störung, eine Akute Belastungsreaktion oder eine Persönlichkeitsstörung auf (Heuft et al., 1997).

Vergleicht man diese Prävalenzzahlen mit den verfügbaren Daten zum ambulanten psychotherapeutischen Versorgungssektor, zeigte sich bisher stets eine eklatante Unterversorgung Älterer. 1989 waren laut Praxisstudie der Deutschen Gesellschaft für Psychoanalyse, Psychotherapie, Psychosomatik und Tiefenpsychologie e.V. (DGPT 1989) im ambulanten Sektor fünf Prozent der psychotherapeutisch behandelten Patienten 50-59 Jahre alt und lediglich ein Prozent der in Psychotherapie befindlichen Patienten ≥60 Jahre alt.

Fichter (1990) gab 1990 den Anteil der in Psychotherapie befindlichen ≥60-Jährigen mit lediglich 0,6 Prozent an – bei einer von ihm gefundenen Prävalenz psychischer Erkrankungen bei ≥65-Jährigen von insgesamt 22,9 Prozent, darunter 8,7 Prozent Neurosen, Persönlichkeitsstörungen und andere psychotherapeutisch behandelbare Krankheiten, 8,7 Prozent mittelschwere bis schwere Demenzen und 1,7 Prozent Psychosen. – Dagegen waren in der Psychosomatischen Universitätsklinik Heidelberg nur 5,7 Prozent aller Patienten, die sich innerhalb eines Jahres vorstellten, älter als 55 Jahre (Heuft & Senf, 1992).

1996 zeigte sich in einem Planungsgutachten (Befragung der niedergelassenen Psychotherapeuten) zur gerontopsychiatrischen Versorgung der Stadt Solingen, dass der Anteil der ≥60-jährigen Patienten in psychotherapeutischen Praxen knapp zwei Prozent, derjenige der ≥65-jährigen Patienten lediglich 0,6 Prozent betrug. Der Anteil der ≥65-Jähigen am Gesamtkollektiv psychotherapeutisch behandelter Patienten mit durch die Krankenkassen bewilligtem Richtlinienpsychotherapieantrag machte lediglich 4,3 Prozent aus. In derselben Arbeit wurde der prozentuale Anteil psychisch kranker alter Menschen von behandelnden Internisten mit 15 Prozent und von allgemeinmedizinschen Behandlern mit 20 Prozent beziffert (Wolter-Henseler, 1996).

In einer weiteren Untersuchung wurden 40 psychotherapeutische Praxisinhaber hinsichtlich ihrer ambulanten psychotherapeutischen Behandlungen befragt. Der Anteil der 56-65-jährigen Patienten betrug 2,9 Prozent, derjenigen der >65-jährigen Patienten 0,3 Prozent (Scheidt et al. 1998). Ähnlich zeigten Arolt & Schmidt (1992), dass von 1.514 älteren Patienten mit einer depressiven Erkrankung nur 0,6 Prozent mit einer Richtlinienpsychotherapie behandelt wurden.

In zwei Arbeiten von Linden (1993; 1999) wurde der Anteil der verhaltenstherapeutischen Anträge auf Richtlinienpsychotherapie für ≥65-jährige Patienten auf 0,2 Prozent aller verhaltenstherapeutischen Richtlinienpsychotherapieanträge bei Erwachsenen in Deutschland im Jahr 1993 und erneut im Jahr 1999 beziffert. In der ambulanten Versorgungsrealität der älteren Patienten ergab sich somit im Zeitraum von 1993-1999 keine Änderung.

In der Berliner Altersstudie 1997 wurde bei 133 von 516 Teilnehmern im Alter von mehr als 70 Jahren eine depressive Erkrankung diagnostiziert. Lediglich bei 20 von ihnen wurde durch den Hausarzt die Diagnose einer depressiven Störung gestellt. In keinem Fall erfolgte eine Überweisung zu einem Psychiater und in keinem Fall eine Psychotherapie. 68 Patienten erhielten jedoch eine pharmakologische Therapie (10 mit Antidepressiva und 58 mit Benzodiazepinen) (Wernicke & Linden, 1997).

Zepf (2001) ermittelte unter ambulant psychotherapeutisch behandelten Patienten einen Anteil von zwei Prozent im Alter von ≥65 Jahren. 2002 wurde von Bolk-Weischedel eine Studie veröffentlicht, in der 3.200 Psychotherapieanträge für tiefenpsychologisch fundierte und psychoanalytische Psychotherapie in den Jahren 2000 und 2001 in Bezug auf die Behandlung von ≥60-jährigen Patienten untersucht wurden: es entfielen 17 Anträge auf eine Kurzzeittherapie (entsprechend 0,5 Prozent), 40 Anträge auf eine Langzeittherapie (1,3 Prozent) und nur 3 Anträge (entsprechend 0,1 Prozent) auf eine analytische Langzeitbehandlung auf Älterer.

Eine Studie unserer eigenen Arbeitsgruppe (Imai et al., 2008) geht am Beispiel der kreisfreien Stadt Münster und den sie umgebenden Kreisen Borken, Coesfeld, Steinfurt und Warendorf bei 310 von 478 angeschriebenen niedergelassenen ärztlichen und psychologischen KollegInnen (Rücklauf 65 Prozent) der Frage nach, wie sich die psychotherapeutische Versorgungsrealität Älterer im Vergleich zum Bedarf aktuell darstellt. Des Weiteren wurde das Verhältnis psychotherapeutisch behandelter Patienten im Münsterland zu psychotherapeutisch behandlungsbedürftigen Patienten des Münsterlandes ermittelt. Basierend auf einer angenommenen Prävalenzrate psychotherapeutisch behandelbarer Erkrankungen (Neurosen; Persönlichkeitsstörungen und anderer psychotherapeutisch behandelbarer Störungen) von zehn Prozent wurde diese Ratio von tatsächlich behandelten Patienten zu behandlungsbedürftigen Einwohnern für verschiedene Altersgruppen (<50 Jahre; ≥50 J.; 50-54 J.; 55-59 J.; 60-64 J.; 65-69 J. und ≥70 J.) berechnet. Dies ergab die absolute Behandlungsquote für verschiedene Altersgruppen.

Nach Hochrechnungen wurden 2003 im Münsterland insgesamt 31.076 Patienten ambulant psychotherapeutisch behandelt. Die Behandlungsquote – d.h. die Ratio tatsächlich psychotherapeutisch Behandelter im Münsterland zu psychisch Erkrankten – betrug für Erwachsene mit Neurosen, Persönlichkeitsstörungen und psycho-somatischen Erkrankungen 25 Prozent. Die Gruppe der 50-54-jährigen Psychotherapie-patienten mit einer Behandlungsquote von 37 Prozent und diejenige der 55-59-Jährigen mit einer solchen von 26 Prozent scheinen psychotherapeutisch sehr gut versorgt zu sein. Allerdings muss auch berücksichtigt werden, dass zumindest bei Weyerer & Dilling (1984) die Prävalenz von neurotischen, psychosomatischen und Persönlichkeitsstörungen mit 17,7 Prozent bei den 45-64-Jährigen höher eingestuft wurde als in den übrigen Altersgruppen (nämlich 9,4 Prozent in der Altersgruppe von 15-44 Jahre; 10,2 Prozent in der Altersgruppe der Einwohner ≥65 Jahre). Geht man nun von der höheren Prävalenz der oben genannten Diagnosen von 17,7 Prozent aus, liegt die Behandlungsquote nicht mehr über dem allgemeinen Durchschnitt, sondern sogar eher darunter. Ab dem 60. Lebensjahr nimmt in der Bevölkerung des Münsterlands die psychotherapeutische Behandlungsquote bis auf 1,6 Prozent bei den ≥70-Jährigen ab. Insgesamt zeigt die Berechnung der Behandlungsquoten für das Münsterland eindeutig, dass Patienten über 60 Jahre in der ambulanten Richtlinienpsychotherapie auch aktuell stark unterrepräsentiert sind.

Der Frauenanteil bei den ambulanten Psychotherapiepatienten im Münsterland überwog in jeglicher Altersgruppe und machte bis zum 69. Lebensjahr der Patienten – entsprechend den Angaben von Heuft et al. (2006) – ca. 3/4 der Gesamtheit aller behandelten Patienten aus. Ab dem 70. Lebensjahr nahm der Anteil der Frauen in ambulanter psychotherapeutischer Behandlung im Münsterland noch stärker auf annähernd 90 Prozent zu. Es zeigte sich in allen Altersgruppen ein signifikant höherer Anteil weiblicher Psychotherapiepatienten im Vergleich zum Frauenanteil in den entsprechenden Altersgruppen der Allgemeinbevölkerung.

Mittels eines Chi-Quadrat-Tests bei unabhängigen Stichproben wurden die Gruppen der Psychotherapeuten im Alter von < 50 bzw. ≥50 Jahren mit denjenigen der Patienten im Alter von < 50 und ≥50 Jahren verglichen. Hierbei zeigte sich ein signifikanter Zusammenhang in dem Sinne, dass ältere Psychotherapeuten (≥50 Jahre) häufiger ältere Patienten behandeln als die unter 50-jährigen Psychotherapeuten.

Es ist davon auszugehen, dass diese Daten tendenziell auch auf die stationäre psychosomatisch-psychotherapeutische und psychiatrisch-psychotherapeutische Krankenhaus- und Rehabilitationsbehandlung übertragen werden können. Vermutlich sind die Verhältnisse für ältere Menschen insgesamt noch ungünstiger, da Rehabilitationsbehandlungen im Alter von den Rentenversicherungen gar nicht mehr übernommen werden. Die Befragung von 97 Psychosomatischen Kliniken des gesamten Bundesgebiets (Rücklaufquote 72 Prozent) ergab, dass 21,5 Prozent aller Patienten auf die Altersgruppe 50-59 Jahre entfielen, auf die Altersgruppe der 60-69-Jährigen 5,2 Prozent und auf die über 70-Jährigen nur noch 1,3 Prozent. Hochgerechnet wurde von einer Gesamtbehandlungszahl von 2.500-4.500 über 60-Jährigen pro Jahr ausgegangen (Lange et al., 1995).

2.   Zur Notwendigkeit entwicklungspsycholgischer Modellbildungen für den Alternsprozess

Wie dargestellt, sind Ältere (≥60 Jahre) in der psychotherapeutischen Versorgung bezogen auf ihren Anteil an der Gesamtbevölkerung nach wie vor deutlich unterrepräsentiert. Im Gegesatz zu dieser Versorgungsrealität ist nach allen vorliegenden Studien mindestens von den gleichen Prävalenzzahlen psychischer Störungen im Alter auszugehen wie bei Erwachsenen mittleren Alters. Neben der mangelhaften Auseinandersetzung mit der Eigenübertragung (Heuft, 1990) gegenüber Älteren in der psychotherapeutischen Aus- und Weiterbildung werden die aktuellen psychodynamischen Konzepte hinsichtlich der Entwicklungsaufgaben in der zweiten Häfte des Erwachsenenlebens noch nicht ausreichend genutzt. Denn wenn – vorbewusst – weiterhin von einem defizitären Entwicklungsbild des alten Menschen ausgegangen wird, zentrieren sich Fragen zur differenziellen Therapieindikation eher auf palliative, als auf kurative Ansätze. Nachfolgend soll das Verständnis durch die Herausforderungen des körperlichen Alterns vertieft und damit auch differente psychotherapeutische Behandlungsperspektiven aufgewiesen werden.

3.   Entwicklungsaufgaben aus Sicht der Gerontopsychosomatik

3.1. Entwicklungspsychologische Vorurteile und empirische Befunde

Befragt man Professionelle aller Berufsgruppen, die mit alten Menschen arbeiten, nach ihrem Bild des Lebenslaufes, begegnet man immer wieder dem „Halbkreis-Modell":

nach dem Scheitelpunkt des Lebens, der heute etwa mit 40-50 Jahren angesetzt wird, gehe „alles den Berg hinunter". Mit dem Vorurteil, die Alten würden wieder „wie die Kinder", wird unmerklich dem Defizit- und Defekt-Modell des Alterns Vorschub geleistet. Dieses Modell entspricht weder den zwischenzeitlich breit rezipierten gerontologischen Ergebnissen zur Lernfähigkeit und Kompetenz im Alter, noch der mit dem Alter stetig zunehmenden Variabilität physiologischer Befunde. Ein Psychotherapeut kann keine Entwicklungsaufgaben für seinen (alten) Patienten vorphantasieren, wenn er keine entsprechenden Modelle zur Verfügung hat.

Befragt man systematisch Menschen beiderlei Geschlechts jenseits des 60. Lebensjahres zu ihrem jetzigen Zeiterleben, zeigt sich, dass das Zeiterleben im Alter vor allem eine körperliche Dimension hat. 80 Prozent der ausführlich interviewten alten Menschen antworteten auf die Frage: „Woran merken sie, dass die Zeit vergeht?" unter Bezugnahme auf den körperlichen Alternsprozess. Übereinstimmend wird immer wieder berichtet, dass dagegen die Auseinandersetzung mit dem eigenen Tod bei alten Menschen vergleichsweise emotional weniger besetzt ist.

Diese Ergebnisse führten zu einem entwicklungspsychologischen Modell, in dem der somatische Alternsprozess als „Organisator" der Entwicklung in der zweiten Hälfte des Erwachsenenlebens verstanden wird (*somatogener Organisator*). Unter Fortführung des auf vier Säulen ruhenden Entwicklungsmodells der Kindheit und Jugendzeit entspricht dem psychischen Ich der Körper, den ich habe (funktionaler Aspekt), während der Leib, der ich bin, dem narzisstischen Aspekt entspricht. So kann beispielsweise der alternde Leib das Selbstwertgefühl klinisch in relevantem Ausmaß unter Druck setzen. Eine solche narzisstische Krise kann von einem Patienten etwa so zum Ausdruck gebracht werden: „Ich hasse meinen alternden Körper, weil..." Der Ebene der internalen Objektbeziehungen und der späteren grundlegenden Objekterfahrungen analog sind die Körpererinnerungen, Somatisierungen oder Verkörperungen. In der Psychosomatischen Medizin spricht man direkt davon, dass „der Körper sich erinnert". Die oben berichteten Studienergebnisse sprechen für eine veränderte Wahrnehmung des Körpers und seiner Funktion in der Weise, dass die leibliche Existenz und die körperliche Funktion in dieser Entwicklungsphase nicht mehr als ausschließlich selbstverständlich gegeben wahrgenommen werden. Analog zur Veränderung der Körperfunktionen besteht das Ich-strukturelle Problem der kognitiven und emotionalen Bewältigung der sich verändernden Leiblichkeit. Die sich verändernde Körperlichkeit im Alternsprozess stellt zugleich auch eine intrapsychische Symbolisierungsebene für das Zeiterleben und die Strukturierung der Zukunftsperspektive dar.

Die Kenntnis dieser Modellbildung, die das Individuum stets in seinem historischen und soziokulturellen Kontext mitdenkt, wird im Folgenden das Verständnis altersspezifischer Psychotherapie-Konzepte, insbesondere des Konzepts „Aktualkonflikt" erleichtern. Denn solche entwicklungspsychologischen Modelle haben grundsätzlich nur dann eine klinische Relevanz, wenn sie uns helfen, Symptome auf dem Boden von (Entwicklungs-)Störungen besser zu verstehen und ggf. auch psychotherapeutisch behandeln zu können.

3.2. Die Bedeutung einer somato-psychosomatischen Sicht des Alternsprozesses

Ärzte aller Fachrichtungen sowie Fachpsychotherapeuten, die mit alten Menschen arbeiten, sollten wissen, welche somatischen Risikofaktoren auch im höheren Erwachsenenalter präventiven Maßnahmen zugänglich sind. Werden diese Risikofaktoren wie „Bewegungsmangel", „Übergewicht", „Hypertonie", „Hyperlipidämie" und „Diabetes mellitus" nicht oder unzureichend behandelt bzw. vom Patienten ignoriert, sollte der Therapeut auch über die Psychodynamik dieses Verhaltens im Behandlungsprozess nachdenken und sich nicht mit der Fehlinformation lähmen, die Berücksichtigung dieser somatischen Faktoren sei bei >60jährigen ohne Belang. Selbst für 80jährige „lohnt" es sich aus epidemiologischer Perspektive noch, das Rauchen aufzugeben. Hinter einem risikoreichen Gesundheitsverhalten kann sich z.B. eine unerkannte Depressivität oder auch eine latente Suizidalität verbergen.

Dabei hat es der Diagnostiker unter dem Eindruck der mit steigendem Alter zunehmenden Variabilität somatischer Befunde oft nicht einfach, zum Beispiel bei Schmerzpatienten zwischen einem organisch begründeten Schmerzerleben und einer somatoformen Störung zu unterscheiden. Selbsterhebungsbögen kommen hier rasch an ihre Grenzen.

4. Konsequenzen dieser entwicklungspsycholgischen Konzepte für die Psychotherapie-Indikation

Für den Erfolg (Outcome) psychotherapeutischer Behandlungen gilt: nicht das Alter des Patienten ist entscheidend, sondern das Alter der Störung (Chronifizierung). Erneut und erstmals im Alter auftretende Störungen haben im Gegensatz zu chronifizierten Symptomen eine bessere Prognose. Es bedarf keiner grundsätzlich anderen Psychotherapie, jedoch kann sich die Motivation zu einem „*Letzte-Chance-Syndrom*" im Alter zuspitzen. Psychodynamische Psychotherapien werden sowohl als psychoanalytische als auch als tiefenpsychologische Psychotherapie oder als Fokaltherapien im ambulanten oder stationären Setting durchgeführt.

Für eine differentielle Therapieindikation wird in Abb. 1 zunächst unter Berücksichtigung des oben dargestellten entwicklungspsychologischen Konzeptes eine dreifach gegliederte Typologie akuter psychogener Symptombildungen im Alter vorgeschlagen:

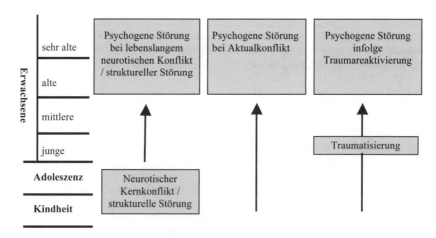

Abbildung 1. Typologie psychogener Störungen im Alter.

1. Ein *neurotischer Kernkonflikt* oder eine *Strukturelle Störung* führt nach langer Latenz zu einer Erstmanifestation der Symptomatik in der zweiten Hälfte des Erwachsenenlebens. Dieses Konzept hebt auf eine neurotische Problematik ab, die sich aus den frühen entwicklungspsychologischen Aufgaben ableiten lässt. Diese Kernkonflikte können bereits im mittleren Erwachsenenalter als repetitiv-dysfunktionale Konfliktthemen imponieren, werden jedoch in dem hier diskutierten Zusammenhang erst im Alter (etwa durch eine Auslöse-situation) als Konflikt manifest.

    Je nach Ausmaß des strukturellen Anteils der Störung ist unabhängig vom Lebensalter bei gegebener Motivation eine fokale oder mittellange Psycho-dynamische Psychotherapie indiziert und erfolgreich.

2. Auch nach ausreichender Diagnostik findet sich kein repetitives Konflikt-muster – ursächlich ist vielmehr ein psychodynamisch wirksamer *Aktual-konflikt* im Sinne der Operationalisierten Psychodynamischen Diagnostik. Die OPD stellt ein international anerkanntes Diagnoseinstrument unter anderem zur validen und reliablen Abbildung von repetitiv-dysfunktionalen Beziehungs-mustern und Konflikten dar. Ist ein solches Konfliktmuster im Lebenslauf nicht zu sichern, ist zu prüfen, ob die Symptomatik und der dann zu vermutende Aktualkonflikt etwa durch die neu auftretenden Entwick-lungsaufgaben in der zweiten Hälfte des Erwachsenenalters bedingt sind.

    In diesen Fällen ist eine auf den Aktualkonflikt zentrierte psycho-dynamische Fokaltherapie oder eine Verhaltenstherapie mit dem Schwerpunkt auf den altersbezogenen dysfunktionalen Kognitionen indiziert.

Das Konzept Aktualkonflikt differiert von den Folgen einer Traumatisierung im engeren Sinne ebenso wie von Problemen der Krankheitsverarbeitung (Coping). Die oben angesprochenen Entwicklungsaufgaben können auch nach einem psychisch stabil erlebten Verlauf bis jenseits des 60sten Lebensjahres einen solchen Aktualkonflikt manifestieren. Beispiel für einen solchen Aktualkonflikt kann beispielsweise auch eine Demenzangst sein. Auslösend kann z.B. sein, dass der Betreffende in das gleiche Alter kommt, in dem ein Eltern- oder Großelternteil Symptome einer Demenz entwickelt hat. Hinter der Befürchtung, eine solche Erkrankung „geerbt" zu haben, stehen nicht selten unbewusst gebliebene Identifikationsprozesse mit der vorangegangenen Generation, die auch mit dem Konzept „Lernen am Modell" beschrieben werden könnten.

3. In der Adoleszenz oder im jungen Erwachsenenalter erfahrene Traumatisie-rungen, die nicht zu einer akuten Posttraumatischen Belastungsstörung (PTSD) führten, werden durch den (körperlichen) Alternsprozess in ihrer psychodynamischen Potenz reaktiviert.

Für diese Beobachtung, dass es auch im Erwachsenenleben traumatisierte Menschen gibt, die erst nach einem unter Umständen langen „symptomfreien" Intervall im Laufe des Alternsprozesses eine Trauma-induzierte Symptomatik entwickeln, haben wir den Begriff der *Trauma-Reaktivierung* vorgeschlagen (Heuft, 1994). Der Diagnostiker sieht der psychischen bzw. psychosomatischen Symptomatik unter Umständen nicht an, dass sie sich aus einer reaktivierten Traumaerfahrung herleitet (zum Beispiel aktuelle „Luftnot" nach einem vor Jahrzehnten erlebten Giftgas-Angriff) (siehe dazu auch Radebold, 2005). In solchen Fällen ist eine trauma-fokalisierende Psychotherapie auch im Alter indiziert. Falls sich die Symptome einer PTSD (ICD-10:

F43.1) entwickeln sollten, wären u.U. auch integriert in den Gesamtbehandlungsplan eines Grundverfahrens traumaspezifische Behandlungstechniken erfolgreich einsetzbar.

Ältere Menschen können – etwa angestoßen durch politische Krisen (wie den Golfkrieg Anfang 1991) oder durch als bedrohlich erlebte Körperkrankheiten – frühere Traumatisierungen unter akuter Symptombildung reaktivieren. Auf der Suche nach den Hintergründen dieses psychodynamischen Prozesses ließ sich eine dreifach gegliederte Hypothese formulieren, deren Aspekte untereinander in einem sich gegenseitig begünstigenden Bezug stehen. Danach kann es zu einer Reaktivierung von Traumatisierungen im Alter dadurch kommen, dass

- ältere Menschen, befreit vom Druck direkter Lebensanforderungen durch Existenzaufbau, Beruf und Familie, „mehr Zeit" haben, bisher Unbewältigtes wahrzunehmen;

- sie zudem nicht selten auch den vorbewussten Druck spüren, noch eine unerledigte Aufgabe zu haben, der sie sich stellen wollen und stellen müssen;

- darüber hinaus der Alternsprozess selbst (zum Beispiel in seiner narzisstischen Dimension) traumatische Inhalte reaktivieren kann.

Zwei weitere wesentliche Indikationsbereiche beziehen sich bei alten Patienten auf aktuelle und familiäre bzw. intergenerative Konflikte, die sogenannte systemische Perspektive, und die psychische Verarbeitung („Coping") organisch bedingter somato-psychischer Störungen oder/und Funktionseinschränkungen. Bei diesen letztgenannten Patientengruppen ist eine mögliche Komorbidität im Hinblick auf die ersten drei genannten Indikationsbereiche zu beachten. Das heißt, auch bei einem vordergründig „nur" als Problem der Krankheitsverarbeitung imponierenden Störungsbild (ICD-10: F43.2 Anpassungsstörung) ist die gesamte Lebensgeschichte mit Hilfe der entwicklungs-psychologischen Perspektive im Hinblick auf repetitiv-dysfunktionale Konfliktmuster oder (Ich-)strukturelle Probleme im Sinne der Operationalsierten Psychodynamischen Diagnostik zu evaluieren. Nur so kann eine verantwortliche Indikationsstellung für eine ambulante oder stationäre Fachpsychotherapie erfolgen.

5.   Fazit

Der Psychotherapie bedürftige ältere Menschen, insbesondere Menschen ab dem 60. Lebensjahr, sind hinsichtlich ambulanter und mit hoher Wahrscheinlichkeit auch hinsichtlich stationärer Psychotherapie weiterhin unterversorgt. Im Zuge der zunehmenden Alterung der Gesellschaft ist in Zukunft eine Verbesserung der Versorgung der älteren Bevölkerung hinsichtlich ambulanter und stationärer Psycho-therapie dringend erforderlich.

Angesichts der demographischen Entwicklung mit einem ansteigenden relativen und absoluten Anteil Älterer nimmt auch das allgemeine und gesundheitspolitische Interesse an Belangen älterer Menschen zu. Da die Behandlungserfolge bei stimmigen Psychotherapie-Indikationen bei Älteren unstrittig sind, ist in den kommenden Jahren ein zunehmender Wandel mit einer vermehrten Nachfrage nach Psychotherapie auch durch die älteren Patienten selber sehr wahrscheinlich.

Literaturangaben

[1] Arbeitskreis Operationalisierte Psychodynamische Diagnostik (Hrsg.), *Operationalisierte Psychodynamische Diagnostik OPD-2*, Huber, Bern, 2006

[2] Arolt, V. & Schmidt, E. H., Differentielle Typologie und Psychotherapie depressiver Erkrankungen im hohen Lebensalter – Ergebnisse einer epidemiologischen Untersuchung in Nervenarztpraxen, *Z Gerontopsych Psychiat* **5** (1992), 17-24.

[3] Bolk-Weischedel, D., Lebenskrisen älterer Frauen – Eine Auswertung von Berichten für gutachterliche Psychotherapie, in: M. Peters, J. Kipp (Hrsg.), *Zwischen Abschied und Neubeginn - Entwicklungskrisen im Alter,* 125-138, Psychosozial, Gießen, 2002.

[4] Cooper, B. & Sosna, U., Psychische Erkrankungen in der Altenbevölkerung, Eine epidemiologische Feldstudie in Mannheim, *Nervenarzt* **54** (1983), 239-249.

[5] Deutsche Gesellschaft für Psychotherapie, Psychosomatik und Tiefenpsychologie (DGPPT), *Praxisstudie zur psychotherapeutischen Versorgung*, DGPPT, Hamburg, 1989.

[6] Fichter, M. M., *Verlauf psychischer Erkrankungen in der Bevölkerung*, Springer, Berlin/ Heidelberg/ New York, 1990.

[7] Helmchen, H., Baltes, M. M., Geiselmann, B., Kanowski, S., Linden, M., Reischies, F. M., Wagner, M., & Wilms, H. U., Psychische Erkrankungen im Alter, in: K. U. Mayer, P. Baltes (Hrsg.), *Die Berliner Altersstudie,* 185-220, Akademie Verlag, Berlin, 1996.

[8] Heuft, G., Bedarf es eines Konzepts zur Eigenübertragung? *Forum Psychoanal* **6** (1990), 299-315.

[9] Heuft, G., & Senf, W., Stationäre fokaltherapeutische Behandlung Älterer – Konzeption und erste Ergebnisse, *Z Gerontol* **25** (1992), 380-385.

[10] Heuft, G., Persönlichkeitsentwicklung im Alter – ein psychologisches Entwicklungsparadigma, *Z Gerontol* **27** (1994), 116-121.

[11] Heuft, G., Nehen, H. G., Haseke, J., Gastpar, M., Paulus, H. J., Senf, W., Früh- und Differentialdiagnose von 1000 in einer Memory Clinic untersuchten Patienten, *Nervenarzt* **68** (1997), 259-269.

[12] Heuft, G., Kruse, A., & Radebold, H., *Lehrbuch der Gerontopsychosomatik und Alterspsychotherapie*, 2. Aufl., E. Reinhardt, München Basel, 2006.

[13] Imai, T., Telger, K., Wolter, D., & Heuft, G., Versorgungssituation älterer Menschen hinsichtlich ambulanter Richtlinien-Psychotherapie, *Z Gerontol Geriat* **41** (2008), 486-496.

[14] Linden, M., Förster, R., Oel, M., & Schlötelborg, R., Verhaltenstherapie in der kassenärztlichen Versorgung. Eine versorgungsepidemiologische Untersuchung, *Verhaltenstherapie* **3** (1993), 101-111.

[15] Linden, M., Förster, R., Oel, M., & Schlötelborg, R., Wen behandeln Verhaltenstherapeuten wie in der kassenärztlichen Versorgung? *Fortschr Neurol Psychiat* **67** (1999), 14.

[16] Radebold, H., *Die langen Schatten unserer Vergangenheit. Zeitgeschichtlich denken in Beratung/Psychotherapie, allgemeiner ärztlicher und psychiatrischer Versorgung, Pflege und Seelsorge,* Klett-Cotta, Stuttgart, 2005.

[17] Scheidt, C., Seidenglanz, K., Dieterle, W., Hartmann, A., Bowe, N., Hillenbrand, D., Sczudlek, G., Strasser, F., Strasser, P. & Wirsching, M., Basisdaten zur Qualitätssicherung in der ambulanten Psychotherapie. Ergebnisse einer Untersuchung in 40 psychotherapeutischen Fachpraxen, Teil 1: Therapeuten, Patienten, Interventionen, *Psychotherapeut* **43** (1998), 91-101.

[18] Schneider, G., Heuft, G., Senf, W. & Schepank, H., Die Adaption des Beeinträchtigungs-Schwere-Score (BSS) für Gerontopsychosomatik und Alterspsychotherapie, *Z Psychosom Med* **43** (1997), 261-279.

[19] Schneider, G., Kruse, A., Nehen, H. G., Senf, W. & Heuft, G., The prevalence and diagnostics of subclinical syndromes in inpatients 60 years and older, *Psychother Psychosom* **69** (2000), 251-260.

[20] Wernicke, T. F., & Linden, M., Pharmakotherapie bei Depressionen im Alter – Die Berliner Altersstudie. In: H. Radebold, R. D. Hirsch, J. Kipp, R. Kortus, G. Stoppe, B. Struwe, C. Wächtler (Hrsg), *Depressionen im Alter,* 152-153, Steinkopff, Darmstadt, 1997.

[21] Weyerer, S. & Dilling, H., Prävalenz und Behandlung psychischer Erkrankungen in der Allgemeinbevölkerung, *Nervenarzt* **55** (1984), 30-42.

[22] Wolter-Henseler, D. K., *Gerontopsychiatrie in der Gemeinde*, Forum Band 30, KDA, Köln, 1996.

[23] Zepf, S., Mengele, U., Marx, A. & Hartmann, S., *Zur ambulanten psychotherapeutischen Versorgungslage in der Bundesrepublik Deutschland*, Psychosozial-Verlag, Gießen, 2001.

Psychopathologische Skizze des Alters

Lena A. SCHMID und Johannes SCHRÖDER

Sektion für Gerontopsychiatrie Universitätsklinik Heidelberg, Deutschland

Abstract. Trotz zunehmender Häufigkeit psychiatrischer Erkrankungen in höheren Lebensabschnitten steht eine Psychopathologie *des Alters* noch aus. Die vorliegenden Konzepte, welche Besonderheiten der psychischen Symptomatik im Alter behandeln, bleiben auf konkrete Untersuchungsgegenstände bezogen. Anhand der leichten kognitiven Beeinträchtigung, des klinischen Risikosyndroms für die Entwicklung einer Alzheimer Demenz, wird im Folgenden eine Skizze der Psychopathologie des Alters diskutiert. Hauptsymptome der leichten kognitiven Beeinträchtigung bilden kognitive Defizite, die von den Betroffenen im Anfangsstadium wahrgenommen werden. Mit Vertiefung der Symptomatik verlieren die subjektiven Beschwerden jedoch an Gerichtetheit, bis im späteren Verlauf die Fähigkeit zur kritischen Selbstwahrnehmung schwindet. Die Mehrzahl der Betroffenen erlebt schon in den Anfangsstadien psychopathologische Symptome; noch höhere Prävalenzraten werden bei manifester Alzheimer Demenz ermittelt. Dennoch sind kognitive Defizite und psychopathologische Symptome nicht unmittelbar konvertierbare Größen, v.a. da eine kritische Selbstwahrnehmung der Betroffenen nicht mehr gegeben ist. Die leichte kognitive Beeinträchtigung könnte sich zu einem interessanten Paradigma für die Erforschung des Wechselspiels zwischen psychopathologischen Symptomen, kognitiven Defiziten und cerebralen Veränderungen entwickeln.

Einleitung

Psychopathologie bezeichnet die Wissenschaft von den psychischen Symptomen, wie sie bei psychiatrischen, aber auch anderen Erkrankungen auftreten. Psychopathologie beschränkt sich nicht auf die bloße Deskription, zu ihr gehört die innere Ordnung psychopathologischer Symptome wie ihre Beziehungen zu äußeren Faktoren. Das Alter und die damit häufig wenn nicht regelhaft verbundenen Veränderungen – vor allem kognitiver Art – bilden deshalb wichtige Aspekte jeder Psychopathologie.

Eine Psychopathologie *des Alters* ist ungeachtet seiner zunehmenden Bedeutung und der Häufigkeit psychiatrischer Erkrankungen in diesen Lebensabschnitten nicht verfügbar. Zwar sind zahlreiche Konzepte bekannt, in denen Besonderheiten der psychischen Symptomatik im Alter entwickelt wurden, doch bleiben diese auf ihren konkreten Untersuchungsgegenstand, d.h. meist recht spezielle Konstellationen bei noch relativ seltenen Erkrankungen beschränkt. Vor allem aber konnten physiologische Altersveränderungen, wie sie etwa im Sinne einer Adaptation von Persönlichkeitsmerkmalen oder der kognitiven Verarbeitung in den letzten Jahren empirisch bestätigt wurden, bisher nicht berücksichtigt werden.

Die Grundlage der folgenden Diskussion, einer Skizze der Psychopathologie des Alters, soll die *leichte kognitive Beeinträchtigung* bilden, die als klinisches Risikosyndrom im Vorfeld der Alzheimer Demenz entsteht (Schröder & Pantel, i. Druck). Die leichte kognitive Beeinträchtigung ist häufig; schon von den jungen Alten sind sicher 20 Prozent betroffen. Ihr Verlauf wird einerseits durch neurobiologische

Veränderungen, wie sie auch von der manifesten Alzheimer Demenz bekannt sind, vorherbestimmt und gleichzeitig von lebenslang erworbenen Faktoren moduliert. Letztere werden im Konzept der *kognitiven Reserve* zusammengefasst. Das Syndrom entsteht damit an der Nahtstelle von physiologischem Altern und Demenzentwicklung.

Kognitive Defizite bilden das Achsensymptom der leichten kognitiven Beeinträchtigung, alle derzeitigen diagnostischen Kriterienkataloge gehen von dieser Grundlage aus. Die Defizite beschränken sich bei der Mehrzahl der Betroffenen kaum auf Störungen des deklarativen Gedächtnisses, sondern greifen schon früh auf andere Leistungen – beispielhaft seien hier kognitive Umstellungsfähigkeit und Sprache genannt – über. Diese Defizite sind teilweise eng mit psychopathologischen Symptomen assoziiert; eine Feststellung, die besonders für die Störungen des autobiographischen Gedächtnisses gilt (Schröder & Brecht, 2009). Subjektiv empfundene kognitive Defizite werden von den Betroffenen als solche erlebt und beklagt. Schon dieses Datum steht für weitreichende und tiefe Veränderungen von Erleben und Empfinden bei der leichten kognitiven Beeinträchtigung, wie sie sich auch in psychopathologischen Symptomen widerspiegeln können.

Psychopathologische Symptome als solche sind bei der leichten kognitiven Beeinträchtigung so häufig, dass sie kaum als Rand- oder Begleitphänomen abgetan werden können. Vielmehr bilden sie einen zwar in Art und Ausprägung variablen, aber regelmäßig auftretenden Teil der Symptomatik, der das klinische Bild mitbestimmt. In der folgenden Darstellung soll die leichte kognitive Beeinträchtigung deshalb als Paradigma dienen, an dem eine Psychopathologie des Alters entlang der Stichworte – kognitive Defizite, Aspekte ihrer Selbstwahrnehmung sowie psychopathologische Symptome – diskutiert wird.

1.   Kognitive Defizite im Verlauf der leichten kognitiven Beeinträchtigung

Erste kognitive Defizite betreffen im Verlauf der leichten kognitiven Beeinträchtigung meist deklarative Gedächtnisleistungen *und* kognitive Umstellungsfähigkeit, wobei auch andere Domänen schon zu Beginn beeinträchtigt sein können (Schröder & Pantel, im Druck). Die Defizite entwickeln sich langsam und können über Jahre, wenn nicht Jahrzehnte verlaufen. Der genaue Zeitpunkt ihres Einsetzens kann häufig nur annähernd bestimmt werden. Diese Feststellungen werden durch die Interdisziplinäre Längsschnittstudie des Erwachsenenalters (ILSE) bestätigt, in der die Leistungs-fähigkeit in fünf wichtigen kognitiven Domänen über 14 Jahre verfolgt wurde.

Schon zu Beginn der ILSE waren 13,4 Prozent der damals Anfang 60-Jährigen von einer leichten kognitiven Beeinträchtigung betroffen; vier Jahre später hatte sich dieser Anteil bei den nun Mittsechzigern auf 23,6 Prozent erhöht, um bei der dritten Untersuchungswelle – d.h. etwa 14 Jahre nach Studienbeginn – mehr als 28 Prozent zu erreichen. Abbildung 1 illustriert den Verlauf der kognitiven Leistungen in den fünf entscheidenden Domänen; die Untersuchungsgruppen wurden anhand der zum dritten Messzeitpunkt erhobenen Diagnosen gebildet. Demnach bestanden schon zu Beginn der Studie bei den damals noch Anfang 60-Jährigen geringe Unterschiede zwischen den Diagnosegruppen. Vier Jahre später erreichten diese Unterschiede bereits Signifikanz-niveau, ein Befund, der sich bis zum dritten Messzeitpunkt bei den dann Mitte 70-Jährigen deutlich verstärkte. Von dieser Entwicklung waren alle fünf elementaren kognitiven Bereiche vergleichbar betroffen; lediglich das verzögerte Wiedererkennen bildete eine gewisse Ausnahme: Hier erreichten die manifest demenziell Erkrankten bereits zum zweiten Messzeitpunkt einen äußerst niedrigen Wert, der sich dann im Sinne eines Bodeneffektes nicht mehr nennenswert verschlechterte. Auffällig sind die zwischen den ersten beiden Messzeitpunkten leicht ansteigenden Leistungen in der unmittelbaren Merkfähigkeit bzw. im verzögerten Wiedererkennen, die die Patienten mit leichter kognitiver Beeinträchtigung bzw. die gesunden Probanden zeigten. Dieser Effekt ist am ehesten auf eine „Testsophistication" zu beziehen, indem Probanden – mit der Untersuchungssituation als solcher vertraut – im Allgemeinen ein geringfügig höheres Leistungsniveau erreichen. Von diesem Effekt konnten die später demenziell Erkrankten schon zum zweiten Messzeitpunkt, bzw. auch die beiden anderen Untersuchungsgruppen zum dritten Messzeitpunkt, nicht mehr profitieren. Die kognitiven Defizite setzten also bei den Patienten mit leichter kognitiver Beeinträchtigung oder Alzheimer Demenz schon früh, d.h. zu Beginn des siebten Lebensjahrzehntes ein, während sich die Leistungsfähigkeit der gesunden Probanden von diesem Zeitpunkt bis in die Mitte der achten Lebensdekade recht stabil entwickelte. Die betreffenden Defizite können also lange kompensiert bleiben; ein Effekt, der klar die Bedeutung der *kognitiven Reserve* unterstreicht, wie sie auf früh gegebene oder lebenslang wirksame Faktoren – Bildungsgrad, genetische Polymorphismen, Aktivitätsniveaus in Beruf, Freizeit und Sport seien hier nur kurz aufgezählt – zurückgeht.

1. Gedächtnis und Lernen – Wortliste unmittelbar und verzögertes Wiedererkennen
(*Nürnberger-Alters-Inventar*)

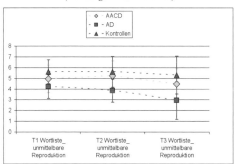

Diagnose   F = 31.87 (p < 0.001)
Zeit: F = 12.41 (p < 0.001)
Diagnose*Zeit: F = 2.30 (n.s.)

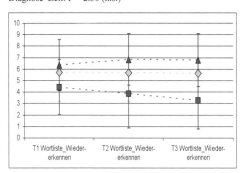

Diagnose   F = 40.93 (p < 0.001)
Zeit: F = 80.35 (p < 0.001)
Diagnose*Zeit: F = 4.39 (p < 0.05)

2. Aufmerksamkeit und Konzentration (*Aufmerksamkeits-Belastungs-Test, d2*)

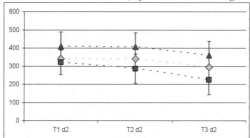

Diagnose: F = 40.93 (p < 0.001)
Zeit: F = 80.35 (p < 0.001)
Diagnose*Zeit: F = 4.39 (p < 0.05)

3. Abstraktes Denken – Untertest Gemeinsamkeiten finden
(*Hamburg-Wechsler-Intelligenztest für Erwachsene*)

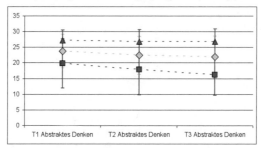

Diagnose: F = 55.89 (p < 0.001)
Zeit: F = 11.75 (p < 0.001)
Diagnose*Zeit: F = 2.54 (p < 0.05)

4. Sprache – Untertest Verbale Flüssigkeit (*Leistungsprüfsystem*)

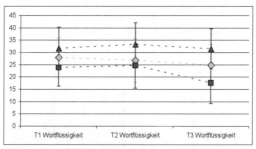

Diagnose: F = 25.72 (p < 0.001)
Zeit: F = 17.93 (p < 0.001)
Diagnose*Zeit: F = 4.83 (p < 0.001)

5. Räumliches Denken – Untertest Räumliche Vorstellung (*Leistungsprüfsystem*)

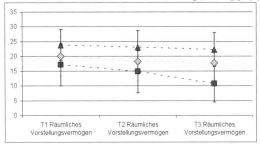

Diagnose: F = 29.17 (p < 0.001)
Zeit: F = 33.43 (p < 0.001)
Diagnose*Zeit: F = 5.16 (p < 0.001)

Abbildung 1. Neuropsychologische Leistungen in der Altersentwicklung vom 60. bis zum 75. Lebensjahr bei gesunden Probanden (grün) gegenüber Patienten mit leichter kognitiver Beeinträchtigung (gelb) bzw. AD (rot). Obwohl die Diagnosen erst zum dritten Messzeitpunkt gestellt wurden, zeigten beide Patientengruppen – rückblickend betrachtet – schon am Beginn der Studie reduzierte Leistungen. Ergebnisse aus der ILSE (nach: Schröder und Pantel, im Druck).

Während in der Literatur kaum Studien verfügbar sind, die wie die ILSE die kognitive Entwicklung zwischen physiologischem Altern, leichter kognitiver Beeinträchtigung und Alzheimer Demenz vergleichen, wurde der prognostische Wert, den neuropsychologische Veränderungen in unterschiedlichen Domänen für den Verlauf haben, häufiger untersucht. Defizite, die Exekutivfunktionen oder deklaratives Gedächtnis betreffen, lassen demnach bei der leichten kognitiven Beeinträchtigung einen eher ungünstigen Verlauf mit baldiger Konversion der Symptomatik in eine manifeste Demenz befürchten. Auch Ergebnisse aus dem Kungsholm Projekt, in dem seit 1987 die über 75-jährigen Bewohner des gleichnamigen Vorortes der schwedischen Hauptstadt untersucht werden, bestätigten, dass sich mit zunehmender Breite der neuropsychologischen Defizite auch das Konversionsrisiko erhöht. Die Beobachtung, dass Personen mit leichter kognitiver Beeinträchtigung, die später zur Demenz konvertieren, im Verlauf durch eine „Verbreiterung" und „Vertiefung" der kognitiven Defizite gekennzeichnet sind, ist auch aus klinischer Perspektive plausibel, da die kognitiven Defizite bei manifesten Demenzen schon *per definitionem* zwei oder mehr kognitive Domänen betreffen.

Verständlicherweise ist für die Betroffenen die Furcht, ihre autobiographischen Erinnerungen zu verlieren, besonders eingreifend. Typischerweise sind episodische Erinnerungen, selbst wenn sie wichtige Lebensereignisse betreffen, schon beim Übergang in die manifeste Demenz betroffen. Zu diesem Zeitpunkt ist das Wissen um äußere Lebensdaten oder andere semantische Erinnerungen noch weitgehend verfügbar, es wird erst später im Verlauf manifester Demenzen eingeschränkt (siehe Abb. 2). Das autobiographische Gedächtnis ist konstitutiv für die Entwicklung des Selbst, des emotionalen Erlebens sowie für die Kohärenz und Stabilität der eigenen Identität. Von daher erscheint es nicht überraschend, dass mit Einsetzen entsprechender Defizite auch meist psychopathologische Symptome auftreten. Diese Hypothese wird durch empirische Befunde gestützt, die Veränderungen des autobiographischen Gedächtnisses mit apathischen, nicht jedoch anderen Symptomen signifikant korreliert fanden.

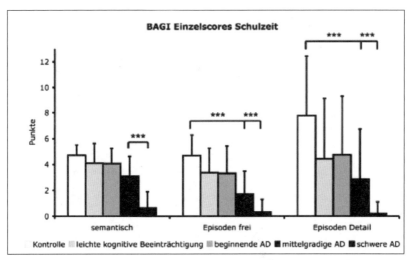

Abbildung 2. Defizite des autobiographischen Gedächtnisses (erfasst mit dem Bielefelder Autobiographischen Gedächtnis Inventar; Mittelwerte mit Standardabweichungen) zur Schulzeit bei Heimbewohnern mit leichter kognitiver Beeinträchtigung und manifester Alzheimer Demenz sowie gesunden Bewohnern. Während das semantische autobiographische Wissen erst beim Übergang von mittelgradiger zu schwerer Alzheimer Demenz signifikant abnimmt, gehen episodische autobiographische Gedächtnisinhalte bereits bei mittelgradiger Alzheimer Demenz verloren und nehmen beim Übergang zur schweren Demenz nochmals ab (***$p < .001$). Beachte: Die maximal erreichbaren Punktzahlen in den einzelnen Domänen sind jeweils unterschiedlich (semantisch: 5, Episoden frei: 6, Episoden Detail: 11) (nach: Seidl et al., 2007).

2. Selbstwahrnehmung der Symptomatik

Die Selbstwahrnehmung kognitiver Veränderungen im Alter galt lange Zeit, zumal bei Personen mit leichter kognitiver Beeinträchtigung, als außerordentlich unsichere Angabe; den Betroffenen wurde oft die Möglichkeit eines differenzierten Krankheitsgefühls gänzlich abgesprochen (Übersicht in: Schröder & Pantel, i. Druck). Somit wurden entsprechende Beschwerden häufig bagatellisiert oder als neurotische oder depressive Symptome interpretiert. Die durch die klinische Erfahrung beobachtbare Validität der Angaben der Betroffenen wird nun jedoch auch durch empirische Studien bestätigt.

Die australische Arbeitsgruppe um Jorm (2001) untersuchte die prognostische Bedeutung subjektiver Beschwerden und ihre Verbindungen mit neuropsychologischen Leistungen und depressiven Symptomen prospektiv über einen Zeitraum von fast 7 Jahren. Zu Beginn der Erhebung waren die Probanden über 70 Jahre alt und lebten außerhalb von Pflegeeinrichtungen. Von den ursprünglich rekrutierten 945 Teilnehmern konnten 425 nachuntersucht werden, wobei vollständige Daten von 331 Personen vorlagen. Die Untersuchung der subjektiven Beschwerden war auf Schwierigkeiten bezogen, kurz zurückliegende Ereignisse, Orte, an denen Dinge verwahrt wurden, Unterhaltungen in den letzten Tagen, bzw. Termine oder Verabredungen zu erinnern. Mittels aufwändiger Strukturgleichungsmodelle wurden die Ausgangshypothesen bestätigt (Abb. 3): Klagen über Gedächtniseinschränkungen spiegelten frühere Testleistungen wider und waren gleichzeitig für den weiteren Verlauf der kognitiven Leistungsfähigkeit prädiktiv. Zugleich korrelierten die Klagen signifikant mit ängstlichen und negativen Affekten zum Untersuchungszeitpunkt –

nicht aber früheren oder späteren affektiven Auslenkungen. Allerdings waren diese Zusammenhänge statistisch eher schwach ausgeprägt, eine Feststellung, von der insbesondere die über einzelne Zeitpunkte hinausragenden Betrachtungen betroffen waren.

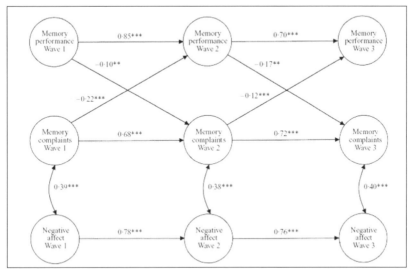

Abbildung 3. Deklarative Gedächtnisleistungen, Klagen über Gedächtniseinbußen und Depressivität bei 331 über 70-Jährigen im Verlauf (10 - 12 Jahre). Zwischen Gedächtnisdefiziten und entsprechenden Klagen ergab sich ein Wechselspiel, in dem beide einander vorhersagten (diagonale Pfeile). Depressivität hatte dagegen keine prädiktive Bedeutung (vertikale Pfeile). In zeitlicher Hinsicht entwickelten sich die jeweiligen Auffälligkeiten stabil (horizontale Pfeile). Signifikante Pfadkoeffizienten im Modell: * $p < 0.05$; ** $p < 0.01$; *** $p < 0.001$ (nach: Jorm et al., 2001).

Querschnittlich betrachtet sind subjektive Beschwerden mit psychopathologischen Symptomen insbesondere depressiver Art assoziiert. Eine Wechselwirkung zwischen subjektiven Beschwerden und Depressivität bei der leichten kognitiven Beeinträchtigung ist auch angesichts der Ergebnisse einer großen Erhebung, die im Rahmen des Kompetenznetzes Demenzen bei 3.327 Patienten (Alter > 75 Jahre) aus 138 bundesdeutschen Hausarztpraxen vorgenommen wurde, festgestellt worden (Weyerer et al., 2008). Die leichte kognitive Beeinträchtigung erhöhte hierin das Risiko einer Depressivität.

Offenbar können testpsychologisch unbeeinträchtigte Probanden ihre Gedächtnisleistungen durchaus zuverlässig einschätzen, wobei diese Fähigkeit im Zuge der Demenzentwicklung verloren geht. Diese Fähigkeit – das „Metamemory" – wurde jüngst bei je 20 Probanden mit leichter kognitiver Beeinträchtigung und 20 gesunden Kontrollpersonen untersucht, indem die Studienteilnehmer während einer laufenden Gedächtnisaufgabe um eine subjektive Einschätzung ihrer Erinnerung der einzelnen Items gebeten wurden. Dabei orientierten sich die Autoren an der Modellannahme, nach der sich die Selbsteinschätzung einer Erinnerung zuerst an der Vertrautheit eines präsentierten Items orientiert, worauf – falls Vertrautheit vorliegt – ein Retrievalprozess über zugängliche Information beginnt. Für diese beiden Mechanismen sind episodisches Gedächtnis und Exekutivfunktionen entscheidend, sodass eine Verschlechterung dieser Prozesse zu einer defizitären Selbsteinschätzung der kognitiven Leistungen führt. Tatsächlich bestätigten die Ergebnisse, dass Patienten mit leichter kognitiver Beeinträchtigung im Vergleich zu Gesunden ihr Erinnerungsvermögen überschätzen. Dieser Effekt war bei der Patientengruppe mit deklarativen Gedächtnisdefiziten assoziiert, während defizitäre Exekutivfunktionen diesen Zusammenhang nicht zeigten. Bei den Gesunden zeigte sich hingegen ein umgekehrtes Muster. Diesen Gruppenunterschied interpretieren die Autoren dahingehend, dass Patienten mit einer leichten kognitiven Beeinträchtigung möglicherweise keine oder weniger effektive Strategien zur Verfügung haben, um ihre Gedächtnisleistung zu überwachen.

Diese Ergebnisse eröffnen eine differenzierte Sicht auf die subjektiven Beschwerden bei der leichten kognitiven Beeinträchtigung. Subjektive Beschwerden korrespondieren einerseits mit dem Ausmaß der neuropsychologischen Defizite und kündigen einen eher ungünstigen Verlauf an. Andererseits unterliegen sie selbst der Dynamik der Krankheitsentwicklung, indem ihre Validität offenbar mit zunehmenden Defiziten abnimmt.

Auf den klinischen Alltag übertragen könnten Patienten mit leichter kognitiver Beeinträchtigung damit Lernprozesse aus dem Gefühl heraus, das zu Lernende schon erfasst zu haben, verfrüht abbrechen. Diese Hypothese wird durch die Ergebnisse der Arbeitsgruppe um Marson (Schröder & Pantel, im Druck) gestützt, die kognitive Fähigkeiten untersuchte, die für eine kompetente Abwicklung von Finanzgeschäften wichtig sind. Demnach überschätzen Patienten mit leichter kognitiver Beeinträchtigung ihre Fähigkeit, einfache oder ihnen vertraute Transaktionen und Bankgeschäfte durchzuführen, während sie komplexeren Abläufen übervorsichtig gegenüberstehen. Es wurde eine standardisierte Befragung durchgeführt, in der neun wichtige Aspekte von Geld- und Bankgeschäften – angefangen bei der Unterscheidung verschiedener Münzen und Banknoten, über das Bezahlen von Einkäufen oder die Bedienung eines Geldautomaten, den Umgang mit dem Scheckbuch, das Lesen von Kontoauszügen, bis hin zur Planung von Geldanlagen – Beachtung fanden. Für diese Bereiche wurden sowohl das semantische Wissen (etwa Definitionen für Scheck oder Kontoauszug) als auch praktische Leistungen (Kontrolle von Zahlungen oder Buchungen) getestet. Patienten mit leichter kognitiver Beeinträchtigung zeigten im Vergleich zu Gesunden über alle überprüften Parameter hinweg signifikant schlechtere Leistungen; noch größere Unterschiede bestanden zwischen Patienten mit leichter AD und den gesunden Probanden. Verlaufsuntersuchungen nach einem Jahr erbrachten eine Verschlechterung der Fähigkeiten bei Patienten, deren Symptomatik in eine manifeste AD konvertierte, gegenüber denen mit stabiler Symptomatik. Interessanterweise waren pragmatische Leistungen noch vor dem dazugehörigen semantischen Wissen beeinträchtigt. Dies verdeutlicht, dass zwar noch die Wissensbestände, aber nicht der Umgang mit ihnen erhalten bleiben – ein Ergebnis, das ähnlich in Untersuchungen zum autobiographischen Gedächtnis bestand, bei dem semantische Inhalte weiter zugänglich sind, während episodische Erinnerungen nur bruchstückhaft erhalten bleiben.

Eine andere Studie der Arbeitsgruppe widmete sich der Selbstwahrnehmung der fraglichen Defizite durch die Betroffenen, aber auch durch Angehörige oder enge Vertraute. In einem ersten Schritt wurden die 74 Patienten (MMSE 24-30) und 73 Gesunden hinsichtlich ihrer finanziellen Kompetenz wie in den Vorstudien anhand des von der Arbeitsgruppe entwickelten Manuals untersucht. In Übereinstimmung mit den Ergebnissen von Perrotin et al. (2007) tendierten die Patienten auch in dieser Studie dazu, ihre Fähigkeiten zu überschätzen. Dies betraf eher alltägliche, aber nicht unbedingt einfache Aufgaben wie die Verbuchung von Rechnungen. Dieser Befund war bei schwerer Betroffenen besonders ausgeprägt, während Patienten mit depressiv gefärbter Stimmungslage ihre Fähigkeiten grundsätzlich unterschätzten. Gleichzeitig waren die Patienten im Vergleich zu den gesunden Probanden ungewohnten Aufgaben wie Geldanlagen gegenüber vorsichtiger. Die Kompetenz der Patienten wurde ebenso von Angehörigen oder Vertrauenspersonen grundsätzlich überschätzt.

Nach diesen Studien verlieren Patienten mit leichter kognitiver Beeinträchtigung ihre Kritikfähigkeit, indem sie ihr kognitives Leistungsvermögen weder in konventionellen testpsychologischen Untersuchungen noch in recht alltagsnahen Bereichen zuverlässig abschätzen können. Der Entstehungszeitpunkt dieses Verlusts ist anhand der verfügbaren Ergebnisse nur unzureichend definierbar, möglich erscheint dieser jedoch zumindest bei einem Teil der Betroffenen noch vor Manifestation einer Alzheimer Demenz. Aus psychopathologischer Sicht ist damit eine weitreichende Änderung i. S. eines qualitativen Abfalls gegeben, zählt doch die Kritikfähigkeit zu den wichtigsten psychischen Leistungen.

3. Psychopathologische Symptome der leichten kognitiven Beeinträchtigung

Dass psychopathologische Symptome regelmäßig bei der leichten kognitiven Beeinträchtigung auftreten, wurde wiederholt bestätigt (Abb. 4). In einer Zusammenfassung von 21 Studien (Apostolova & Cummings, 2007) waren depressive Verstimmungen bei der leichten kognitiven Beeinträchtigung weit häufiger als alle anderen psychopathologischen Symptome. Ihr Vorliegen wurde in 15 Studien bestätigt, wobei die Prävalenzangaben oftmals Werte von 30 Prozent überschritten. In allen Studien wurden Depressivität, Apathie, Angst und Reizbarkeit als die vier häufigsten Symptome ermittelt, während Wahnbildungen und Halluzinationen, aber auch Desinhibition, Euphorie oder

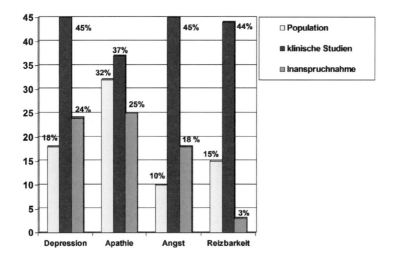

Abbildung 4. Depression, Apathie, Angst und Reizbarkeit als die 4 häufigsten psychopathologischen Symptome der leichten kognitiven Beeinträchtigung. Ergebnisse aus populationbasierten, klinischen (zur Medikamentenerprobung) und Inanspruchnahme-Stichproben im Vergleich; Dokumentation der Befunde jeweils auf dem Neuropsychiatric Inventory (nach: Schröder & Pantel, i. Druck).

motorische Unruhe eher selten auftraten. Agitation und Irritabilität nahmen eine Mittelstellung ein. Ähnliche Ergebnisse wurden von Monastero und Mitarbeitern (2009) mitgeteilt, die anhand von 27 größeren Studien für psychopathologische Symptome Prävalenzwerte von 59 Prozent in klinischen Inanspruchnahmepopulationen bzw. 43 Prozent in populationsbezogenen Stichproben ermittelten. Derartige Unterschiede lassen sich in zahlreichen Erhebungen nachweisen und damit begründen, dass eine Symptomatik eine gewisse Ausprägung haben muss, bevor sie Patienten zur Konsultation, hier sogar einer spezialisierten Gedächtnisambulanz, motiviert. Dem gegenüber werden Teilnehmer in populationsbasierten Studien zufällig aus der Bevölkerung rekrutiert.

Eine ähnliche psychopathologische Symptomatik wird in allerdings stärkerer Ausprägung bei manifester Alzheimer Demenz beobachtet. Eine größere Untersuchung in bundesdeutschen Pflegeheimen (Seidl et al., 2007) ermittelte Depressivität, Unruhe und Reizbarkeit als die drei häufigsten psychopathologischen Symptome bei Bewohnern mit leichter kognitiver Beeinträchtigung. Während Depressivität und Unruhe auch bei Bewohnern mit beginnender bzw. mittelgradiger Demenz die häufigsten Symptome bildeten, rückte hier Apathie an die 3. Stelle. Überhaupt waren je nach Schweregrad der Erkrankung zwischen knapp 60 Prozent bis über 95 Prozent der Untersuchten von psychopathologischen Symptomen betroffen (Abb. 5). Wahnbildungen, Halluzinationen und Erregungszustände wurden erst bei mittelgradigen und schweren Demenzen häufig.

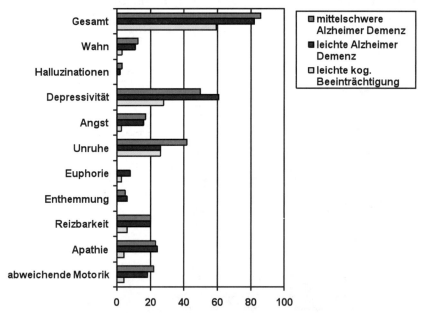

Abbildung 5. Psychopathologische Symptome (protokolliert auf dem Neuropsychiatric Inventory; Angaben in Prozent, Mehrfachnennungen möglich) bei Heimbewohnern mit leichter kognitiver Beeinträchtigung (li.), leichter (re.) und mittelschwerer Alzheimer Demenz (u.). (nach: Seidl et al., 2007).

Allgemein werden deshalb Zusammenhänge zwischen Art und Ausprägung psychopathologischer Symptome und dem Schweregrad der Erkrankung unterstellt.

Schon deshalb erscheint es plausibel, dass diese Symptome prognostisch ein erhöhtes Konversionsrisiko von der leichten kognitiven Beeinträchtigung zur manifesten Demenz ankündigen (Schröder & Pantel, im Druck). Hypothetisch kann diese prognostische Bedeutung der Depressivität zwei Mechanismen entsprechen: Einerseits könnte Depressivität als bloßes Epiphänomen prognostisch ungünstige Verlaufsformen der leichten kognitiven Beeinträchtigungen charakterisieren, andererseits jedoch auch unmittelbar an der Pathogenese der leichten kognitiven Beeinträchtigung beteiligt sein. Für letzteres spricht etwa die hohe Prävalenz leichter kognitiver Beeinträchtigungen, die Patienten mit Spätdepressionen noch nach Remission der depressiven Symptomatik betrifft, oder der Befund, dass depressive Symptome als solche das Risiko demenzieller Erkrankungen erhöhen. Allerdings galten diese Zusammenhänge in erster Linie für depressive Ersterkrankungen, die in das Vorfeld der Manifestation der Demenz fielen. Die Alternativhypothese, nach der Depressivität lediglich als Epiphänomen prognostisch ungünstiger Verlaufsformen der leichten kognitiven Beeinträchtigung ein erhöhtes Konversionsrisiko ankündigt, konnte deshalb nicht falsifiziert werden.

4.　Diskussion und Ausblick

Die leichte kognitive Beeinträchtigung entsteht im Vorfeld der Alzheimer Demenz als Risikosyndrom. Die namensgebenden kognitiven Defizite bilden ihr Achsensymptom und sind schon früh im Verlauf in zahlreichen wichtigen neuropsychologischen Domänen nachweisbar. Diese Veränderungen werden von den Betroffenen als solche bemerkt; tatsächlich sind die entsprechenden Angaben sogar für den weiteren Verlauf prädiktiv. Allerdings gilt diese Feststellung nur für die Anfangsstadien und verliert mit Vertiefung der Symptomatik ihre Gültigkeit. Vielmehr wird es den Betroffenen an einem nicht näher bestimmbaren Punkt im Verlauf unmöglich, die eigene Leistungsfähigkeit zuverlässig einzuschätzen, wobei diese Einschränkung der Kritikfähigkeit auch Routinehandlungen betrifft. Bei ungewohnten Aufgaben verhalten sich die Betroffenen dagegen übervorsichtig; ein Befund, der zumindest gegen eine Aufhebung der Kritikfähigkeit und die damit verbundenen juristischen Folgen spricht.

Bei der Mehrzahl der von einer leichten kognitiven Beeinträchtigung betroffenen Patienten sind schon in den Anfangsstadien psychopathologische Symptome beobachtbar; noch höhere Prävalenzraten wurden bei manifester Alzheimer Demenz ermittelt. Es erscheint deshalb naheliegend, die psychopathologische Symptomatik auf die kognitiven Defizite zu beziehen. Ein solcher, linearer Zusammenhang zwischen kognitiven Defiziten und psychopathologischer – hier depressiver – Symptomatik wird jedoch durch den Verlust der Fähigkeit zur kritischen Selbstwahrnehmung im Verlauf der leichten kognitiven Beeinträchtigung relativiert. Dieser Befund markiert den Beginn einer – vielleicht nicht so sehr in Art und Gestalt, denn in ihrem Wesen – neuen Symptomatik, die kaum mehr als unmittelbarer Ausdruck kognitiver Defizite eingestuft werden kann. Ähnliche Ergebnisse sind von Versuchen bekannt, Wahnbildungen bei schizophrenen Psychosen auf Störungen deklarativer Gedächtnisleistungen zu beziehen (Schröder, 1998). Auch hier vermag ein *prima facie* überzeugender Zusammenhang einer genaueren Überprüfung nicht standzuhalten. Dieser Befund ist vor allem der Tatsache geschuldet, dass derartige Zusammenhänge die subjektive Gewissheit des Wahns und die Unmöglichkeit, alternative Perspektiven überhaupt einzunehmen (im Sinne des Conradschen Überstieges), nicht erklären. Die damit angesprochenen Mechanismen können am Beispiel der Selbstwahrnehmung bei der leichten kognitiven

Beeinträchtigung quasi paradigmatisch, d.h. mit klinisch-neuropsychologischen Mitteln untersucht und bestätigt werden.

Kognitive Defizite und psychopathologische Symptome bilden also auch bei der leichten kognitiven Beeinträchtigung als Risikosyndrom der Alzheimer Demenz nicht unmittelbar konvertierbare Größen. Studien zum Verlust der kritischen Selbstwahrnehmung und seiner Determinanten dürften sicherlich die psychopathologische Forschung bereichern. Aus klinischer Sicht unterstreichen diese Befunde nicht nur die Bedeutung der psychopathologischen Symptomatik, sondern auch die therapeutischer Konzepte zu ihrer Beeinflussung. Damit steht schon jetzt ein Weg auch zur Verbesserung der Lebensqualität Demenzkranker zur Verfügung.

Literaturangaben

[1] Apostolova L. G., & Cummings J. L., Neuropsychiatric manifestations in mild cognitive impairment: The systematic review of the literature, *Dement geriatric cog disorder* **25** (2007), 115-126.

[2] Jorm A. F., Christensen H., Korten A. E., Jacomb P. A., & Henderson A. S., Memory complaints as a precursor of memory impairment in older people: a longitudinal analysis over 7-8 years, *Psychological Medicine* **31** (2001), 441-449.

[3] Monastero R., Mangialasche F., Camarda C. Ercolani S., & Camarda R., A systematic review of new psychiatric symptoms in mild cognitive impairment, *J Alzheimer Dis* **18:1** (2009), 11-30.

[4] Perrotin A., Belleville S., & Isingrini M., Metymemory monitoring in mild cognitive impairment: Evidence of a less accurate episodic feeling-of-knowing, *Neuropsychologia* **45** (2007), 2811-2826.

[5] Schröder, J., *Subsyndrome der chronischen Schizophrenie. Untersuchungen mit bildgebenden Verfahren zur Heterogenität schizophrener Psychose*, Springer, Berlin, Heidelberg, 1998.

[6] Schröder, J., & Brecht, G. B., *Das autobiographische Gedächtnis – Grundlagen und Klinik*, AKA, Heidelberg, 2009.

[7] Schröder, J., & Pantel, J., *Die leichte kognitive Beeinträchtigung – Epidemiologie, Klinik und Diagnostik*, Schattauer Verlag, im Druck.

[8] Seidl U., Ahlsdorf E., Schröder J., Störungen des autobiographischen Gedächtnisses bei Alzheimer-Demenz, *Z Gerontopsychol Psychiat* **20:1** (2007), 47-52.

[9] Weyerer S., Eifflaender-Gorfer S., Köhler L., Jessen F., Maier W., Fuchs A., Pentzek M., Kaduszkiewicz H., Bachmann C., Angermeyer M. C. Luppa M., Wiese B., Mösch E., & Bickel H. for the German AgeCoDe Study group, Prevalence and risk factors for depression in non-demented primary care attenders aged 75 years and older, *J Affect Dis* **111** (2008), 153-63.

Leben im Alter
A. Kruse (Hrsg.)
© *2010, AKA Verlag Heidelberg*

Ernährungsaspekte im Alter unter wissenschaftlichen und ethischen Gesichtspunkten

Cornel C. SIEBER

Institut für Biomedizin des Alterns, Universität Erlangen-Nürnberg, Deutschland

Abstract. Der Beitrag wählt als Ausgangspunkt die bei Malnutrition nachweisbare erhöhte Morbidität und Mortalität sowie die bei hochbetagten Menschen deutlich schlechtere Entwicklungsprognose nach Gewichtsverlust. Es wird auf die besonderen Risiken im Hinblick auf die Ernährung eingegangen, die sich gerade bei demenzkranken Menschen ergeben. Zudem wird dargelegt, dass die gute Ernährung große Bedeutung für die Lebensqualität im Alter besitzt. Fragen des Assessments werden ausführlich diskutiert, das Mini Nutritional Assessment wird vorgestellt. Es schließt sich eine detaillierte Darstellung von Sarkopenie und Frailty an, wobei der Einfluss der Malnutrition auf diese beiden Syndrome aufgezeigt wird. Neben diagnostischen Fragen werden Leitlinien der Ernährungstherapie vorgestellt. Erkenntnisse zur Malnutrition werden abschließend zusammengefasst.

Einleitung – Problematik der Mangelernährung im Alter

Die Relevanz einer Malnutrition beim Betagten ist durch die erhöhte Morbidität und Mortalität Betroffener gut belegt. So konnte die europäische SENECA-Studie deutlich aufzeigen, dass noch zu Hause lebende Betagte, die Körpergewicht verlieren, gegenüber denen, die das Gewicht halten können oder gar etwas zunehmen, eine signifikant höhere Mortalität aufweisen. Ähnliches gilt für betagte Menschen, die in Langzeitpflegestrukturen leben (Bauer, Kaiser & Sieber, 2008) oder aufgrund einer Erkrankung im Krankenhaus betreut werden. Gewichtsverlust in der Altersgruppe der „oldest old" (>80 Jahre) ist primär immer ein schlechtes prognostisches Zeichen.

Für selbstständig zu Hause lebende Betagte besteht eine Prävalenz einer Malnutrition in den meisten europäischen Ländern (inklusive Deutschland) von fünf bis 20 Prozent. Diese Zahl steigt in Langzeitpflegestrukturen rasch auf 29 bis 74 Prozent an. Die weite Spanne ist unter anderem dadurch bedingt, dass der Anteil Demenzkranker in verschiedenen Langzeitpflegestrukturen sehr unterschiedlich sein kann. Demenzkranke weisen praktisch obligat während des Krankheitsverlaufes eine Malnutrition auf. In Akutkrankenhäusern ist die Prävalenz der Malnutrition ebenfalls 19 bis 65 Prozent. Ähnliche Zahlen, wie sie hier für Europa erwähnt werden, finden sich auch in den Vereinigten Staaten.

Auch wenn das Problem der Malnutrition bei Betagten immer mehr ins Bewusstsein der Betreuenden gerät, so tun wir uns immer noch schwer mit der exakten Definition der Malnutrition in dieser Altersgruppe. Häufig wird zur Diagnose einer Malnutrition allein der body mass index (BMI, kg/m2) verwendet. Je nach Grenzwerten für diesen ändert sich zudem die Prävalenz der Malnutrition in dieser Altersgruppe signifikant. Gemeinhin wird ein BMI <18.5 kg/m² mit einer Malnutrition in Verbindung gebracht. Bei Betagten ist dieser Wert sicherlich viel zu niedrig; international anerkannt ist ein Wert von <20 kg/m² in dieser Altersgruppe. Ein Wert unter 22 wird weiter als Risikowert für eine Malnutrition bei Betagten betrachtet.

Es würde den Rahmen sprengen, hier die verschiedenen Gründe für eine Mangelernährung beim Betagten zu diskutieren. Wichtig erscheint aber, dass Betagte auch ein von Jüngeren verschiedenes Hungerempfinden haben. Hier scheinen hormonelle Faktoren, ganz speziell Ghrelin, eine Rolle zu spielen, wie dies Jürgen Bauer aus unserer Gruppe kürzlich zeigen konnte (Bauer, Haack, Winning et al., 2008).

Gerade beim Betagten hat Ernährung auch viel mit Lebensqualität zu tun, im Sinne einer multidimensionalen Rolle, die physische, psychologische und interpersonelle Aspekte umfasst. Die sozialen Kontakte sind es denn auch, die die Nahrungsaufnahme erleichtern und die auch mit einer erhöhten Kalorienzufuhr verbunden sind.

„Man ist, solange man isst" – gerade beim (multimorbiden) Betagten werden die Malnutrition und die damit zu implementierenden Substitutionstherapien oft zu einem therapeutischen und auch ethischen Dilemma. Betagte Menschen wie auch ihre Umgebung wissen immer mehr ob dieser Problematik; es ist deshalb nicht verwunderlich, dass gerade die kritische Auseinandersetzung mit der Flüssigkeits- und Nahrungszufuhr oft zentraler Inhalt von Patientenverfügungen ist.

Solche ethischen Fragen stellen sich vorab bei der Gewährleistung einer Ernährung über längere Zeitperioden. Diese Situation ist häufig bei Patienten nach einem Schlaganfall oder bei Demenz der Fall. In Langzeitpflegestrukturen ist unterdessen der Anteil an dementiell Erkrankten bis zu 80 Prozent angestiegen. Gerade hier werden viele Betreute über eine PEG ernährt. Dies, obgleich es auch andere – und innovative – Konzepte gibt, um den Betroffenen eine adaptierte Nahrungsaufnahme anbieten zu können. Ressourcenknappheit, auch gerade im personellen Bereich, eröffnen ein zusätzliches Feld ethischer Probleme (Slogan: *„Flasche anhängen, Zimmer verlassen"*).

1.   Assessment der Malnutrition

Die Sequenz der Abklärung des Ernährungszustandes sollte sein:

- Screening

- Assessment

- Intervention

- Monitoring

Wichtig ist, dass wenn allein der Gewichtsverlauf, die tägliche kalorische Zufuhr von Nahrung und der BMI bestimmt werden, wir keine Aussage bezüglich der Körperzusammensetzung erhalten. Dies ist aber gerade bei Betagten wichtig, da zum Beispiel eine Flüssigkeitsretention bei Herzinsuffizienz mit normalem BMI einen adäquaten Ernährungszustand vortäuschen kann. So braucht es differenziertere Screening- und Assessmentmethoden, wie zum Beispiel das speziell für Betagte entwickelte Mini Nutritional Assessment (MNA) (www.mna-elderly.com). Bei diesem Test gibt es eine Kurzform (MNA-SF), die das Screening beinhaltet und etwa fünf Minuten dauert. Wenn dieser Teil pathologisch ausfällt, sollte sich der gesamte MNA anschliessen, der ca. 20 Minuten beansprucht. Wünschenswert wäre bei pathologischem Kurztest eine Kontaktaufnahme mit einem in Ernährungsmedizin geschulten Kollegen. Er beinhaltet sinnvollerweise auch Aspekte, die mit der Funktionalität einhergehen, und geht auch auf Probleme wie Depression und Demenz ein. Für den MNA gibt es viele gute retrospektive, aber auch prospektive Studien. Er korreliert auch mit anderen Malnutritionsparametern wie dem Albumin, welches ein etablierter Morbiditäts- und Mortalitätsmarker ist, wie auch mit immunologischen Parametern.

Der MNA ist speziell für den betagten Menschen entwickelt worden, enthält er doch Fragen zur Mobilität wie auch zu psychischen Dimensionen des Betagten wie der Depression und der Demenz. Im praktischen Alltag zeigte der MNA aber zwei Schwachpunkte:

1. Er enthält subjektive Fragen wie zum Beispiel zum Appetit, was Probleme bei Demenzkranken ergibt.

2. Er verlangt nach dem BMI, der aber gerade bei bettlägrigen Patienten häufig nicht verfügbar ist. Weiter wird das Gewicht in gewissen Ländern – zum Beispiel in China – kulturell bedingt nicht regelmässig bestimmt.

Diesen zwei Fragen sind wir in letzter Zeit nachgegangen. So zeigt eine Arbeit von Rebecca Kaiser in einem Pflegeheim, dass die bei Demenzkranken nicht erhebbaren Fragen gut auch durch einen „proxy", meist eine Pflegefachperson, erhoben werden können (Kaiser, Winning, Uter et al., 2009). Weiter konnte in einer Arbeit von Matthias Kaiser an einem globalen Datenset gezeigt werden, dass der BMI auch durch den Unterschenkelumfang – „cut-off" ist hier ein Wert unter 31cm – ersetzt werden kann (Kaiser, Bauer, Raemsch et al., 2009). Beide Arbeiten ermöglichen die breitere Anwendung des MNA. Dies ist essentiell, wird doch aktuell der Ernährungszustand noch viel zu selten regelmässig erhoben. Aufgrund der Problematik der Malnutrition und deren Konsequenzen sollte nämlich der Ernährungszustand zum Standard wie das Messen des Blutdruckes werden (Bauer, Kaiser & Sieber, 2010).

2. Definition der Sarkopenie

Ein kontinuierlicher Verlust an Muskelmasse während des normalen Alterungsvorganges wird in vielen Populationen beobachtet und ist bei den Hochbetagten sehr häufig (vgl. Tabelle 1) (Bauer, Kaiser & Sieber, 2008). Dieser Verlust ist bei Männern ausgeprägter, wenngleich die absolute Muskelmasse in jüngeren Lebensjahren größer ist und deshalb die prozentuale Abnahme während des Alterns höher ausfällt. Wir sprechen im medizinischen Sinn von Sarkopenie, wenn eine geringere Muskelmasse in Relation zum spezifischen Alter, zum Geschlecht und zur Rasse festgestellt wird. Während somit Abnahme der Muskelmasse beim Altern als normal anzusehen ist, steht der Begriff Sarkopenie für einen Zustand, der diesen normalen Muskelverlust überschreitet und dann meist auch Krankheitscharakter aufgrund der Interferenz mit der Funktionalität besitzt.

Tabelle 1. Prävalenz der Sarkopenie beim Betagten.

Alter (J)	Männer	Frauen
<70	17.2 Prozent	23.6 Prozent
70-74	19.1 Prozent	34.2 Prozent
75-80	31.5 Prozent	35.6 Prozent
>80	55.1 Prozent	51.6 Prozent

Quelle: Bauer, Kaiser & Sieber (2008).

Baumgartner hat als Erster einen Index der relativen Muskelmasse entwickelt, indem er die appendikuläre Muskelmasse geteilt durch das Quadrat der Körpergröße verwendet hat. Dazu benutzte er die Technik der dualen Röntgen-Absorptiometrie (dual-energy X-ray absorptiometry – DEXA).

Der Verlust an Muskelmasse geht nicht direkt parallel mit einem Verlust der Muskelkraft einher. So liegt der Verlust der Muskelkraft bei etwa 20-40 Prozent der 70-Jährigen und erhöht sich bis auf 50 Prozent bei den 90-Jährigen verglichen zu jungen Erwachsenen. Es sind diverse pathophysiologische Achsen, die zu einer Sarkopenie führen können (vgl. Abbildung 1).

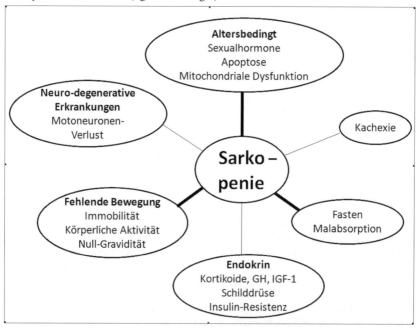

Abbildung 1. Faktoren, die zu Sarkopenie – und damit auch teilweise zu Frailty – führen. (Erarbeitet bei einem internationalen und interdisziplinären Symposium – unterstützt durch die BANSS-Stiftung – Mai 2008).

Die Diagnose einer Sarkopenie wird nicht l'art pour l'art gestellt, ist sie doch mit einem doppelten Risiko für funktionelle Einschränkungen und Behinderung bei Männern und gar einem dreifachen Risiko bei Frauen verbunden.

3.   Frailty – ein neueres geriatrisch-gerontologisches Syndrom

3.1.   Definition und klinisches Bild

Das Frailty-Syndrom hat in letzter Zeit mehr Beachtung aufgrund zweier neuerer Definitionen gefunden. Dies auch deshalb, da pathophysiologische Faktoren hierzu besser definiert wurden wie Veränderungen in der hormonellen Homöostase, Erhöhung inflammatorischer Signale und ernährungsbedingter Mangelzustände, auch unter dem Begriff „nutritional frailty" subsumiert.

Während die Sarkopenie als klinisches Zeichen gesehen werden kann, das nicht spezifisch für ältere Menschen ist, handelt es sich bei Frailty um ein multi-dimensional bedingtes geriatrisches Syndrom, welches für den klinisch Tätigen spezielle Relevanz besitzt.

Frailty und Sarkopenie werden immer mehr pathophysiologisch fassbar. Aufgrund der großen, auch gesundheitsökonomischen Bedeutung wird versucht, dieses Syndrom klinisch wie auch mathematisch zur Risikostratifizierung heranzuziehen. Ob dies – aus Sicht des klinisch Tätigen – sinnvoll ist, sei dahingestellt. Gerade aber das pathophysiologische Verständnis mag helfen, präventive und interventionelle Strategien zu etablieren. Frailty hat in diesem Sinne auch viel mit „normalem" versus „pathologischem" Altern zu tun, und therapeutische Vorgehensweisen vermögen deshalb zu Langlebigkeit führen.

Alterungsvorgänge entpuppen sich immer mehr als (subklinische) Entzündungs-phänomene[11], und jegliche Vorgehensweisen, die den oxidativen Stress vermindern, sind wohl sowohl „präventiv" wie auch „therapeutisch" sinnvoll. Körperliche Aktivität – zur Verhinderung der Sarkopenie – sowie eine Ernährung reich an Antioxidantien versprechen gute „therapeutische" Ansatzpunkte zu sein.

Obgleich der Begriff initial aus der Neonatologie kommt, hat er seit Jahren Einzug in die geriatrische Literatur gefunden. Dies in den letzten Jahren fast exponentiell, als wir immer bessere Kenntnisse über die pathophysiologischen Grundlagen der physischen und auch der psychischen Frailty haben.

Man kann Frailty als ein geriatrisches Sydrom definieren, welches durch eine verminderte Resistenz auf Stressoren gekennzeichnet ist. Dies ist verursacht durch eine reduzierte funktionelle Reserve in diversen physiologischen Systemen, welche alle eine erhöhte Vulnerabilität für diverse Komplikationen haben wie Stürze, Hospitalisationen, Verlust der Selbständigkeit. Es wäre somit zu fordern, dass ein gemeinsamer biologischer Prozess dem Frailty-Syndrom zugrunde liegen würde. Konzeptuell werden heutzutage vor allem die drei Modelle inflammatorische Prozesse, hormonelle Muster sowie Veränderungen in der Körperzusammensetzung favorisiert, wobei es auch Überschneidungen zwischen den drei Modellen gibt.

Das Frailty-Syndrom ist in jedem Falle multidimensional verursacht und durch physische, psychische und soziologische Faktoren bestimmt[12]. Bis heute wird der Hauptfokus in der Forschung auf den physischen und damit den Krankheits-assoziierten Bereich gelegt. Dabei kann Frailty als ein Kontinuum von Frühformen, die nicht klinisch diagnostiziert werden können, bis hin zu Spätformen, welche offensichtlich mit den Aktivitäten des täglichen Lebens negativ interferieren,

---

[11]   Krankheiten, die mit oxidativem Stress und chronischer Entzündung einhergehen: M. Alzheimer, M. Parkinson, Rheumatische Leiden, Katarakte, Arteriosklerose.

[12]   Frailty – Exzessmodell: Erhöhte Spiegel von Interleukine (IL-1, IL-6, …), Tumor necrosis factor alpha, C-reaktives Protein (CRP and hCRP), Adhäsionsmoleküle.

verstanden werden. Die meisten Forscher teilen die Meinung, dass das Frailty-Syndrom nicht ohne eine chronische Grunderkrankung auftreten kann, was allerdings bei (Hoch-)Betagten Menschen zumeist der Fall ist.

Dennoch zeigen einige Charakteristika von Frailty Parallelen zu normalen Alterungsprozessen wie eine verminderte physiologische Reserve, eine verringerte Organfunktion und eine reduzierte funktionelle Anpassungsfähigkeit. Es kann somit sehr schwierig sein, Frailty immer klar von fortgeschrittenen Alterungsprozessen per se zu unterscheiden, was auch damit zusammenhängt, dass es darauf ankommt, welche Assessment-Instrumente man zur Frailty-Diagnose verwendet.

3.2. Pathophysiologische Aspekte von Frailty

Verschiedene pathophysiologische Prozesse werden mit Frailty in Verbindung gebracht, wobei inflammatorische Veränderungen eine prädominante Rolle spielen. So sind zum Beispiel erhöhte Plasmaspiegel von C-reaktivem Protein (CRP) und von diversen Zytokinen mit dem Frailty-Syndrom assoziiert.

Diesem Exzess-Modell von Frailty steht das Defizit-Modell gegenüber, welches die Abnahme verschiedener Hormonachsen als pathophysiologische Grundlage des Frailty-Syndroms sieht[13]. Über lange Zeit wurden primär solche hormonellen Veränderungen mit Frailty verbunden. Es sind dies – nebst Dehydroepiandrosteron (DHEA) als Prohormon der Nebennieren – altersbedingt deaktivierte endogene Hormonsysteme. Deaktiviert meint in diesem Kontext, dass für diese Hormonachsen über die Lebenspanne ein kontinuierlicher Abfall gemessen werden kann. Es ist dies das sogenannte „Defizitmodell" von Frailty.

Hier setzt auch die momentan so prominente „Anti-Aging"-Welle an, die Altern als primär pathologischen Zustand sieht. Evidenzbasiert gibt es aber bis heute nur ganz spärliche Hinweise, dass die alleinige Substitution „verminderter" hormoneller Plasmakonzentrationen Frailty revertieren könnte. Als Geriaterinnen und Geriater sind wir viel mehr gewohnt, Alterungsphänomene als normal zu akzeptieren und dort zu intervenieren, wo der Erhalt der Funktionalität gefährdet ist („Pro-Aging").

Die Wahrheit dürfte aber in einer Kombination beider Modelle liegen, da auch die erwähnten Hormonachsen mit Entzündungsvorgängen interagieren.

3.3. Diagnostik des Frailty-Syndroms

Beim Frailty-Syndrom gilt es somit, einerseits eine Diagnose stellen zu können, zusätzlich aber auch eine Graduierung zu erzielen. Frailty kann dann diagnostiziert werden, wenn der Allgemeinzustand eines betagten Menschen sich derart verschlechtert, dass sie oder er ein erhöhtes Risiko für die Entwicklung einer Krankheit oder Tod haben. Hierzu werden Assessment-Methoden verwendet: Die phänotypische Definition von Frailty nach Fried und Mitarbeitern aus der Cardiovascular Health Study (Fried, Tangen & Walston, 2001).

Bei der Fried-Definition werden folgende fünf Parameter erhoben: Gewichtsverlust, subjektiv empfundene Müdigkeit, körperliche Schwäche, langsame Gehgeschwindigkeit, und geringe körperliche Aktivität. Die Diagnose von Frailty wird bei mindestens drei positiv beantworteten der erwähnten Parameter gestellt, und bei ein bis

---

[13]   Frailty-Defizitmodell: Menopause (Östrogene), Andropause (Testosteron), Adrenopause (Kortikosteroide), Somatopause (Wachstumshormon), Dehydro-Epiandosteron-Sulfat (DHEA).

zwei dieser Parameter wird von Pre-Frailty gesprochen[14]. In den relevanten Studien haben die Autoren meist diese klassischen Fried-Kriterien mit ihren spezifischen Grenzwerten für die einzelnen Domänen leicht abgeändert. Wir haben dies kritisch analysiert und darauf aufbauend aufgezeigt, wie diese Kriterien künftig an das „Setting" angepasst werden könnten (Drey, Pfeifer, Sieber & Bauer, 2010).

3.4. Therapeutische Ansätze für "nutritional frailty"

Wenngleich die Ursachen für einen (sub)klinischen Entzündungszustand nur in wenigen Fällen bekannt sind, so scheint der damit verbundene oxidative Stress – mit Akkumulation freier Radikale – Alterungsvorgänge zu beschleunigen. Hier greift die mediterrarene Diät mit viel Antioxidantien. Die Leitlinien zur Ernährungstherapie hat Dorothée Volkert verfasst, die in unserer Gruppe arbeitet (Volkert, 2004). Aktuell werden diese Leitlinien gerade überarbeitet und sollen Ende 2010 publiziert werden (Deutsche Gesellschaft für Geriatrie und Deutsche Gesellschaft für Ernährungmedizin).

Körperliches Training kann parallel dazu weiter helfen, die Sarkopenie zu minimieren. Als Überbegriff erscheint deshalb der Begriff der „nutritional frailty" die tägliche klinische Beobachtung am Besten zu umschreiben.

In Bezug auf eine genügende Proteineinnahme ist festzustellen, dass die Empfehlungen für die tägliche Zufuhr sich nach oben verschieben. Die gemeinhin angegebenen 0.8 Gramm Protein pro Kilogramm Körpergewicht pro Tag können nicht für den (Hoch-)Betagten gelten. Die Empfehlungen werden aktuell noch debattiert, doch mindestens 1.1-12 Gramm pro Kilogramm Körpergewicht pro Tag werden sich wohl als untere Menge durchsetzen. So konnten wir zeigen, dass bei einem Serumalbumin von <35 g/l das Risiko, in eine unfallchirurgische Abteilung eingewiesen zu werden, im Alter deutlich ansteigt. Ein erniedrigtes Albumin im Blut stellt einen Risikofaktor sowohl für Morbidität und Mortalität dar. Serumproteine reflektieren deshalb Malnutritionszustände und korrelieren mit Assmessentinstrumenten.

Insgesamt ist die quantitativ und qualitativ suffiziente Proteineinnahme von großer Wichtigkeit. Zuerst muss die Annahme aufgegeben werden, dass auch beim Betagten Diäten und Gewichtsverlust sinnhaft sind. Ein Gewichtsverlust im Alter ist ganz im Gegenteil meist ein schlechtes Omen mit einer erhöhten Morbidität und Mortalität. Wie auch bei jüngeren Menschen ist nicht-tierischen Fetten und speziell Omega-3-Fettsäuren ein höherer Stellenwert einzuräumen, mit welchen präferentiell Proteine verspeist werden sollen. Ganz allgemein gilt auch für Betagte und Hochbetagte, dass eine mediterrane Diät mit genügend Anti-Oxidantien auf mehreren Wirkungsebenen positive Effekte erzeugt.

4. Zentrale Ausagen zur Malnutration

- Mangelernährung im Alter ist sowohl im ambulanten wie auch im stationären Sektor erschreckend hoch

- Gewichtsabnahme nach dem 65. Lebensjahr ist meist ein schlechtes klinisches Zeichen hinsichtlich Morbidität und Mortalität

---

[14] Physische Zeichen für Frailty: Gewichtsverlust >5 kg in 12 Monaten, physische und psychische Erschöpfung, körperliche Schwäche, verlangsamte Gangart, verminderte körperliche Aktivität; Quelle: Fried u. a. (2001).

- Der Magendarmtrakt selbst altert praktisch nicht (Digestion und Absorption); somit hat Gewichtsverlust immer einen Krankheitswert

- Nicht das Körpergewicht per se, sondern die Körperzusammensetzung – Sarkopenie – bedingt die mit einer Malnutrition verbundenen funktionellen Probleme beim (Hoch-)Betagten

- Ein (sub)klinischer Entzündungsprozess ist häufig Ursache einer Mangelernährung, der Sarkopenie mit Gebrechlichkeit (nutritional frailty) sowie möglicherweise des Alterns per se

- Häufigster Grund für die Mangelernährung im Alter ist die Isolation mit Depression

- Demenzkranke zeigen praktisch obligat während ihres chronischen Leidens Ernährungsprobleme

- Gerade im Bereich der Ernährungstherapie bei Demenzkranken zeigen sich die Grenzen einer ethisch sinnhaften Therapie am Lebensende

- Die Ursachen der Mangelernährung beginnen häufig in der Mundhöhle (Gerostomatologie)

- Eine Erfassung des Ernährungszustandes muss zum Geriatrischen Assessment gehören

- Kein Screening ohne Assessment, kein Assessment ohne nachfolgende Intervention, und keine Intervention ohne Monitoring

- Die Ernährungstherapie beim Betagten ist praktisch immer interdisziplinär und multimodal

- Einer enteralen Ernährungstherapie ist wenn immer möglich der Vorzug zu geben

- Supplemente zeigen gute Effekte, sollten aber frühzeitig gegeben werden (spätestens, wenn BMI<20)

- Die PEG ist eine effiziente Methode zur Behandlung der Malnutrition, die Indikation zur deren Anlage wird aber häufig zu spät gestellt

- „Man ist, solange man isst" gilt speziell beim Hochbetagten

Literaturangaben

[1]   Bauer, J. M., Kaiser, M. J., & Sieber, C. C., Sarcopenia in nursing home residents, *J Am Med Dir Assoc* **9** (2008), 545-551.

[2]   Bauer, J. M., Haack, A., Winning, K., & Wirth, R., Fischer, B., Uter, W., Erdmann, J., Schusdziarra, V., & Sieber, C. C., Impaired postprandial response of active ghrelin and prolonged suppression of hunger sensation in the elderly, *J Gerontol A Biol Sci Med Sci* **65** (2010), 307-311.

[3]   Wirth, R., Bauer, J. M., Willschrei, H. P., Volkert, D., & Sieber, C. C., Prevalence of percutaneous endoscopic gastrostomy in nursing home residents – a nationwide survey in Germany, *Gerontology*, Epub ahead of print, 2009.

[4]   Kaiser, R., Winning, K., Uter, W., Lesser, S., Stehle, P., Sieber, C. C., & Bauer, J. M., Comparison of two different approaches for the application of the mini nutritional assessment in nursing homes; resident interviews versus assessment by nursing staff, *J Nutr Health Aging* **13** (2009), 863-869.

[5]   Kaiser, M. J,, Bauer, J. M., Raemsch, C. Uter, W., Guigoz, Y., Cederholm, T., Thomas, D. R., Anthony, P., Charlton, K. E., Maggio, M., Tsai, A. C., Gratwohl, D., Vellas, B., & Sieber, C. C., MNA-International Group, *J Nutr Health Aging* **13** (2009), 782-788.

[6]   Bauer, J. M., Kaiser, M. J., Sieber, C. C., Evaluation of nutritional status of older persons: nutritional screening and assessment, *Curr Opin Clin Nut Metab Care* **13** (2010), 8-13.

[7]   Bauer, J. M., & Sieber, C. C., Sarcopenia and frailty – a clinician's controversial point of view, *Exp Gerontol* **43** (2008), 674-678.

[8]   Fried, L. P., Tangen, C. M., Walston, J., Newman, A. B., Hirsch, C., Gottdiener, J., Seeman, T., Tracy, R., Kop, W. J., Burke, G., & Mc Burnie, M. A., Cardiovascular Health Study Collaborative Research Group, *J Gerontol A Biol Sci Med Sci* **56** (2001), 146-156.

[9]   Drey, M., Pfeifer, K., Sieber, C. C., & Bauer, J. M. (2010). The Fried frailty criteria as inclusion criteria for a randomized controlled trial: personal experience and literature review, *Gerontology* **21** Epub ahead of print.

[10] Volkert, D., Leitlinie Enterale Ernährung der DGEM und DGG: Ernährungszustand, Energie- und Substratstoffwechsel im Alter, *Aktuel Ernaehr Med* **29** (2004), 190-197.

Leben im Alter
A. Kruse (Hrsg.)
© *2010, AKA Verlag Heidelberg*
295

Palliative Perspektive in der Geriatrie

Peter OSTER[a,d], Nils SCHNEIDER[a,b,d] und Mathias PFISTERER[c,d]

Bethanien Krankenhaus, Heidelberg, Deutschland
[b]*Institut für Epidemiologie, Sozialmedizin und Gesundheitssystemforschung,*
Medizinische Hochschule Hannover, Deutschland
[c]*Elisabethenstift, Darmstadt, Deutschland*
[d]*Forschungskolleg Geriatrie der Robert Bosch Stiftung, Stuttgart, Deutschland*

Abstract. Der Beitrag diskutiert die besonderen Herausforderungen der Palliativmedizin in der Geriatrie und baut dabei auf Erfahrungen und Erkenntnissen auf, die in der ersten Geriatrischen Palliativstation in der Bundesrepublik Deutschland gewonnen wurden. Der Beitrag plädiert für systematische Forschung und Schulung auf diesem Gebiet. Er beschreibt die häufigsten Diagnosen bei nichtonkologischen Patienten (besondere Bedeutung gewinnen hier die Schluckstörungen) und geht auf charakteristische Verläufe in der letzten Lebensphase ein, wobei hier drei Verlaufsformen unterschieden werden; eine dieser Formen bilden Krankheitsprozesse bei gebrechlichen Patienten, deren Versorgung und Begleitung besondere Bedeutung in der Geriatrischen Palliativmedizin gewinnt. Es werden weiterhin Patientenverfügungen wie auch Patienten- wünsche diskutiert; dabei wird aufgezeigt, dass sich auch die Ange- hörigen in Entscheidungsfindungen eingebunden wissen möchten. Veränderungen in der Behandlungsart und Behandlungsintensität, wie sich die bei einem Wandel der funktionellen und kognitiven Sympto- matik ergeben können, werden aufgezeigt. Abschließend wird auf ethische Fallgespräche eingegangen.

Einleitung

Präventive, kurative und rehabilitative Aspekte haben lange Zeit die Altersmedizin geprägt. In den letzten Jahren haben die Forderungen zugenommen, auch die palliative Versorgung älterer Menschen auszubauen (Davies & Higginson, 2004). Anfang 2006 wurde im Bethanien Krankenhaus Heidelberg die erste geriatrische Palliativstation in Deutschland eröffnet. Damit wurde das Spektrum der Geriatrie auch formal um die palliative Perspektive erweitert, auch wenn natürlich viele Überlegungen und Erkenntnisse der Palliativmedizin schon immer Bestandteil der geriatrischen Medizin waren. Trotzdem können die beiden Disziplinen viel voneinander lernen. Hier ergibt sich ein ähnliches Phänomen wie in der Betrachtung der Altersmedizin durch die anderen medizinischen Spezialitäten, wo immer wieder geäußert wird, man behandele schon seit jeher alte Patienten und kenne sich daher bestens aus. Das ist ebenso wenig richtig wie die Feststellung, Geriater oder Onkologen seien durch ihre Fachkenntnisse bereits palliativmedizinisch qualifiziert. Unabhängig davon ist die an Ressourcen orientierte geriatrische Perspektive in der Palliativmedizin noch weiter entwicklungs- bedürftig, es besteht weiterer Forschungs- und Schulungsbedarf.

1. Besonderheiten der geriatrischen Palliativmedizin

Hier sind neben den Diagnosen demografische und funktionelle Aspekte, Komorbidität und Symptomatik zu beachten (Genz, 2010). Die ersten 217 Patienten waren im Mittel 80,9 Jahre alt, funktionell sehr stark eingeschränkt (56 Prozent komplett pflege-abhängig) und multimorbide (5,3 Begleiterkrankungen im Charlson Komorbiditätsindex). Die häufigsten Diagnosen waren nichtonkologisch (schwerer Schlaganfall, Pneumonie, Demenz oder Herzinsuffizienz, teilweise in Kombination), diese Patienten waren auch älter als die geriatrischen Tumorpatienten. Die schwierigsten Probleme waren mit den bei 57 Prozent der nichtonkologischen Patienten vorhandenen Schluckstörungen und somit Fragen der Ernährung und Flüssigkeits-zufuhr verbunden (onkologisch 17 Prozent). Bei der weiteren Symptomatik hatten die nichtonkologischen Patienten in absteigender Häufigkeit mit 43 Prozent Fieber, Schmerz, Verstopfung, Unruhe, Luftnot, bei den onkologischen Patienten war die Schmerzsymptomatik führend (86 Prozent). Die Schmerzen waren zwar bei unseren geriatrischen Patienten ein häufiges, aber mit konservativen Mitteln gut zu behandelndes Symptom. Die Mortalität der nichtonkologischen Patienten in der Palliativsituation war höher, bei den vielen Schluckstörungen stellte sich häufiger die Frage nach einer Therapiebegrenzung. In der palliativmedizinischen Geriatrie bestehen deutliche Unterschiede zur onkologisch geprägten, auf Schmerztherapie und Krankheitsbewältigung fokusierten Palliativmedizin.

2. Die Bedeutung der Patientenverfügung

Beim alten Menschen mit kognitiven Defiziten kommt es häufiger zu Problemen mit der Einwilligungsfähigkeit, auch bei der Schwere kombinierter Erkrankungen stellt sich nicht selten die Frage nach der Therapieintensität und Therapiesteuerung. In solchen Situationen ist es sehr hilfreich, wenn die Wünsche des betroffenen Patienten möglichst gut bekannt sind und der Vertretungsanspruch geklärt wurde mit Hilfe von

1. Patientenverfügung (bezogen auf Heilbehandlung oder ärztlichen Eingriff, zutreffend auf die konkrete Lebens- und Behandlungssituation, individuelle Aspekte beachten, nicht grundsätzlich Maßnahmen ausschließen); bei Streitigkeiten und Unklarheiten finden sich wertvolle Hinweise unter www.hospize.de

2. Vorsorgevollmacht für Gesundheitsfragen

3. Betreuungsverfügung

Wäre ich überrascht, wenn der Patient (Angehöriger, Freund etc.) in den nächsten zwölf Monaten sterben würde? Spätestens bei einer negativen Antwort auf diese Frage sollten Überlegungen zu Patientenverfügung und Betreuungsvollmacht einschließlich Management im Notfall angestellt werden.

3. Trajektorien in der letzten Lebensphase

Mit Murray (2005) lassen sich drei charakteristische Verläufe in der letzten Lebensphase unterscheiden, die ein besseres Verständnis der palliativmedizinischen Bedürfnisse ermöglichen. 1. Bei onkologischen Erkrankungen gibt es häufig eine relativ lange Zeit, die mit wenigen Einschränkungen im Alltag verbracht werden kann, ehe es dann innerhalb weniger Monate zum körperlichen Abbau, Funktionsverlust und schließlich zum Tod kommt. 2. Der zweite Verlauf ist oft bei Herz-, Lungen- oder Nierenerkrankungen zu beobachten, erstreckt sich über Jahre mit mehr oder weniger starken Einschränkungen im Alltag, dazu gelegentliche akute Verschlechterungen auch mit Krankenhausaufenthalten und anschließender Erholung auf niedrigerem Niveau. 3. Schließlich gibt es die gebrechlichen alten Menschen, oft auch mit demenziellem Abbau, die über Jahre auf niedrigem Niveau hilfsbedürftig leben. Ziel der geriatrischen Behandlung ist in jedem Fall der Erhalt oder die Besserung der Lebensqualität unter Berücksichtigung der Ressourcen und Defizite des Individuums.

In diesem Zusammenhang sind auch die Versorgungsstrukturen zu sehen, mit Einschluss von ambulantem Bereich, Pflegeheim und Krankenhaus. Möglicherweise können durch strukturelle Verbesserungen wie Einführung des Liverpool Care Pathway im Pflegeheim die für Heimbewohner belastenden Krankenhauseinweisungen am Lebensende vermieden werden (Müller, Pfisterer & Oster, 2009).

4. Patientenwünsche und Behandlungsrealität

In der Medizin gibt es noch ein ausgeprägt paternalistisches Verständnis der normalen Vorgehensweise, *„der Patient vertraut sich dem Arzt an"*. In Zeiten des Internets hat sich daran aber schon viel verändert, insbesondere durch eine vermehrte Aufklärung und eine entsprechend verbreiterte Wissensbasis. Allerdings bestehen gerade bei alten Menschen hier noch viele Unklarheiten. Pfisterer et al. sind der Frage nachgegangen, welche Versorgung hochbetagte Patienten bei Inkontinenz bevorzugen, Urinkatheter, Medikamente oder absorbierende Vorlagen. Es fanden sich deutliche Differenzen in der gewünschten Vorgehensweise zwischen Patient, Angehörigen, Pflegekräften und ärztlichem Personal (Pfisterer, Johnson, Jenetzky et al., 2007). Schumacher und Schneider fanden heraus, dass Hinterbliebene von kürzlich verstorbenen älteren Menschen häufig über Kommunikationsprobleme mit Ärzten und Pflegekräften klagen, und darüber, dass sie selbst und die Patienten zu wenig in Entscheidungsfindungen eingebunden waren (Schumacher & Schneider, im Druck).

5. Dynamik der Einstellung von Patienten und methodische Überlegungen

Wie bereits in dem Abschnitt über die verschiedenen Trajektorien geschildert, gibt es zeitlich ganz unterschiedliche Krankheitsverläufe, die von zunehmender funktioneller oder kognitiver Beeinträchtigung gekennzeichnet sein können. Umgekehrt bestimmen auch zunehmende funktionelle oder kognitive Beeinträchtigungen den Krankheitsverlauf, insbesondere bei Demenz (Gill, Habauer, Gan et al., 2010; Keeler, Guralnik, Lian et al., 2010). Entsprechend kann sich während Monaten oder Jahren auch die Einstellung zur Behandlungsart und -intensität verändern, übrigens sowohl bei Patienten wie Angehörigen/Freunden oder Behandlern. Darüber ist noch relativ wenig bekannt, wie, wann und in welcher Form der Übergang von kurativen zu palliativen Inhalten bei den Betroffenen erfolgt (Schneider, Klindworth, Oster & Pfisterer, 2010). Methodisch bietet sich hier die Technik der qualitativen Interviews an, bisher in der medizinischen Forschung noch relativ wenig angewendet. Ein Beispiel für die Anwendung ist die zitierte Studie von Schumacher und Schneider. Allerdings beschränkt sich diese Studie wie viele andere auch auf Querschnittserhebungen, ohne Veränderungen im Zeitverlauf mit fortschreitender Erkrankung abzubilden. Qualitative Längsschnittuntersuchungen sind erforderlich, um über einen längeren Zeitraum die möglicherweise veränderten Einstellungen von Patient, Angehörigen und medizinischem Personal zu dokumentieren, um daraus zu verallgemeinernde Hypothesen formulieren zu können (Muuray, Kendall, Carduff et al., 2009).

6.   Das ethische Fallgespräch bei nicht einwilligungsfähigen Patienten

In der letzten Lebensphase kann es zu Situationen kommen, in denen der Patient nicht mehr in Behandlungsinhalte einwilligen respektive die Behandlung steuern kann, sei es infolge von Bewußtseinsstörungen oder einer demenziellen Entwicklung, auch nicht hinsichtlich der Begrenzung/Einstellung lebensverlängernder Maßnahmen (z.B. Dialyse, Ernährung/Flüssigkeit). Hier ist dann das oberste Ziel, den mutmaßlichen Willen des Patienten herauszufinden unter Berücksichtigung seiner Defizite, Ressourcen und seiner individuellen Prognose. Wir haben dazu im Bethanien Krankenhaus mit dem ethischen Fallgespräch ein strukturiertes Vorgehen entwickelt (Teilnahme von Betreuer/Bevollmächtigter des Patienten und Vertreter des Behandlungsteams mit Stationsarzt, Oberarzt, Pflege, behandelnden Therapeuten, Seelsorge). Diese Gespräche dauern in der Regel 45 bis 60 Minuten und führen meistens zu einer Lösung, die für alle Beteiligten befriedigend und nachvollziehbar ist und schriftlich protokolliert wird. Ein weiterer nicht an der Behandlung beteiligter Facharzt überprüft das geplante Vorgehen (sog. Zweitmeinung).

Die Palliativmedizin, ein Teil davon die palliativmedizinische Geriatrie, hat in der Öffentlichkeit bis hin zur Politik in den letzten Jahren große Akzeptanz gefunden. Diese Akzeptanz ist auch in der Ärzteschaft schnell gewachsen, auch bei den jungen Kollegen, die hier ein erhebliches Weiterbildungsinteresse erkennen lassen. Gleichwohl müssen wir auf diesem Gebiet noch weitere Erfahrung sammeln, es besteht noch erheblicher Forschungsbedarf. Wir konnten in diesem Beitrag nur die übergeordneten Trajektorien ansprechen. Der Forschungsbedarf erstreckt sich aber noch mehr auf die vielen symptomatischen Ansätze der Behandlung bei den häufigsten Beschwerden (Schluckstörungen, Schmerzen, Atemnot, Übelkeit, Verstopfung, Unruhe, Angst etc.). Dabei wird wieder der Spannungsbogen, wie von Lehr frühzeitig formuliert, zwischen Defizit- und Ressourcenorientierung zu bewältigen sein, zwischen Gebrechlichkeit und Resilienz. Versuchen wir, uns an den Ressourcen zu orientieren!

Literaturangaben

[1] Davies, E., & Higginson, I. J., *Better palliative care for older people,* WHO, Kopenhagen, 2004.
[2] Genz, H., *Palliative Geriatrie,* Dissertation, Universität Heidelberg, Heidelberg, 2010.
[3] Murray, S., Illness trajectories and palliative care, *Brit Med J* **330** (2005), 1007.
[4] Müller, E., Pfisterer, M., & Oster, P., Liverpool Care Pathway im Pflegeheim, *Dtsch Med Wochenschr* **134** (2009), 1838.
[5] Pfisterer, M., Johnson, T. M., Jenetzky, E., Hauer, K., & Oster, P., Geriatric patients preferences for treatment of urinary incontinence, *J Am Geriat Soc* **55** (2007), 2016.
[6] Schumacher, M., & Schneider, N., Ältere Menschen am Lebensende – Versorgungssituation und Verbesserungsbedarf aus Perspektive von Hinterbliebenen, *Z f Palliativmed*, im Druck.
[7] Gill, T. M., Gabauer, E. A., Han, L., & Allore, H. G., Trajectories of disability in the last year of life, *New Engl J Med* **362** (2010), 1173.
[8] Keeler, E., Guralnik, J. M., Tian, H., Wallace, R. B., & Reuben, D. B., The impact of functional status onlife expectancy in older persons. *J Gerontol A Biol Sci Med Sci*, April 2, epub., 2010.
[9] Schneider, N., Klindworth, K., Oster, P., & Pfisterer, M., *Projekt Forschungskolleg Geriatrie der Robert Bosch Stiftung*, 2010.
[10] Murray, S., Kendall, M., Carduff, E., et al., Use of serial qualitative interviews to understand patients evolving experiences and needs, *Brit. Med. J.* **339** (2009), 958.

VII. Ausblick

Leben im Alter
A. Kruse (Hrsg.)
© *2010, AKA Verlag Heidelberg* 303

Theorizing in Social Gerontology: The Need to Know

Jon HENDRICKS

Oregon State University, Corvallis, OR USA

Abstract. Während der letzten 20 Jahre galt die Gerontologie einerseits als empirisch umfassend, andererseits aber als schwach an theoretischer Grundlage – jedenfalls unter solchen Fachvertretern, die dem wissenschaftstheoretischen Spektrum angehören. Trotz vereinzelter – bemerkenswerter – Ausnahmen und der Publikation von Sonderausgaben einschlägiger Fachjournals muss konstatiert werden, dass die oben wiedergegebene Bewertung und die damit einhergehenden Implikationen heute mit der Situation in der Vergangenheit vergleichbar oder gar deckungsgleich sind. Dies mag damit begründet sein, dass anwendungsorientierte Vertreter des Fachs oft eine vom wissenschaftlichen Mainstream abweichende Überzeugung vertreten und argumentieren, dass empirische Verallgemeinerungen vollkommen hinreichend seien, ohne dabei gleichzeitig überspannende Konzeptionalisierungen beeinflussen zu müssen. Viel eher käme es darauf an, effektive Lösungen zu identifizieren. Dieser „Wissen-in-Praxis"-Zyklus beruht dabei allerdings nicht auf dessen angenommener inhärenter Leistungsfähigkeit, sondern auch auf dem Standpunkt, dass angewandtes Wissen die Bestätigung von grundlagenorientiertem Wissen sei. In Beibehaltung dieses Standpunkts hat sich in der Gegenwart eine gegenläufige Tendenz herausgebildet, die darauf zielt, dahin zurückzukehren, verstärkt anwendungsorientierten Ansätze zu entwickeln, die mit umsetzungszentrierten Hinweisen zu ergänzen wären. Anhand dieses Beitrags soll die Notwendigkeit einer fundierten, grundlagenorientierten Theorienbildung dargelegt werden.

Abstract. During the past 20 years scholars on both sides of the Atlantic who favor theorizing have characterized social gerontology as being "data rich and theory poor." Despite a smattering of noteworthy exceptions and the publication of special issues in our scholarly journals, that appellation and the issues it implies can fairly be said to be as apropos today as in the past (Birren & Bengtson, 1988, p. ix; Fennel, Phillipson, & Evers, 1993, p. 42). As one might suppose, those who work in applied areas are often of a different opinion and would contend that empirical generalizations are perfectly satisfactory without benefit of overarching conceptualizations, the real test is whether effective solutions can be identified. This "knowledge-in-practice" cycle rests not only on its laurels but on the contention that knowledge applied is confirmation of knowledge affirmed, proof positive–exitus acta probat. In keeping with such a view, a counterclaim has emerged that contends there is a need to return to more applied foci along with suggestions as to how this might be done in a productive way (Hendricks, Applebaum, & Kunkel, 2010; Powell, 1996; Turner, 1994). In this essay my goal is to spell out why theorizing is necessary.

1. Why Theorize Aging?

Why should we care? What is it about formulating theory in social gerontology that drives proponents to call for far greater emphasis on theoretically informed explanatory frameworks? Whether we admit it or not, or formulate an explicit or familiar conceptual framework as part of our research agenda, it would be hard to deny that tacit conceptualization and theorizing is part of our thinking as we design and undertake empirical work. If that contention is granted even if only for purposes of discussion, does it not make sense to be more unambiguous or deliberate in parsing our explanatory models? Paradigmatic worldviews are part of the social construction of knowledge and the operating framework of normal science and scholarship (Kuhn, 1970). These worldviews are the bedrock of the predicate logic implied by the dispositional terms that form the foundation for assumptions about qualities, attributes and properties of a person, thing or process. If that claim is arguable in any way then perhaps it is sufficient to say that all reasoning has a purpose so it behooves scholarship to be clear in setting forth the parameters of that reasoning.

To my way of thinking such a stipulation is the very backbone of the study of aging and the basis for defending our speculation and our findings. A great many philosophers of science assert knowledge is more than an accumulation of facts and that all knowledge can fairly be said to draw on conceptualizations and associations. Knowledge inquires after the "why" behind the "what" of experience. If I may be permitted to borrow from a parallel noted in a report from the National Science Foundation's National Research Council, in the United States, commenting on "The Role of Theory in Advancing 21st-Century Biology" (National Research Council, 2008, p.7), "Theory, as an important but underappreciated component of (*social gerontology*) should be given a measure of attention commensurate with that given other components of (*social gerontological*) research." ([NRC Recommendation 1] *social gerontology* inserted in place of biology). Their conclusion following extensive review and deliberation is that concepts and theories will drive scientific advances in biological sciences: social gerontology can assume no less.

Just so there is no mistaking my position: without a sound, explicit conceptual framework, empirical findings have limited cumulative effect, amounting to scarcely more than piecemeal results. In fact, as a British colleague and I note elsewhere (Hendricks & Powell, 2009, p. 5), it is naïve to think that without an abstracting scaffolding that facts can be said to have much of a relationship in the first place– amounting to little more than a pile of bricks awaiting an architect. As far as making a claim that facts are capable of speaking for themselves: I ask if sensory inputs amount to knowledge? There is a higher order, referential and transformative processing required if we are to create knowledge. Marshall (1999) phrased the issue succinctly when he notes that data in and of themselves seldom lead to the resolution of data-based debates. Implicit in Marshall's contention is the assumption that without linking data with explanatory frameworks data are mute, unable to speak for themselves and, accordingly, unlikely to create coherence within social gerontology. Polanyi (1958) anticipated much the same point when he asserted that scientific insight derives from perceptions of the holistic coherence of the phenomena in question. Insofar as scholarship is a social enterprise, historical and social circumstances cannot help but make a difference in how theory is formulated, its perspicacity evaluated, and data aligned to support or refute its contentions. Before drawing any conclusions, it is also important to reiterate that theorizing without empirical grounding may not be any more productive, amounting to little more than naval gazing unfettered by questions of accuracy (Hendricks, Applebaum & Kunkel, 2010).

2. Personological and Sociological Explanations of Life's Unfolding

The welter of everyday life is enough to test our metal, in living as well as in explaining what happens. Formulating knowledge, as a representation of the lifeworld, only adds to the complexity of trying to explain the compounding effects of interactions. Add in the prospect of intervention and a compounding effect is certain. From the outset, some scholars have characterized social gerontology as a melding of science and advocacy, perhaps to the detriment of both. The problem-solving mindset, as juxtaposed to pure inquiry for the sake of inquiry, of modern day social gerontology may be part of the reason why theory building has lagged behind in the mind of some. Here, too, I assert that a theoretically based examination of why some problems are deemed worthy of investigation and others are not would be worthwhile and telling. Of course there is a great deal of intricacy behind that simply assertion and the prominence of instrumental reasoning tends to cast theorizing into the shadows (Biggs, Hendricks & Lowenstein, 2003; Moody, 1993).

Although there is a current of fascination with the dynamic interplay of individual and societal-level influences in the unfolding of life, it is pretty well accepted that both micro-level and macro-level influences combine to color how life unfolds. That is to say, there is a complex of personal resources, structural conditions and constraints and a subjective component that come together to mediate how life unfolds. Perhaps the dynamic tension between the two levels of explanation reflects the corpus of opinion in the parent disciplines from which social gerontologists themselves hail. Be that as it may, micro-level foci lay emphasis on individuals and agency, as macro-level perspectives call attention to broader ranging societal conditions and structural impositions.

To comment on the micro-level side of inquiry; perhaps one avenue through the thicket is to tackle the themes of meaning contained in the types of first-order constructs or everyday understandings actors themselves utilize as they craft their behaviors and explain their fates. This has certainly been the dominant approach of much social science research in the period following World War II. The frames of meaning actors utilize to chart their course need not be exhaustive or necessarily even extrinsically accurate so long as they provide a compass useful to the actor in making way or explaining to him or herself and fellow travelers what things have meaning and why certain courses are undertaken. There is no need to assume optimal rationality, as economists most often do, or to assume all facts are known to actors in the course of their lives. It is important to appreciate that meaningfulness is central to not only individual action and thinking but ought to be for explanatory efforts. For example: easy as it is to assume that environments consist of "givens", the reality is that not all givens are equally meaningful to all actors exposed to them. Setting aside the ontological quandary poised by that claim, it is still possible to say meaningfulness is grounded upon the self-relevance of whatever givens may be encountered. That is to say, a process of constructive interpretation lies at the heart of encounters with "givens."

Although there is ample room for an extended debate about intentionality and the motivation for constructive interpretations, nearly all scholars interested in the question would likely agree that there are thematic elements to those interpretations and it is incumbent upon us to appreciate how those elements enter into the definition of meaningfulness if we are to explain why people perceive as they do and behave as they do in the course of living out their lives. A long Germanic tradition lies behind discussion of the lifeworlds of everyday actors and it has yielded important insights into the role of language, culture and perception in shaping how people explain their worlds. Less apparent is that this same tradition brings together micro and macro-level influences into a unifying framework. Thus, to speak of the ecological correlates (Lehr, 1976) of adjustment in old age it is necessary to identify the ways in which environmental impacts are relative yet enter into an actor's management of their environment. Following that line of thought through makes it possible to contend that as people age they create their trajectories not only in terms of their own intentionalities but in terms of what they make of what is going on around them.

None of that is to prescribe what might be described as a reductionist position that contends people must understand the forces behind what befalls them. That would be an overstatement at the very least. On the contrary, it is also just as likely the case that people may not understand those processes, as in macro-level shifts in international monetary policy as an example, but those forces are still germane to their adjustment, adaptation, and subjective worldviews. That is to say, whether actors recognize the causes of social inequality or their own malaise does not mean they do not live out their lives in the penumbra of those phenomena. As long as I am on a bit of an astrological tangent, an analogy from Poincare may be helpful in making the point: just because a hidden body cannot be seen does not mean its effects are not felt. Somewhat closer to the topic at hand, Schopenhauer noted that as people age, there are events beyond their control, and perhaps their ken, that keep their lives from being entirely of their own making. I would go further still and assert that the variety of macro-level influences, whether they be entitlements or constraints, is behind the heterogeneity, even the unpredictability encountered by and among older persons. One of the tasks of theorizing is to address and explain exactly this type of polymorphic aging and why experiences may be so disparate. Regardless of whether older persons understand how entitlements, policies, culture, or other broader social currents affect what they experience, they are still active participants in imputing meaning to how they age.

Shifts in the nature of work-life may help illustrate the point here. For much of the 20th century career ladders helped to define the life course for a great many workers and social gerontologists as well. Now that the economy has shifted and career ladders are broken, as it were, life may be less predictable or even improvisational (Polikva, 2000). If definitions of the life course are in fact epiphenomenal, what are we to make of the so-called universal facts of the life course? Feminist gerontologists have been making a similar point for three decades but their message has only just begun to be heard in the wider halls of the discipline and contributing to knowledge about aging in general (Calasanti, 2009; Hatch, 2000). Their point is that much of what we think we know about aging is in fact relative, largely based on what might broadly be called a male experience and as the standard against which women were contrasted. Simply put, women and men may well follow unquestioned but different pathways in their aging experiences. It is not simply a matter of contrasting gender differences, but of the interweaving of gender relations, power relations, social class, historical moments, economic and public policies in explaining the life course. By examining the intersecting inequalities that color experience, feminist perspectives can enrich the entire enterprise. Having begun to hear that claim, social gerontologists have finally started to expand their focus and recognize that not all people work, not all retire, and not all have comparable experiences. In addition, thanks to feminist gerontologists scholars are beginning to include gender and age relations as organizing principles in looking at the interrelationships between gender, power and intergroup relationships that do not merely exacerbate inequalities but adds new dimensions to what it means to grow old. Of course the inextricability of these interrelationships and social locations makes attempts to explain adaptation all the more difficult but also all the more important.

That leads me to emphasize another important question: What are the implications of institutional arrangements and their interconnections with personal biographies? How do the structured inequalities of life fit with the experienced identities of aging individuals? As one facet of her scholarship, Lahr inquires about the ways in which social roles and contacts create either consistencies or changes characterizing old age. One value of a macro-level approach to these questions and to theorizing age more generally is that it helps place the unfolding of our lives in the contexts of the affordances, the opportunity structures and constraints inherent in those social forces. Continuing with the example of the bond between the shape of the life course and the nature of the work experience; theorizing also helps illuminate the link between personal biographies and historical conditions. In the parlance of the American Sociologist C. Wright Mills, theorizing can help identify how public issues and personal problems, including perceptions, are interrelated and grounded in interrelationships. It is a more than a question of relative emphasis, however, it is a matter of identifying why some issues are defined as problems and others not, that differentiates among theories of aging in social gerontology.

Illustrative examples are always helpful in buttressing such claims and an excellent one is provided by Ferraro, Shippee and Schafer (2009). They do not stand alone but are representative of the type of theorizing mindset embodied in a number of discussions of the causes of inequality among older persons. In their contribution to the widely hailed *Handbook of Theories of Aging* (Bengtson, Gans, Putney & Silverstein, 2009), Ferraro and colleagues build on Dannefer (2003) and adopt a line of reasoning from Merton (1988) that suggests a there is a Matthew effect or a type of leveraging that flows from opportunity structures in which early advantages lead to later advantages and vice-versa as a vehicle to address heterogeneity found among people in later life. Their point, and those of others writing in the same vein is that while advantage or disadvantage may be regarded as an individual attribute, it is in fact a systemic property of systems of stratification. They set forth five interrelated axioms of a structural perspective on the straightforward assertion that not all people arrive at old age with comparable resources to be used in negotiating the later years. Specifically, they maintain that (1) all social systems generate inequalities; (2) early and mid-life disadvantages generate disadvantages and risk in old age while advantages spawn advantages and access to opportunity; (3) cumulative resources, cumulative risks and how those are mobilized shape the trajectory that constitutes the life course; (4)subjective perceptions of the nature of the life course color subsequent trajectories (the way we conceive life's script will color the way we live if, or analyze it); (5) each of these factors is relevant to morbidity and mortality throughout. Without painting with too broad a brush, Ferraro and colleagues pick-up on long discussed notions of the role of risk and resources that are inherently part of the aging process, grounding them in a combination of structural factors.

In his own commentary on cumulative advantages and disadvantages, Dannefer (2003; 2011) and his colleagues set out to outline sociological explanations for the forward reach of inequalities operating throughout the life course. To make sense of what happens in old age, and why old age is the way it is, it is necessary to adopt a longer focal length and see the life course as a decades long unfolding. As they note, generational transfers include not just wealth, but access to opportunity, and its counterpart, much like an aftershock follows an earthquake so that advantages or disadvantages in a previous cohort ripple through subsequent cohorts. This kind of institutionalized perspective on variability in the life course with attendant family patterns, educational opportunities, role allocations, policy prescriptions, and broad economic flows is at the heart of many discussions of cumulative advantage or disadvantage. The point is that there are macro-level social processes playing-out throughout life, amplifying inequalities as individuals move through age-graded opportunity structures and arrive at old age. To begin to shed light on the situations of later life, it is necessary to look back in order to project ahead (Dannefer, 2011).

In virtually all discussions of inequality and resources both are traced not merely to economic influences but to a whole raft of political decisions and policies affecting social institutions and ultimately life's unfolding. A concatenated model that incorporates social-familial resources, acting in conjunction with personal-physiological resources and financial resources, playing out through their roles in mediating lifestyles emphasizes the interleaving of social structural conditions and biographies. Public policies are certainly part of those resources that facilitate or impede given courses of action or possibilities (Hatch & Hendricks, 2010).

From the standpoint of conceptual developments within social gerontology, attempts to theorize promote a certain critical awareness of how knowledge is accumulated and hopefully brings enlightenment rather than the tenebrific opposite. Theorizing helps also to formulate new questions and highlights contradictions in the way key issues are set forth and understood. Bengtson, Burgess, and Parrott (1997, p. S74) make much the same point when they note that ad hoc explanations without reference to theory are quite likely ineffectual and contribute little to the accumulation of understanding and ultimately amelioration. In addition, I would add that theorizing helps move us beyond basing our understanding of age and the human condition on unreflective chronological or gender demarcations per se by pointing to the interconnectedness mentioned at the outset.

3.   Life's Impenetrability and the Task Facing Theory

As might be obvious to anyone who has read the foregoing, my position is that theorizing is essential if the corpus of knowledge in social gerontology is to advance or to justify itself. It is not simply that I am in thrall to the endeavor, or a cartographer interested in knowledge mapping. Beyond either of those promises I would contend that conceptualization broadly conceived is axiomatic to the human condition and to articulating the relevance of our scholarship. There are innumerable points in which theory enters our thinking and the design of our investigations. Even the selection of variables to be subjected to sophisticated analyses is predicated on some kind of synthesizing assumptions about why things work the way they do. None of this is to claim that theorizing is the be-all-end-all answer; it is not on face and it cannot be as theorizing inevitably reflects dominant perspectives, values, and the spirit of the times. Even so, theorizing is the route to asking questions well and to identification of possible interconnections and underlying processes behind the phenomenon in question. At the same time, we do not have to aspire to explain everything in the process of explaining something (Lewis-William, 2001).

In an insightful essay, the noted historian and social gerontologist, Achenbaum (2010, p. 142) avers that gerontologists cannot afford to behave as though they are not part of a larger intellectual community, and in no uncertain terms asserts that "usable research in gerontology requires solid theoretical grounding." He goes on to call for panels, sponsored by professional aging organizations, to review and evaluate the theoretical armamentarium in various aging subfields in an effort to derive transdisciplinary theories of aging and "to broaden our field's theoretical parameters and impact" (Achenbaum, 2010, p. 145).

To help foster exactly this type of synergistic approach, my esteemed colleagues and I recently took an even more audacious position when we called for policies in social gerontological journals calling for explicit conceptual or theoretical statements as required parts of all published articles. It is not enough to nod in the direction of some footnote or other as part of a literature review, but necessary to include attention in the results section that grounds findings in terms of the theoretical positions outlined earlier in the manuscript. We also suggested that professional organizations and their learned meetings become proactive in fomenting theoretical formulations; and that as scholars we become far more deliberate about the interconnections and cross-fertilization of theory and empirical results (Hendricks, Applebaum & Kunkel, 2010).

References

[1]   Achenbaum, W. A., 2008 Kent award lecture: An historian interprets the future of gerontology, *The Gerontologist* **50** (2010), 142-148.
[2]   Bengtson, V. L., Burgess, E., & Parrott, T., Theory, explanation and a third generation of theoretical development in social gerontology, *Journals of Gerontology: Social Science* **52B** (1997), 72-88.
[3]   Bengtson, V. L., Gans, D., Putney, N. & Silverstein, M. (Eds.), *Handbook of theories of aging,* Springer, New York, 2009.
[4]   Biggs, S., Hendricks, J., & Lowenstein, A., The need for theory in social gerontology, in: S. Biggs, A. Lowenstein, & J. Hendricks (Eds.), *The need for theory,* 1-12, Baywood Publishers, Amityville, NY, 2003.
[5]   Birren, J., & Bengtson, V. L., Preface, in: J. Birren, & V. L. Bengtson (Eds.), *Emergent theories of aging,* ix-x, New York: Springer, 1988.
[6]   Calasanti, T., Theorizing feminist gerontology, sexuality, and beyond: An intersectional approach, in: V. L. Bengtson, D. Gans, N. Putney, & M. Silverstein (Eds.), *Handbook of theories of aging,* 471-485, Springer, New York, 2009.
[7]   Dannefer, D., Cumulative advantage/disadvantage: Cross-fertilizing age and the social science theory, *Journal of Gerontology: Social Sciences* **58B** (2003), 327-337.
[8]   Dannefer, D., Aging, the life course and the sociological imagination: Prospects for theory. In: R. Binstock, & L. K. George (Eds.), *Handbook of Aging and the Social Sciences,* 6th ed., Academic Press, San Diego, CA, 2011.
[9]   Fennel, G., Phillipson, C., & Evers, H., *The sociology of old age,* Open University Press, London, 1993.
[10] Ferraro, K., Shippee, T. P., & Schafer, M. H., Cumulative inequality theory for research on aging and the life course, in: V. Bengtson, D. Gans, N. Putney, & M. Silverstein (Eds.), *Handbook of theories of aging,* 413-433, New York: Springer, 2009.
[11] Hatch, L. R., *Beyond gender differences: Adaptation to aging in the life course perspective,* Amityville, NY: Baywood, 2000.
[12] Hatch, L., & Hendricks, J., Aging and the life course: Under the lifestyle umbrella, in: J. Cavanaugh, & C. Cavanaugh (Eds.) *Aging in America: Societal Issues,* Vol. 3, 106-128, Praeger, Santa Barbara, CA, 2010.
[13] Hendricks, J., Applebaum, R., & Kunkel, S., A world apart? Bridging the gap between theory and applied social gerontology, *The Gerontologist* **50** (2010), forthcoming.
[14] Hendricks, J., & Powell, J. L., Theorizing in social gerontology: The raison d'etre, *International Journal of Sociology and Social Policy* **29** (2009), 5-14.
[15] Kuhn, T., *The structure of scientific revolutions,* University of Chicago Press, Chicago, 1970.
[16] Lehr, U., Ecological correlates of adjustment of aging, in: H. Thomae (Ed), *Patterns of aging,* 81-92, Karger, Basel, 1976.

[17] Lewis-Williams, D., *The mind in the cave: Consciousness and the origins of art,* Thames & Hudson, New York, 2001.
[18] Marshall, V., Analyzing social theories of aging, in: V. L. Bengtson, & K. W. Schalie (Eds.), *Handbook of theories of aging,* 434-455, Springer, New York, 1999.
[19] Merton, R. K., The Matthew effect in science, II: Cumulative advantage and the symbolism of intellectual property, *Isis* **79** (1988), 606-623.
[20] Moody, H. R., What is critical gerontology and why is it important? in: T. Cole, W. Achenbaum, P. Jacobi, & R. Kastenbaum (Eds.), *Voices & visions of aging of aging,* xv-xli, Springer, New York, 1993.
[21] National Research Council, *The role of theory in advancing 21ˢᵗ-century biology: Catalyzing transformative research,* National Academies Press, Washington, DC, 2008.
[22] Polanyi, M., *Personal knowledge: Toward a post-critical philosophy,* University of Chicago Press, Chicago, 1958.
[23] Powell, J. L., *Social Theory and Aging,* Rowman and Littlefield, New York, 2006.
[24] Turner, S., *The social theory of practices: Tradition, tacit knowledge, and presuppositions,* University of Chicago Press, Chicago, 1994.

Tabula Gratulatoria

TABULA GRATULATORIA

DOROTHEE ALFERMANN LEIPZIG ULRIKE APOSTEL KÖNIGSWINTER SIMEON
BABIC BELGRAD BAGSO BONN ARNOLD BECKER BONN MANFRED
BERGENER BERGISCH GLADBACH ESTHER BERKEMER HEIDELBERG SIMON
BIGGS LONDON MICHAEL BOLK HEIDELBERG MANFRED BRANDENBURG
MAHLBERG-ORSCHWEIER PETER G.COLEMAN SOUTHAMPTON ARNOUD DE
KEMP HEIDELBERG CHRISTINA DING-GREINER NECKARGEMÜND CHRISTIANE
DUMKE DRESDEN JOHANNES DOLL PORTO ALLEGRE RAINER DOUBRAWA
BAD HERSFELD BIRGID EBERHARDT HAINBURG RAHEL ECKARDT BERLIN
PHILIPP B. EGGERS BONN SONJA EHRET WIESLOCH NORBERT ERLEMEIER
ODENTHAL WILLI ESSING AACHEN EVANGELISCHE ARBEITSGEMEINSCHAFT FÜR
ALTENARBEIT IN DER EKD (EAfA) HANNOVER ROCIO FERNÁNDEZ-
BALLESTEROS MADRID INSA FOOKEN SIEGEN ELISABETH UND CHRISTA
FRIES BONN PETER GEORGIEFF WEINGARTEN KARL MICHAEL GRIFFIG
KÖLN ANDREA GRÖPPEL-KLEIN SAARBRÜCKEN IRJA HAAPALA JOENSUU JON
HENDRICKS CORVALLIS GEREON HEUFT MÜNSTER HEIDI HEILMANN
ÜBERLINGEN AM BODENSEE VERA HEYL HEIDELBERG ALBERT UND RUTH
HIERONYMI BONN JÖRG HINNER HEIDELBERG ROLF DIETER HIRSCH BONN
MICHAEL HÜTHER KÖLN ELKE JANSEN BONN BARBARA KECK BONN
MARIELE KERKHOFF LUDWIGSBURG THOMAS KLIE FREIBURG GERTRUD
KINSKEMPER BONN GUIDO KLUMPP BONN SUSANNE KNAPP KONSTANZ
ANDREAS KRUSE HEIDELBERG LENELIS KRUSE-GRAUMANN HEIDELBERG
HARALD KÜNEMUND VECHTA MIKE MARTIN ZÜRICH HEINZ MECHLING
KÖLN NEYDA MA. MEDOZA-RUVALCABA GUADALAJARA GERHARD
NAEGELE DORTMUND KARL AUGUST NEUHAUSEN BONN PETER OSTER
HEIDELBERG FRANK OSWALD FRANKFURT AM MAIN WOLFRAM PFLEIDERER-
HATZNER SANDHAUSEN STEFAN POHLMANN MÜNCHEN PHILIPP PRESTEL
DIETMANNSRIED/KEMPTEN IRMTRAUT PÜTTER RATINGEN WILFRIED PETRI
NEUNKIRCHEN MANFRED PFISTERER STUTTGART HENRIK QUINTEL
LUDWIGSHAFEN KLAUS RADEMACHER FREUDENSTADT FELIX RATHOFER
BONN HELLGARD RAUH POTSDAM HARTMUT REMMERS OSNABRÜCK
LEOPOLD ROSENMAYR WIEN CHRISTOPH ROTT HEIDELBERG WILLI
RÜCKERT BRÜHL GEORG RUDINGER BONN ELVIRA BARBARA SAWADE
BONN SUSANNE SEGEBRECHT BERLIN SABINE SEIFERT MANNHEIM LENA
SCHMID HEIDELBERG BERNHARD SCHMIDT MÜNCHEN ERIC SCHMITT
HEIDELBERG WINFRIED SCHMITZ BONN NILS SCHNEIDER HANNOVER
JOHANNES SCHRÖDER HEIDELBERG CORNEL C. SIEBER ERLANGEN-NÜRNBERG
HERIBERT SIMONS STAUFEN-GRUNERN INGRID MARIA SPAKLER HEIDELBERG
ELISABETH STEINHAGEN-THIESSEN BERLIN ELISABETH STICKER KÖLN
RUDOLF TIPPELT MÜNCHEN ELFRIEDE TOTH MÜNCHEN WOLFGANG
TRAUMÜLLER WORMS AM RHEIN RUDOLF VOGEL BRUCHSAL AIGA VON
HIPPEL MÜNCHEN HANS-WERNER WAHL HEIDELBERG ULLA WALTER
HANNOVER HANS WEBER BEDBURG JOHANN-FRIEDRICH WEBER STUTTGART
HARTWIG WENNEMAR MARIENHEIDE KARL-FRIEDRICH WESSEL BERLIN
WOLFGANG WINKELMANN NIDEGGEN PAUL WOLTERS BIELEFELD
BERNHARD WORMS PULHEIM DANIEL ZIMPRICH ZÜRICH